國家圖書館藏
民族文字古籍叢書
⑤

陳紅彥 薩仁高娃 主編
全桂花 執行主編

北京大學出版社
PEKING UNIVERSITY PRESS

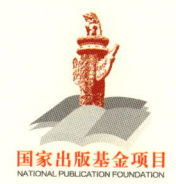

国家出版基金项目
NATIONAL PUBLICATION FOUNDATION

國家出版基金項目

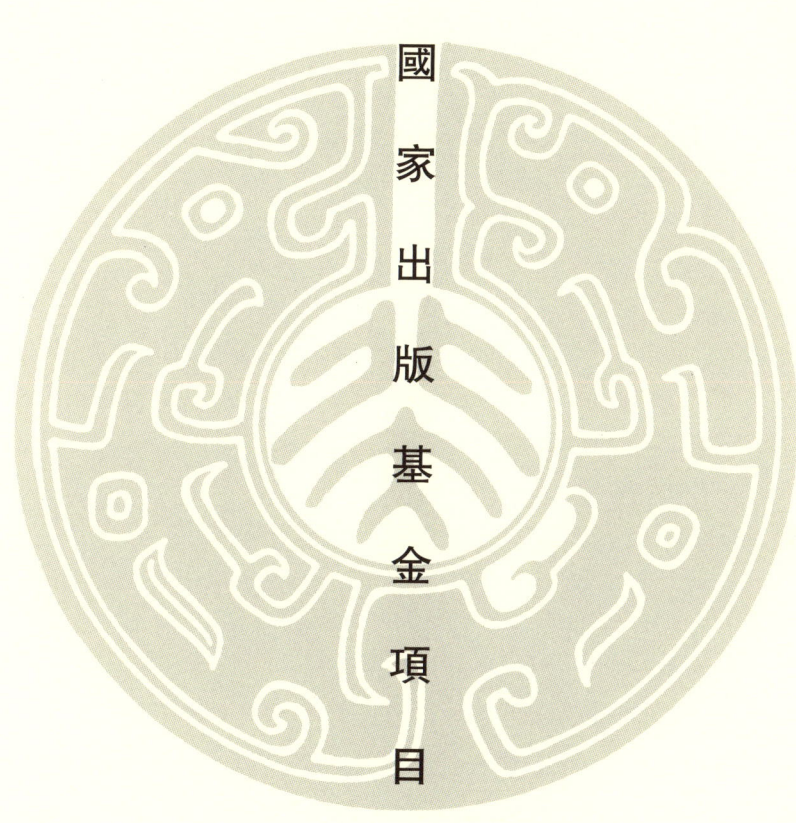

目録

◆ 察合台文 001
納瓦依詩集 002

◆

察合台文

察合台是成吉思汗次子，其封地在天山南北及阿姆河、錫爾河之間，13世紀初建察合台汗國。察合台文是13世紀至20世紀30年代操突厥語民族使用的文字，因通行於察合台汗國而得名。察合台文文獻十分豐富，包括文學、歷史、哲學、法律、醫藥、天文、地理等多方面，較爲知名者有《拉失德史》《福樂智慧》《真理的入門》《納瓦依詩集》《情之所鍾》等。

納瓦依詩集

艾里希爾 · 納瓦依撰。17 世紀硬筆抄本，23.3 釐米 ×37.5 釐米。館藏號 :Cha 第 5 件。

《納瓦依詩集》，亦稱《思想的寶庫》，爲察合台文文獻的代表作。著者艾米爾 · 尼雜木丁 · 艾里希爾 · 納瓦依，簡稱納瓦依，15 世紀詩人、學者、思想家、社會活動家。公元 1441 年出生，1501 年逝世。納瓦依出身文學世家，青少年時代以濃厚的興趣系統地學習了維吾爾語、波斯語 - 塔吉克語、阿拉伯語語言文學以及古典文學、歷史、哲學、天文、曆算等，並學習繪畫和音樂。他用察合台文和波斯文進行詩歌創作，被稱爲「雙語詩人」，亦被尊爲將察合台文文學推向頂峰的人物。納瓦依在他 60 年的生涯中，把大量心血和大部分時間獻給了文學創作，留下了 30 餘部著作，主要有《四卷詩集》《五卷詩集》《穆罕默德英雄傳》《賽依信 · 喀贊 · 艾爾德希爾傳》《情之所鍾》等，其中抒情詩占了絕大部分。

該《納瓦依詩集》爲 17 世紀抄本，使用新疆當地以桑樹皮爲原料製作的桑皮紙，其最大特點是柔嫩、防蟲、拉力强、不褪色、吸水力强，極具文獻、文物、藝術價值。入選第一批《國家珍貴古籍名録》，名録號 02339。

قاصد ایکیم یار ییدین سوز روایت ایلاب   ایستار ایرم سوزنی یار بیلن حکایت ایلاب

تا بلبل بیلیبمی کل اونی قالمادی من تا بوق   اول بری دین ایر کیشی بر سوز روایت ایلاب

ایلکیم کونکلوم ایکی دوستیم سوز ایلاب قابتیقی   جیبین ایرور کونکلی کا آجیق سرایت ایلاب

جان نی بیتیق دور ایر نفیس روانی تیغون بولماس   قابتیق ادیکیم برد ایرم بردم کفایت ایلاب

تا فتیق مجنونی نی شهرت قالدی مثل قیلغم نهان   کیم اولار بر کیم فسانه نی نهایت ایلاب

غم قیلیبمو لار ییتی ورنه بولوب پیر   بر قدح بر له بو مجنون نی حمایت ایلاب

ای نوای فقر دین بی بهره دور یوق نی تیب

سالکی کیم شکر با بیدا شکایت ایلاب

جمالینک جلوه قیلدی یار ایول اغریملا نکلا اندا   تو باش مشی حقا جمکین ذره بولماق عیان اندا

قدینکه چیر بیدا بولدی بواب اوذره تو بولدوم جو بولوم صفت دین   جکلدی بر الیق قطرا اشکیم دین نشان اندا

صبا دلقیق اجیب تار قاتمغیل جمعتین کونکل لار یغ   کیم مسکین ایلاتیش لار ایر سرو کل یغانی اندا

ایکیم کوبیتو بار غمانی بیلکه من رقیبان کوبسانک   اولتوم جالیدا یا تغیز رغیریبی یا جو شان اندا

مگر بیل جا جیب او لیشی کلشن کوبیغه اول کل نیکه   کرمانیغه دربار او غرصه بلبل دی فغان اندا

برباد و شیشه داغی اوراقه لار سمانی ملامتیغ — بو تیکلیغ خانمادین جلالار غنه سیمانی اندا

جمشید تخت یار ایلالار ریله سرمست ایمیش وه کیم — ای عکسی تیکیغی ساسال الماقی اوجونغ معنی نمایندا

ربانی خانقاده کر صفا کسب اتحاد یتیک بردم — فنا دیر بو کر کیم یوق کدور بیر و خمارندا

سمو تکحل جام جلالانی بنین تولا قیل صاف می — که ساقی عکسی نی کیم بولسه احوال جهانندا

نه جنت و شتی کیم نوبهار جیون نیککلیغ غبارندا

بلکیک کیم نجم بیلمدین سار و نور بوخا کسار اندا

نه جنت و نشتی دیکیم اول ایرور اوداولار شهری — قیون نی بولغای اوکیم بولسه شهر اولغای منار اندا

جمع ده دی نغیم سا جلار وصلنیک یاد دیدا ای کلکا — تصور قیلمایغیل کیم لاله زار اولمیش بهار اندا

بو دونغ کلیم واسن بارسنی ایرور فردوس دی اعلی — اگر فردوس اعلی دور کسین یوق نه یار اندا

جهانیغدا آدمی نیک اعتباری سوز دا اودیوقه — سوزی که آدمی کیم تورمغای بنا عیار اندا

فلک تا قید اولدی ولار کمان اتماینک کی رد رشتی دور — نوای اول مخلوق آنکه یعنی خوار بر کوشه شرار اندا

الهی یا پادشاها کردگارا

سنه ... اوجوق ... آشکارا

صبور

صبوحی ایچی بیله قیلسانک تجلّی قلیب نمرودغه یوز مینک مدارا

خجالتکیم ظاهر اتسانک تنزع الملک سکندردین بولوب مغلوب دارا

یولونک مهلک تاشی یاقوت احمر تیشنکنک تیری گردی مشک سارا

شها بو نسبت ایلکنده طالع بولوب یوزونکی قویاشدیک عالم آرا

قیامت کیم گناهینک عفو اتارکه رسولونکنی شفیع ایت کردگارا

نوایی نفس ظلماتیغه قالمیش

سین اول ماه خضر یوره جقماق دنیارا

ذهی جولانکه کهنه افلاک اورده میدان اوینا براقینکغه توقوز گنبذ بو توقوز گنبذ خضرا

فلکنی جوی ظلامی مبل نعلینک بولوب اندیغ ملک رعنالاری یک جنت سینغه نشندالیغا

ایسیب جنت نسیمی چون دمادم سنبلونک ساری بولوب روحانی لار جیبی سراسر عنبر سارا

فلکنی قالیب براقینکذین ایماس صنعی تینک شرعت قمر یاروب نجما نلکذین ایماس نعلینک قیریغا

یودونکدین انجم ایلاب دین قوتاشی فور اکتساب ایلکندیکیم توکولدیدین ای انجیغ قرا کون عفرا

فلک دادی لاری قطعیه عنبرنیاز چون سوروب مرکب خرد فیکی نجم اول قدم زیج اولوب انبلا

رفعتینک ظاهر اندا عکس سیلان الدیو ایردور بر افقینک ساید انجم شاهی او سپتیدا مچهر اسما

غلیب بو سرادا معشوق وصلی کویید منزل تیلاب سبز کشتهٔ عشقا تیقم رحمت اوین غاقی!

نوای خوش کورار ه عالم ه آنینک ذکر بیله وقت

انما دوذخ ارا او شیدیک دور ورد نیاو ما فیها

بر بوتان سیز کونکلوم داکر دونی جدا بولغان بلا جان داودر دیوانه کونکلوم دین ضعا بولغان بلا

هستارم که عشق منذین اوذکانی قیلغای اسیر هیچ کشی تا بولماسون یار سیز بولغان بلا

سنا تیوذ لانغالی بلالار بزکا کیم بولماس خلاص بو کونکل دنقا ارجره مبتلا بولغان بلا

وصلیدا رشک اولتورور هجریدا غم وه کیم هنوز وصلی ارا بولغان بلا هور هجر ارا بولغان بلا

اولتورور هجر هم بولسام اولار جون بولماسام بولماغان جانا منیک برلا بلا بولغان بلا

ناصحا عاشقی لیقیم نه منع قیلدینک بیلمادینک کیم نصیحت برله دفعی اولماس قضا بولغان بلا

جون نوایی سیز کحم یوقتا نمی سو تجا کامین هر کیم کران اورتا مین ای بلا بولغان بلا

ای نوای تا کیم باردی یار بیلان هجری ایماس

شدت هجره بر بلیته دیی سوا بولغان بلا

کیم بیرینه کورکادی چون اهلی دوراندین وفا اوکیم دوران آفتی دوری ظلم اندین وفا

جانم عمر ودم دوردور اول بیوفا بولمیش تا انکا قالمادی کورمیش کیشی هرگز عمر ایله جانیدین وفا

کر وفا قیلسا انکا ایردور اندین بار روشن پری یوقتورکیم عالمدا کورمیش نوح انسان دین وفا

وه که دوران اهلیدین خیر و وفا ییغ کلمادی هر نچه کیم کوردیلار مزدار ییران دین وفا

چون هر وفا کلبری دوران باغیدا اجل ادی بی جهت دورکیم کیشی تاپار بو گلستاندین وفا

کیم کونکلین کمیته دین استاغ وفا الدور مکا کیم منکا جون تیمادی اول کونکلوم الغاندین وفا

ای نوایی کر وفا هر حقیقت اول سلطان حسین

تاپتینک الدین کیم تیلار سن ایمدی سلطاندین وفا

سن کبی بیر گل تاپیلماس کیزیب گلشن ارا قامتینک دیک نخل ترمینک سرو ایلاسی ارا

سنی قیلو یسینه ماه اولغور غانه تماشا قیلغالی روزه شخصی دوراییسی کوز مردمی روزنی ارا

جانیم ایچره بوملا اول ستمینی مهر یمک سینک مهربانلیق رسمی دا جانیم کرامی سی قانی ارا

قیلماسا روشنی جمالینک لمعه سی کوز مردمین قویماس اول کوزنی قراتیب دیده روشنی ارا

سینیغ حسنونک ایچره مهلکه غمزه سلطان حسین شغال لار غوغره بولغاتیک دور دوران ارا

مدعی لار اچره کیم قیلمیغه دوشمنی وار دوست   تیغ سوردی دوستی کم اتامنی دوشمن ارا

بیلی شریف عذرا نا وسدین کسب ایتار   ذو فنون کور که بشنار ویک ایرور یوق ارا

عقل رنجیدین اما استاب توتتوب چی انکلیکنی   ای خرد کیم قوی نتای بر لحظه اما یعنی ارا

کوکسوم اچره یوق ایت کونکلونکنی نوایی تا انکا ای اکا

نه عجب دیو اندین کر تاغم اسانلک مسکین ارا

جسم یماریغه بار اول نرگسی شهلا بلا   جان افغای یغیغا اول هم لعلی ادای شهلا بلا

دیر ایجنده عافیت نسونکا ایجاج بز فرج   یا غدوروی عالمغه اول شوخ قدی یها بلا

نه بلا دودکیم تونکلمنی بلا ویک یکنفس   کیم منکا تیماس دمی اول شوخ دین الا بلا

دایکم جانمغه کیف و قاشی خعلی غالیدین   یا الم دور یا ملامت یا صعوبت یا بلا

قصدیم العزم اتیده اولماکدین اوذکا جاره یوق   کیم ایرور هم جمله افت هم قدی رعنا بلا

اول بلاغه اوزکا نیب من ایلکیم جانم نثار   کورمادیم باشیمه برساعتی اشیدا بلا

ای نوای فقرا یله قیل ما سوی الله دفع کیم

کلدی نسالک باشیغه دنیا و ما فیها بلا

ذی

نه‌ها چنینوکه ظهوریدین تو شوب هرگوهر سودا بو سودالار بیله کونکلنی باذ ایده یوز غوغا

سنی تا خاقانسی مشغل ولی تا فنا دلیق ایستاغلم ایرور رفید الفیک فنهان ولی فنها نطلق غوغا

جمن اتنش کیمو اتیش کیمو اتیش کیلدیک جوادت ستانکدین سمند ور ویک اول او تعدین کوللجا پایه تکلیل بیضا

نه اشکی بولوب ارام کوزلم عکسدینک مجنون یوزی کوزه کوکسی عکسین دار کور کوزهمادی لیلا

قویاشنی کیم افاقالاری سحاغادی تماشا ایرور رانوی سر صفونک باغیدا بار اول هفت یوز غنچه گل رعنا

تعدین یوزنه کل اجاب عشق او تعدین بلبل کیمی وامق یوزنه تکدین کر عذار باغیدا گل اجبادی عذرا

کلا فشیکی اگر شیرین لبیدا قیلمادینک مفر تعدین بسی لعل ایرور فرهاد نینک قانی یتغدین خارا

جمالینک پرتو یدین شمع اوت کلستان ایر عکس تعدین فروانه ادت ایره اودیغ سانوبد خلیل اسا

ملاحت برله تو و دونکا سرو قد لار قیامتین بیعی که موندا غ ذیب برله اول الف ایلادینک دنیا

قناعت نینک دلیلین انزو قیلادینک بینوا هم دلیل او شبوکه قانع حرفدین خلق ایلادینک عنقا

نوای قیبغ تیل برله ستاییش جمدینک بیان قیلسون

تکین جنت گلی وصفین قیلور دالحنک ایرورگویا

کلی اووزه خطی مشکین برله تا قیلدینک رقم فیبا منکا ج حجیغه سید بولوی یغه خطو اکم فدا

تون بنالهسی یوزیکلوم ایچره لذت دردینکنی بیلکوردی   تنغم دستینی برماس کیم تابولمادی درمان قیلدی

شفقی کیم یوز جلالی عاشق ایله کر جلوه کر بولور تنکا   کوزدوم دین بولدی قطرهلار قویدیم بولدی پیدا قیلدی

حمله قیلغاچ ظهور اول نوع کیم قیادا الوفعدوم   بیلور بیتسلار باریم بهوت بولغاچ قیلدی

جو ایلار جلوهٔ حسن اول پری عشقیغه ارا اتکی   یوزینی تا فتوره سما بیتکاچ ذهنام تنیم قیلدی

نه مهلک وادی ایمیش عشق وحشتی کیم کرکه انکا   قدم اوینغان وم اوریا قکوز بلور جکلی عدم قیلدی

قویوبنک بیغلالی کونکلوم نیک غباری افت بونیاکیم   کرمنع کردیدا اوورقا کی هوا اوابولسیم قیلدی

اقیغیل باده سیلابنی ای ساقی که ای جرانده بیغ   کونکل وشتیده بولمیشی کاروانی غم دردی قیلدی

نوای نه جو سوزونک ای پیر روم توقف قیل

کیم اول مجنون بلور چه ایوزیدین دهیدم اندا

سره هجر تیکیدب ابودر یوزنم ادار منکا   غم ایاس وصلیدا امید اکر بار منکا

بربونوع هجر جنون قوشلاری قونغان کبی دور   تا کشیکیم یاعد ور اول شوخ ستمکار منکا

ذاهدا حاق نه قیلور وصفی من اول ای کیعینی   کملتش خلدا شلا اول کلی رخسار منکا

قیلیدا انداغیکیم بری جهدی شیلای الالار اغنای   اوت سالور هر نفس اول دافع نمودار منکا

بسکه

بسکر قائمنی بلالار عده دی کوب بیراوینه   اتلالاری قیدی حلاقه تن اضطرا منطا

سونکلاوم مهتارین حققود جمالی عکسین   ساقیا توتّ دُج آینه کردار منطا

سانغیل اهل عشق وجودوم غفنا اوتتی کیم   نافیه مقصود یوڈین پرده بندا منطا

جون وفا اهلی ذماندا نید ابوقتو عجبی   هرزمان قیلبه جفا اول بت عیارمنطا

غرضم برنجه کون ستاییده و میدور سیوق ابسه

ای نواى بو فنا دشتیدانه بار منطا

بلاراعدوی از برقان یو تماقو عالم دور منطا   کرد می جام و صالبک تیغ غمد و رمنطا

فندا نتیغه ا کو دم ای یوذ بلا غاد جرادیم   کوز لا دیم حقستو ولی موتجسرا کدو رمنطا

یا کوذ دین کیم نها نور ایلدین منى قلبه   کیم دیپک یم فتنه بولغای نسل ادم دور منطا

قار جرایت یشی تو کو ب اقفال جطاهر نه خام دید   استهالی نا له کونگل بو نوعی ماتم د رمنطا

اودک یوذ نگا ربگ بر بر کو زنگ بستی مهر   ایک برقو بر نقغنی خاتم دور منطا

ذمرا توتستگه حوادث اوقدین ها لغ ایسا   کوذ پشم دین کر بکوذ نو شلکوه برقم دور منطا

دلبر الد دیاحهون نغدجان مفی اتغاوى
اهوانواى عشق اطواری مسلم دور منطا

يىگىت ئىكەندە ئىدىم   مبتلا ئىگىت لەرگە   غارىب ھەم ئەزىز ئىگىتلەر من ئىگىت
يۈزى سەرىغە باشى ئاپ پەرقارە بولغىنىغا   يۈزى قىزىل كۈزى قاشى قرا ئىگىت لەرگە
چو بولۇى حسنى وفا ئىستاسانا ئىگىت لار   نىچە كە توتسام اۆزۈم ھە عطا ئىگىت
تىلار ايسانگ قارىنىغ عىزتىدىگ فكر   كۆنگل نە نېرما ھاسىل دلو يا ئىگىت لارغا
نىچە كە بولسە ئىگىت لىكىدا اشو خلۇق مطلوب   ولى ادب بله خوشنۇد چىا ئىگىت لارغا
قارىپۇ نىچە بولسە مستم ئىگىت لار چى   ستم نگرى برما دى حسن وفا ئىگىت لارغا
نوعى زهد ايلا تقوى سىرعىلى محفوظ   ستم اۆجرادم قارىغاندا بلا ئىگىت لارغا
نىچە كى مست ئىگىت لار أهل عشق ئىگىت لار   وليك عشقى درو پارسا ئىگىت لارغا
ويسانك قازىب بولاين زهد عاقىبت بولى   ملوك بولما غاسىن اىشنا ئىگىت لارغا

نوای یاق ارىسانك بوچھ اندا ابرىچە كون
رفيق بولا تىلار ايس نۆا ئىگىت لارغا

بو خلوت دارىنو ناچرم اوطاقنى طریقىدا   ھلك بولگا گا اندا مشرو بولنى ميان اندا
برافىدت انبيار واج سايە پاسبان ميلغە   چونە مطلوب ايا بولغا نچ يا ميان اندا
حكيم مها نو فتحغ چكال رسميدە بولنى   اولوس رحمت جاوىد اغنا عمنا اندا

مكان برله زمانديں سوچاكيم يوقلوقدا بارىدى   زمان بيطلعه سلطان الله مهدى ىطلع ديىا
ىثنا اىم ىلاىمو عقلدىں مولدرع شائدلاىه   ىنثاىكم اىقواى عقل ادلبنه تام شنا اددا
تا غيب مقصودكر سيما وخىره جديدىں   سربين درده باريب قىه بوقورشيد شنا اددا
المهى اوىل شعىه او ىقاىدا اىلى جرمىں لى عقوا كوىلا
نواىى داغى نوميد قلىں كاهان   اددا

وه كه بولدوم عشق ارا برو فاغ مبتلا   بولماىوں الى وفا مولدرع ببللى مبتلا
اظلاعا مجنون لو غشيد الىى برشى   كم بلوم بر بر بوىوش دلر با غم مبتلا
با وقتا برلا كدا الم كوله مہ نجب   بولدم ىں نىطا نه كدا به بادشاء مبتلا
واىه ىرسولا ىغم طعں اىلاكىك جبد اىلاكم   بولماغا مىنى اول كودلا قاشى قرا غ مبتلا
بو بلاديں ىثا بيطا نغو جون جا ره بوق   خواى بول بيطا نغو فدواى شنا غ مبتلا
                                         ملول
بولمشى اولكا فرغمى دىوا نه كو ىكلو مدىں   ہيچ ها فر بولماىوں مىں مبتلا غ مبتلا
ساقيا جى نولط درو بىك دو آشا دور   بجردى كم بولسه درو ىپ وفا غ مبتلا
كرقوا بت ابرى بولغىل رىده لا دا بسه   قانعه ده بولغو جه اهلى رياء مبتلا

ای نوائی یانه اوجون بو غمدا اوجون ایلای خلاص

توکونکلی دندانیدین قوتوش بیلماغ مبتلا

ذی قوریغینینک اولوب ای باشیغه تیغ بلا بیر الملا انچه یاد عمان قویاش کیبی مثلا

تو توب سنکا جوجه لطف ساقی وحدت شوق عشقینک اوروب انچه جهان ایلک صلا

رسالتینک دمیدی شرع کوذکوکشی جلی بیباکینینک اوتیدین کفر ایسیغه جلا

هم اهلی روضه فردوسی سن سزینی مدبل هم اهلی دیل دلتقی هجر نینک اوتیدا و بلا

نهاردا فوغ بو نوایی ساقی کوثر بو دیرا ایچیدا می عشق ایچا لنکه توولا

تعلیم دادکرنینک کونکلومدا دور حیاتینکا ششکر سن بار سن سیز ایماسی حجتم خلا و هلا

نوای اولدی بسی فار سبس توحسی یکلیه

سننک یولونکدا انکا اولسه بیبش دور عزه هلا

قدیرا اولسه یار جشمدین ولایت دور سنکا لطفونکلا اولسه ذنبیم دیک دینی و راعت دور سنکا

ای منی سرگشته دین کا فارغ کابی هلول قهرنینک لطفونکلا بو یارب کیم نه عادت دور سنکا

لطفونکلا ازمی کا جان الور قهرنینک سوکیلیم اولتور دور بو عجب حالیدور ایا نه حالت دور سنکا

خند

رنج

پیدا نشمای سو یدو رنگ اتی ای کونکل جنگ اذ دوروب لحظه لا موج افت دور سنا

هم ایتیب آهیم اوتینی گلکره دوران باغیدا کونه بشمدین بوقدور لطیف طراوت دور سنا

ای نوای ستمدا وصل توی بشمدین فذره و یک

هر نجه قیلسه استغنا حقارت دور سنا

ای گلشن رخسارینک اولوب دهر غرارا رخسارینک نساجیک گلدا اوذره عنبر سارا

کنکلاتی هیسنجا نار اتیتی قوبیشتی اول لطف دل ارام ایلا اول حسن دن ادا

گیسو یو دورنک سنبلی برکی گلیدین دیوانه من بشفقته لیل ونهارا را

اول پرده کو رخسننک قلیبا جلوه فراذ ادجاقو فلک قوشلاریغه اغلانه یارا

و خم الدین اولوب ظاهر پشدنی باردی هرم ایل عشق عینا ایلاب سن پارچه خوارا

لعلینکه غیتیب خاره اگرچه اوتشا تیب دور جون انداتافیب لعل غبوادده فارا

پیلدی جو حد یتکنی صبح ابدی نوای

مسکین جو تیلار بولسه بطلچانه دارا

ای نجلیکم وره نه مخفی ایلاسانک تمنه ادا کوهری عشقینکنی فنهانی هر غشانک افشانک ارا

علم الامنانغه بيرى چون ايلاب شرف — تخت حاجت عشرت اوزره روزده دم رضوان ارا

ايلايكيم تخت ايليغه دوشمن دين ايلاب دور دونيه — اول خليفه بيرله دوشمن ليق سايب شيطان ارا

مكر يدين خارج قاليب ملككه دين ايلاب نهيب — قر بلار سرگشته ليق آواره يا دوران ارا

غربت يا الفه دلوق مجنون لوق حيرت بيله — هر زمان يونهمنگ بلا اجره سايب هجران ارا

بيله چون رد ايلادى سوزينى يانه ايلاب دور قبول — دال ايلاب عالم اتليق كلبه احزان ارا

بو قبول درد ارا حكمت نى كمسه انگلاماق — خيل انسانغه هر سنغاى جنبه امكان ارا

ايكه سن چون يار سن سن قلوبكنى بخشى قيلا — قدر ينگ رحيتنغه چولانى برمه بو ميدان ارا

ايكو كونكلى كميسه احوالم ديمسى يار آلتيدا

فاطرم تمدين ملول اولسون كم يار آلتيدا

اول كوز آلتيدا ايلاكيم دين بار يوق يا كاهيج — سر غه اولماكو دين ديماك يوق شرح اتمار آلتيدا

نه جفا كشى من كوزونكنيكيم يار انكاكيمى جفا — سن جفادين ظاهر ايتسام اول جفالار آلتيدا

كوزلارينك قانم غه قيلسون اكر يا لغاو سام — بر تشوق قانم بحل اول ايكى خونخوار آلتيدا

حى بر ور بولسانك قتل اديرا اجره آرا ميغه — كيم فنو يا باشم نه تو سام پرخمار آلتيدا

الويف

الاینه کلکلار غنچه سی بیک مشابه دور منکا کیم توتار ها ملون بحر پیشبار الیدا

ای نوائی ایرا یسانک دنیا عروسین قیل طلاق

بر یولی بولمه ذبون بو وارسار الیدا

ارا

ای جمالینک جلوه سی مرآت انسانی ارا لیک اول جلوه کا مظهر انسان ارا

ارا

تا تماشاغا بولسه لنبیک نیک بتغیر بتدین جاشنی بس بو نه جان بخش لعیدور چشمهٔ حیوان ارا

ملمع ارا

اوز تماشاسی دوی عالمی جبنونیک اوتیدین توشماکان بولسه جمالینک یوسف کنعان ارا

ارا

توشماکان بولسه قوتیکدین توکلنور پرتوی بسنی بیضا ایردی حسنی موسی عمران ارا

سیاری ارا

سماسین دوتغونینک ریاض صنع جمن تیشم کلکونی بلبل قایدا داله بولدی بوستان ارا

اهلان ارا

فیض ابرکرامی وجودونک کلشنی عطر دین شمهٔ نعتی وجود امکان ایلیس ارا

تا رتیبان بسا العیل نوائی نه کرم دریا سیغه

کیم بلو بدور غرق بحر بادهٔ عصیان ارا

مرحبا

بیدلینک خیلی رسکن سن اولار نومدلربا یا نبی روحی فداک اهلا و سهلا

کماه دولت لیغ باشیغه تیماین خر سعادت: کهٔ فلک روم کنکنک تیماسین بعد صبا

شام وصلینگ تانگ غه تانی صبح صادق تا سحر　　پنجۀ خورشید ایله پیرآهنین ایلار قبا

تغراغه اوخشاش من قویاشی کتانی بو سوزینگ باشی　　جاهلیمه رحم ایلابان ایلار بو رنجیم نی هبا

شیر گردون اول کتنی کیم بوینی باغلیق ایت　　کیم اتینگنینگ ایت لاریغ ایلار اوزیگه اقربا

بولماغای ایردی میسر جمله یعنی پنج گنج　　قیلماغای ایردی مدد چاهلمونی سن آلی عبا

ای نوای چارۀ دردینگنی قیلغانی اوکله یار

هم رسول هم امین هم مصطفی هم مجتبا

یوزونگ کوزکوسیدین عالم ایوانی نور صفا غه　　قویاش اندین ایکیلیکیم قویاشنی ذره نا قیلدا

سینینگ کویونگ نسیمی اوزی تا فتی کیم جان　　مسیحا انفاسیدین کیم خسته غه بولمیش دوا قیلدا

اولدی تا ابد سطحی وجودینگ طرفی بولماس کیم　　مسیحا انفاسیدین کیم خسته غه بوی انتها قیلدا

سن آتینگ سرو گل تا جلوه کیم پروانه اول　　پری کوییدا پری کا بوت تمنی دردبلا قیلدا

سنینگ شمع نینگ ایدی شیرین ایله لیلی کیم فرهاد　　اولوب مجنون نی بولای بوزتمن رنج عنا

مظاهر استانینگ عشقیغ عشقی حسن کوزکو دونگا　　کیم بیند اولدی خرمن بحر بوز برق جفا قیلدا

برادی نه سنگا کیم اوزلوکی دشت طی قیلدی　　بقا استادکشتی نه اول کم قبلسه فنا قیلدا

سنسا

منکا کونکلوم داکی حاجت نی یوق ایلی عرض ایتسام   اولوسی کونکلی دا پنهانلار ایرور چون بیکم نسنطا فیدا

نوای کلتنی وقتیدا احسان یا مغفوری یا عذر دور

که اندا کل بیله بلبل غه یوق ایرکی نوا فیدا

ای الیف دیک قامتینک میلی بودور لطفینک ادا   کنجی حسنونینک کوهری بو نقطه دیوان ارا

اوقلاریکدین جان تنم ده کویا پیکانلاری یک   سو ایچار غوطه اورمیشی چشمهٔ حیوان ارا

باشنی کویه کوی نیک فکریدین ارتار دردسر   کیمکه کجتی باشیدین کوی بیرا اوردی بی میدان ارا

کر کلاهینی مسیح انفاسی دیدیم قیلمه عیب   ای حبیبیم کیم غلط کاهی تونشار قرآن ارا

ای نوای عشق کورسه دردینی ایل کونکلی نیکیم

هر فراشی کیم اوتونک شعله هر قیلور افغان ارا

مکان منزل مأوی بیرنی خانمان فیدا .   نی جانیم دیه اشرطلا بیرنی کونکلوم دیه بستان فیدا

خرد مخفی بدن قاتمی کونکال غایب طرف معدوم   بار ایردی سهل ایردی کر بولسه اول ناحمریان فیدا

شکسته جبری هم کتمیشی غرار عقل هم کتمیشی   نه غم کر بولسه آرام روح هم اول قوت قان فیدا

خیال جانان فیدا دور سودی افغانده پیدا دور   اودی هم نتی وه الدید ابولسه کر دمان فیدا

قیامت ایردی کیم ایسترمی ایچاکی ای مسلمانلار　　بولوبنک واقع بولدی فتنه آخر زمان فیدا

کمسابه بیغضیل نیترم قیلوریم نسبت خرم　　تعجب کورکه بوکلشتی دا ایرماس باغبانی فیدا

سنکا جان شوقیدین بردی نوای یوق اجل دایم

اجل تاقفوبیدا ایرماس اول ضعیف ناتوان فیدا

زهی ظهور جمالینک که تاپیش کبی فیدا　　یوزونک توپاشنه ذرات کیم اولوب فیدا

یوزونک ضیاسیدین ازهر عین الحره بیاض　　ساچینک قراسیدین آرشام بیکیده سودا

ظهور حسنونک اوچون ایلاب مظاهر　　بو کوز کولاردا آنی جلوه کر قلیب عمدا

بری قبول ایتالماس انکم کیم حسن　　قلیب ایتمنی ظلوم جهول بیله ادا

دیمانکه اوزی معشوقا اولوب اوزی عاشق　　که تیغ غیرت اولوب انکا نفی ردا

نوای بولمادی توحید کعبت کوییده فهم

مکر که ایلاکه سن قیل قطع جانینی فدا

دا جسمیم خدنینکنک زخم دین ارتور نوا　　ساندویکیم جیسمه لاله آنی قیزدین ایلار صدا

قدی هجریندا سیر شکم سقفی هر دیوارغه　　کیم سیاب مزسرواندا هیم بیله بوشتی قبا

غزل

國家圖書館藏民族文字古籍叢書

غنچهنینگ انفاسی نسیمی چیکیب اون قیلدی بیکو رو بردوم عدم دریاسیدین موج فنا

ارغوره صلدین ینجو سایرور مونطلوع کوکلی قوت اوجو تیتذویب ایلاب خار بولغای بوینک کدا

نیکطابا غنلای بمبر دلغین کیساره هجران تونه اولماکی نه انطلابانی کرشمی توتما یوورغزا

هجر ودنیانک کونکلومه کیم قیلدی حالنیک عاقبت داغ اتمیش ورد بلاسی خسته کا اردوا

روح فرورد ونوایه آه اول یوزشو قیلدی

اول صفت کیم لاله کل یوزیدی یوح کملکو نقبا

ایرور عشق اهلی کورو ستایید یوزمنیک قرار اندا فنا و شتهی لوح میلی دیه طاق مزار اندا

کونکل لار تازه تازه داغ ایله قانغ جره ایلاب نقعان کور آرلار لاله دین تیلسانک هر جه بری بهار اندا

کناهی ایرماس کیم عشق اهلی شهیدی اعزینو تجانفان بلوب تمار جذبره الوده نشتر اشکار اندا

مکر یوسف منیب سیا یجیب تیال تا یتیب قلبی دوم اول یوسف قیلکو جولانغ قلمیشی اول نجا مجسوس اندا

بو اولکانلار کیم خفی عمری رحا کیرینه تاک مسیحا انجیوان نیکلیغ اوتیب کذار اندا

کورونکلار عشق کیم صبح نسیم لاله دین دایم سنهی جان بخش لیق سالقین کبی ستیزار هلاکت اندا

ایرور عشق آتیه کیم قطرهٔ نیکوانه سین کور کچه بو تشنادروج قدوس توکشلار بی اختیار اندا

نوایی گر فنا جامی نه کونکلونکنی تیلار بولسه   ریا دور خانقه اهلی ده بولمه دشمنمار اندا

روشن دور کی آیی یوده تیکدی بنی الور صفا

یوقسا انی وجه ایله قمر اندین الور ضیا

غرق محیط عشقینک ایدی جانا ایله کونکلی   اولدم کی روح ایچا ایدی تن بولوشنا

گلدا یوزونک لطافتیدین رنگی گورمه   بلبلغه ایدی نه فغان بر لب بونو ا

برذره اغزی رمزینه انداغکیم انکلادی   یولینی عدم طریقیدا دو رغادرم فنا

اول ریزه دل حیات ایدی وصلیدین تاپار   کیم تیغی غمی نه بوتی قیلور دردینی دوا

لامیکه وصل ایاغیغه تاپمیش دور اتصال   لای وه که ادتراغه التمیس ای بلا

اوذیدین قتول نوایی مقصد کیتیت که توشی

تیماس جهنه بولسه قفسی اچره مبتلا

ای نو بهار عارضینک صبحیغه جان اچره هوا   اندین که گل قاقیب یوزنی بیرکا برلی هنیکه نوا

طوبی تیش خمی سدره دور کو نیکنکنای خیالیکم   عشق اهلی ابدین بر دم قتعار سود هوا

ذوقی فراقینکدی قیو عشقی بولای تیلیخ تمام   توشی وصالینک تیما ساعینی انکلا مانینس دوا

جونا

جون قاضی الحاجات دعوای مهرینک قیلغالی　　درد و فراق اثر و هجرین کلتور مشام الجا گواه

قیلغای قبول اتحاد و امکان یوق سوزکا اینه　　مقبول نی رد ایلاماک لطفونکدین اولغای مو ردا

ذاهد کونکلی نینک خلوتیدین مطلوب غیر یدین ایرت　　سن سعی قیلسانک قیل کیل کونکلونکا قندیل آرزوا

دیسانک نوایی جان ایت محبوب بو لوانی جلوه گر

اول کونکل کوز کو سیندین محو ایلا نقش ماسوا

ای مصحف رخسارینک اول خطی وحی انشا　　دیباجهٔ حسنونکا کلک ابد نقطه سی طغرا

ذرات ارا هر ذره که بار ذکرینک اذاکر　　امطار ارا هر قطره که بار حمدینکو گویا

مشاطهٔ حسنونک دور اول کیم نفس اجره　　کون کوزکوسین اقشام کلدین قیلدی مطرا

کون شکلی یوق ونکه نسیج بسیدین بولدی مشتعل　　تون طره سی قهرینک بلدیدین بولدی مطرا

انشا

ضعفونکا قلیبانی صنع اولنوغی مستبعد　　کیم مهرینک او ذره اغزیدین ایتمار نفسی

گویا کی کو یارا غزیدین حرف قیلمیش کیم　　انجم دین الور املا لار دیدار فیدا

محتاج سنینک دارکاهینکه خسرو و درویش　　پروردهٔ سنینک نعمتینکه جاهل و دانا

کل یوزیدا بلبل سنینک اسرارینکا که ناطق　　شمع اوتیدا فروانه سنینک حسنونکا شیدا

عشاق ارا یارب کیم نوای نغمه مقامی

برکیل کیم نشینک چه معنیغه بولسون تیلی کویا

عید رخسارینک کوروب بولدی اولوس حیران سنکا ای اولوس عیدی و ریو دونک جانیم مینک قربان سنکا

شمع ایماس یوزونکا کوکب چرخ دینی کم ام تو فی کیم ایرور ریب کولا تمنین مینک کوز بیله حیران سنکا

عید لار دا ایماس بیلکم نیتنا ج مقدمینک قوتیغ بوی صدقه بولماق استابان میدان سنکا

خسرو انجم دیکیلی ذرسکر تیور کوک تو سینی عید که وا کیم کوز رخش ایلا جولان سنکا

جز تشکلدین هما یولدو فصیه فرقت توتا تنکری ایلاب دور نصیب اول جفادین قالوغا سنکا

نا قضوان صبحو بولام لیغ پیله بیر محبتی کیم کونکلی امیدوار منتظر درجان نعمدان

مجمع بولام لار دا کیم زنده سی فقر اهلی نیک خوار کورمه اکه خلعت بخا الوان دور سنکا

عیدکا اهلی دمی قیلما پریشان ای سپهر کیم ایرور یوز بو جمعه بر ایاق فعان مهمان سنکا

ای نوایی ور فضلنکه خطبه دیک تا قیلغای شرف

لطف ایله قلیب پرام کون سلطان سنکا

قهر بیلا اولیب بارچه شهیدی ملالت دور سنکا لطفونک اولیب قیمینک دیکه دونیغ فراغت دور سنکا

ای مغنی

ای منی سرگشته دیبا که فارغ ای ملول　　قهر ینک اول لطفونک بو یاریم نه عادت دور سنکا

لطفونک آذی جاندور قهر ینک سوزی ایله اولتور در　　بو عجب حالی دور ای جانه حالت دور سنکا

پند نصیحتی ای سویلدونک آنی اینکو تکل جک دره رنج　　از دوره هر لحظه کر بوی موجه آفت دور سنکا

دیم ایتیب دیم او تعدینی کل کوران باغیدا　　کوز یاشم دیک بو قدر لطفی طراوت دور سنکا

ای قویاش مهر اهلی نه کوبیدور مه بو واقعیا کیم　　سرمه رولاره هیدینه موجه حرارت دور سنکا

ای نوایی سهتا مه وصل او لقه یاشندینه ذره دیک
چون نیجه اول تیک استغنا حقارت دور سنکا

ای بتی منظر طرحونه معمار صنعو تکوین بنا　　مصنوع علار نامی ولی مسلوب صانع دین بنا

جکلای ملک لطفی کوبه جذر دا ایله تسبیح اونی　　ادم دیبا تا قهرینک تونینه روم ظلمانی بنا

جمع یکید هر کونه نظره کهنک لاله اوتاغ میو　　جوبکم دیمیشی خیر البشر اودن بردا لا احصی ثنا

فقر اهلی سنتاب قربینک اهل غنا هم دلای　　تیکا نداغی قر قیتنیک نه فقری غنا نونه عنا

وصلینکده عمرت خوب ایرور عیشی طرب مرغوب ایدور　　سن سیز منکا مطلوب ایدور تینداالیم جان الله عنا

عشقینکده ایر دیوانه لیق شوق یکده ایر فرزانه لیغ　　اغیار دینی بیگانه لیغ اودنی اودیک اشنا

جرم کناه لاردین او توب کلمتور مه یودوکه قد توب توب　　لاله اکر بسامع تو توب تسبیح گرتیلتش دعا

ای دمی نوایی یلکسی عشق اجره انداغکم حسه　　چون اودیا دنیک اتی بسی کو یودرددی نیکدن بنا

وه که عشقیدین ظاهر اقسام وهم دور منکا اولکان کر نه ... کوپسام دلنی جاجر فدیا منکا

کلماس ایرماس ای پری اولمالغاندین تیر کوزونک ایلی
من تریک دین تجتراق من عمری جو دال منکا

جزو جزو من فنا ایلکان دور تنیم بر قطره سو
تا کی اول شوخی جفاکش ایتبه نا اولی منکا

کونکلوم اوتیدین فغان ایلکان منینک آتی تیغ ایجره
بر بیرین بیلک اوزو بودور جزو لایتجزی منکا

التون ایر سالیب کوییدا ساری فالیغ بولور
نه عجب سارغاریو نیتماس ساریغ ایماس منکا

جان ایلارمین نقاع اول قاشی یانی کوزی اوق
کیم خدنکی اتیب ایل بیلماغای کونکلی منکا

یار هجرین قیرای عیسی کوزوم لاریم ای پری
ایلاکیل می شیشه نیتیدین هندو روب عینک منکا

هر هجران وجودوم خرمنین ایلاغ سالور
کیم فنا بولیدا هر بو مسوی همسال منکا

ای نوایی گر منکا کوبرال ایکاس امید وصل
بس نه جون عشاق دین جوری ایکاس کوبرا منکا

اگرچه یوق طلبیدین دمی قرار منکا
ارادت ایلماکو بولدور بونه اختیار منکا

وصال دولتین اولکون اوده منکه جزم ایتی
که هجر غصه سین ایتی حواله یار منکا

جو یار کویدا بولسام بلا منکا یاوی
بو وجه دین که تموردین بولور حصار منکا

نه بولسون اولکنیم جکمامیش فراق تونی
کمینه صنعت که دور تیره روز دین کار منکا

قاجیب عدوم بار ای عقل فهم دانیش دین
وطن یاریندا بو یت ایلی یار منکا

بو

بو بوریا غمیدا یتیم جلیب بنکرار اوجون کیم او شبنم شرف ایماس ایدی لباس دوار منکا

نوایی دیک قدمین اوریا تکیاده پچالی آهنیک

نتیکیم مقام قافیه پاتشا تیک اولا قرار منکا

منی موحد ایکیم شنبک وصلیک میسر دور منکا بخت نیکره دیدایم بو قصه باور دور منکا

حق تعالی قدر وسیم تبریک ایلیکونی منکا اسیین مراد بو جهان عالم نینک بو تخت یاری برابر دور منکا

ای کونکول غواص بحر وصل اولوبمن عجب کیم نصیب ایلمدی اوشول پاکیزه گوهر دور منکا

بزم اوجون بزم وصالی انجیلا ایچمای باده کیم کوز اغیز بو کون بادام شکر دور منکا

آدمی خورشید بیلینغ چرخی کردونکیم بوددم مهوم اول کل چهرالیک خورشید فلکی دور منکا

قورقارم جرمان سیجابین تا ابدی ای تیم انیب کیم شبستان مهر شمع دین منور دور منکا

ای نوایی هیچ بیلمامکم تاقین منی وصلینه

یا مکرکیم جمله عالم مسخر دور منکا

اول مه نینک حاجت بو ذوق مسکین منکا او دم حاجت که بخشش یوز برای لیق تین منکا

مهر ایله تن پرتوینی کوزیمه روشن قیلما دیم بو لقالی مهر نینک رو خونک عاشق روشن منکا

بولدی روزن روزن اول مالی خدنکی تنکی دین جانب قوتی چقما قوز بول ایمدی روزن دور منکا

من اولا رمن نجیه بی نیلاب کولوب یشمه اشیم دردیدین جواب فراق کون کولار حیثوم منکا

رحیم ایتیب جانیمغه دوشمن دوست بولماقدا اوشول دوست اوچون بیر نیچه ایلالار بولمیشین دوشمن منگا

غم قوتی جانیمغه چون بولدی ظلم و اصع صبح دیک بیر تانگ بولغا چاکی پیراهن منگا

ای نوایی عشق مشکل دیب نچوک ترکین توتای

ایلمای بو ایشنی هر بولسه بو بولوبدور فن منگا

چون کسکی ویسام کونگلوم دور شتاب انگا چون که قرآن کور کونگلوم هر ساری مشکناب انگا

لعلی لبنیکدا ایر بولوب اب حیات قطره سی تا که خضر سویی لبینیک قطره بولوب حباب انگا

باتماسون اوزکه یوزونگا کوزیم نیکیم ایشتابار دور هر ساری عینی رشکیدین سالدی کوزونگا نقاب انگا

اقماد خوی عذار حسن لعلینی کیم حکم صنع ایردی حیات شربتین ایلدی اوزار گلاب انگا

جسم اگر کوی یار کونگلی تا الینور ایچیده اول یمس کیم بیلسا دیک توتشه اوت یوق بیچه اضطراب انگا

دولق خیال دین کونگلی هر یان ایتار تنوع الیک صید غم خیلی چون باغلاغلیغ ایردور طناب انگا

اوز لوکی بیک حجاب بیلدین ملک اوزی خلایقی ایتار اوزنگا قیا نکه سیماسه کوز ممکن ایماس حجاب انگا

اهل مذلت آهینک نا وکیدین سپیر اگر تا جمادیک موج بسبیغ بیله دور زخم بولوب سیماب انگا

وعده وصلین ایتب توتشب الا غیم اهتمام دیمه نوایی اول پری ایلاماکون حساب انگا

هر کدا کیم بو ربا سیه فقر ایرور کسوت انگا

سلطنت ذربغت دینی حاجت ایماس خلعت انگا

سیم

سیم تفراغیغه یاتیب قویبان باشنی اووره یاشی　　تخت اووره ایرماسی مذهب متکا حاجت انکا

شه یوروب عالم اچار درویشی عالم دوینی قانجاره　　کورنه همت دور مو شاد بونه حاجت انکا

شه سپه جمع ایله فقرا اچو الیوتی یسی فتور　　ای خوشا درویش کیم مرد وده ایر دور حشم انکا

شه ایماسد ور بر نفس آسوده دوزخ دین غم　　بو ولی جکماس نفس برباد اولور حشمت انکا

شاه غرضه لیق همتلم دور اگر بولغای مدام　　شاه لیق برکین قلیب درویشلیق نیت انکا

ممکین ایرماس ایت نلار اجره بیله نیت لیق مگر　　شاه غار یکم متیب بولدی بو دولت انکا

شاه لار درویش دور دل پیشلار دیک شاه باد　　شاه لیق صورت انکا درویشلیک سیرت انکا

تا شه درویش بولغا ایلا اکیل یارب عیان　　شاه دین خدمت انکا درویشلیک همت انکا

کور نوایی سوفراوده اتی فقر دین ایرماسی دیماک

بولماغو نجه حکمت دین فایدا بو جرئت انکا

عمر ضیق ایت یتشنیک بوکوب هر کیچه یا الجابیت انکا　　اه و دیکیل ناله قیل عشقیده اسمار غاریب انکا

عاشق ایسانگ که یاقیم ایل هرنیکه معلوم بیکدور　　عشق بولغوکر که ایل یاتقادی قایو بیلیب انکا

ایستار ایسانگ جمال ته ترکی جماندیج ایرولب　　کمک بوسی قلیب تقفار جاندیج ایرویلیب انکا

کمکه درد عشقدین بولدی نصیب ای طبیب　　یاره قیل شغل بیهوده حاجت ایماس طبیب انکا

هرکشیکیم حب محبوب نیک حبیبغه　　بوقتور بو سوده هیچ نیک محبوب اولوب حبیب انکا

بولغوکور نوایی نی تیره لیکدین ایرمیش اول

شمع هجرانینک بلاسی آهیم ابر ییب انشا

قلب کونکلوم که اوتقونک سوز توب ایتیغ قانذین انشا | میپی مثلیک جرماغایمن رشته جانیدین انشا

باده لعلینک فراقی روحی پرور دور بیسی | گویا محو ذوج ایب جان ابحیوانیدین انشا

اوتی کونکلوم شعله سی سکین اتی چاه تیز | که اوتون بولگای کهی سوز وردی پیکانیدین انشا

درد غم بوستانینک طاوسی دور کونکلوم قوشی | کول بلوب جمشید الحان نغل یانیدین انشا

ای نوایی یغلاماق آهیم سکین برحادی

وه نی بو اودتدور یوق تا هیر طوفانیدین انشا

لبینک ایلامیش اول خال عنبرین غوغا | بجولکه شکر اوذره ایلاغای جبین غوغا

بو نوعی کیلا لای اسلام اهلیغه کفار | که کفر اهلیغه ایلاب دور اهل دین غوغا

دیسام قیامت ایلی بیک کونی عیب یار | قیامت اهلیغه اول کون وانگاسین غوغا

نی عیب قوزغالش دوران پیلاکم هرکون | قدح ایچیب بالیب اول شوخ نازنین غوغا

نوایی اوذره غم درد قوزغالوریه ایکن

بو خسته غه که قیلور یار همنشین غوغا

عارضینک خالی نی بردم کورماسین ای دلربا | ایلا نظر کیم کورونماسی کوده در اقراقرا

عی

۲

هجر ارا رعنا قدینک نخلی غمدین شکرف دین ستانلار شمعی استاکاندینک هجر ایلیدین کدا
کر فراق ایاغی ینک بیلانی حسابیدین نی عجب کیم بوزونینک هجریدا کونونی در هجر بیلانی دردی منکا
باشی الیب کیت یوزی سریغا کویو بکونشیدا ای کونکل کیم ایماس سن خسته جانینک هیجر دردیغه دوا
نجه افغانی کوز یتیم یتکوزه ای ای نسیم فرض عین ایرور یتکا دورسی سیمو وتی
عمری بیلدینک اوتمای ودیب سنی مکر ای باغبان کیم تیاک جالکا هزکلی یوتامیشی بو باغ ارا

حلوا یایا

ای نوایی خسته کونکل که مددو ورنا و لی
رابت اللذ عکم ضعفی ایلیکا برور قوت عصا

هم رمد تبداغ کوزونکا جسم خونباریم فدا هم اوجوق جبقغانلینک کا قان افشانیم فدا
اشک کیم انیدی تیمار سیریالوتونک ینک صدقه قانی کیم موندین جیقار بو جسم بیماریم فدا
اول کوز بولیب غنجه دم باغ کلغذاریم ولنغی نرکسی کلبرکه یوق کیم باغ کلغذاریم غذا
کوز اغنی یکدین کیتار کاباریوق اشوب رنجه صبر عشقیغم صدقه دوریغنی یوق باریم فدا
کرکونکلی اهوملک کوروینک الوسیوا الایق بولمادی ایسطلار ینکو بولسون ای شوخ نسیم کاریم فدا
جانی از شریف لبینکه اوبیالی رخسار ایلا القاطنیک اوچون ای قلیج افغاریم فدا
اودکونکونیک قیدیدین برجی تیدینیک خلاص جیدیک ای مبتلا سیطابت برله دلداریم فدا
باده قرا تیدانکا عکسی ظاهر بولمادی باده شاهدی بولمای نعد نقدیم فدا

ای نوایی دیمکیم جاناغه کونکلنی تیلادیک
ایلادیم جولان قیلیب چیقتی اولدادیم فدا

بو نه توغالی اول کافر خود کام کونکلدا | یوق منده کونکلی ایلاکه ارام کونکلدا
هم کل ایسی هم سرو بوی کونکلومه تا جاکسه | تا اورلادور سرو کل اندام کونکلدا
سیمین ذقنا شعله رخساری نیب کیم | اوتلار یاقادور سرو کل اندامی کونکلدا
تا غنچه دیک اغزیکه توتوب ذوقی ایحتی | قوزغاتی خرد خیلینه هر شام کونکلدا
کونکلومنی بوددم جاجه ایله بارما توتا ایین خونش | جون ظاهر ایاسی صورتی انجام کونکلدا
کونکلومه کافرلیغ ای شیخ لی هر کون | کافر بچه ی قیلور اشام کونکلدا

منع دیر فیدا قیلیم وطن اندا غه نوای
کیم منجه لار وصل دور کام کونکلدا

بو دنا بوددوم اگر تنک باری جانان الیدا | ذره یبک یوق باری تعکلادور مهر رخشان الیدا
کوزلاریم جشمه سی الیدا عمان هجران ارا | کوز ییغیه ایلادور کیم جشم عمان الیدا
وصلی عیداد دوزخ اوتی برله قوینعان تازه داغ | اتنیف کل دیب کمان قیل داغ هجران الیدا
ای مسلمانلار نه حالت دور که عشق یا تیمشی ذنوبا | یوز مسلمان خیلینی برنا مسلمان الیدا
فقر ایله شادی اولقاه هردم بولسه اجل معرفت | دهر شغراغ برله تا تنک بو مقاق ناماجان الیدا

ای

١٥٩

اول کیم مجنون ویدیلار حیندور کیم هر دم کورکوز در   جاک بولغانی کونکلی نی بو جسم عریان الدیدا

ای نوایی جانینکی باره الدیدا قیلغایکین بیداد

بو کونکول جانینی دیسه بیتمان ده بیسدار الدیدا

کونکلوم اوزکان تاسمون هر کیم غیرنینک فدا ایلاک   هر کونکول کیم سنینک شوقینکنی فیدا ایلاسا

هر کیشی وصلینی تمنا ایلسا نومید اولای   هر کونکلی هر کیم سنینک وصلینک تمنا ایلاک

اوزکالار حسنینی تماشا ایلاکاجیق سوز کوز دم   اوزکه کوزوم سنینک حسنونک تماشا ایلاک

غیر ذکرینکه اشتکار اولسه الاله اولسون تیلم   قیسه هر تیلکیم کیم ذکری نینک غم اشتکار ایلاک

رشک دین جانیم غم هر نرکسی کوزی کرشعله دور   باغ ارا ناکه خرام اول سرو رعنا ایلاک

یوقاغیز دین نکته ایتور مهوشیم دیک بولمغا   کر قویاشی هر ذره سعدینی بر میجا ایلاک

دیر نوایی صید بولمانجه کیم

کون اوزر توق ذلفین مطرا ایلاک

ویرا ایلی دین نفعی اکر یوقتور ضرر هم بولماک   مهمی یوقتور کونکلی کیم نشتر هم بولماک

عالم ایلی بزمی دین یوقتور جکر کون غیره ای   کیم انکلی یوز مینک قدح خون جکر کون بولماک

مهوشیم کیم بولمغا وصلیدین امید حیات   خوشتور درجان هجر یوبیت خطر هم بولماک

بیدلی کیم بیخبری توشکا بر وهجرانیغه   نی بلا دور کیم کهی اندین خبر هم بولماک

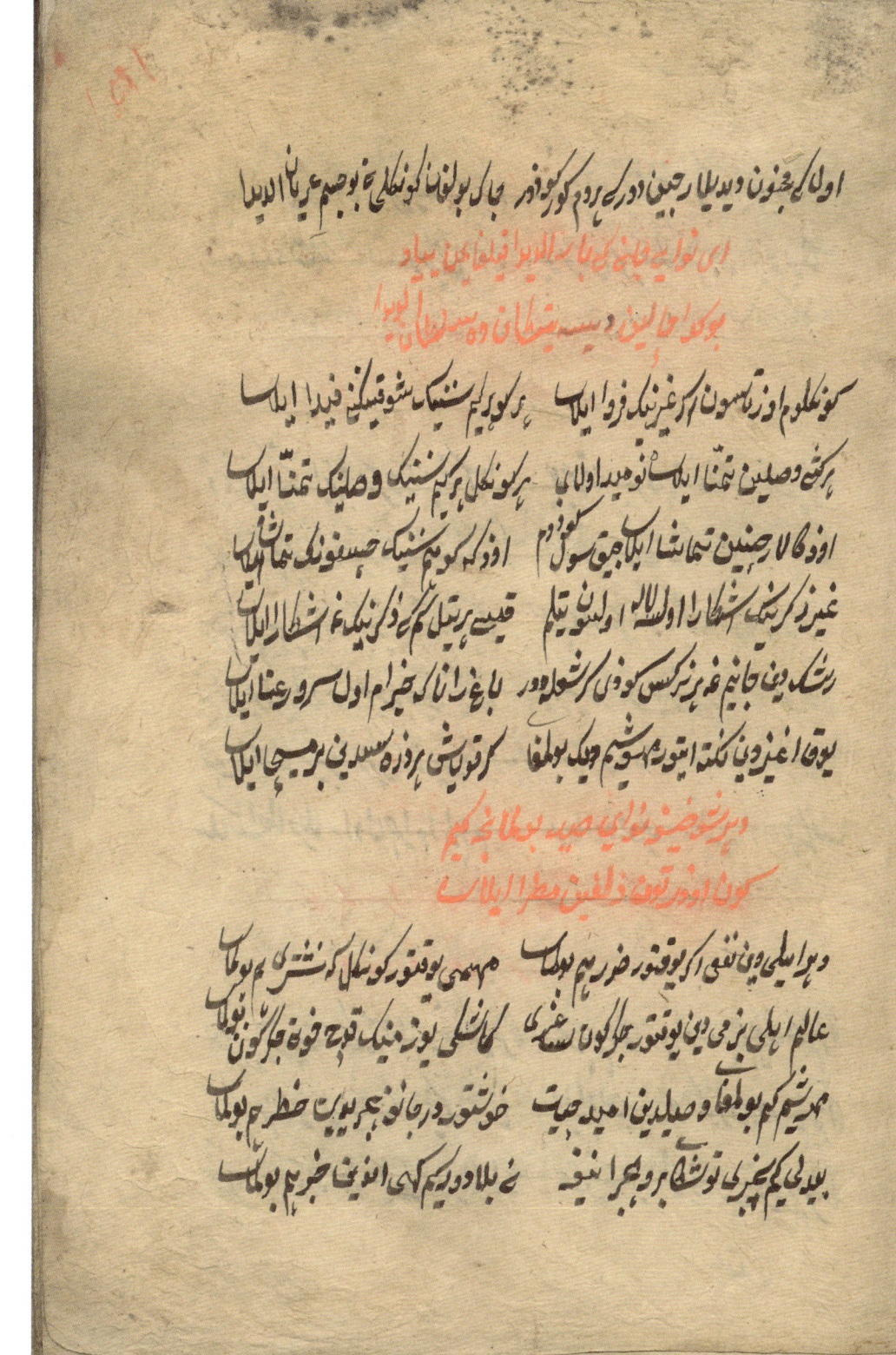

ساقیا اول نوع ایتکامنی قیلماغانگ همتینگ کیم — عقل هوشم دین نشان یوقکه انی هم بولماس
نه تولوی مستانه شیدا عاشق و شیدا اولسا ولو — بو کونکلی کر بولسه اوز حالیدا انی هم بولماس

ای نوایی سن جهان سن اه لکین بختینگ دور
اول پری نیکا وصلی سوداسی هم بولماس

ذهی براقینگ ایزی قام سیری برق تک — بو برق سیری بیله لوله سی فلک برسا
بورون قدم بو محلدا نیچه لامعاتونگ — نه نوع دیکه انی کافی کردون سا
وصال صبحی دین یوق تروج اقتضام کیم — صبا فدنکی ایدی اول کافی ایردی برده ما
تولین برق یار وتی ومین بو بیلی اچتی — اگر سپهر اوزرا عیسی براوزره موسی
جو قالدی سیر بیلا روح الامین مکر اول هم — کیر اولماس دی سغر نیکینک تنهاتیوز سا
ملائکه اوطلا دیلار اول حرام الحرم — رجال غلو قیلدور تیدی اول ده نسا

نوایی سرو بود ولتشی باقی عنایت ایلد
انینگ بود و غلو قینغ هرکوندا اوجی برلسا

فنا یکم بیریدین انکلابی اوکوش الیم برگا — ترحم اتماس وی اول رحیم یوق صنم برگا
ذرای حیاته کونکلی ایلادوکا ولیک وفا — قلیب اولوکسینه زو اکوردی دردیم برگا
غمیدی اولکونیک اول عیسی دمی ایلاما دی — عنایت ایلاکالی رنجبر قدم برگا

پیتدی

تپدی هر ساری عشاقینګ وفا تسکین   مګر اوشال ایدی بتشطاح دمانی قلم بزغا

من ایل ایچیبان بز بخاکره ایلاب   فغانکه توکمادی درد خیالیم بزغا

مناهج نه اګر پردیدیم تابساق   سنوق سفال کوب ادوق که جام جم بزغا

نوای سرورکه نشین صبح شام تا عطالعالم

اولده کلکی قضا جکتی بو رقم بزغا

شراره خطه لاری سانجما یور دواهم الا   که بو شبابه یقاسین ماتیم غولیدی قرا

تمور کونکل کا اولوس قرماغینه سوهاندور   قایو خراش که ظاهر بولور فغانیم ارا

جهندا پاره کلی اوریتو سالوی اوت بلبل   منینګ فغانیم ایله هرکون اولوی نغمه سرا

تیلور سکا ایلیق اول آی خوان جمشید عشقه   نجوک که شادی جهان بزم عشیدی قرا

نوای الکوسارینه شاه ابو الغازی

سپهر مرتبه سلطان حسین بای قرا

کل برسمنی قلمیتی سمن یا سبزه تر پیدا   سون کوزکو سیداکو یار رنک اتی اق قیدا

لعلینک غمیدا سو کل یغرانی سکجانرنک   اشکیدا کلو هردم پرکند جکر فیدا

جسمیم دا اقیب تانی بیطاقت هیا قیلدی   شاخ اوزره بولور دایم کل کتمه شم فیدا

جان رشته سی دیک ابر ماسی کونکلارکه بیلینک زعری   جابک لوق اوجون تیعدی باغلار غه کمر فیدا

اول دلنی سوادیدا اولوم یوزینی کورماگای — وه کیم یوق ایدی هم ملک شاهیم و سپهر فیدا

دوران غمیدین کونکلوم معیوب ایرور ای ساقی — بس بطلی او بوزن استماکین هم باده مکر فیدا

گلکیده نوایی نیکیم جان رشته سی مضمر ایدور

هر یاندا قچان بولغای نوعی بشکل فیدا

رفیقا سوسه جالمینی دیکیلی سرو روان سورسا — تماشا کتو خلار بیکیسی سروری صاحب قران سورسا

تجلی قویسه قدم دلبر قرانغیم اوزره ابصار ازنی — تیدالای کر فلک حرارتیدین ملکیم بوستان سورسا

جلالت شانی کیم سرتوغ حکمدالیکه ایرور دنیا — جگر خونابه دین تیکان لوای ارغوان سورسا

جالینک لاله داغیدین خوشتور اذکره هر زنکی — تا فلکس باغ جسیمدین ملکیم زعفران سورسا

تنیم کا تاموغ تامغا کیم اودین کم حرم دین اول ایرماس — ایرور اول نقشی شطرنج کوزاوینغا هر دخان

نوایی جانینی فرقت بیله داغ ینو الفیل

مبادا لطف ایلکیم شرح جاللدوغ بیانی سورسا

داغ لاریکیم قویدوم ای فرقت اول اذا ایدا — دود هجریکا نیکا ایرور داغی فلک رضا ایدا

ضعیفم هجره قیدیدیک تامیغ تامغا نیدیک دور — هر دهان کورسانکیز یاپوشقان تاغی بیک دیواریدا

بر مسلمانغه ایرور دینی فقط استعانی حبیب — هر توکون هم کورسانکیز اول کافرساجه زنار ایدا

تن کا جان اکرچه کیم جانیکیزنی کور ای طبیب — ایمدیکیم جانیدین رمیق ظاهر ایماس بیمار ایدا

۲۵۹

وه که بو قانیغ عاشق منگ جامینگ رسمی بار — عشقینگ اول جامی ایچره کیم نقش بینگ الار

گلشن ایچره کور نقشینکیدین دیمه ای باغبان — کیل پیله کوز قارلار هر یان گلی رخسار ایدا

تا قیلیسانگ و هر ایلدین مهر و وفا عیب ایتگیم — تو تمامیشی بوی که دوران باغینینگ اشجاری‌دا

ای نوایی عقل دین یغما قیلور دوران منی
چیقی روان بو بزم دین فی المجلد یو خوشنیلار ایدا

هر جفا قیلسانگ تو دارمن قیلماسانگ دلی بی‌جفا — اوز کالالارین وفا قیلسانگ تورار روا جی — وفا

ایلی کاکر وعده وفا قیلدینگ جفا من خسته کا — ایلی نه ایل من قیل منظار وعده کا قیلدینگ — وفا

وعده لار تسلیم قیلدینگ نیم دین کیم ضیفی — کوی انوارینگ ایرور دردیم نوا یاتی تشفا

عارضینگ خورشیدی تو تمس فلک بیکساین — تا ایرا سود و ریب مشکین ساچینگ قالمیشی — جفا

خورده دانلار انکلا ما سلار فهم اغزینگ رمز — نه ادعو قیلیم باریدور اول نکته ده مجد جفا

تیره لیک دور دیر اکه ساقی منتا جانی بس — ایها الساقی لنا دعنا کدر خذ ما صفا

ای نوایی جانینی الغو دوریقا قاینقور دیلکم
جانو منت توت مونینگ الرا شفا اکتفا

تلبه کونکلوم یاره هر دم سیز تیغ عریان ارا — ایله دیکیم بر توتا دیوانه دور ویران ارا

بوره لعلینگ نکته سی هر دم او لوکلی نی تیرکوزور — کردی روح الله ملک رخشانه رضوان ارا

عیینی یاوینوان کبی بور لعل ارا اشنا نظر — کوز کا حیرت دین یتیب مو اول لب خندان ارا

ایجره دیکانیم بو کیم کل نینک عکسیدور — قطره قانیم رنکینی کیم کورسه اول ایاغی ارا

قاو نینک یاد ایدا کوکسوم ایجره هر بیرکه الفی — راست بولیشی اول ایفی دیکیم یاد بیلان تی جانی ارا

جانی قرانکه اولسون که کر بیجانا بار ایوی — قید مخلوقات عار اشنا سن انسان ارا

ای نوائی همت ایدا نکه فهم ایتمکا دردنکنی ایل
دردی جانکینی دیمه نظم ایلا یا افغان ارا

نیک ذرضیم اوزونی خیر عشقنینک بوتن ارا — بوتن نه بیری تشلادی یوز مینک مقتدان ارا

لیک اول تکن لار ارا ذره خیالینک بچه کونکلی — غربت صنفو تیغ کتی بیکاسی وطن ارا

ایر یسی آچوق لیکدا اول بوز شهید بولی — رنک المادی بو قطره خسته عشقینکی ارا

جانیم لبنک شهیدی ایکانلیغ یانوق دودور — بر اله رشته قانی بولیالونی کوی ارا

بلبل کو یما سوزنکی براوت یاقتی قصدینو — بر آتشی کل اوتشو وفا هجر چین ارا

کوردونک نوا اول پری ذلفی ایچره مشکلنی
کورا ایدی یوز نشتکه کونکل بر شکن ارا

کیتیکه بهتایکم تیمالکای ملامت انکا — کر ملامت اهل جهانی بر له ذوق خالت اندا

کر آدمی ملک اولسه دکه قیلماسون تعریف — اکر ذی دیسه کیم تیماکای خجالت ایلا

یامانی

یامان نه دیمه که اضلال ایکنی شیطانی — دیکیل فساد و قانونین یتار ضلالت انکا

چیلوسه کم روضه جنتی وفا بر ورا ودیوین اینکه — بولور چو بنده‌سی ایرور کرامت انکا

برولمانتی سهر الماسی انجه ایرور — خدا امانتی نه سهر الماق جوالت انکا

بو ظلم ایلاکه اول ایلی للار نه ایلاتهای ناکه — اینیک حسابیده اچق ایلماسا والت انکا

نوای اغزیدا تقسیم تکمیل ایرور
سوزنی تورتیغی تیم بولور وکالت انکا

فلککه تیلو زیبا چشمه مهری اولدی کر پیدا — یوزونکده ایتیل اول جشم قیلمیشی تیلو ر پیدا

اوقو تیک سو بیلوملک نیک تیکاج قطره قانلار تامدی کیم — نهال انداغ که امونین کور تیکاج اق بولغای اثمر پیدا

اچیغ سوز بیله بیل تحلیم غبار غلار طرف لاریکیم — نتطرغه نه اغیر ظاهر دور انذین نه کیم فیدا

لبی شو توم ایجیدا یوزده قانی یاشیم عجب ایرماس — لبی ده لعل یوتغانذین بولور ردرلار ساتر فیدا

کونکل غه تا فرشته ایلادی یوز برقغ سنجاتی — نیجوکیم اوتین قور غار لار بولور انذین شرر فیدا

یاروتقی شمع اهل هجران اوقاتین — منینک شام ذه کیم قیلدی دوران سپهر فیدا

مسیحا دین دم اوزماییم جسمیم گر دیوی نهایاس — اگر جبریل دیک ایکین اینک گر بولنسه تن فیدا

اجل قوری بجکم ضعف بسی شکل طلسیم انتمیش — که هر کیم انداکردی بولمادی اندین خبر فیدا

نوای عشقنی ای نوا ایدا سینکه پیغمبر ایدی — بیل عیب اولماغ عجب ... الکاهی هر فیدا

هر آن جسنونکه تیره دور بو آه دردآلود ایله روشن ایلیغی ممکین ایماس جون شمع خاوری مرد ارا

پیچ تابلیغ اوخشار دیبا کلیکین هر یان قرنیلاناتا اوذره بر کل هر سار بدین پیچا تنلارنیک بو جسم خون آلوده ارا

هر شام آه ایلغ دردیدین اول دود راه هر آتش شرر سلکیلیکی سن اول انجملن بو شام قهر آمود ارا

خوی قطرسیدین غرق ایرور رخساریک سواد ایلدیته هر قطره کوکی فتنه سی یوز اختر مسعود ارا

آجینک زلفی جوایلیک کوز هر یان فتنه کا ایماس تا نکه کیم قالمیشی ایکی ترکی چین هندو یی یاغمه دون ارا

اول کوی قیدی اتمادم شام ای واعظ آن منع ایتیب هر دم دیمه جنت سوینی کوز سلسل معقود ارا

سو زیبه نوای شیخ دیر پیری مغان اشعاریکا نه عجب
کیم یار تفاوت لار ایسی مقبول ایله مردود ارا

خلقینی ایلاب جور اول سرو سیمین عمرقرا تون سواد ایل برله کیتاندیک مه انوار ارا

اول دلبری هندو ویی تا سون تیلبه کیم عریان تنیم طفلی لاره تا شتدی تا اوتیکا بولدی سر بالا قرا

تهدیدی یاقیتی قرا سوکونه لاییدین هیچ یدا تانکه یوقار یار وب جو بولمیشی دور آنیکا اخترقرا

کاشی اولوب تا فسانک قرابو یون کوزدم نیلک مرد حسین خال ابهشکو بونکه قیلیویج قیوب عنبر قرا

عشق رقع اوتیغچه کونکلی کا یوتوقیر خیر تیره لیک اول صفت کیم شوک اوجلاجی بولور اخر قرا

غیر بیدین طفلی جبرنیک صفحه سی پاک ای فقیه تا بکی قیلماق فریب اول مکر ایله دفتر قرا

دود آهیدین قرا ایر مس نوایی کلبه سی کیم قیلیب دور خانمانین بر پری فکری قرا

سواد

سواد خالی اینیک لعل روح پرور ارا — مگر که هوربچه نفی اوذلدی شکر ارا

کونکل نکته خالینک خیال توشی بتو شنیدین — یا عین اثر لاریدور نقطه نقطه اخگر ارا

یودونکدا قطره قوی کترا اسیده قال — بر سی مجنونقا اولیشی بو جیل اختر ارا

سحرنه نوعی یوما کرفتنینک خیالیدا کوز — منکا که اینکنه پوتار تا انکو بکرو بستر ارا

بو ادب تی کی منداد دورور دود خ اچره قالیغای خلق — که کورسه لار منی آشوب بیله محشر ارا

قوح کتور که فلک جور بیدین اما نی چردی — ذمانه یانه هادی خیز دور جام ساغر ارا

نوایی ایلا مکانا جرخی کلتین دیغی
سن جونه بولمه بو ویرانه محقر ارا

شهیدرای فرقتدین بیت الاحزانداور منکا — هر گلی رعنا غمیدین باغ زندانداور منکا

بزم عشرت اچره سبزی نوشی اتینکی ایچادو ستلار — کیم نصیب اول لعل لب هجرانیدین قاندور منکا

جیقتی عقل فهم ایله صبری کونکلدین ملکیدین — جیقماسین هر لحظه دخت بر کوجی جاندور منکا

هجر یدین باغریم سودور اول سوار ایالیق کبی — درد محنت اوقیدین پنجه بیلهدور منکا

اوقو بسکم تن دادور ریکماس تیغ هرادغ — کیم اول اوقدیک نالهقیلدیم ایدین قالغاندور منکا

ایلار سوا ممکینی کور جه حالیم کوروب — بعضی ایلار کریان بعضی خلق خنداندور منکا

جوری مو مرحمه اکر یار تابای دیسام قیلمه قبول — گر ایا عندا آرزو فاری معیلاندور منکا

بی الحبیب طاعت نه قوی اتحالکه اول اوت تابدین انجه باقسام بهری جا لالادغ جرمانی دور منکا

ای نوایی خلق دیب جان برکیل بکیچ عشق وین
سر به بو دشوار ایرور لیکین اول آسان دور منکا

کلک صنعیم برکه تیل بولمیش دیماکین لال انکا
ایچکو داینی تابلیق نالیم انکلا نال انکا

صنعی کلکیچ وین یا ازیلدی کوی اول جا نه فقه
نقطه لار ینکلغ ذنیخدا ینکدا ایج خال انکا

کلکلوینکه ایلکلا جهانی تیره قیلدی دوا ایرور
هر سیاری دلغو ینکه ایکی یا نیدا آتوشقه دال انکا

کو بیدا آواره کونکلوم خسته ایرمیش ای رفیق
لطف معلوم قیلسانکیز ایرمیش حال انکا

ای مصور تا نی سانکه مجنون لیلی جهد سین
دلبریم نه ییل مونکلا اقتنام نه امثال انکا

ساقیا کونکلوم دوران قیلدی کو بیننی کوب ملول
بولغالی فارغ الی برجام مالامال انکا

ای نوایی که قیلدی هجری فیدا دین قبول
رهبری بر منزل وصل اولدی بو اقبال انکا

بو یکیم قالیب دور اول آب حیوان حیات منکا
حیات قالیشی از بسکه بار اوییات منکا

اولوسی نه اولتورور شوخ ایلیکوت ایلاب
اولارمین او شبو کم هیچ انداسی القوت منکا

منی خود ایلاو قتل او شبو دور وصیت کیم
کونکل ضعیفلی هم ایلاب بیتورسانکیز پات هیچ

قوتشی اوللشام نیا قیباهری اوت وکی نه
کم بو یکلاکی اول طرف اوچ قنو بو قینات منکا

توانمادی

تنوکان قادی یانه یانیب بیلیب جحیمم ار بولسه　　فراق شعلم قوادی فلک دوات منطا

جو یار ایلار ایمیشی یارمه پرداخچیشی　　تا نکه ادولوی کعبه بیله دیر سومنات منطا

نوایی یا جوابیمیس نصیحه قیلدی بولغه تینک

بهشت واعظ بر کوی خرابات منطا

ذوق ایچره اول قویاشی سیر ایلاماس مجنون ارا　　اختر سعد جلال ایچره گذار گردون ارا

انکلا مانی جیجو نیلدا ادکیم کیمه بر له سیر ایتیبار　　یا هلال مهری عکسی ایل کوراب جیحون ارا

کیمیا دینی بر دوم جعیب رنکین سو کوز دوم قایدیک　　انگا یار انداغکی مردوم دیده جرت خون ارا

باغ غیل ای مجنون کیم اول ای کیمه سعدی تیز ایماس　　خنک کیم لیلی عماری سی جلجار هامون ارا

بهری خم گردابیدین بر لحظه ساغر دور قیمین　　بهری غم دین الستاب انک مخلص بود هر دون ارا

بهری موجی موشی بولماکون دیب خاطرینک　　موج ادر اینوز بهری غم بو خاطر محزون ارا

دور بولو بحر اچره سیپهاد نظم دین نی توحیده

بهر یاشو حیفیش نوایی پیودر مکنون ارا

انچه دوران بر له کوردم اهل دوران دین جفا　　کیم کوزدم حله طوطیا دیک بولدی قانانیدین جفا

بور جفا دغین نینکلیغ ایلاکیم یحم تقار　　ایلکاسلم کمدیوه جفا صفیدین طمع ایدینی جفا

مینک جفا بر لحظه کوزیسلم بر طرفی اول بر طرف　　کیم تقار جانانی ادو جیکی جانم عمری اندینی جفا

صید ویک کیم جور که ده یوز لانیب ریاپان قیلمادی اوقا   اهلی دوره اندین کالور کونکلوم مه بر یاندین جفا

گر کونکلم اول دلنوازدین کورسا جفانی وه عجب   جون کورار اول شوخ سیمبو دیده و فرقتاندین جفا

انکلاجانا کیم جفا قیلماقتی تا قفونک یوق تغیر   مین جفاکش کاندین کیم اوتی آسماندین جفا

سجه لار اول ای جفا سعدین که افغانی تارتارم   اول خود ار تونغراق جهانه توتی بو افغاندین جفا

ای مسلمانلار بولور اوشبو که دوران باشیغه   تیکور ار دم ینه بر نامسلماندین جفا

ای نوایی یار غالی جانان مساری جانیم نثار   جان نوجانانیدین جفا وه خسته جاندین جفا

بس عجب دور کیم منکا اول دلربا قیلغای وفا   کیم عمر ایتتی وفا کیم اول منکا قیلغای وفا

جون وفا اهلی یر دور قرا کوزلار که سنکا هم ایکونلدل   هم مکین ایرمانتور که اول کوزی قرا قیلغای وفا

مین جفا تارتارغه خوی ایتینک که یوق امکان که   اول جفاجو تا قیلا النکا جفا قیلغاندین وفا

اوزکا ایلاریدین وفا فعلی ایتتی لار منع ایلابان   لیک ایمبا نقش ایرکیم اول بی وفا قیلغای وفا

جون منینک دردیم ایری بوسکلاره وفا سیدور اینه   اوشبو دردیمنی مکرکیم هم دوا قیلغای وفا

قیل وفا عشق فندا ای شوخی کیم تاکه اگر   ای پری عشق عقیدا وار اولسا انکا سنکا قیلغای وفا

ایتیب بولغای تا زمانی نادانی جانانی کیم   جابجا بر یب اهل زمانیدین تمنا قیلغای وفا

دورنینک افلاکدین نی ایلیکه جا اهلیغه   ایلابان باور که بو دردغه دوا قیلغای وفا

ای نواد

ای نوایی کوب وفادین دیمه سوزیم عیب یار
غنچه عشق ایچره الرحیم بنیو قیلغان وفا

لب لاری نینک تشنلاوی فنهانی باقیب جانانی منکا   قصد جانی قیلیم بیلا اول بیوفا پنهانی منکا
ده نه خوش تشنو ربول غافل مزا انبلدا تیلسام نظر   جو نه تیکه یا قغونجه بیو قیتور باشیمه اهمانی منکا
قیلبه لار دیک گاهی ینغلاب کولار من الیدا   هر قیبا یا قغاهی بو دیب اول غونجه خندانی منکا
ده نتایکم قصد جانغمنی یجیب شوخی بلبلا   آه کیم بولوی بیه شوخی بلبلای جانانی منکا

جون انیکا یکونکلی منی مجحد قیلماقینه تیلار
ای نوایی مونسی جانفزو رغم هجران منکا

توشدا کوردوم یارنی خندان رقیبی اوترودا   رشک دین هر لحظه تینی قرقرلاتورمن اویقودا
اول پری وصل ارایادیمغو کریب فرقتی   تیلبلار بیطلیغ توکارمن آنکلی عیین کولکودا
کوزکو حبّت روز بیدوریم تماشا ایتالیما   جور کلمیشی کو بیا عکسینک ایماتور کوزکودا
یولدوز ایتماغونیک قویاشی یاغدوریدا اتّی قویاشی   قیلدای خورشید طلوع عارضینک بیلا غدودا
ساقیا بر جرعه توت شبو که یوز لاتلای نشاط   بیچه بولغای بحریدین اذره کونکلوم اویقودا
اوذ لوکوم غم اشکی ایلیتیب اوذوینی اندازیات مینی   کیم اوذودم تانیهانی عکسیم کورکوز نسا سوودا

جون نوایی یارسیاری یوزینه لا نور قاینغو قالور   سایه قیلغانیدیک کیین خورشید حجاب اوترادا

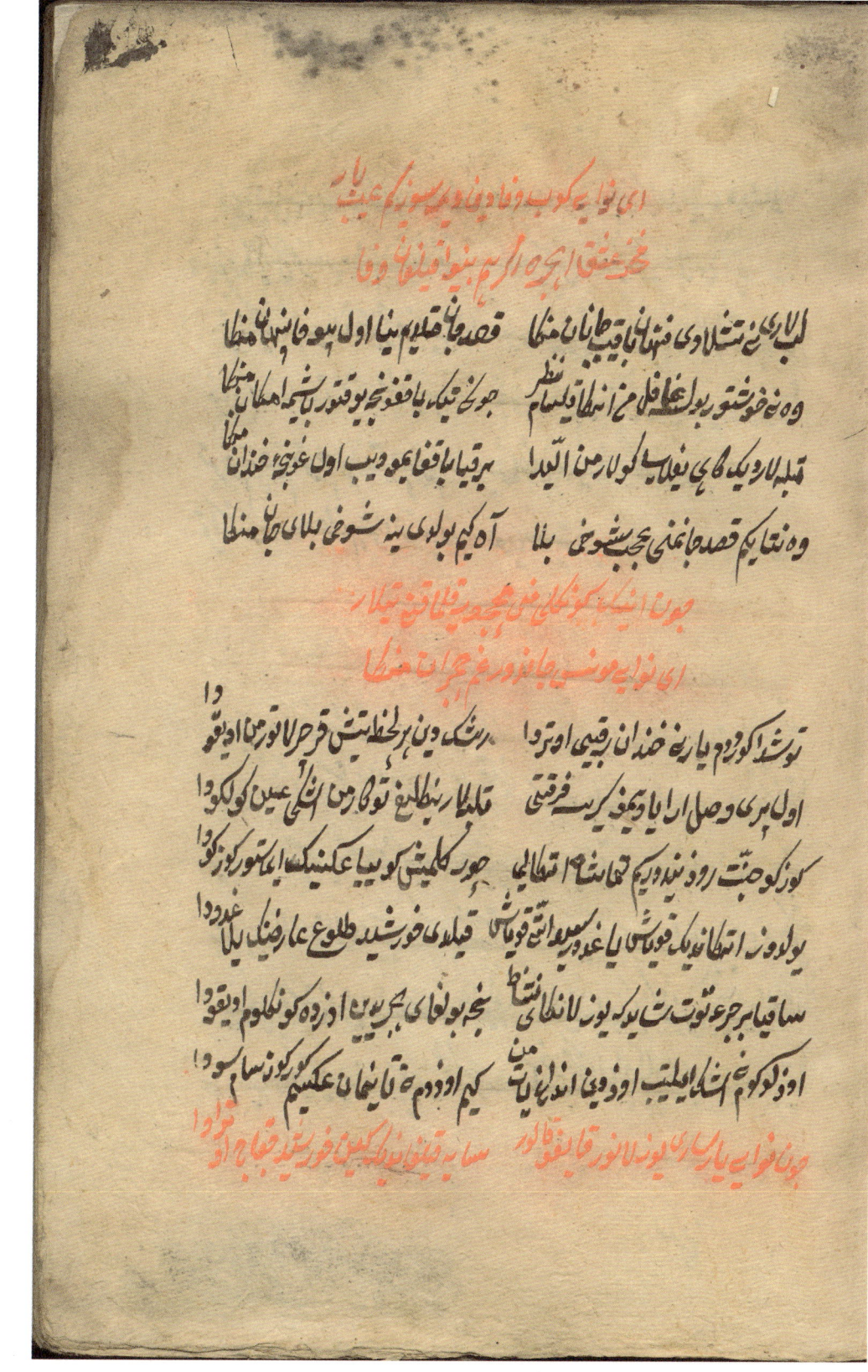

ذی اهل نهان سنکا آشکارا — نهانه دور جیم آشکارا نیت مدارا
نی ورد تیکیشی کونکلوم ابهسرار غه طاقت — نه سر تیکیشی اغزیمغه الماق یارا
خیالینکدا سودا فتنه و شور ایلاب — ودماغیمنی آشفتی اول اشکبارا
فراقینکدا جان تلاشوردا غیب — همول غم تاغیدین باشیم اوزه خارا
ترحم ترحم ترحم ترحم — بشارت مهوشی کلعذارا
قرانکغو دور عالم بکرا قوتیدین — قویاسی یتیطالیه عارضی عالم ارا

نوائی جان آشکارا و نهاندین

ذی اهل نهان سنکا آشکارا

ساحر یور اول کوز اما خال هندو سیتید — نقطه دور عارضی اوزره یوق ایریب جادو ستید
ساعدینک کوردونک دنخذان رشید فرت جانغی — نمکه کوز جادو رو بولور من دست کوز سیتید
ایجیسه می جسجی جفاسیدین کوز رونما رورتا بارور — لعل اگر توشه کی زنکلا سو دوکما سو ستید
شاهی لا از تاج جیغه لایق تکمه دور کم برنسه دست — کوی هم کورکوزدی اول جابک ایرا انکو سیتید
اتنی کل تیلسن اولوب عاشق ای عندلیب — کلوبی اوزک کلمینی بستقی سالوزر ایا موستید
جام مینان ایلکیدین قویمه کیم ای عشقولر — کمسه خوشحال اولمادی بو طاس مینو ستید
ای نوائی قانیغو جاغین می بیله دفع ایلاکم — نجه فراق تاهد استید قالماق قانیغو سیتید

سرنغ

ساریغ اغریق بولدوم ایلکیدا خزان هجر ارا قانی اصفرمی که بار هر قطره سی قرمزه ارا
یوزی جیسمی سریغ برکی قوزغالان شاخ اوزره شاخی برکیکیم قوروب ساغارسیم کوزمنی دعا
نه مرض دور بوکه برکارغه شرار عشقیدین بولدی ساریغ لاله کوزدم اق داغی قرا
سوو ایمش کوز توتسه اصفر حسن سارید اقانی سرو نازیم کیم سریغ کلبرگی دیب کیتیشی قبا
ساغاریب قالمیشی حوادث کا میدا هجران توبی بیر ساریغ خوش شدیک کوزونوتقا لوکا اول توبی لار ارا

در و توراقوغهان قیلدی نوایی جسمی نی
یاسیان پریشته التوین ذوقی قیلیبا نوبک کیلدا

خدایا ضلال اهلیغه رهنما یا یوزونک جلوه ایلاب کل اشنا را
انکا کیم عطایا فتح لار سیندین اچیغ نوال استانلار کا سیندین عطایا
سریغه دلیر نیکان ایلاب هدایت بر بیب خلا صیغ یوز منیک هدایا
فلک دا دوایر کا رستم اتی صفونکی جهان کنجی دیک اندا یوز مینک فدا یا
سنی اتیک قفاسی بولمای اجزایی تمکینی جهان کارکه بیدا او تکان قفا یا
سنی کبریا تختیکیدا یکسان اکر خود سلاطین و کر خود دعا یا
اوز ایلکیدا جون هیچ یوق اختیاری اوذیکا ان قویمغای سنی خدا یا
کرم بخشی سی بولغیل جرم ده پوشی شفاعت کنز نیک کا خیر البرا یا

نوایی نی بو جرم عصیاندا پنهان
کرتا یفونک عدو بیلاجقار غمینگدم یا

یوز وه نکونتن ناتوانیم فدا روان بخشی لقینکغه جانیم فدا
لبینک رنکی الیغ قانیم سبیل قوه یینک جلوه سیغو روانیم فدا
بیل اغزینک الدی تن جانیغ انکا اشکال فهمانیم فدا
باغیش کوزوری الیکلا حرف دیمادیکیم سنکا بحر کانیم فدا
جنون بیله عقلیم غمینک صدقه سی که الدیکدا انجنیغ یغانیم فدا
فنا دشتیده اقان اوآره لیق کیم اول سرور غه خانمانیم فدا

نوایی دیک آلدینک کونکل جانی نیم
سنکا بولسون ای دلستانیم فدا

کل رخسارینک باغی جمالینک غه فدا سرو قد شمشادینک تا ده نهالینکغه فدا
یوق ماه مهری دانه کیدی هم سا مجلسه عارضینک کلشنی اجره خط خالینکغه فدا
یوق منکه بلکه خضری برله مسیحا جا بی جشمه نوشی ادا جان بخشی زلالینکغه فدا
تا یکه بلکی تولون ای دیماینی بلکه قویاشی تولون ای قویاشینک اوزره هلالینکغه فدا
ای کونکل وصل خیالیغ قیلورسن دایم کم منینک جان جهانیم بو خیالینکغه فدا

توتونکه

توتونک ذایل ای خرابات منطا ساغر کیم روحی یادیکونن ایسکی سنکالیکنه فدا

ای نوایی لیوین نکته سوزا رسن بوزجان

بیله شرین سوزی بان نجه مقالیکنه فدا

ای کونکل تیلبه‌را دینک ایمدی نه تدبیر سنکا اول پری ذلفی نه کیم قیلمادی زنجیر سنکا

یوز بلا کلسه چک ایدی چو بو ایشنی منع اوچون نجه کیم پند دیدیم قالمادی تاثیر سنکا

اختیاری سنکا هم یوق ایدی یازغوریم بیله چون یازغان ایمیشنی خامه تقدیر سنکا

سن چو عشق اوتیغه کویدونک منکا ایمدی نه ایلاما کی مخلص اوچون حیله تدبیر سنکا

منی کویدردونک ایسه داغی کویدونک نه تاپین ایمدی یو کلاب بلایشی زاری تحقیر سنکا

سن داغی من دیب ایدیم خسته غه لیکن دیب ایدم هر نه کیم کلدی نینک سنینک الینکا بر پر سنکا

بو زوره کونکلوم اوی نه خانه بر اغلار فراق

ای نوایی نه سینی بند ایله تعمیر سنکا

بهن رنکی دینک اولیشی دردیم بیکوی منکا بیسها دمایغیم اچره هر بیرتخم نیک لیغ و انه سودا

مولت تغرای سارییغ یوذوم دابار دورانیغ ایم بهی کرد اولتوغان هشلیک تولی بویه فدا

اقاریت عشق باشیمنی نشان بولول سریغ جیدیم ماموق اچره بهیغ جرماغانالی عمدا

بوغو وعدا تیغ هر نیک فرقم هر ساری ایرور نیشی بهانه تیغ بیله قطع قیلاق رسم الماسی املا

یوندوم تیزاغی دور هردم تورغانی جسم زنجیدین بهی کاسه رنگونلوق شاخی ضعفیدین بولور گویا

بو گلشنی ایچره بهبود استاکنم دایم بهی بینظیر کیب باشمو ظلعتنی فدین خیم ایلامال اولا

نوایی گر توپیشی نارنجی دینی بهراقی کور ارتبانکنی یوق

بهی کیم لطف قلمیشی محمد علیا عصمة الدنیا

مهوشی سرو قد لاله رخا سیم تنا جانیم قالمادی هجر غمداغی عشقینکده اینا

اختر سعد نینک دیکنه توغولوردی ما کیم قویاشی ایردی اتا و تولون ای ایردی انا

گر فلک سیر دور سیتار سین ایلاب تکبو گر فلک ذکر بیت اشتسا لکن سنا دور علیه

اید عشقنگ بی لب تشنه سی مکی انجیا ایردیالار بردم او جو نابوت فلک جام انا

عشق محنت لاری برتیغی بو بوره مانک مطاکم هوجب حجت قوت دور اول رنجی انا

فاتوا ایچره ایردی شیخ اودینی کور نینک ای خوشا منجه لاری جلوه بودیر فنا

اتما دی جوهی عذاری لطیفو کیم حکم جنیع اوذی حیات شربتین ایمدیم اذر کلیب انکا

خرتو ال بار بیتو جام کرامت توتونک

اتیها الفتیا مغنی و تمادی فنا اینی خنا

بو اتمام

بواقتنام جالبه شمعی اور تابانیب فروانه انوین کوب   چمن ایتکن قلای بلبل ویوانه انین کوب

ایتب نالره واره دیوانه ایم اوره ایم بسکه ییهو   فلک کوب یاغدوروب کرد فنا دیوانه کویی

ایمس انجم قفا کول فرغید اساجع غم ینجی   ولی یوکتم کوزم غم شامی اغازه دانه انین

مغوط صعب جالم لارحیران اره کم جه   تپار انین ملالت شتابی لا نه انین کوب

نه قاتع نجر ایرور جایغو کم هد بسکون وقت   چمن کشته هلال ایلار بو دوخ کانی نه انین

ار عتیق لیعم جرم امیدا ولتور رسالم جرانه   کوب اول جرم خود ایر مساو ولی جانه

فنا میجانه سینو سال منی ای رند معارف ایم   غنیم او کسو تورویع فنا میجانه انین

جهان اذا فقرکسب ایت میل قلا کو بینا سار   کم دینا دایت دراز روفروانه کوب

نولال آکی اقول کون بلبل فروانه اور تاو

کر عشق اوج دعوه قیلما غالار یانه انین کوب

صندی اول جان بنگی ای یک جبا میدانین اوب   کویا یشم نیا دین میکودوب جوکاینی اوب

باد سترمینه تنگ ایلاما ی الماسک   یرکه مند ایش بنی قیوب کرجا یا منی اوب

کرایاغ رخش غا وه بپای متیر بولماس   کوز بسالیب بریوکم کورسلک ایاعباب ستپا منی اوب

وچی ینی غنی غره اوتین آته لام خضته غ   کوزه لار یکو نسو ربا نسو قا یی جا ینی اوب

کول عم ده کم قال من ابو ابو سیکو نجه هوش   جشوا یروکو ناکو ایتور س قلب خنده لینی اوب

مرکبنك افسون كمار كبڭ تظلم ايلا اچ عقل كل تأديۀ فريب اول ملک انكني كوروب
ايل كا عشرت ده پاياغ ای كورك اى كورك هكين منى يوز لانور رشفۀ ليغ هشكين پيلا ككنى كوروب
اولتور دى حيران اولسام چار عانۀ قانوك توشه اچو بولسه برايا ى وصا يكنى كوروب
نيتيك اى ساقى كه پار دیم اوذ ویی انداىكيم دلال اليب اجماسيون برون جاى ذا لا يكنى كوروب

بسورار اولار ترا نواىجا ادنم بال فوغرين
غنايه انشاج دهم اذول تايى بوله هلك كوروب

كزاوى كو بيد ايل ار نظر حالمى مساى ديب اكراد ولدوسه قاىم رنكى تغرا غيذا قانى ديب
كوكل كاياوز دقى مقى ادر سحران ايلايا آناو وصا ككنك نوتكين اول ذخم لا بر كول اولغى ديب
كوكل كاى ناوكبگ تاكدى سجد قنطري ايلار مرا يوشفۀ اجيد واغى نال اوث لغا ىى ديب
كوكلم كو بيد يوزد ريح ايله محنت تا فنون كم كوكوبى وحالت برتالك كوكلمك كوى تاى ديب
سمرنك قاخ تله دكوك نكقواغين اغنت ايتها كرث يداول پا اجيق يدده كراق ديب
حرم و صليب تيلارسى پومى اور مرد انداز سالك قدم ايت جكلى باخروه اول نوجا كاى قاى ديب

نواى ايب نواى مقام بوله دا لم مى ابجى برکون
نوا افغنت دوران مطرب برجيدا دا لكا ى ديب كوك
قيلغ ا لى فی پلك ككو يوذى اوپا لب لالەكون بولدى قوپلش عار ى كو كپ
لالەكون

سندین ای جان خیال ایتماک امتنام کونکلوم کیم — قیلسام اظهار بیم اوتکای ویسال ترکی ادب

جان لبینک عاشقی ذکری مدام اغزیمدا — رشکیدین جانیم الا اغزیمه کیلدی نی عجب

بولور شیرین بیله لیلی سینکا حیران کیم — بو ایکو حسرتیدا ایردی عجم برله عرب

ایلادیم توبه نیدین کیم غمیم انداغ غم ایماسی — کیم قیل ایچماک بیله بولغای منکا اصلا طرب

کوییدین کیتماک وادیماکا منکا تنک بولغای اناتک — کیم جلاجرف لایدورکا جان تاقیغ نقب

دهر اعیشی نشاط هستا سانکا اولغوم محروم — غیلکایم انداغ انیب اولمادی جز رنج تعب

عشق کیم بار جز خرد اهلیغه ایردی اوستاد — بولدی عشق الجدیمه تعلیم طفل مکتب

بیل نوایی کی طلب برله تاپیلمس مقصود

لیک تاپقونغا دا اونی بار ایوری البته طلب

ذی وصالینکا طالب بولوب اوزی مطلوب — محبتکدین آتکینی حبیب اتا محبوب

عروجینکا اقتضامی بولمای توقوز سپهر حجاب — یوزونک تجالیدین مهراد بولوب ولی محجوب

اوت اچره توتب بولوب بنبتی سمندوردیک — کتیک عشقینک اوتیغا اوزی قلیب منسوب

انینک حسابیغه کرکه حساب وقتیدا — اکرچه جرمی ایرور بحساب ایلاس محسوب

کتابت ایتماسا ایلکیدین قلم وانالا ایرماس — که توشتی کونکلوم ارا تاب ایلاکیم مکتوب

لباسی ماتم ارا قالدی تا ابد سیاه — که مهر سیدین ینکلایا ینکد بولمادی محجوب

میطی ا

مطلع امریک اگر پادشاه و گر سایل — گدای خانه‌نیک الور بو شهنده اگر مجذوب

عجب یوق اولسه کونکلی بو سوز اوزن ایا کیسو — بو بولسه سلسله کوب قیلغه قیلور مغلوب

تیلانسه روضه ده فایده نوای کوی یوکدا

که هرنه اول ایستیار کیم بارانکا مرغوب

قاشی یوزونکنی منجم چو بیلکه کوردی بی نقاب — دیدی کورکیم قوسی بوجیدا اوتوغوبدور آفتاب

برلنیک جانی الویکم بر بیسه هیلاد لب — ایمدی کیم پیلدی ارالاریدا بار دور شتاب

کورفلک قاشینک بیله یخشی هلالیدین قیلور — بر دیسه بو سیتیجانا اشیتور در ایکی جواب

یکم سنسیز بیتسام کوردی علوم اتی عشقیم پیچیلی — دانه بولدی ایلاکیم ایلی نفقوی ایلار حساب

گر نوائی نیلکوبوک باغریدا قاندور نی عجب

حام سونکی لوقیدی یالین اوزره تورغوب کونکلی کباب

چوا خوش ایردی ایلکمدا برقدح مئی ناب — ایچارایدم ولی غم دین قدح قدح خوناب

که حاضر اولور تونی بیش سر و برکمس مخمور — ولیک ذعیم قیلمیس ایدی قدح نشتاب

منکا نه زهرا ایکیم دیبادم که برقدحی ایچ — اگر ایشیم ایچیشنی یه قرار طاقت تاب

بو غصه برله ایچیم قان بولوب یبیکیک قدح — کوزوم کو هر نفس انکلی اولوب مثال حباب

چو انکلادیکه یا را اختیار ایلکمدین — کولوب قدح کبی لطف ایلادی قوینی کباب

چو بناغی ایتتی قوچ کوزکو کیسیدا جلوهٔ حسن   نه عجب عاشقی بیچاره بولسه کونکلی تاب

نوایی کیم وصل بهشتیدا ... بولغه
کویا نه جمالی کا سیوا هجری دوزخ عذاب

سن بیله شور علمکه ساری تاپتار مندا ای حبیب   سن می ایچکیل کیم هجران خوناب جگر بولدی نصیب

دیده لاریا حباب دردیغه حبیب ایلار دوا   وه کیم منی کویدوم محبت دینی ایماسی واقف طبیب

جهد ساز عاشقان ساری ارتار کونکلدا ینکه ناله   بار عجب واقف خزان فصلیدا اناشقه عندلیب

خاصه قند شرینیم و هر قاتل بیله اتر   جون ایشی اندین اوتتی کیم کلدی مسیحای طبیب

نیچه اول ای مهر یوزی شیدا کونکلینی ادتادی   تلبه کا یالغنی حکایت بیله بر قانونیک فریب

ای نوایی ظلمدین دیو ... عشقینک ترکین ایتمادی
تا فقرودین غایب اولدی یوق ایسه جبر شکیب

قانی یاشیمکم بولوب کنده تا عاید و رکوزدوم کریان بولوب   کیم ایا غنچه توشوب دور کونکل قراقان بلوب

غنچه دیک کونکلوم توتوب قان نه بته خوناب ارا   سوزوینکدا اغزینک لعلیدا بو غنچه ... بکوب

سو رسبه مجنون عشق دشتیدا منی ایت ای رفیق   کیم قوینک ادتوبوم اوتولا سرگردان بلوب

هجری کونکلومنی بجود غم سیل بهوار تداری   کیم اثر بوقتو رکی اول معمور دیدی ویران بلوب

هر زمان اغزینک خیالی بیله کونکلوم ارا   کویا بو غنچه اغزی ایچاره پیدا بولوب

نکته‌ء توحیده ین بیلماقو قیلما سلار بیان   تمکه جانی قیلدیم دیب ایکیل که قیلما بو ریلب

ای نوای صید ساقی نغمه‌دین ایریمتی فروغ
گنجه یاته جونکه آنینک که نتار سعن آسلیب

تاپمیش اول یوز قطره قطره خوی‌دین اور که تاب   قایداده ده موجه کوکب ظاهر ایلار آفتاب

جتما توقوز پرده کینیدین که عالم کوییغا سوین   السانک الته بیرقع تو بغیل ایکی ادی نقاب

بیردم اول یوز نقشی کر یانکو دار اتفاقی قرار   سواره خورشیده عکسدیک که قیلغای اضطراب

تا کونگل دیوانه بولول اول پری لعلین کوره   حفظ او جونکه قیدیغه قیلدیم رشته جانیغ طناب

دردِ عشقیمدین سوال ایتی اول ای فریادکیم   یوز جوابیم باریوق یوشوم دیگالی که یر جواب

بو جنده غنچه ایرماس انکلا بلبل کونکلی کیم   شیشی لادی عشق ایلاماک که تیغ کلدین   کباب

ای نوا ال ردیسا انکیم غنچه بر باد اتمای گای
باشی کوتارمه باده ین دتر بها ر انداعیم حباب

کوزدوم یانیه حواقیب اول قویاشی ساری جو باقیب   یوق ایدی تابیدین انینک کوزدوم کیم تر مو اقیب

نی کوزدوراد که سیم کر ساتور دوا باغ عین   قیتیب قیب ایب اینون قیاقیا جو باقیب

اوز دولدور تار حیاتم مینکه اکیم عمر   ادده نراق اقطای ان ذولغ رشته یسی یاقیب

یتشه کاج فراق کوزدوم اادوت جا تقلیب   کونکل نی اور تالالی هم فلک بو اوت نی یا قیب

السلام علیکم و علیکم السلام

ترغاه ز ستور مسعود آخون برقوتای الغان الته تنگه

ششمه بسر زبنی ایلکی تنک اتی یربله کمد کشد لابیب بشعه قا قیب
جوعشق اوتین بیربلیغ کنلکوم اجرد مّ اولا انغلا اور زخم یوم یم جراحتیو یاقیب
یا یشو ما قایستا ما کیل منی ادنی ای ساق کو تبره ایلاما ای عیشم اول توبیشی اوبیقیب
جانَنی بر کسماک انلا فواص کرد ایله بولرد دیوبن نو توبلد برکت انی یراقیب

نوال ناجوسپه جبکت عشق کو نکلوملا
صلاح ذا ایا ایله تقوی اتوز دیلا دلا قیب

قیسی بر تهمت کا بیز کا نیلا وسنت رقیب قیسو بربکیم استیحاج قیلادی باو رقیب
اوزو یا ریهد اغریب ایلادن بتار جون ظلم ایل دیار بد اغریب اولما غلیغ امرکس غریب
جون زرقیب غزرقیب ابرول جیب ابرو لسع یگ نیلال اولاکیم صبمنو جب اولمشی رقیب
جا خدا ایلامه دیوم و صلیک نقیب اوبلا بولدی جانم قصد قیلفی یلار نقیب یا قیب
کر منک عقیم عُجسنو نک له ایلا بتنا د لا یوق جت حسنو حسنی کا میک عشقد ی اولمشی

عنقریب کلد جون پنک وفا ویس زنک بعد بع وفا قفشی اولافان ایمع نیک بوکشق صفای اشی الغ نقیب

این نوال یاره یک عزدہ کو لریس کو شمال
کویا بایتقی کجرخ غذالای دور ریب

یوق عجب البسم فرا ذلغ عارضیغو نقاب تو یشو تا کمتی ده ربو لسُعام قیره حجاب
کو دو مکر

اول آريم ياكن ايلاب ميل عشق اهلى شوم ايلاب حنطا بو سوزكر آني يار جه بايتن اسراغل يارب

نهايه درى ايندك هلاكى اى وميش ونبركه قاتل دك جهان اهلى اول وفرضايين اسراغل

حنطا ما جهريانيق برلد اول شب قصديم قيلدبك يار ه ايلاب نبت نام يانوين اسراغل يارب

خلاص تو دى ناره جمع حقيقت مست اول كا ف قياب ميلى اتسم سلام اهلى اندين اسراغل

جيقارمن نلبه ايت ديك عافيت كويده ساحب چمو بختيار منيماندين اسراغل يارب

جهانغ ايلبوه قيلدم جانك فدا وقعد جانى قيلدم نى محزون جانكه يار على جهاوين اسراغل يارب

نواى بنك فغانك ادت كو يوردس جهاى ايلبين

ملائكه خيلين اول اوتلغ فغاندين اسراغل يارب

ار فراق قيلديس منلانم رو زى محنت نصيب آه يم هجر ئيكد اور تشبيه يما بولمش بعل غريب

تا غريب ايردم نصيم غم بيمار اودى مى تشيع احره داغ غم بولسى نصيم يا نصيب

غربت اجره انتار يردم كزيپ يار دياره جويك تاقتيم مهتما كى غربت ايرو شحره غريب

اوز دياريعه ابوذرفى كنلوهى ضيلانى نوش كون كيم ادو يسلامه يم احباب منديح نجيب

كيم رقيب بولسه يسى كيم يار ه ايلار كيم حنطا بولمش رقيب عالم اى ساغينوديى

دهر ارا ايكيم ييك ايلاب وفا كورديم جفا كيم وفا اهلى دوره بويسوز انطاباد اذر نجب

اى تو كو فريا اولوى خالين كورى بكو بى يغ قلم موتيلاي بو غربت ايلاكاى بزو كروب

كوزه شيخيم بولدى روان بوبرنسى جاو وكوروب طفلى ئىكيگه كيم بويكوخاى برطرفى ايوكوروب
قالدى جران ابو رشكين كوروب هربلاجيب طوطلع ديك كيم نطام ايلاى كوزكوكوروب
جلال ئى اينبج كوروب كولاوه نوشى نوزى ينا روستاىى ديك كيم حسرت ايلاآ اورو كوروب
واو عشقين هكلاد قيلدى كنكلاكوج يودى ايل بيا بانزل اجره ايلاى نزك سكوروب
جا اوره داغىى كوروت يشتق ليقى ظلمان اول كى ديك كم تو نوعى او قوى بكو روب
باده توتغاج ديعوغو دى بولاى كه اول كوفكم باره يوشو يار حسن جلوى اوتى كوروب

اى نواى رفع اداور خايل كوروب زكوى غنيم
قيلا برميلك كيم عزمت ايلاكاى غزوكوروب

تشلاركيم اول پرى فكرى بومجنوبنوايتب عقل و انىى نوشلارك كوطلوم اويدى بوتوبايتب
توشنا ىشم رضيم الوبدا دوران پارسا نوبى نماز نك وقتى اودريب تمكىن اويلاىب
اشا بوىسى جما بك قلوغى نك ربى سين جلوه كوب قيد باذ ريا اوزه سياتب
اول قو يشى جريده جسيم باو جود عىى بفغا يركه ردم باك اورت الفراغ لى يه نو ايتب
كويدا السام ايدى سوه باز اول عمر الا قيحا فارغ قشنى ايت لا ريه وه وارىتب
ايكى جى شكد لهنى يوز حسرت ارجان پل قتلى قليغو نكو دم نى با ريو نكفىى كو سياتب
جرم انك عشقدين اوزه يو قلاره ولكم وه در عتق با وا ريا نوت ايلكك يه بو يه وه غلا ىتب

جرم انك عشقدين اوزه يوقلا وه و لكم وه در

ويرار من مست ناؤ كى خوبلدين اولانچه   بوى وين قوغلاوبى كه سود رابك قولايت
ذاہد ايرمه منا كوب بنوم كه جميع اينجه بار   ايتنه عاقلا ستالضه عاقل اورمواوره
                                                                                                                       يب

كورديم ال ازبلاكه نواى مذنوى لكه ايد كتبلاياره
كريديه جانانلرى زاروه اول قاتل استنوه اوبياتيب

جون سولار اسوده بولناخ جسم ذاريمنى كوروب   يغلاغا چه موبايه نيو مردلكان مزحنى كوروب
ايلدغم دشتيده انزاع اولشاد كم ايله اول طرب   كامه ى فرياد ايله مجنون غبارېنى كوروب
هجرى اوت تا اوتياور كونلوه من عشق سوشنى پر   ايتلاه هوپان فراغان روزى ريمنى كوروب
غربت اجره هر اولار جانقاده ديوانه ى ذنهبار   ناكهانه المه برو ياره ياريمنى كوروب
ايلاه عبرچ اولشاد كم قيلاه دلار طعم هم   ايلاه ايتلار كانثار جسمى غملاريمنى كوروب
ساقيا ايكه لبابى جامه بذره كوروونى   دوراىلى انو وبيدى تام ملك غبار یمنى كوروب

اى نواى و هر موبتا ميق ما يلى بولكوب
غم حرارت ابوك بولنان مذ انجمنى كوروب

اولوكنم تيركوذورا عليك مسيح كلام ايلاب   تنطق جاشنى سن شربتيجى العظام ايلاب
اذا اعينك كه جيدا تطالى كونلوم توشكوبا   قفا جيا دا جانلار رشته سيدى ياره دام ايلاب
جمنده تازه لقديب مرقزىء زنخ ايور خفر   هكرم اوبتى ادبى البحبوانم خرام ايلاب

اګر حرفي اول ... مع غم و خیالیك نقطه اوغامين عیبه قيليب كوزم نك معروم اچره مقام طلب
بو آقار و ده كاریم تیره بولایکم احبیكیسو قراشامیم مهلك ایلادینك جمیع انعام طلب
غرضی اول یوز رحمتو راتمایین كی حكم ضع اولوسواه ایتار قسمتنه ایدم كلام طلب
جوجعی در كاسین مراده ایتا قيلای قایه قبول خلقي اوچون ارتوق نعام طلب
يشيملكني دانه یا غرمكني مسوقیل کم توتي فقرائیلي هدایت توشلار كابوداه مسو بدر الانام طلب

نواي كوند جوب نیر قرمي مقسوم اتماين مسود
غلك وين بولما غينك سركشته توت كون انعام الطلاب

باغینكیا تيماسوف اشوب فغانونی یارب   كل بيله سرونگا ایب فغانونی یارب
جان ایب ایلدیت مها ایلا كبی جان بركوبی   بارچه قل بولمون انیك الدیه این یارب
روبه نبسكه تهان توته اولارمن فنها ان   واقفی اكيلان بود درجما غونی یارب
بیماند جدا ایم كوز سلمانه وكرا اول اربخشی   بنجني اكاه قیلاین بویما غونی یارب
يوق جدان ظلم جهانغ ایلی مظلا قیدو غنی   فارغ ایلی جهانغ برله جما غونی یارب
بریب غالم طلوه حمیت ما حال قو تغار   جریب نکم انینا یرو دتغره انونی یارب

كوويدا اچری فغا نوین كی نواي تار تنار
بام من جم ارتوتغار بوفغانوین یارب

كيم اولك كسكى كبى عالم اولياما محبوب   كوز قا تلاب برلى جانوا محبوب
نه ظلم ايلاب لكا اجبا به خدا يارلك   جو خلق ايلاميش سن كبى قد محبوب
خمار درروى بلم بحر محنتى وامنى   علاجى باده دور اى كم دوا محبوب
نياز عشق سارى ناز صنى جانك دور   الر بى بنا محبب بولسه كدا محبوب
منى كدا غه نه جال او آق واى مسلمانلار   كه سعاد ت عشقى باشيم اوزره پا محبوب
رقيب لار او توپكز وكوكو بيدينا كرمنى   خراب ايلادى واى بنلا محبوب

كه اولسه اهل محبت نواى دغ بكدم
وفا اكر اتفاق قيلها سعارى جفا محبوب

يار اپمز اجماعى دريم مسوغالى تا فهم نسيب   كوپ يسيجول بول دين يا پو شغى بل اولا اب
جان تعالب كوبا وشار حيوان ولا لا بم حج   اضطراب اپوو يوزنك اسا لدى بهن نقضب
كوه در د ايكر منى فرياد مؤفيلدنك خطاب   جون سنى ديوينا سيجول جاى ايى دور شرى القب
بولوكو فكلومنى اننك تشلار پاو تى يا خود ابلا سيلا نهالى ايوكى سيب
عشق كامل ايلا شيا فر يا د يا مجنون قيلور   كرا بر ومعشوق يا خود ازمنى يا عرب
ايكه فقرا پجيره قدم قو يو فلك طلب اد سيئه   بولى سلطان مطلوب سو قها ئسى طلب

ته جرحى بخون تا فعه گا نواى احترام
پلكيل اوز حد لغى سجده رعايت قيل اول

توکانماسی مهری یوق هجرینکه توبی شرحین سواد ایلاب ورق افلاکی اولوب توبی سوادینی اوق قراد ایلاب

اولوبمنی اقین دو رشکیم فلک بنکوبودور آنیم جکیب اوینی ایغلکام غم اول مهوش یاد ایلاب

مرادن نامراد اولماقدین تنواق ایماس غمکین مرادینی کیم تغار اولشوخ بزه نامراد ایلاب

ایمانیب وصلیغه هجران اونوتونکه ایکونکل لیکین قوتوتوغایمو اولوم ینا عمرغه ایل اعتماد ایلاب

منی اول خود ینه هجری قلیب هجرادا سرگردان جکیب بیجاره لیلی لار آه مجنون اعتقاد ایلاب

ساورغیل عقل اومین کرد و منی مجنون مراد السام تینم تفراغی ایم یلبیدی کرد باد ایلاب

ایاغی یالینی یاربی قیلدینک عمارت کعبه گویا ایاغی اوپمال بردی بودوغ کونکلوم شاد ایلاب

بکیشیم هم ذاهد دیا تین قوی توشمی کیم اشونی کم بارورمن خارج بیکه نقدین خیرباد ایلاب

نوایی کونکلی بتکو بیجهر مهد ایله الوای اول آی آفتاهی

کم افغان مشتری ینکلیغ ناشه مهدین حراد ایلاب

وه بلا ایلطان کیم اول جفته سمندین اوینایب قاشلاری یاکیبین جکیب غمزه سین ایت اوقلار اتیب

تیزکانیت ایلاکیم قیونی ایلانیب ایلاکیم توتون رحشنی سالیب دیب دور خیلی بلانه ادیغایب

ایلیکا اجیب عنذاریغی کل کبی نوبهاری بنه دردفراق خاری بنکو کراکیم ایجره اورتایب

عشق جو ایلطاادت یاقیب ایکی کودوم قسوی یا یاقیب هر سعاری کیم کولاریا قیب دردایلیغی یغلاتیب

منجه عشقیدا منی بیز کوزالسه قرو یه نجه که مست تاشلادل کوی باشیغه سود ایتیب

فقط

فتنه قیلورغه اطلانیب کهای جاذیب کبی توروب   هر طرف ایلاکیم قیونیملکنینگ اوزی کوریناب

اوز نواسی ایله نالهٔ غم کاه ایلب

جوغ نغمه سپاه ایله سر بینی ایلکالا انقلاب

ای پری چهره که دیمادیم کمان قیلدی نیچه خوب   لیک ایرور چهره کا بیرلیک پری دیم یوزا نیچه خوب

دور اعیدا فتنه هم کوب خوب ایکاس بیجد ولیک   بولماغای مینکلار بیرل اول فتنه سرو دا نیچه محبوب

کون بیله تون یوز بیله خطینک چو خوب ایری کس عجب   بولسه بو کلشن بولغایلار کلی ریحانی نیچه خوب

حسنینگ عشقی اگر مونچه هلاک ایرماس عجب   کیم کرک اول یوزنی کورمایدورمی چراغی نیچه خوب

ای کونکلی فرهاد مجنون بولغال ایردی سر جه دار   بولغای ایردی لیلی شیرین بیزنینک جانانی نیچه خوب

بولسه ترکی عشق ایتارلار وعده یالغانی قیلسالار   قیلیب بولماس بولسالار او وعده سی یالغانی نیچه

ای سونکلی حور و پری وصفینی ایتیم کو بیا   قیسه تیشی آدمی لیق دا ایماس ایجکانی نیچه خوب

ای نوایی کر بولونک خاری کوزونگ ملاست قیلور

کیم ایرور الحمد الله یوروفه رضوانیجه خوب

سا جینک قرانکغو تونی اول سرو قدی شیرین لب   یوزونک تولن ادیتو و سیاه جلوه ایلاکای کولب

یوزونک ارا اوت ایرور سواد اوت اهلی غریب   بلینکدا جوی اوت ارا سواد ایرور و کر و عجب

نمینکدا ای یارب یارب کوکا بیکوردوم   قبول قیلیدا بو نوایی یارب اول یارب

خیال خسته کونکلنی ایچره منکا قایغو سیره مونداغ لطف یوق اول یتره غیری رنج تعب
بیسون اتینک جگر بغری اوزوب اوزوب ینکلاکم کییب قاشینه تاشلاماقنی دیرماس ادب
نه کلکشی چرخ ایچره باده کیم تفاوت یوق بیلدین ایچینکا سیننک سمالوی هو یخ شور شغب

نوای اوطالک مطلوب بولنکا اول طالب
اگر عنایت ایتیار سین رتبه رسین اندا یوق ایر نته غضب

یوز سوره میدین برگا برماس جواب اول نوشین لب اغزی نه یوقتور دیساام وا دیع کیم هیچ ایرماس عجب
نقطه خالینک بیلدین شربین لبنیک استیدا دور نقطه چون ایستنی بولور بیر بودایکم یار تلمه لب
وصلینه بیکلیغ هتیر بولغوسیدور چون ایدور دلبریم نازوک مزاج مخ بغایت بی ادب
زنده دل مجنون نلار اولمیشی کونکلی چون لیلی‌غه بس نه سیغ انجو بیکم قولاغیغه ای غریب
کرقوتیاشی ور تلار یوزونکی کره بولوب ججکم تیغ ایلیکا جومه یوقجا ایتار چون بهمی یا بولعجب
لعلینک اتت خالینکه بیمار کونکلوم نه اولکی ای متحلی کیم چون خسته سیز ایرماس رطب
طالب اولکیم تا غمی داغی بو بیسبکم ایلاماس هر نفس خالی سنی مطلوب لادیوی طلب
قهری بر قوبرله رحمت یا مغفوری کم بیلادور آیمع ایرماس بوالعلا نومید ایماکادور لهب

جی دیر بیدل

کم نوا تا قسا فوای لبلارینک نیلکو کوریدین
تا اگر ایماسدور چون هلم افزون بولور دین طرب

یار

یاری اول وقت جفا رسمین توتوب   کیم وفادا طریقین اونوتوب

خلقنی غافل ایتیب قتل قیلور   کوزلاری فتنه‌غه ایلنی اویوتوب

یوز اغزینینک غمیدین کوز یاشیم   جون اسیب گل اچیلیب غنچه بولوب

بولوبان خیلی ملک پروانه   جون قفا شمعی جمالینگنی یاروب

فرقتینک دود و خیوه خاطری نی   باغ جنت‌ره بولماس اه توتوب

بو فنا دیریدا اولکیم ایچماس   ببسی دوران اره خوناب بولوب

ذهر غم توتی نوائی غم فراق

تونینک امیدیدین اغزینک جوجو توب

حق اوزی قیلدی محب سن اینی محبوب ای حبیب   اول محب غم سن کیبی محبوب ایرور خوب ای حبیب

راغب ایرورینک ای محب بجملیغه جون نبینانم عروج   تا فتنینک اولکیم خاطر ینکنو ایرور مرغوب ای حبیب

بر سر مو عالم اهلی بزمیدین فرو ای یوق   ایلا کیم اوذنی نسبنینک جسنو بیکو منسوب ای حبیب

هر کشی احبابینکه اهجرین کیم اوذینی ایلار حساب   بر ماهین جانی اول محب غم قا یدا محبوب ای حبیب

بولسالار اهلی محبت هر کشی لار طالبی   بز کا سن دورسن ایکی عالمدا مطلوب ای حبیب

جون شفاعت دفتری سندین تولار من کون غنیم   هر قولو موتبرلار محشردا مکتوب ای حبیب

جون محبت اهلیغه طاعت نیز دور رحیم قیلا   کیم نوائی کلدی اول خیل ایره معیوب ای حبیب

یا رب ایرکان کونکول نی مو یوزکا ایلابوریب حجاب یا یاشورور دور قویاشی رخساری کیملاو سحاب
یوق که عشق ایلیغو عالم نی قرانکغو قیلغالی اول اشفق ویبی یا فتیغ خورشید اودزه کلنار یا نقاب
یا قزیل لون ایچره بولوی جلوه کر ماهی منیک مهر کا ایتار ایرتون اشفق خونابی ایچره اضطراب
قایاشم عکسیغ آل یتمشی فلک مراتبی کیم بلوبیدور لعل کون اطلسی سایق افتاب
تون کیب کل رنکه عالم نی کلشنی ایلادیکه برزکی قسیم ایلاب خزان هجرانی ارخاری عذاب
ساقیا کل جهد کلکونی باده بی اندازه توت کیم بو کلشن ایچره دور خار ملامت بی حساب

ایکی عالمده نوائی سوزی روحلوق بیتناسانک
هم نبی هم آل حقی دور ایت انتساب

ساحب انجمندین فلک یا شیغ یوز منیک در دناب ذال غم یلدیک یا غدور غالی برافت لیل سحاب
نرکسی بوژاله کر یا غدور سا آنی او وتماکیم غم تخلیی سینده دورتق کلکین جراب
روزی ارتوق بولماغا هر کمه بلمای جرخدین ذاله یاغدورکی رداق جرخنی قیلغالی خطاب
بولسیه ایردی قدرتی کیم لحظه تا فغای قرار تونکون تینمای بو نوعی اتماکای ایردی اضطراب
آفرینیش بحریدین کردونی جنابی بیشی ایماس بار صبو ایمکانی کمک کابر قطره سو برمالی حباب
جسم اندا عکس حوادث خربسدین فیلکونی یا خمامین مقصودی نی غمدیک بجه ایلاب اشتاب
اول دولغی اوزجالیغه حیران ایرور اندا غکی من انداهم سرکشته لیک اندا غیکه مندین تاب

قورت

توزت ایلکیدا بلوبمن هم ذبون اول هم ذبون الملای اول مندین حساب اندا غلامن انونی حساب

ای نوای سالک ایرسانک حق وجودیدین ییل وجود
ماسوی الله غه عدم والله اعلم بالصواب

دهر باغی ارا کوکب استاما کیل عیش طرب کیم کلی شعلهٔ غم غنچه سی دور قارتقعب

سنبلی رشته لارین رشتهٔ مقصود دیمه کیم کونکل لار قوشی دامیغه ایرور بارچه سبب

اریق ایچره اوشاق تکتشی الرا دنجو ایرور طایفه عمرونک اوچون دانهٔ سوتانه لعب

انکلارینک قوشی ان کیم کوروبان موندغ دام قیلماغای لکن اسیدا انجوره دانه طلب

دانه رب جاجیل ایتب فصل بخشش ایلاماس باغ صحن ره عنایت قیلیبان ترک ادب

یابولوب دامیغه محکم تاپا الماس مخلص اوروب تاپیبان ایلا مالاس سور شعب

جون نوائی کوز باغلیق قوشی ایرور عالم ارا
بو جنیدین انکلا اوچماق نی بایت یارب

ده که اول مغبچه بردم کوجکار بادهٔ ناب قوزغالور عربده سیدین بو کهن دیر خراب

یقاجا بکا اوذ ل بیباک بیلیدا ذنتار بر ایلیکیدا انجاق بر قولیدا جام شراب

کوزنی اسلام ایل نیک جانیغه الوغ قتل ذلفی تقوی ایل نیک بو غزیلوی اسماقیه طناب

یوزیدا کفری ایل نیک شعله سی دین یوز مینک شور ساجدیدین غه خللار توشوبان یوز مینک تاب

اولتوروب ویرانه شکلی الدیدا توفراق اوزره درد جامی جرعه تاپیب رحمت تاپیب اهلی تراب

جانلاری یوق یوب ایلیک باره خرابات اهلی اوزره توتقان غالی رقیمتو بر بساره نقاب

بیله حالت دا منکا توشتی کوزی ودکو لوبان یوز تموع لطفی کرم برله بونوع اتتی خطاب

کیم ایا رنده وفا پیشه مهر اندیشه کلیب ایچ بر قوح جیکه خمار اچره عذاب

یوکوروب تا که توشوم ایاغیغه تفراق اوپتوم بردی برایلکیم کا حیوان سوی بولدوم سیراب

جکیتم پیوشی یوزینی کورمادیم اندین سونکرا توتمیشام کوی خرابات اچیدا مست خراب

ای نوای انکا کیم بار ایسه بو روح نصیب
روحه الله تعالی واله الحسنی ماب

کلیب

خنجر نینک جانغه تیککی کو کسوم الکا سنجلیب ناوکینک یانمغه اولتوردی عجب یاقتیغه

لی

قریب اوتنکه اوقلارینک جانا پوده سین راست اتقالی جیغه دیک دورکیم قریلغامو خط یار و بلب

یار و بلب

یوکسرور سیر کمر قیلیم کسار تیلیب بر قطره پیلیشی شوخی یاشلار دیک که اوینارلار جیقیب کرکیم قلیب

تاکهان

اوشبو هجران ایچره سن توتوش کورسام ایردی اولتورای ایردیم دیمدین البته خنیرم یار بلیب

تعلیم اوجون داغلار توتوبن فتلیم دور لعله دود اوجاغیدا تونا بیدور غنجه اوتی باقلیب

اول قوتاشین برله باروِر ایل سا دیک نینکی کنار وه که قالور میخ ایرنیک تفراغیدا ایریلیب

وحدت خوش قیلا الغیطوی سیعا سن دیر ایدا نه جوک ایا قانغو ایرده توکنماس انشلیب

لکنه

جرجِ عشقا ای اوشدین مگر آه اتی کیم   قبه قیلدی مهری عرش اوت بهاتی قانلوغ بلوب

ای نوایی قانه اول یار سیتاسانکیم خوب ایماس
جانانه سویجاک لیک بهانه اوزنا اوجانانی یحبوب

دمبدم جام طرب غیر ایلا اول ماه جکیب   منی یوا قدین کوره یانی آه اوتی بولوب جکیب

نه عجیم ایت کبی اولماکدین اگر اولتورسه   بو نیچه این سالیبان کوینده اول ماه جکیب

غرفی بو سبراو نوتورماغا منی اودی لار انکا   کونیده اگر ماکم افغانی بیکاه جکیب

کونکلوم هجر ابرا درد اوقینی یاغدورسه تا انک   کیم چقارور ایبه بیکانین دلخواه جکیب

من عدم یولیغه بارمان منی لیکین ایلتور   اغزی شوقیدا کونکل اوزره آه جکیب

نی اصغریه توکولمیشی تو یوبان یوزه اجسام   کهربانی کورو نیکر جلوه قیلور کاه جکیب

جرعه سین بزمه نوایی غم ایمدور اولکوچه بیس
بزم عشقی ایجره طرب سعاغرین لول رنج جکیب

تون اقشام کلدی کلبم سارا اول گلرخ نشات ایلاب   خرام سرو عتدین کل اوزده خوی دین گلاب ایلاب

قلیب مژکان خدنکین برق لار حکمی جانا قصدیمه خنجر   بلیکا دلفی عنبر تاریدین مشکین طناب ایلاب

قویاشی دیک جهان بولسه تیره کلم ایلا تا جهان روشن   منکا تیز اتمه توشتی ذره یانکلیغ اضطراب ایلاب

سعولوب اولتوردی ایلکیم جکیب پایینه ایربرون   تبسم باشلادی لعلی دره دره خوشتاب ایلاب

سنه ای زار بلاکشنی عاشق مونسنی مجنون دور سنی   منی اولدم لاله ایتالماس بسی میل جواب ایلاب

سنه ای مجنون تیر کوردونک مکر کیم تورلک هوش اتینک   تکلم قیل کو بیاغر غمی ایجیب وقفه حجاب ایلاب

ایجیب فریاد ایتیب توشتوم ایاغیغه باریب اوزدی   منی یوق باده کیم لطفی اینک مست خراب ایلاب

انی کیم ایتلادی وصل اویقوسی عشرت قوینی موندا

نوایی دیک یاتار تا صبح محشر تورلی خواب ایلاب

خوش توشتو بیر تیره شب ایکی یار می اوجراشیب   تا قیب بیر بیرلارینی محکم قوچوشوب یغلاشیب

فرقت ایاغیدا بیر بیرینیک باشیغه کلکالاقین   یوزنی غم اوردلیغ لاله بیره هردم سوزلاشیب

هجری دردی فراق اندوهیدا تسکین تولا   اولتوروب الفت بیله بیر بیرلاریگه یاپیلاشیب

گاهی وصل اقبالی بیلا عشرت لارین تنگلادیب   گه فراق ادبارینینک شدت لارینی انگلاشیب

گاهی ایکی رشته یلگلیغ کیم توتشار بیر بیرگه تاب   کیم بوجرماغانیدا آنام بیر بیرگه تولغاشیب

عین وصل ایچره ایشی اوشته شکایت موجیبا   ایکی یاننی رفعی ایتیب بیر بیرلارینی الداشیب

ای نوایی بو خیال اندیشه کا جرمنی کوب

جرئت ایلاب بیر قیچا نیشا سوزلاو نیکم جدی گوارتیب

اول آی نینک کلتسینغ چنین خز اندین ایسرا غیل یا یاب   کلی شمشادی ایتیب فرمانینی ایسرا غیل یا یاب

بلا عشق ناکه اوجرادونبو قیلدیمی اوزگا   اولوب سنی تیغ بو بلاغه تاتماغونی ایسرا غیل یا یاب

اول

کوزوم که اوت چاقیب کاه جیغم دین یاشیم اقار — قچانکه صاعقه توشسا چه توکار یاغیندین سحاب
مگر که مسجد ایچره تندورسه بولوب میخانه — یوزونگ ایلا قویاشنینگ کیمین یوزیدا دور محراب
سماچه نینگ خیالی کوزوم بحری ارا دور غواص — کونگلیمه سیپ ایستین مهتاب سوا ایچره سالور قلاب
یوزونگ که عین حرارتدین اولدی غرق عرق — دینه آنی چشمه خورشید یا گل سیراب
خمار غالب میخانه اشکی باغلیق — ترحم ایلا منگا یا مفتح الابواب

نوایی کلبه‌نی پیر یا جسمه کیشینگ
کوتارسه باشی ایاغیدین یخشینگ کرا اول ثواب

بنات دین کر ال اتینگ کیم ایچار ده باده ناب — لبینگ غه یتاج اولور اول نبات لعل خوشاب
ادجوق مودور بو که هیکلی بلنگدا دور ظاهر — یوق ایرسه بورندا ظاهر اولور ریزه حباب
قاشینگ ایرور پا المان قاشیدا نوتشکره — که مسجد هر بیت ایماسی ایگری چون بولور محراب
بتانینگ عالمی ارواح ارا جنون توتشالی — که روحی بو بنیو ذلق سالور در ملاب
فراق تیمس ایدی کیم رقیب صحبتی هم — بو نوعی بس ایرماس ایدی کیم اضافه بولور عذاب
زمانه کیم منگا وفا قیلدیکیم منگا قیلغای — زمانه ایله وفا ساقیا کیتور جام ناب
سپهر ظلم ایلار زمانه مساوی دور — اگر سن ایتسانگ انگا خواه لطف خواه عتاب
سرشک اقار طلبکیدین یوکور سبیک نظر — نیچوککه تیز بارور ایلی سرو قدیله شتاب

نوایی ایلگه ساقیغه دیوبدا وطن نه عجب
کیم اول اشیک اوزرا اچیش عقیق الابواب

برای خرقه ایدا تون کونگلی ایچیدا اوت توتاشیب   قویاشقه شعله تیب دودی بیله کوکلاری آتیب

جو ایلیب ایکی طرفدین باشی قولاقیغه ولی   ملک کبی قیلیب بر بر سینینگ بیله کینهاتیب

اوری مسیح صفت جهد ایلابان اولا توقالیب   اجل فراقیدا ایلا اولتوروداغی بیلاتیب

جمنده سرو غزنان ایلاماکی بوشیماسی کوب   ولیکه بر نه قیلیب سرو نازغه نیز ایتیب

فراق ارانه تیریک منی تیرو رخوت اولغان   وصال یاریغه امید رشته سیغه اولاشیب

توباشی دمیغی الا الماس کرییب قوا ایرگه   یغلدی حسنی داکویا بوزغه ینگ بیله یباشیب

نوایی اولگه قفاوینی کلوره بوبون سونفیل
کیم اولکی باشی جلیبان سوزلاکم حسنی بوریاشیب

پری کولوب جو لعلینگ ایلی ایلیکدین پیاله الیب   تنیمیه اشترا اماکیدین سونگلاکان اولار ایرم اوریشالیب

پری کلیب سنینگا قیلما قوزحسن و دعوا کسین   سنی جو کورکا ایچا ایتیب سسکه خلقونی ادیا اکیب

مجال ملک اولوب شام فرقتینگ بیکیم   نجوکی کیم جبه یغلفای خدنگ لار بیلا قیلاتیب

وصال باغیده سوزلیکه سرمنی بلکای منی   فراق ملکی زندان ایچرا قیا الیب

دشوخی دوری سو را تنده مرکبین ایاقی   کم بیدلی یغلیور لحظه الحفا باغری تالیب

اولارکه

اولارکیم جفالار ایلادی قتولیللار غمیدین کیم اول بلاغه قالیب من کبی ارادا قالیب

بنجه غمیکه انوان ایت لار نیکه هدم

چون غافل ایلاب اولارنی اوزین ارانه سعالیب

وفا نه قیلدی باکوب آذرده اول ای جفانه جون ایلاب عدم دشتیدا کونکلوم عنه ذوقی قلمیشی جفا ایلاب

وفا اندانغکه قاچه اول جفا کروینی ارکه منیم قچیب السام نیه عشقینی هوس قیلماخ خطا ایلاب

دیمان ان ادا یوقتو سوخی ایلاب. دفا کور نه کم بو تقور منک جفا نار یتب قتولغار وفا ایلاب

تیلیما عشق ارجمت طمع قیلمس مسیحادین که بیمارلیق دین تمکه قتونغالی یوق دوا ایلاب

سنکا ای فقر الی وایی جهانه نقدینی بربب کره کرنه جمشید جمیع ب تقون الماید و بیکا ایلاب

تتولسانک یوفا دستی لار غمیدین ای کونکل انتکم آتش بینه جکما بلا آوازه نه برو تنها ایلاب

برنیکی افسانه من دیمیکه سوزیجانکه ای خرد اهلی بیدین کم بوجنون فصلی تونکانمس ماجرا ایلاب

منکا یوق اوزکا بارس جفا قیلغان نه کر تا افسام بیلشو او بیرولای الوبا جانیمنی فدا ایلاب

کونکل کیم رونده کاریمنی فراتیب بولوی آواره تا پلسه کیر دورای دوران ارا یوزینی قرا ایلاب

کدالار غه کبی لطف ایت شها بوشکرا اوجون کیم حق سینی لطف ایلامانشه ایلادی بیزنی کدا ایلاب

نوایی نکسیه یوق الم جرجنا ظلم دین ذبون ایرماس

نوا جاوید مکلا بروی بیزنی بی نوا ایلاب

اول ای قصد ایله تیغ بران چکیب　　مین الدیدا باشلر ایبو جان چکیب

مسیحیم جو فریادیمه ییتمادی　　نچه اولتورلی اوزنی افغان چکیب

بنینک توختش دارو سیمین نه سیغ　　مز اولوم جو خونابه بحر انک چکیب

کتور ساقیا دور ایاغین تولا　　نسیمه جان قالمادی رنج دوران چکیب

اگر وصل باقی کرک ایستا کیلی　　فنا کوینیکا رخت فرمان چکیب

نوایی جان قوشتی شوقیدین
انینک رخشیدین یاری بیلان چکیب

ایماسی خلوت نشینی لارغه تماشاءی چمن حاجت　　جبا نچه بولمغای اهل فنا غه انجمن حاجت

گرفتار ایت قیلدی رعنا یا ککلوکه بوشی من ووه سیم　　کوزونکده قالمادی ترکی گلی سرو سمن حاجت

جنون بازاریدا رسوالیغیم نینک باعثی اولیور　　بهانه المادیلار یوق اینگه دولی ماو من حاجت

بلاد شتیلد ای اواره لارنینک حالینی سورمانگ　　نه انداز مغ بلبلار کوبکن حاجت

رقیبا بی سرو پا لارنی اغر قیل دیتهار　　حبیب اشکیکا بار غاندا سین حاجت نه من حاجت

صبا وقتی صبا کلتوردی گه زلفونک تاریدین بو　　معطر بولدی عالم بولمادی مشک ختن حاجت

نوایی

نوایی یار بیله بستانه سی نینک تفراغی بولدو یکه
سنکا ایمدی نه حجرا و شهرده وطن حاجت

پیکر نینک نینک بارسینی اول عشق مزا ینده آثارت کر قبا یولینه [illegible] انوین اوز بولوب چغارت
طعن ایتار و بوزشکیده کورکاچ منی زهد اهلی عشق بو داولوغ نسوز لوک اولوسی بوینیغه دستار بیکه تارت
شرحا یو دور کو میکدیک بول و بی انکه ای شیخ کیم موز دیک ایت کونکلوم نیساج سنقا لیکی اقلارت
عرضه حال ایسام دیر اول قیناج کوز لوک تهموشیم کیم قیناد دینه کلاه ایزمنیکی بزکادیو دور چغارت

ای نوای هجر ارا ساغاردی جهر نینک صعفیدین
تا رقیب لار کوزکی سوی می اچکیل چهر نینک قرارت

وجودوم اورتادینکه ای عشق تیرکیم توت حنه اوجو نکرمنی قایدا کوردونک انداد نوت
کونکلا نه وصل چراغی بیله دیدینک یاروتای تولانشتی جونه هجر نینکه اول ایلدک اوزکا ادی یاروت
جنونم دفعیغه کونکلومنی داغ ایتاد دیب سیح بو دارنه سهلی دورور هجری داغیدین قورقوت
چو وصل کوزمال ایله حاصل اولماداک ای کونکل تحیر نینکی بیله شعله لیق کونکلا نه سادت
بهجار ایم ایرور لایق انکلاغیل ای اشک بهار سیبغه نالم کرلایم اولسه بولوت
نه داقع اولسه قضا تقدیردی ایماسی خارج بس اولکه دور قیلوردیح کیشکا برحالی اوکوت

نوایی بو اوتاره عالم ایچره بشی کون قیل اوز دکنکی می بیله مشغول عشق برله اوت

نوایی یا بو اوتار عالم ایچره بتشی کونکیل
اوز ونکنی بیله مشغول عشق بیرلا اودوت

کلما کیل میخانه غه ای شیخ عالیمجا قایت
بو قصه خرقینک باده‌دین بولغوسی آلکا قاییب

کر دیسانکیز توشتم صوفی قیغو زهد ایلیغ
بولما غمگین رند خرابات لار بیله همراه قایت

دیو پری ایلکیده اکتار بیلسیکا باغلاباغی
بت و کشیدا سجده قیلماسیلیقدین اکراه قایت

رندی عشقی ایلیقی اکر کونکلوم تیلاب بو دردی دیوانه
خرقه فنا بو قیور سلطان قیلماسی اول دلخواه قایت

سن ریاغی اور کاینیب سین قانتوا اولماق غضب ابو در
دیر ارا گر سیانک فیتماس بولکینماسی الهه قایت

ساقیا مدهوش ایلادی ایچماسام جام اجل
بو طرفلار یوز لا ایدیلماس ای غم جانسا قایت

عالم اهلی بیوفا دور لار ادا لارینک هیلیدین
ایکو نکلی بولسانک وفا آیینه دین آگاه قایت

نه تشکله ایتیم ذاتیمالی نوایی پیر دیو
بو قابیله کیل کیل ایلادی دیر سن ایه کما قایت

کونکلوم الدای بیر پریکری ملک سیمایکت
کیم نبی آدم دا ایشه بولماسی پیدا یکت

آتی سرکشی توسن ذرکشی رخشی دلکشی لطف خوش
کور مادوکا بو نوع عملوشی جابک رعنا یکت

عشقیدا کوز کونکلوم نیک بیر بیدیو ریشکی یار
الله الله بولور ایریمشی هو نجه یم دنیا یکت

ذاریغی لار بیله اولسا آنا قفا غویکلادور خوجو ضال
نه اذجو یکم منی قری قل دورمی اول میرزا یکت

یولیدا

يولغايوز منينك كبى پرادليق ايلاسى التفات / كمكور كانتلو ايكين بو لونى بى پروا يكت

يولونك اوذره من كدا منع قيلغاى خسته حال / بر رقيب اوت ايليمه حيلنونك دكونكى يوز يكت

دير پيرى منع بيبين توتماى مسلمانلار ايشى / النى اولسه نقد ايمانين بر ترسا يكت

باشى اقاردى سبزه خطلار تركى توتمايم نچه استغراق / كيم خوشى ايرماس تور يكتلار بر نيچه الا يكت

اى نوايى قاريب اوذونك معالمه كيم ايلار سينى
بر قدح بولسه اول نشوه قدح بيچا يكت

اى نسيم سحر ارام دلارام مغوايت / زلف سنبل بوزى كل سرو خرامانى مغوايت

بوكه آنينك حسرتيدين قانغه تولاريم دمبدم / بزم عيشى ايچره لعل لبالب باده ميناسى مغو ايت

كام تلخ باده زهرا اشك رنكين بولغايمن / لعل شيرين لفظى رنكين لشوخى خوددكا مغو ايت

شام هجرانى روزكار رنك تيره بخت قيلدى وبيب / سورماغيل بو سوزنى منديين صبح يوقاشى مغو ايت

اول پريچهره دانا ديوانه نينك ترك ايلادم / كونكلومنى كى تيغ هجر قادر ليلى ايدى نامغو ايت

اى كرامت كويى كيم اغادى كوب عيبنى ايدى / شمعى رحمت پرتوى تيزلايمو انجاميم يكت

يوق نوايى نيك دلارامى هجر اى رفيق
زنهار حالمنى سورسا كيم دلاراميغه ايت

بهار ايلا كل غنچه مايل باغ ايچره بوزنهار ساعت / بيت رخسار بيله كونكلوم بوزنه ار ساعت

بو اقشام ناتوان كوكلمدوم ايى اجباب واقى كرجا ليدى باره ضعيف ادول بيماريت
ايمش ديوانه هر آدم اولاريك جاليم بيكم توره بود بىنبة بوى مرد لعلى ادبوانه بريت
بولوب بعق ايلايكم كوزم ذماه دىمراچ بولو كوتلى بستمد ىقلا ينايم اعياربريت
دعا وم نفعيم انه جودر كه مرصة ينلد قدا ليدى جراحت ليلا كوتلى لب نخيلو ميرض نار
جنعنوم رام افوذن بوله اى يوش اهل تانلى بودك كوذ دمكه جلوه ايلار اولرى رمضان شوت
مى ليعلى نمى كبعت اير جانيم نسميد مين بولور ياوست جران يوزمن بشار سات
بويم اعريدن امن عشى دركم دوراى غيرا يغاربز ناتوان كنذ د قوار ريريت
فنا وربد بكنم دهى يوق سبى خزوة د فتر من مىنا ية دىه ادبر د متمة اى غار ريت
اريكسكنه يا غنه تشى لرد ونى تنالى ايساكم بار ومع اولرى كويه نجنو وار رىت

نوان تاجهانا ايلاديس وا بستة كوكر ايمة
اولا رجبر باين اوسه خاطرىلق اقطارى سات

يا تو و ردىمنى ىلاىرا قله اقوان عاقبت سركى ستيرمنى يا يدى سيل مرصه عاقبت
تيع جر نكدت نهاى كوسم نتلا فيح ايلطا روشى ايلادس جاله كى بىنا عاقبت
واى كوكسمى نديح اولوستو بولد نهم عشق اوت باعبدا قيغار وح مران عاقبت
سوقىد بنى وم او ميامى ىدا دىمو ر كشيد دكه بولم عرمن رسواى دوران عاقبت

كر بودىاج

بو بولادیکیم ما قری دا تا ریغی ای رفیق   بولغو دیک من دیوار منت فریشتا عاقبت

عشق کویدی احنولوحنی مناذل ایلاد   مجد رشیدین هفتقی جسم عریان عاقبت

یا شورہ رایدم یاغین جا لخ دیدکیم قلوبطشی   هرمن قہ کو ذدین جرشح ایلا ای لان عاقبت

وبریبتا رالا سرشی نها لا کو ر ما دولی

سایہ تیلگہ بولماغنع میبرل م بکبشا عاقبت

جهد اندازکم قینلطامین مودیب وصلوبتی   کیم قبول انمی اعزدیب جبت الکوفا لی قبنت

خبری باغی جولہ قلاق بوی بو کسی ای کو تیلگی   ب شلا ادل یوکنہ بنتہما ل بستا نیلا بنت

مہرکا کوکورد رہ اوبٹن مودہ دی جواج نوذرگہ   انفالی قویس قرا میدی یسا یغ یوزن

قشہ سوا ریم رنگ مراق پوری سیدی قا لوی برق   کیم ایلا فعلی ستا یبا ی عمنی ہوینیل فلی

کویہ جیا نیلگہ دم اوچا یغیلا صیا تکنی طفیل   اسطا کم نا غیبی مسیح کیم طفعا یا نا جیت

جون یوزک کو ز لار سویو بن انگ یا رویب کو ز   کیم درم سرلا غہ یای ایلا فروفا یرور

ای نولا فال یا ل وصغید اقترین موودکہ

یا ر بعنہ طرطی ای ابکا اسا انوا ن گ نبات

وا یکم ونشمند اولوں عمی یہ اچ بیا نہ   ویشمی اوکیم یا رِ انظا ہمسا یہ دیوا دست

جان قوشہ او تا نگ کورج یا رنیک اد ملوج   تیلا ہا ی کویما جودنقا شنہ ایلا فروا دست

وادى هجر ان موجه اغيار ينگو ادلمانج نتانگ كيم بولوب غول ايباني بله ديوانه دوست

ووصت لوق جانويى بهتا منگا يم عالم ايلى دشمن جانبولب بوليسون بارا يب جانان دوست

اهل دين فنا نشكن در قلب مولانا ليق سبوح منظامنه وير دا وكيم تو تار بمانه دوست

زلفى توشم نول وال توفه ون شانگ
وام دين يوق جاره سكه برتوسكه بولوان دار دوست

وه كرچه برى اجهان بولو كوز دمك قلبى كيم ياروربالغيب اوت قايتى سل اول ابحيت
زلف اتوا بغشه سه بشني نعادى نوى اى كوريالك همانا مونگانا نوه دورا ويت
حرىت ذلبتى يوز كولوب شهدا افار يوز ايلا هجرى بر جايوق سنك كى شريعت ها
ترلا كاه لعلى كلاب الجمعه قوه كلر لك يوقند و سردا كودى زخدالو عزه اعزره نات
كونگلوم اد لاكو توه قيلاب ميلى فغانيم بلبل عارنب هتا وجوب برجاده الخط قنانت
بوجغل اجره حران صرم دين سرو كش غم يوق توز لوا ايدك ملك شعاراته نبات

كوز نيارا نكوكل اوى ادر شب لارا يله
ايلاب ت خانه كرانفا توا وررلات هنات

كوزندى اوچه اودبرى وه كم انطا يتيا لزبت كاشى ايدكى كرجوقه وهنا اك باغدا ين
ناو كنك كونلكو مكا ترشتى معد ل اين وه ايله ازا ماقا يهتا با نا جانا يتنا ىن لات

قانش

يا شو سونيم ادلسلام ايردم اي يويتي طليم   كيم مني بجبوينو زر توقا ادولم دين بوابيت
ساقيا يغو ومن اغا عالم قيد من كتب هويش   احتياتو داروئي هموشي اکرچا جمعة فات
خانقه شيخ اوشارع مساعرني اي يووو   سعي کرامت کو که وديد ديمغ وتويم اوشت
اي تنبي فال اول اي ايتبا حکي بوو و   کردوبک جيق کوکايا نغزا قدى يک يوليدا يت
بردرم کم بدع بوکار زويسي سنا اي کوئکل   هرنخه ممري وفا باو ارييا اودينکني سات
تلدى لاريوز پاره کونلومو تک ديک ينا عاليا بل   کرجه رغبت دايريه چاحت ايرمله دربيات

جون نواك خانقه افتت ايردر لولي ودشيح
سماعينور بخول فيا يا اکمور سه توي اب اق ينت

اي قاشينک فتنه اول تدشينک بلا افت   يوقتور اول اياح فتنه الا افت
نقدى ينه کوزل عمروک مردم انبين   يا بلا دور منظايا فتنه دور ور يافت
ديمر رعنا قدايله جلوه سيدى خا لکني   جلوه جانغو بلا اول قدر عنافت
مبلغ عاقبت اولما يکه بيتا سام کم ايرور   يوزى ينوز يساريون جانغه فدا افت
موبنخه افت که ايرور ده مرده سينين زک ايرور   يوقت عالمدا بويا يوق ايدى موبخه افت
ساقيا با ده که تقوى ريا افتى دين   نغفتراق بول منکا سماع صبا افت
وه کرينيه لاري منگ افتي کونلمو کريب   سما لحبيشي اول کله ابو کي غو غا افت

فائده اولغیل تیلاسانکا وصل کیم بو بولدای یور   خرقهٔ دفتری تسبیح مصلا آفت

اصل اولدور کیم صنم سارینغه کوز ساللماغای سن
ای نوائی تیلاسانکا کورمکلک اصلا آفت

تیره کلبم غه کیب جانا اولوم دیک رنجات   ظلمت ایچره خضرغه اولنوعیکم الحیوات

ساده کونکلوم ایچره لعلینک نیک خیالی توشکالی   شیشهٔ دیریم اینک ایچیدا سالور لار بنات

عارضینک مهریدین اغزینک کدا ایلیق قیلغانیم   چون بسیم خورشید قیلمیش ذرهٔ بر کیملی دکوات

بهتاساینک کیم اول قوتاشی حباج سنکا قیلغای ملح   ایکی قطاع غم ایسیلی تیلاج تا غدیکی بو لعل نبات

تا کونکل دین باشی حباب دیکیش هر طرف بیلغانلار نیکه   توشی بیلکلانیکه بولغوبوریم بو لور غور فتات

وصل امیدغه تیلاسانکا کر نوائی دیسیم
سوزلاینک کوبا رقم قورو سیاه ایرر دوست

ده قیاسی باردی بو دودغ کونکلوم نی ذار اتقالی یکت   چون تیغ بولوب کونکسوم نی فکار اتقالی یکت

عارضینک اچقاندا کونکلوم نی ایچب کل کل وینک   کز فیکلدین ینه ایوزمنیک حار حار اتقالی یکت

بیچه کونکلوم طاعت تقوی کیم ایلاب اختیار   جلوه قیلغاچ مست انی باختیار اتقالی یکت

سز نی عشق ایچره داغی رسوای عالم ایلاباان   عافیت اهلی قاتیدا شرمسار اتقالی یکت

عشق بر کیدا کی یوز نتو بیر کونکلوم نهان   دفعه یوزی ز افسون آشکار اتقالی یکت

م صلاح

مز صلاح عاقبت عشقیده آنرلی اتقا قاری سن جفا و ظلم قیلا قون شعار اتقا یکیت

ای نوایی نیکا بولور نیلابه دیب کوب صعوبا کم
عقل هوشوم قالمادی حقا بولا بی عقل یکیت

بولمشام عاشق بینه ای عقل نافرجام یکیت کون کون ایش بولمیشی منکا جمالی لبالب جام یکیت
بر قدح کش منجه کونکلوم الیب دور دیر ارا دین تقوی جانیدین ای حیان خام یکیت
چون تری جون بلمیم با غلادی دستار کتو عبرت آل ای معتقدلار دمرهٔ اسلام یکیت
کلکونیکا بندم دیو تیک دیمه ای کارج نینک بیدا توفیل دیرا هجره بولکامادین بروانه مونا یکیت
من حریم وابعه ارا توتوم مقام ای پارسا سن حریم عرفه نز باغلاب ایساکا احرام یکیت
مست رسوا خرابات اجره کورسام ای رفیق بولماغونک بولسانکه منیکلایک رند دردی آشام یکیت
کلماس ایو کاج رندلار بزمیغه کیتا ای شاه کیر کیتا بولسانکه اجیب واغی توتو سیم قام یکیت
ای کونکول چون آدمی دور بیوفا بیلسانکه پری عزم اتیب اول یانکا بو سارای قویغیل بر ام یکیت

ای نوایی جون بو گلشن گل لاریدا یوق وفا
اندوکو تنکلل برجا کونکل بو گل غنچه ارام یکیت

صبح ابرو ساقی مئ مخمور سین ای پیر مست توت قویاشیدیک بجام جم ما یوق بیدا فورد بولماق
تیره شام عمر اراده ادسرو کوب جکتو خمار فنت بولمان بونغنی گم صبح برده ای وصل دست

کون بیلیک جتو نجه هوس نالهٔ فتنه اقتالی　　کوب بیلیک جتوی بو کوین کیم بولغای بیر قامت

انجمن اهلی یوزی کلی کل قیلالی بیر بلا　　همه یوق وافغو نجه انجم کل لاری بردی شکست

جرخی ماتم بیکوره هر داغی انجه بیلالی　　کمک من غمخواری اول سیلدین قیلسون نشست

کر شجاعت غه دلانک کلنسه نام هم دیبان　　مهری شکلدین فلک بولین قیلالی خار و پست

نقل یکیتلک بوک نوال همت تا مقام ابد
کیم اول جمید بولمیش قسمت جام است

یکیت لیکیدا قری الاغیقیلا دیکه خدمت　　قرلیقیکدا یکیت لار که برماکیلی ذو خدمت

قری لیق هستار ایسا انک قاری لار غه حرمت توت　　قریدا انکا ایرسه یکیت لاردین اوستاد حجت

قاری قیرار سه الحبیب باده بار دور انده عکم　　یوزینکه غماده بیله ذال هستانی رحمت

فروغ نیاج ایرور باغلاما شکوفه رنک　　قاری غه استما کیما ک قیرنل یخشیلی خلعت

جو مشکین ایلادی کافور کولی کا اق قرا　　ار تیلار ایکی کافور مشک ایله زینت

قاریغه توبهٔ طاعت کرال شعار اولسه　　اوزی یکیت یکیت ایلار او زیکه تهمت

سعادت ایلی ایدی اول یکیت که ایلاما دی　　یوزی نه دود بیله تیره شعله شهوت

یکیت لیکیدا ار طاعت ایلا یلا سن سن　　قریدیما ایرسه قیلغونک کی قیاغونکی طاعت

قاریغه شهوت اکر بیر سه خارشی انداغ دور　　که کور کوزدا قاریغه جار جه شفقت

اوروخلن

اوزونکینی مینہ دیر یوک جانی چیک   نو تا رایسا کنگ فارسی یا فود یکیت ملوالغت

نواس ایلاد ہ عوریہ غساد ہ مولا ذ وی

الم حبار دی ادری کہ ہلاکی ایلہ شہرت

وہ کہ جفتہ ایلا نسبہ رمست لا یعقل   سروویک یلدین اط اوزرہ طرف مایل یکیت

لعلی نوش مریم یوزیلی لیقا دلو لک زدہ   غنہ نیشی دی جمع حضرہ قابل یکیت

تیغ خونریز برہ اجلا دیک قتل ایلاب ولیک   سوسہ ہر جانب نجول کر عمر صفحل یکیت

اغلا عا یکم حور ہر کسین ہلاک مو یاری   کیم شہر صفبندیدا اندا کورہا دون جاقل

کونگلی نیک قاطع یلقوف اولتورر قیل ایلکاجا   اللہ اللہ کم کورہ بہ دعا مسکین دعا یکیت

نوچشم فتح قاتل غمزہ خونریز ایلہ   قیلغوچی ایلیلا ترک لوک رسمی قتال یکیت

غارت دینک قیدہ گر فریقا رتط ادسلم   اہلی کفر اغوا قلی یم برد غا قابل یکیت

قاریان قیلہ یکت لا سجیع قلم یوسن   کیم قری اوز دپسی بزم ایلوف دایل یکیت

ای نوای زیبا بولاوند تلبہ ہایک کوریم

عقل مروشم قلاوی حقاجہ بولا یعقل یکیت

ایبوی دشت

ایکو گل یا دزگلا دامیہ بوشیہ نای   سنسلا منتلی جالت بزلا قایم تیغ ابنی

وصلی تاریخی جکتہ اول داغی جکیم آہ کم   رشتہ غا اوزی بولوب بجر نوا قوت دشت

تجە باش توبدم بولنودە کە بولدم یاپامال ضعفی لیغ جسمیڅ دنچی تاریوت سایپ شکست
ذیریوق موجیع لارغە لمکوە یاربکٹم هغلسی عشق سوار ولار مستغنی بنیت
ساقیا یوپشو چخودە لوقدیم اوکی چارە یوق مژدە من کویو نیکور کیل بولدم می دست
غرق اولارمن یری ارە راست اول غایجە کیم سالپ بوعزم را سانگا اجل قلاقیت

ای منواد وجم عذر کہ دمشقیدا قبل توبە
پنجنبە ابویلحی فبغە نجریمو مولا وپاك است

آه کیم اول کشنا بیلانە بولدی عاقبت هجری دین پجغولوقوم افشا نە بولدی عاقبت
عقل وا تیشی لا فنی اوغنا کوکل فغلار اول پری یوشی جریبت دیوانە بولدی عاقبت
قطرە قطرە شا دلیغ اشکم کا سحا حیتم طلیدا یاریم جرانا توشلاریغە دانە بولدی عاقبت
باغلی اول حسن نجی کیم بو ذوق کولومن اذ یا دیر نبرغل ویرانە بولدی عاقبت
مست پجودە لوق ایشی حیران وا وی یکڈ دافی بسی تغی منزیم مینا نە بولدی عاقبت
ساقیامی توتکی جران دین صح تکیە فارغ اتکنە ساغر فیحانە بولدی عاقبت
چکم کوب آە کور کا مجنوغ بلبل کوب حکتی اورا تنھە ولی پردە بولدی عاقبت

دمە نبگ ادبکم نواى حسنی کلك تبز کوران
صبح ملایم نشكا اباناە بولدی عاقبت

نجالم

نچه کیم اول لبی شریف کلام قیلدی حدیث
خوان شرینی یحیی العظام قیلدی حدیث

قیلماکی یا ذوی حدیث صید اولدی ایل کونکلی یا
نقطه دانه خطی دام قیلدی حدیث

لبیدین ایرور روحی توب سوکن اوجون کتابت درن
نتانک لبیدین ایکی مشکفام قیلدی حدیث

جبینی نی شهد بیخودیکیم یغار تن آلیم دیم
رمیده لارنی نفسی ایلمرام قیلدی حدیث

ذهی تکلم معجز نمای کیم کلامی ج
عرب فصیحی لاری نی خرام قیلدی حدیث

اولوسیغی توته نوای سوزنی انیک بیله
مگر رسول علیه السلام قیلدی حدیث

بحث

نقطه ای جبرهای قیلور اول لعل خندانی بیرله
راست عیسی دیک قیلور احیا آب الحیوان بیرله

یاردی بیر یحیی قیلی ایرغم بیله کیم نی اوجون
کونکلوم الیب قصد جان اتتی قیلماقی پنهان بیرله . بحث

ای کونکل گر عقلی ایتار منع جنونی قیلمه جوال
عیب ایرور کیم دانشی کم دیک نادان بیرله . بحث

منع عشق ایتینک ملی فقیهانه جدل ایتیب جواب
درس ایرماس کیم قیلغای فرهاد انی بیرله . بحث

گجانی جانانه تیلار باتته صحت جانانه دور
هر نچوک حکم ایتیب تیکس فانی جانان بیرله . بحث

ناصح عظیم جدل ایرییل کیک لارنی دیباغ
عالم شهر ایتمایدی غول بیابان بیرله

ای نوایی هر نچوک ظلم ایتسه جانان اوز باغل
سیم کوک جدی ایماس هیچ تشدید اسلاما اتیب بحث

وعده وصلینی ایتسه اول سهی قدی شیرین حدیث — گرچه یالغان ایرور انی ساغنور من جان چکیب حدیث

بهشت و شام و وطنی دیر غم تاغی قاز تیرتانه ایلد — بیله هر کیز قیلا اول فرهاد ایلا شیرین حدیث

جونکه هر بر نکته دیرسن سانجیلور یاقوت لعل — الله الله کیم دیرا لرکین بو صفت رنکین حدیث

بزم عیشی دا حدیثیم نی دیمالک ایدو ستیلار — کیم ایرور غم توحیمی مکیم قیلور غمکین حدیث

گر تکلم دین اولو لانین برکه زورلار خوبلار — بارچه سیغه نه سوزیم کویا قیلور تلقین حدیث

عشق سیرین شرح قیلماق دین جو قادر بولماس — بس گرک عاشق دیمالی نی قیلماسین ایمدی حدیث

درس عشقینکنی نوایی ایلا دیر عشاق ادا
کیم دیکای عشق اهلی نی بیتید قالیوبن حدیث

منکه مجنون غولو غه عشق سوداگر ایرور باعث — ولیکن بو ایکی باری بیکو ایرور باعث

دیمه باعث نیدور کیم تاپلورسن هر گه تا صبح — تکلیفه گر فیلکدین جانیغه یوز تشنه ایرور باعث

کونکلوم انکا انتیغ لعلینک دور اتا کورسام کم — تونا شماقو تینیم خاناکی اول اختر ایرور باعث

ادقونکدی پر جقاردیم کو بوینک تیلسام هوا تانک کر — که اوجماق میلی قیلماقو بو بال پر ایرور باعث

فراقینک ده همدین یوز قاتلا جان بر مای ایدیم لیکن — حیاتیمغه امیدی وصل جانا پر ایرور باعث

جو مهدین یوز اوگوردونکدی کیشی الماسی باشیمغه اوراسام — بو سرگردانلیغیم غه کرویش اختر ایرور باعث

اگر یعنی اولوب شیخ دا میخانه دیمی ای شیخ — اینچار که دیر پیری ایلکیدین ساغر ایرور باعث

فنادیرغ

فنا دیوینه چو مقصدینی غرض طالب وصلی اولوی
که غواص اولماکیغا غرق اولوب گوهر ایرور باعث

نوایی حبیبی نیک ضعیفی غه باعث بولدی بیداد ایلیق
ولی بیداد لغین سوریانک انکا دلبر ایرور باعث

اگر جهان غه فلک دین غمی بولور حادث
ایرور بو خسته نی غمناک ایلامک باعث

فراق زخمی بودوم وصال تخمین ایکب
زمانه نی وعده یار موهمی حادث

مگر اولار کوه فرهاد بیرله مجنون نینک
بلا و دردی عشق ایلادی منی وارث

عباد تیمدینی اول آی کیر تو یار جفا رجانم
تیریک منی ایریلور اولا عمر بر فلک ماکث

طریقه عشق محبت مطا و مجنون نغه
اینکدیک اولدیک تاپی سی سپهر انکا ماکث

سنی بهشت فیغی فنا و بو کیمک لا ایلینی
که عشق دردی سینی بلا ایلا دل باعث

ایرور نوایی عشق ایچره هیچک بلا گویا
فلک حوادث پارچه انکا بولور حارث

زمانه ایره رجون محل حوادث
زمانه ار کی بولماس انداماکث

ایلی قصریغه ایلامه انده حوادث
که هر لحظه بولغای او کوشک فتنه حادث

جفا یغه بودیرا و ذدی جاره یوقتور
اگر آدم اگر نوح و گر حسام یا فث

بولور تیره کوز کوزنک تولا ذی جامینک
تو تمایتم نی الی سکندر جم لا وارث

جهكرة شغلباشرے طلقہ قلبیم موجب | انيك توركي نوتقالى بستا باعث

فنا خانغای ارا ثابت اولغیل | یوق اوکیم نواد رسی گاہیدا با حث

نواں املیٰ خرمنی ابجره اوت سال

کہ بودہاست کرل الجناس بوم زعدا عارت

بولوب پخود دلغوم بادہ کلکون باعث | ایں نوشی ایلا الى ساقى مودون باعث

بوکہ لیلی وشیم الویا فداقیدع فنا | بولوی بوغضہ غذا انس نجنون باعث

دروتا غین فاداام ترتاج دنگیرنیدر | لیک بولی مثلا فریاد جلر کون باعث

اولغور درخال خطی فنش کوزغمر منیخ | باسا نطارہ قلم بوانارہ دیو افزون باعث

عشق وشید ایوکورسا عجب ایرماسی زور | تلبہ کا فوں ادور د سوت ماعون باعث

کوز لاریم یاشی نزکیم قلزم عمان ایتم | ماجرا کی سیوارہ جدّ جیحون باعث

دیدہ کویدید اول آں یک مسر دان کیسا | طالی مسعودہ پلنخت ہمایون باعث

نغمق نخستی دینے حجتہ انطا کم بویولا | بولد ابو حجت ما روشن ازدون باعث

کریدواں ایشنع و یرید ا رسوا نایش ایماں

نم اوبجون اپلب سوناآمادہ ادر فون باعث

ای جہاں ملک خراج سنکا بوگوہر تاج | مملکت ی قوت ابانش درکنہایا ماچرایہ

توز بانہ

توزوبان عدل کونکل ملکینی اباد اتینک
ملکنی معمور بولور ایلدینک بیرسه رواج

بیکری واجی کوهر ذاتینک ایور کان مقصود
صنع دریاسین اول جوهر قیلور دین مواج

بیکر ینک تنکراغینو خیل ملایک حاملی
تخت عز و قدرینکه توقوز افلاکی دواج

چون جکیب تخت خلافت اوزره جیقدینک تیلابان
حکم تا دون کرنکا ملکی دین ایرماس اخراج

بیله مردود حدیث بیک نیلا قیلدینک معقول
کیم تنزلیغه بول بولدی سنکا اول معراج

نی تغافل ایردیکیم ایلا عدو ملک سیله
خاکسار اتتی سنکا ملکو بیکیغه سعایب اخراج

روزکاری قرا ایب ظلمت هجرانا اغره
یار ایدیم عفو ایلکی توتماسی ایلکو سراج

اعتراف ایتیم نوایی نی قبول اولمای حق
خلق ایتیب سوزینه دردی بیرب قیلدی علاج

آج

ادل ترک خطانینکه ایرور اندین کوزی خماج
کیم تا دین ادلماکا دیمالی الدیکدا کی کونه آج

باغری محبی قیبا با قماق ایله قیماغ بیلدور
یا عیبی تبکر دینی ایرور کوز لاریکه قیماج

توزماسی اجل اول غمزهٔ خونریز اوقیغه
جانینک کرکی ایرسینکا ای خسته کونکل قاج

اوزینکه موغول اولغانینک الدیوا مسلمان
پیلمان انی قالماق مودور یوق ایسه طغماج

کتتی جو کونکلی کو سیغوای حت نوای
اولتوغ کراونه ملکی که بزدی کونکل النماج

نعرا ایلکایا پادشا محتاج ایلایم شاهیغه کدا محتاج

یاریغه تیک بو احتیاجیم نه انکا مشتاق همه مونکا محتاج

یوق کیم الیق دا احتیاجیم کم تنکری قیلیشی همنی سنکا محتاج

تنکری رزاق کلدیکا رزقی اوچون ایلاماه اوزی نی خلق ارا محتاج

بی نوای دور نوای آلنکیدا

تا نکدا ایماس بولسه بو نوا محتاج

منکا اگر دیسانکه جانینکه جهاننی کیچ بیجای دیلیک مونی دیمایکیزکه انی کیچ

زمانه اهلی زمانه نینک دیبکنز که کیچ لیکین دیمانکه بو سوزنی کم اول آفت زمانی کیچ

غمینکدا اولتی یاشیم اول بحری دور کیم نشی نوح قالور بو بحری ارادیمکیم سالم کیم قایقنی کیچ

سوار غه کلماکا ایمیشی یاد اجل رحم ایت یوزینی کورکوچه بو دارنا توانینی کیچ

غم اولتوروری کر باده انجام ای شیخ اگرچه بندینک شیخی بو یمانینی کیچ

اوزی می دا قلیب خلقینی زینک زاهد زهاد بندینکه ایرور شیخ توامانینی کیچ

نوای عقبه دیسانکه دهر دالین ایلا طلاق

قبول اول فقیری شغل خانمانین کیچ

عشق بیماریغه یوق ایلادین دوا غه احتیاج یوق اول کیم جز وصال جانفزا غه احتیاج

باغ

باغ وصلی عطریدور جانیم دمی اوریای ای مسیح / کیم منگا واقع دور بادی صبا غه احتیاج

عشق جون بیگانه قیلدی آشنالاردین منی / یوق منگا بیگانه بیرله آشنا غه احتیاج

هر نه قیلسانگ کونگلوم دوشتور ایرور سیندین منگا / هم وفا غه احتیاج هم جفا غه احتیاج

ایلاکیم بوقفقور گدا غه احتیاجی شاهنینگ / شاه دین یوق عشق کوییده گدا غه احتیاج

احتیاج نی اولوسدین اوز خدا یا فقر ایله / ایلا فقرنی کیم اننگ بولماس خدا غه احتیاج

ویرمه ای گلرخ نوایی غه نیکو دور دیو
کیم کورر بو دور بو نوع اشیق بلبل غه احتیاج

می لعلینگ ایرور جان برله ممزوج / یوق ایرسه آب حیوان برله ممزوج

جگر کونگلوم سرشکیم بیلا کیم بار / با غیم بو اشک غلطان برله ممزوج

کونگل قانی بولادور عشق اوتیدین کیم / بو قان مجهول پیکان برله ممزوج

جهانی بوزدی اشکیم آه ایله کیم / ایرور صرصر بو طوفان برله ممزوج

قوشولدی کوزلاریم نیک لکی وهم آیت / کیم بولوری کفری ایمان برله ممزوج

بوزدیکه بوشته ذلق ایلانگ نظاره / که قلزم برله عمان بولدی ممزوج

منگا هر دم که بردی ساقی دور / بورون قیلدی انی قان برله ممزوج

می وصل استاماکوب ای کونگل کیم / ایرور اول زهر هجران برله ممزوج

نوایی سوزی ماتم بولوبی تا کیم
ایرور اول عیش اتفاقی برله ممزوج

عنبرگیسو اول کوردونک ایماسی باغبانی تاقیب کونکلونتاج
تا اوچوبکیم اول پری قیغاج ایرور بو یوقلاج

ایلادی آشفته سودای دماغیم برک لالهزین
تا کیتیب طیبی اندایکیم بوتمیش اول اکشونیساج

ذلفی بیلا باغلاغاچ کیرساجی برکه سودا الور
تا که ایرور قیدیم او جونکلر برقیدی کیر بوتغولاج

کوکیدین جسمیم تیلابا کونکلوم داغی خطیک تشوقدیچ
کرچه بو قعیکن کوکای رجالا سو بیله کوبیکنیتاج

عشق عالم سوزی کلدی قوی قسمونتلی ای خورد
یتیبی جوبانی کوکالی نیرایب الدستلانی ای تولکی قاج

سرو نازیم کلی چاچی کلشن غازی دی ای نسیم
ها انی پیلا هم کلی یغرلغینی باشیونساج

قوی کر اول یونی خوبیغ نظاره ایلای بونغوچ
هم کوزوم بولمیش بو تجاه جنونلیک اتا میدا ایج

ووست وکرکه قورقی تلقیلی عذایم بیخشراق
هوشی ایلا تیراغیکم غفلت بیله قند کلاج

ای نوایی کونکلونکلا تیمهسی ریاضت بیرصفا
کلبه بوشتین بهشت بیمانکه حیرت سو بوچ روزه اچ

بو ذوق کونکلی کادای بولسام جکیشونی رنج
که رنج جاهیلاسا هرکیمز میسیر اولکاسا کنج

الرشنگا جلیب رنج کنج بولوی نقیب
دیبه کنج تا اسرالی بوقانی ارتوق رنج

کیشیکه نعدی کوزونی ایلابانی قیلور نی ذنوب
بو غمغه کنج دور الغانکا غراغت کنج

یلان

یلدا کبی غم حجیدا اسرا علم لانالگی غلط   همیشه امیدال دهوا ایرور تنی داستگیچ

دمانی جان او جوهر غلوله تشویشی   که ملک کونگلونگ اوبی انلا قیلورسن هیچ

دیبا نالک فرواو لا ایلین کونگلی خالی توت   که طاق دیرلار ال هیچ سعاری اتنا نکانیچ

نباتی قولیدا اوروراواده سوکنی الدیدا   جو هر کیمسی اولوی جن شخذیدا نقد الفیچ

تربیع کبی سویولوریقلی کام لیق برلا   تاریخ تاریخ که یقتوردی الفوتینی تاریخ

ایتور سوز نکال جمیع خواطر اقسامین
نوایی اول متاعینگ موینه کرافروز

کونگلکل نارنالیشی دولغو نکملکندینی تاکیمی کورگاچ   ایرور دانه انچی قوشی لار قجعر شغا یلار یلاناکورگاچ

کونگلنگ جاکیمی کوزوم که اشلی رنگین ایلدی باشماق   بلیق دخی فهم ایلار اهلی دریا داقی نی کورگاچ

جاناقشی کوزوم نامیغی تو هر نیت کونگلکل دخمین یاشتوردیم   تپالا ریروادخمین صید قاندی منتا نکی کورگاچ

بویا نقی قانا ارجان پرده سینی یتیا ججه غمی نجریلک   کونگلکل باغیدا برکیدورکیم ال اولمیشی خزان

ایرور جون عالم اجزه جانی فانی بخشی آطا باقی   سنی ایلا که مین رو ایلا را دودنکی کا قران

خذیدانک حسن دخم الجیدین بلالارنی یوغان باشیم   ایرور طفلی کیم النوای قوشی بلکیمی اشیان   کورگاچ

کونگلکل ینک تعویزی تاراج ایارکه یا خاغیل برقع   اینکدیلک ده دروکی یوز باغلار قواجی تاروان

یوزینی نادلق راکوردم اولوب وصلیغه یتالمسی منی   غلط ایرعیشی یوز ادماق بجا اوتنی برقیان

نوای خرده نظمینی انداغ ایلادینک تحریر
کیم سنائی خرده بینینک اوزره شاهی خرده دان کورکاج

ذهی پاشینکدا اوزره والشمس دیک نوری تاج　　سماجینک سوادیدا تفسیر لیلة المعراج
سپهر پاشلی علمی دیک لوا انکا اوزره شق　　فلک قالین جتریدی سپاهینکا افواج
بهشت ساریکا تیره کوریدی بار جای　　شفاعتینک الیغی توتماسین بولیوسراج
هواینک قولیدی شربت شفا تاپیبان　　انکیم ایلادی کیم ایلابان ضعیف مزاج
صلوات خمسه ادیانغه ایلادینک رایج　　بو خمسه بیرله ملتنی نیچه یوز یکه اوردونک تاج

نوای بولوب حق حجتا جیکا ایلادیم انتظار رحم
نی نمی کریم ایسه ابرام قو ایلاسی محتاج

کونگلی قفل ایتیب کونکلدوز بقی اغرینک مبتلا بولغاج　　که قوتشی بسمیلی اوجوبنور بسته دا نی بلا بولغاج
بیت مونکلوغ کونکل وصلیغه جون اوزدی جالکی　　عجب ایرماس یکدا اوزنی ایتور یکلا بولغاج
نی سوز دونکر بوله قالی قوغان روزی نگارمنی　　بو حالت دا اگر اندین نشانیم قوا بولغاج
تحیر بولوبونک دیمانک یعنی عقل هوش تعذیرن　　مونی سوزناقیغه حاجت اولیر بکم اشنا بولغاج
ملائکه خیل جانیدی تولا بولور فلک خوجی　　جهان اول پری وصلیغه جان نقد جمهار اولغاج
خجالت لارکلور فرهاد مجنون ره روحیغه منیدین　　مینک عشقیم سوزلیدین خلق اجره حاجرا بولغاج

ذهان

زمانه اهلی وفاسیزلیق بیله قیلدیلار قیلیم　　فرح تاپماغاچ مگر روح اولار دا بیوفا بولغاچ
اولوغی تیره بارانی بلیّت یاغدی اول می ینگ　　سپاهی حسن اتامن کیمنه ناول قاشی یا بولغاچ

چوکیم بر یکی گل بلبل نوا دیوانی قالدی کورکیل کیم
نوای دیک المیش اول داغی بر بریکی نوا بولغاچ

الکیم انینگ الدیدا محتاجی اهلی تخت تاج　　اهلی تاجی الیدا اتماغیلم کدای احتیاج
کیم کدا آتینگ در باشی اینور عامی داهی تار تاج ایمان　　جرجی اعلا بولسه تخت همر نور بول تاج
لعلی کسیرا نینگ بریت دور اتشین ریخچی بیله　　آفت جانیم اوچون اوت بیله سو غه امتزاج
دردی هجریمه یو یوز هجری دردی یوق طبیب　　ذهن قاتل بر له کویا کیم قیوباشی یوزی گاه گاه
ایله بر دینک عشق سلطانی بنونکو ملوم کشوری　　انگلا غیل کیم جان حیقلی دین ایورور اول خراج

خوبلار اوز حانیلار تاپماگی یوق نوای فهم نی
کیم اولار نینگ حسنی ایله عشقدین تاپمیش رواج

تویدی نور شام اجل زلفینی پریشان ایلاگاچ　　صبح خورشیدی ادیغ فقیه جهره پنهان ایلاگاچ
سوزوی کونکلومنی یوز دوب خالی تنیم ادذره بشیمیندک　　بلبلای ایروی تیوغ اغیش یو ادی دیوان
لعلی حیرت قیلدی قانی باغریمنی غنده تخت تخت　　قطره قطره توکتی کوزلار یولیدی قانی ایلاگاچ
آه کیم تخیم اغیر اودیغ کوی اوریغا تحدی　　کرده یوز منینگ فتنه ادیغ الدی منی افغان ایلاگاچ

آلمغه یتار دیب اجره مهمان ایلاکاچ قیلماس بو سرخوش بوزه ای منغه قیماق نه دور

شهر کزدورمانی کی کافر مسلمان ایلاکاچ عاشق اتماچ شهزاده کافر اتیگه اول کافر منی

چکمه بلبل نوای دیکه فغانیم یانماسون

سیوب ادجون اول سرو کلرخ عزم بوستان ایلاکاچ

خرامینک

ذی کوکی تا بشینه کردون خرامینک نیکدا ایرنوبی تاج وصالینک خلوتیغه ر شبتانی لیلة المعراج

شبتانی نیک ارا سبوح لاریدین نور یمن طاق کلمتانی نیک ارا قوده سالاریدین نور تجلی دراج

یوزونک خورشیدین التونی تا فیب خیل کواکب اور سا خیلی نیک ظلمتیغ اول کجه توتی رنکی ایلاب داج

ریکابینک ملائکه خیلیدین بر بری یوز مینک صف سالیب صف شیاطین ملکینی یغمادین تاراج

یولونکدا انبیا روحی مشرف ایلابان اورنی ولیکین التفاتینکغه بری مشتاق ان محتاج

براقینک سر عتدین خطی نورانیکه رسم ایلاب عیان ایلاب جو ستر یکدین نبوت اهلیغه منهاج

اوزونی اوزلوکیدین کونین ملکیدین تیلیب خارج قیو کونین ملکا که لا ملا نوبی تافیب اخراج

حریم قرب ارا مطلوب وصلیدین اولوب محفوظ یوق اندین یکی حریم کعبه اجره بیرو حجاج

تیلاب امت کناهی سر یکیم کستهب تافیب بخشش ذی سایل ذی ما ذل ذی رفعت ذی معراج

ذی شاهی کی توتی کون جوهرینی صانع حکمت نینک فاتینکا دجوبان تو ذی لوتخت ابو علاج

ایلادی رشته نفتینک خوان کوز اوجی برده اگر یاقساسانه مطلع او تونکلا نسا رتته اج

ای

ای گدانینگ کولاهی پارچه ایل تخت تاج　　کیم گدانینگ دوساغدا یوق تخت ایله تاج احتیاج

کونکلارا ذره حجوم استه عتاب ایرماس عجب　　یار حقیقین کیم بولور هیچا سلارنا دولی هزاج

گر صنوبر تو تماشی سرونینگ خلافیغ کونکلی　　بیلا چیبانا ایلکی بیله تخوداره الحفظ کا ج

ایلکه کونکلوم نه بوزوب ویرسه خیالیمنی قجار　　هیچ کیش دیوانه یردین استاماس بیر کیم خراج

نه فنا کردی بیتار نه سو تخت جانیغا　　کولی دیکیا انجم دین منغا ایل اطلسینی تیکماکنگ دواج

سی نجا قیلغاج کونکول جان برله بوکیم توتیه لار　　بولت نظامیم ایل ابرو فلکیغ ایرمنی او ج

هجر بیدین داد استادیم ویدونیک حبور اول دایم　　تاوون داغیم و بیتار اوت برله ایلارنی علاج

قاکوانینگ دور نوای تخت ایله تاج استماسی

ای گدانینگ کولاهی پارچه ایل تخت تاج

همکار

جمالینک وصف ایتارمین هکدیم اول گلعذار اولغاچ　　فروغ نازغ ایلاکیم لطافت تیلور گل لار اولغاچ

قاشینک کوز کماج حسد بین سهتارم ایلا کوز غلطانی　　نجو لکم کوز تو تارلار ایلا یالکی ای اشار

دیا ملالی دردایله نیتیم ولی بیکیکلی لر عجکیشی من　　بر ایلی پارچه عالم غقه دردی بیله تار اولغاچ

جنون ایر هاکی کیلک لار عیتی دیوننا منظا شاهد　　بر اوق تیکا ی منغا اول تاش یارم بخشی اولغاچ

تکیب منغ جنونوم اول پری کوی یغیو یوز لانشای　　سوزنی جنونورا ایر ایغیق فهم ایلالماس اختیار اولغاچ

قتیغ تار ون تاج جمشید افریدون اسکندر　　بس اجیقانی قیل منغا کردون ادیدا اعتبار اولغاچ

اولغاچ

غروری جهل جامی بیله مست اولماک اوز معاذ الله بو می غه جرعه‌یی دردیدین خار اولماق

چو سی عشق ایلاکیم آذر ده بلکیلی بو خیالیکیدیم سر جنجیسی بو تیغان کونکلوم فالسه تواراولماق

نوایی شیخ ویک انقلاب کولوب جاملی شرحی ایلای

اول آی تجوهیدا ابرکونلارامت عشق لار غه یارولغاچ

ذارمن دلنی بوزی فرقتیدین شام صباح ساقیا باده کتور قایدا مین قایدا صلاح

باده دریاسیغه غرق ایل مین ای باده فروش مین غریق اولسام ایلکیم چو بیلا اولسا ملاح

مین مین کوی خراباتی ایچیدا توتون کونکول تون فغان ای شیخ علاجیم کوب ایتیم الحاح

خانقه دین بو سپهر میکده غه یوزلاندیم هر طرفدین یوق ده اجتیماع ... لا فتاح

شهر مفتیسی بو کون مست ایلا فتوا بیردی که حرام اولدی الا ... یوق مباح

تن ایاغ اول روح مصوّر که سماع ایچره کنزار اوروللور ... آینه سیدا ارواح

ای نوای عمر ابر و زوال فلک خصم غم

ای نوای عمر ابر و زوال فلک خصم غم

سوز نکاح ایته طلاق یوق ایسه فیلم نکاح

بو جهان ... توکولور شام کلی اجل صباح باده بیرشام صباح اولماقی ایکیسی بیرل مباح

دوری ایا هیچ یوق چو بزم وفادی ساقی سن وفا ایلاموسن ایلا ده دور ایا اقداح

بیکران

بیکرانه راحت ایرور دهر اهلی غه آفت   راحت ایچرا اگر استار ایسانگ تافیغ راحه

بیری خمار شکلی باغلاغلیق ایرور منگه مخمور   رحیم ایتیب آچ بوزونگنی بوزومه یا فتاح

قیلماغیل قدح شکستی قانی نقدیدین دیلک   عیش نقدی نه قدح قانی بیله اتلاماغه

خصم کش قیلدی فلک نالهٔ ای شیخ فلطا   رزق قری باریدا اول کام ملمه قیلمه نلحاح

ای نوای تلطف لیک تنگری یکم تم نوبه نه صبوح
کشتی باده بورون تا قیلی نوبتیغا ملاح

بولسه کلادی تا عزم کو بوینک ایلادی رواح   کر روح بخشی نه اولما غمزه ایلا مستی مجروح

حیات بخش ایسه جوز عکسیدین باده   محل حیرت ایمس جوز عکسیدین دو روح

تیز اول لاله ساغاری صبح حیرتدین   بو لاله لار کبا عنقار رنگیدا اچی جام صبوح

وفا وعده قیلیب دور وبا ابتهای ای ساقی   خدا اوچون منکا کیفیتین دیکیل مشروح

حیات باره صالیبدور ایکو بلکل بوقا ایسه   بسی فراقیدا نوض ایلا ابین کو بونکا روح

بوبورمه توبه بینا ناچار که مغبچه لار   ادای قیلدی منی توبه توبه سیلا القبوح

باشیمه بیکوروی تیغ اولتوره مهر صباح

کاش روزی بولسه اختر طلوع مهر صباح

وصل صبحی اول سعادت کوکبی کورکوزدی یوز   اول صفت کیم جلوه قیلغای خسروی خاور صباح

یار وصلی خوشی ایرور زلفی ایلا تیره کوزدور / وصل دوری عیشی ایرور کیم صبح بولسون کیم صباح

تا ابد یوقتا اول مهوش مغنی بولسه جام صبوح / بیر ادا جهیم کیم ذهره دور طالع بولور اختر صباح

یار و توبه بر توبه بیتا به سحر ادتقی دور / نه تعجب کو غرور ایلاره انوار صباح

بحر لطف صبح بشا مید نکوب یغلاتسه عشق اهلی کیم / مضطرب من شام اوز حالمغه معطر صباح

کوی تنغراغیغ نوای آه ایلا باوردی سحر
عشرت اهلی ایلایم رفع اتسه لار سبزه صباح

قانی یاشیم دین دیبا کیم سیورکیم مکرر بولمکون / باده دین تا تونغانی ذمام اوالتسون مه سیما قدح

لعل جرعه ایغداری ساقی بینه می توتما کیم / تا تسام ارکوثر مینی تیماس مغلا اصلا قدح

باعث عمدور لبی بحرید العل ابدار / می دیبان رنگین سو ایچسه ایلا ماسا بیدا قدح

کر غروح سحتار ابسا نک مینی نغه عزم ایلایم / انوین اور تاپیده دیک الماس کبند خضرا قدح

ای نوای دیر برلی توتسه لا جرعه لیق
فکری قیلما کیم سنکا تیکای ملامت یا قدح

نیکه کورکوزدی اه سار ریتقار صبار صبح / کر نهالی مهر یوزی منیدیک ایمس بیمار صبح

کر هوای بیلا می تلبه بیلا غی سبق شادور / کونکلاکین جان ایلا باداغ اوذره مجنون وار صبح

مهریوزی منیدیک نهان کر تا دوزخ دلیق بولماس / یوز داغ مجون کوکب آلتین قیلور اظهار صبح

غم

غم تونی آهم شراریدین توتقشغای کوکنی تا اوت کیم اینیک اقتین قیونباد ور کفینی دوار صبح

کون شعاعی خطلاری ایرماسکه توتمیش جاتیم یوزنی انجم تیزناکی بیرله قیلور افطار صبح

ساقیا توتغل صبوحی باده کیم بودین دین نرکسی ایت بوبوعی طالع بولغوسی بیمار صبح

ای نوای همت ساکند برله نوا بوباغ ارا
کلدورا اولا اکیم بو بلبلی بیدار صبح

اولدا جونکه رقیم بافیق صالح طالح منکا بو بنده لاریکینی جهت دورالی تاج

سی اعتراضی توتغیل که بارچه حقدین دور جو غیب حکمتی دین هرنه کیم بولور شیاح

نه اختیار سنکا منکا جو ککلک قضا اولدا یارینی مرجو جاودره کرار صبح

عمل برایت ایله ایلامسی جولوق تقدیر بوکرا ایلکا کتشا منو اوزی دیناشاح

تیلی حروف غا او رطان سانزور کمه بولدی نکته سی کوب عیب خفی غه فاح

بو کارسا خانو دخل ایلاماکی ادب ایرماس نه دخل کمکه لاکیرنه که جمرا ایتار لایاح

نوای آلیغه یاد غمان کوزها یغن بولماس
ایرور حقی آلیغه جا طی ذکر صالح

ذی شهد توشوتنک بغایت ملیح تسلسل سوذوتکنی به نهایت ملیح

تل و دخل بغنک کلدی عشق اهلیدین دهانی لبلرشیرین شطایت ملیح

ملاحت دین اولی لعلی کانی نمک　　عجب ایرور کیم انینک روایت ملیح

دم اورماز رقیب اول دیمتو سوزی بار　　ملاحت لیک ایلدین حکایت ملیح

نه نیکلیغ تکلم دیدی اول ایاکه بار　　صریحی انت شرینی کفایت ملیح

اجلوغ نیکاهی قولاریکنغو کیم باق　　رعیت غمزه سیدین رعایت ملیح

فوای نوا سینو کوب سینه تور
بیجه بولسه نطقونک نهایت ملیح

بو سهن دیر بیرا ایچی مشام صباح　　راحت روح تیلار بولسانک راح

جوی قوی یشی لاله تا انک گلشنی دین　　جعفر توت لاله مثلیک اقداح

انکا ایکور کیم بستان سپهر　　ییکوروره روح دیما غینی یراح

بیله اول وقتیغه کیم خورشید　　کونی بیاباننی بولغاج سیاح

قویه صنع دیدی اجام ایلککدین　　ویه پری جوان قیلدی صباح

روزکار نیک بو زوج اتلان انیک چرخ　　کیم سنی ایلاماک اراصطلاح

کوب کروه نوشته فوای اشیلی
سن کشادی بر انکا یا فتاح

ذی تعلینک انا افصح تعظیم افصح　　سنی ایلیجی اولدونک ال دلیر بالالار اولسه ملیح

طلوع

خواجه رو در راه ان من خیال ... هست باز از خود جالمیخ

طلوعی صبح سعادت یوزونگ صباحیدین ... ذی کمال صباحت فی جمال میخ
ضمیر مایه حسنینگ ارغوان صفا ... ایلا بدنه قلیب روحی اتادی حنوضیخ
قوم قوپ یشی اوزه قویدونگ عروج چه قائم نامه ... کینکنی کرید بیفاء قدلار قه بح
فلک نه حال قلیب او تلا نیدا گر یو قنی ... نوح ایلادی شقی اوقودا بولوا حریخ
ایرور کلامی کیم اندا حروف علت یوق ... قایو حدیثنی کر سندین بیانونگ کلدی خ

اریسه نوای غم عدد چیک دیدا کا چو میخ
انگا بو قدر که ما دج لار چکد بوله منیخ

فنا طریقیده بیر کمک جان جیلاتی رسوخ ... ربان فید انیک الدیبا ایرور منسوخ
شه نوعی اوزلوک منسوخ بولماکنگه کشید ... بروکی دوست شه و دیسو جان چیلاتی رسوخ
جو عشق سبز ایید فیده ایلی کلوی انا با لینی ... ایرور اطفال ایلا کر ید د بر یار به انی شوخ
دیدا کی دا وا قعه جین بیانونگ تخیل ایتب ... کشی ایمان ندلا بی اندا عین باودیل شیوخ
اریسه سر ایستگی بیله با طلتیکدا با راینیم ... یوتوب سوی پیله بول ظاهرینگدا ارا سوخ
جهان نه خاک ایرور برک ولی انا جال ... ار تالی ایتور جا جانال اول ملوث اول کلوخ

نوای ایله ایل فنا هست ا تورک دریا ایلیین
کیونکم کار دا تحقیق تیلادی کشتی بوخ

وه که هجران شربتیدین بزگا بولدی کام تلخ — هر کیشی تا دهر بولغای کام انگا ناکام تلخ

شام هجر ایمدی نه اشکیم اولکی عبرت بولیدا — تا ایکنگی تنک و تونکاوی بشورابه هر شام تلخ

اغزیدین اچیغ سوز نا تیب ظاهر اتیب هم زهر خشم — عیب ایماس دور سته شور بلیک ایماس بادام

شربتی هجرانیدین قوتقارمانک برال هجر اندیدین — اغزیمه حیوان ذلالین ایلامیشی ایام تلخ

جام هجران ایچکالی بیلدیم که جورنک خوب ایماس — من بیچه تلخی اولسه کورمدکی اندرده اشام تلخ

تا صبور الور سونکل ایتیب خوناب فراق — نی ادجوبکیم تلخی می ایچکانینی اولماس کام تلخ

وصل بحمدین نوای ایلیک بولدی بهر نوشی
وه که هجران شربتیدین بزگا بولدی کام تلخ

ای کونکل چونکه ایردور یارنینک فرقتی تلخ — کیم که بو می نی ایچار بولسه انینک رقتی تلخ

شربتی صبر دیر ناصح بوزی وایکی بار — ایچیوان بیله کر ایلسه بو شربتی تلخ

اوزلاری می ایچار برحال من زاهد غداول — باده دورکی ایردور حلچی اچیغ لذتی تلخ

ساقی بزم منکا توتمه بینه جام فراق — کیم بو ساغر نینک ایردور چاشنی لذتی تلخ

خوبلار لعلی خیالیغه که جوریم که بار — اوزی نیچه چوچولی هجرا محنتی تلخ

ایمدی کیم وصلی ارا سن چونکه نوای اولودنک
ایکونکل چونکه ایردور یارنی فرقتی تلخ

بهار

بهار حسنینگ سبزه اولوب بور صفا عجب دوزخ
قزیل گل انداغ یار اوتیدیک شعله لار دوزخ

بهار عشقی آراک دوزخ ادک تانینک ایرماسی
بهشت ایچینده اگر بولماسا ایرور دوزخ

خیال خیلی کوزومکه کلور کادور گویا
یوزومکه بول لالار اولوبدور شعله لین رخ رخ

غریب کلادی شیرین لبیکدا اچیغ سوز
ایماسی غریب چوچوک میوه بولسه نه تلخ

کونکل فنا کوچیدین دور باده استاریم
حواس پنجه سنی ایلامیش نهایت شخ

مگر شکسته الیندا پیک بولدی سپهر
که قیلدی اول کجه لیک انینی ایکندا تاریخ

نوایی انکی یلانگ دور دیمانگ کم بار دور انکا
فنا چیری بیله غاره سی سنج ایله شخ

اولیری یوش جوری یکدم تکبدیک رشید ایر جوخ
نی عجب گر بولسه عالم ملکیدا غوغا جوخ

ایکی کونکل محکمین ایماسی دور هل پنحوینم ایردور
صبری یوخ شوم اگر انینک ناز استغنا جوخ

من که املاک بساجی مسکین خریداری بولالی
کیم ایرور شالار دماغیدا انینک سودا جوخ

اگر منی دورکو بیا اولشوخ کافر بوکمان
کیم تیاردی ملکیکا قاتل کوزی یغما جوخ

دلربا لیغ نینک لباسی چیقتی دور کو بیا
کیم ان کیاج کونکل آلور قد رعنا جوخ

تیمتی اخبا کسدین جون رشده باغلا بیغت ینگا
حسن باداری ارا ظاهر بولور کمالک جوخ

شها یلاینب جون جلوه ایلا خلق نه داد قیلور
هم قد رعنا هم اندام روح افزا جوخ

لعلی وی کام ستارم نی جادو دیتیب کوزلکوم   کر چیکی نینک تیره سیلابی نی چشم ایلا اقیزاس جوخ

بس بهار و شمعه ایردور لیکین هملایم ها ایردور
کیم نوای کونکلیدا توتمیش انینک وعدواسی جوخ

گداء فقر ایله سوز ایتسا الماس پادشاه غه گستاخ   شه الدیدا نیجوکیم دم اورالماس کلا گستاخ
نه قوت برله بیر گستاخ سوز اشتالی اینکه برله   کیم دیم ها اشتاعالی بی شیوه سایه سالمیقین گستاخ
بلا ابحر غه سینه ادریا کیم قویوم تا عاشق اولمایکیم   سمندر بولماغو بیجه کرسه بولماس اوت ارا گستاخ
عروج ستار ایسا انکه یوقا دیوه اجیدین فانی بیدل   فلک او ذره قویوم بی سبب اولمار اهلی فنا گستاخ
شیخ عشق ابره لیک ایر حالی کلبه فقر اجره کیم بولماس   بو ویرانه نی قیلماس وطن هر اوقیا گستاخ
جو بانکه فتح ها هر نیکم تعدیر دوره بو دیو تغیر   ادب ایر عاشق و رقیبغه هر ایشی نی حمد عا گستاخ
منی ناذوک خوبان اول دلی بایکیم نیاز اهلی   شکایات غزه نی قیلا یکم دیا الماس دعا گستاخ

فنایی عشق سینغاسه تا الطلادی ده یم
قیلا الماس فغان فارغ جا الماس نوا گستاخ

تانکه ایی سی کر بولسه سرو پری رخسار شوخ   بیلک ایردور سرو پری رو یوم منینک بسیار شوخ
کر منینک شوخی ستمغا ایرم پرینژاد اولماسه   تمکین ایرماس ادمی بولماغینق اول مقدار شوخ
تورماس اقان بوکجه کوکسوم سنشا فیدی نی تانکی   کیم ایردور کونکلوم منیم ایرکه جانکی عیار شوخ

وه نه تانکدور بیچه طاقت لیقینی دلبریم | باوجود حسن شوخی هم ایردور یاغر شوخ
تا تینکلای جانانه کوبیدور کونکلوم یوز بلا | بسکه اثبات ایسیم کم نیب اولمیشی عشاد لوار شوخ
شوخ لار دیر توز قدم قوییب جو کلکاسی واقع اول | کیم ستمکر جانیکی در جرخ بکجر قتار شوخ

سرو دیسا ایکیم جانینگ بیمای هر زمان بر جور بیلا
ای نوای بیعد بهشت یار استماع قیلماز شوخ

دیمه بیر اوی پیامال نه ایرکین لعلیدین جانانینگ نرخ | نه سوراریسم انکلار عشاق ای یوز نفیک جانانینگ نرخ
کام فتنهان اغزیدین تاتاغی قو کوپ سو رانک بهانه | یمسه تعیین ایتمادیلار جوهر پنهانینگ نرخ
هرکونه اول یوز قیمتی تعیینی تافقه عیب ایماسکی | ای کون بر نوع بولماس بو در کیلی نیسانینگ نرخ
حسن بو سیما بیله من بولدوم اول آی غه مشتری | کیم نعوذ ایلاگای ایامه تابانینگ نرخ
خود فروشلی اول آی آیا قیا نوینی تافقای من | انکه کیم قیلدی معین یوسفی کنعانینگ نرخ
کیم میلک کو نظلوم خریداری دوردور بر لعلی بیس | نقد حاجت ایرماس اخر استلانلادیرانینگ نرخ

ای نوای اول تو بیاتین قوص بیکلکنی سوز هاغیلی
سن کیلانه آلی بو نوای سوزنانکه جانینگ نرخ

خانقه واجلقه ایجر دعوی ذکر قیلدی شیخ | اهل دیر لار نقد ادقا تیغ قیلدی شیخ
دلبری دام ایردی بودیرانه اهل صید ادوار | هر قیا کیم عزم تسبیح مصلا قیلدی شیخ

تویه جعیب خلوت دین اورنه روزه دیب فکر بالایدا بر کراماتی مقاماتی که افشا قیلدی شیخ

کوب عجایب فریاد ایتیب سکریب پریوشلار قید قیلغالی دیوانه لیغ لار اشعار قیلدی شیخ

بلاو جو موجه نادانلار مرید ایلادا اوچون کوب اوذیدینا موجه فاد ایلیغ نی قید ایتدی شیخ

درپوی مانینک مریدلار موجه فیض عام ایرور خانقه واقف عام ایلینی تمنا قیلدی شیخ

یم نوای جرقه سیین بر وی کراماتی ایلادی
هم مقاما ترتیب بر یو وجه چیا قیلدی شیخ

قان تاقیب فیبا گستاخ — یاربب اولیامنی شیدا گستاخ

بولماغی تکلیف پری نی من دیک — کیم قیلور بیله تماشا گستاخ

وه نه تو سادور اول دیو اراکیم — سوز دیمانک الیدا علیا گستاخ

خالینک نیند ایرور کم بولمیشی — لبینک اوستیدا شلوغا گستاخ

خط لعلی که شیدا اسرا نک ادب — کلمانک ای خضری عیسی گستاخ

من
یار منزل ایلاک جولا بولیشی — منزل ایتیاردی منی رسوا گستاخ

ساقیا برایکی ساغر که بولالی — نکته عشق ارا گویا گستاخ

عشق دیو یوا کرا اورنه لار — کیرکالی پزکانی یارا گستاخ

ای نوای تیلسانک ساغر فیض — بولماغا جو یو بیدا احلا گستاخ

مخ

منی عشقدین منع ایتار ساده شیخ　　دیمه ساده شیخ ایت کیم لاده شیخ

منی اوستیدا کولمسی چه کوزمای کاسنی حساب　　اگر سوا و ذره ساله سجاده شیخ

یار و غلوق ایماس ممکین انده که بار　　ضلالت طریقدا افتاده شیخ

ریا بحری اچره طمع ذور قیلیب　　سالیب دور عصا دینی اودون خاده شیخ

یا یار دام تذویر اهل صید غه　　قلیب سبحه دین دانه اماده شیخ

تفیب دین و سبع شهوت اچره بهم　　اگرچه ایرور ادمی زاده شیخ

کر ادمی بابیغ قیلسه نوش　　فنا دیریدا بر قدح باده شیخ

ارادت ادعی ایدم بنده سی　　اگر تا فسام ایرور برادا ده شیخ

ایر ایللاردین اوزنی نه تونار کرده عار　　او کوشی ذیب ذینت بیله ماده شیخ

نوایی تیلار ساده یوز لول یکیت
نه غم گر انی منع ایتار ساده شیخ

ای عارضی نسرین ساجی سنبل قدی شمشاد　　بلبل کبی هجریکدا ایشم ناله فریاد

صید اولدی کونکول کوزلاریکغه قوتولور مو　　برقوتقیسیم اینک قیدیدا بولغای ای صیاد

اول مکتب الم ایالیم قادر مو دین　　کو یالی و فا علمیدین اونوتمیقنی ایوی اوستاد

ایشکمنی کوروب تیره بولور کونکلی و تخماغ　　آری ایتماس چو نیکه سو بیله پولاد فولاد

منکا یوق بری ایکاسی اوزنه یوزلار زخم لاردین / هر بیغزلار تاپغای باغری نه زخم ایلادی فریاد

اولکون که تیغ دفع ایتالماسی ولیکن هر کونی / یوز تیغ قیلور قینین کورونکا بو نه الی جلاد

کلی فراغی تیر تا غملار ایرور بو جفا ایجره / بلبل پر و بالینی یولاب برکالی برباد

نه عجب نوای کبی دیوانه لیغ اتسه

هر اوی کیم بولسه انکا یاری پری زاد

نالانی منی اچار بولسه جعد اول حور پری زاد / بلبل غه نه تانک کل اچیلور قیلسه فریاد

تکلکون توز ارزاق متی مه جلوه گر اول گل / کل برکیده مو بولول نهان سوسن آزاد

اشکیم تنیک سوینک مو جبنی کونکلوم تنکه اکجور ارکان / جوهر بیله خوش رانق کورونور ایلی ار فولاد

کونکلوم دقیقه نیک ایچره کوروب یا بد اثار لیق / جان اوذره کبوتر غه یا یاسه دامنی صیاد

بلبل نی غمینک تونغالسه شاد اولماغیل ای کل / کیم اوت غم اوجاره کوالنه فلک ایلکای برباد

غمزه نکا منی بر تیغ بیله اولمادی قتل / بو فعل قیلور کمسه عذاب ایلاماق جلاد

کونکلوم کلدی نوای نینک اوقی کثرتی بولدی

بو کلبه یا نخیل کثرتی بیلا قالمادی اباد

قاشینک هجرانی وصل اهلی ایتمیش قبله مقصود / باشیم یوزه قاتلادی ... یکلوینی میلان سسود

ایکمند عشق دین یوز بر قوم ادرماقی دزم یوق / ادی ایچره اوت ساله وه منظلی ایرمش

سر ایماغلیق

بدا

بیدا تا تشنه فانی قتلاغه یاغین یاغدی ای ساقی بیغماریا مغور دیک اشکیم جوبان بولور لعلینک شرابی بود

جبوقو یودونک تاغ تیندوردونک کونکلنی دردو بیتابلیغ درم بوله کلدانغ ایلکیم قیلغای کیم خوشنود

جنون ابو بوله بیانغدیم پری یوزلی طفل لار تاشی منکا گنبد دور بولور تشلار عقل اسکین قیلغالی سود

توکولوب گل فغان بس قیلدی بلبل شکلیم یارا سنینک صحنونک منینک عشقیم نقصان بولمادی موجود

توتان انجم دیمه کر دونغه کوزا جب قیلمیش بیلکی قفالملی مینح لار قاتیغ قلب کروبان قران داود

خرابات مناجات اهلی نینک مطلوب سن دور سن منکا کو ساقیا تماسا انکه یول یمایین قانی سا دود

نوای کعبه ذکریه قوی کر بر دیه فغاستا
ذهبنا وارقی المقصد وجدنا ماهو المقصود

ایلماسی هر نوعی بولسام اول کلی رعنا فند بولماغام هر نوعی ایله عالمده منداک ناپسند

عمر او توب بر خدمتیم اول ای فهندی بولماغانی وه نه عمر ایدی که نی قیلسام ایلاکای ایا پسند

یار اکر مشغل پیشا ولمیش کوروبان مشغل یوز اش منذا یوز مشغلی ایش اول قیلماس ترکی اقا بند

قطع قیلدم عشقیده اجانه جهانم ده نه سود جوبکی اول جان جهانم ایلاماس قطعها پیوند

ای کونکل کو یود و حلم تحصین تمنا هر دخین بو ایکانه جوبکه بر کز قیلمادی دانا پسند

دولتی فقرست کیل بجوبک بارا کوز اما صدقه ایله کرکه جه اول اعلی ذکر دانا پسند

ساقیا برادت که کونکل قیلغای وجود فرهنین ایلایان جوان سویکیم ایلاکای اچه فند

چون فنا شامی کیدیم اطلسنی تیغ ای سپهر   کیم بو بازار ایچره ایرماس بر گدا اولماقا پسند
بو نه عقل و زهد بونکا زاهدم تیلقا بی   من کبی عالم دا بر دیوانه رسوا پسند

گر بو یانغینکه کلکل لار یا هم نوای کبی ابجاس
ایلا تحقیق الدنیا و ما فیها فنند

تا تعالی خالی تیغ ناوک عشقینک کشاد   کونکلوم ایتور خیر مقدم جانم ایتور خیر باد
خط مو دوریا خود بیاض ایدا بو زینه ور کلک صنع   خوبلوق صفحه سیغه زنکار ایلا قیلدی سواد
خطی نیک و صفحه یاد ارض کرفینک جانه پلیه   خط یا دار دا جون ضرورت دور قلم برله مداد
طعن قیلما کیم بولوب عاشق مرادی نا مرادلیک   کیم ایرور برکاه بولیشی دین نا مراد اولماق مراد
کر دکور شیدا لونکل ای عشق ناصح پند بیهوده   کیم بیدیوانه لار خویی بو ماسی اعتماد
بو نفس کیم اولماغ یتمش فرز آنینک یادیدین   اول مسیحا بعنایت برله قیلماس پیرنی یاد

ای نوای غم بیه باشینکنی بولت مستعدام
اولکی یاریده دارش تخت و بام هم تاجی قباد

ایشی منکلا قیلماق در رو رد راو لشوخ بر فروان یاد   اولماد فوتمیشی کیم ان قیلماغی نی یشیدانه یاد
خوار خار اولسام کونکلی انه صاغنغوم وه زی تانکه   غربت ایچره ایلا ماس ایل منزل نا هی دویاد
بله کیم لعلینک می شوقدین مست اولسام   باده دیک قانیم توکا سام باد و جمراه یاد

تعلی

لعلی ایلینی بر کوندور اوزکالارنی یاد ایتماس   اولتورور کیم غیر ایلا منی رسوا یاد

پری شکلیدین مجنون بیلا من خلقنی کیم قیلماغای   جنسی آدم اول پری هم ملک سیمای یاد

کورموبکیم انینی ابرو رنگ بلا رمویاد ایله   ایلکه دیرسین قیلماغیل اول جابک رعنانی یاد

دیر پیرمی ایلکیدین ذنّار ایتارمین آرزو   هر نچا کیم ایلکاسام اول دلبری ترساغ یاد

دوست یاد ویدی کوسکالی ایله استارمین توللا   کیم اول ایلا الماغای دنیا و ما فیها یاد

جو نچه توزاق اولدی یاد دیکونچ نوای من داغی
نتی قویماغانگ بجوز نوغاق ایلای انی یاد

کونکول

عارضینک عشقیدین بو کوز کا ایرور درد منند   گرچه بار درد دین کونکلوم بار دغلوقیدی

درد اوتین یاقتی کونکولماه عجبا کیم کوردی توقی   کوبدور البته کیم دردی کی بولغای سود مند

هر قرارغان کونکولا مردم ایماس کیم ایل کوزی   تیکسوه چینیو اوتدین اوذره سالیب منی قیند

تا کیم اول بیمار کوزی کشتغی توتیمش کونکولوم   هستا باز جستاغی بیح شیوه سین قیلمیش قیند

کوزلاریم لعلینغه هر نک اولوب دون خالی لیکین   تمکه اچیغ یغلاغانی بوالا بولار نوشخند

کوز کونکلار دین اوتوب جیک تنک ربابی پرورسین   کیم منا سبدور اولا ای یوزی ماشکین ترند

اولا توزیشی بجربدا بیلا کیم نوای کوز دیا   یارچه عالم تیره دور یا یا غالش دود چینه

ای جمالینک شمعی بزمینه روشن اولوبی تا ابد   ذره نیلیغ اولا یار غیلوق اعره اکر دان نحرد

کیم فنا ملکیدین خبر بولسه اسیغه عجب
ذره‌غه یوز مینگ قویاشنینگ ماهیتین بیلماک نه حد

هم قویاشی نوری تاپیب جیحوننینگ قویاشیغه دماغ
هم دریغ رقیب ذکرینگه عبد السدین حسد

سینگا طالب بولمه عزم کعبه ایلاریو قه دیر
سن مرادیست کیمکه دیر اهر و صنم دیر یا صمد

خلقی رقیبی نیم تا افغانی لطفونگدین قبول
ایلا قولیدینی سوداینی قهرینگ قیلیه رد

بولماغای مکیدین ضلالت جاهیدین چیقماقی نه
لطفونگ ایلکی رشته توفیقی ایله قیلمای مدد

قوتینگ عاجز قیلماق بیلاتین کیم شبر دور
مینینگ نیلدونگ کیمی کیم کلا جبین کیم سرو قد

هم مناجات اهلی نیاز کونگلو یکد امنینگ حساب
هم خرابات اهلی جا بیند امیدینگ بی عدد

جرم عصیان جاهیدین چیقماق نوائی التماسی
شندین ایلا تیم یوقتور سنکا کیمکا احد

ذکرینگ ایلار واجبلار حمد بردم ای اکر وهد
ایلایم قرآنغه ناطق تا تیلیم هو الحفیظ احد

وصل اقبالیدین خیال اتماغنه من کیم قاتیت اکلکو نگلی
کیم تخیل بیرله قیلمای حیثونی یوق مدد

یار وصلی عمری نه قیلیبه بولای جز قبول
تنگری برله عیش یا جنت نه بولماس قیل رد

حسن کیلداریعا برهبر قیلا یا فوقنا لطفی یاره
قطره قعلادیکی خوبی بیرله اول کلمه عام حد

قالمشام ذوقی یوزونگ شوقیدا صبح شام دونیک
اول بری صبح ازل و ور بویری شام ابد

نی خردنی هوشی بیزدین کیتسا کیم ای اهل رد
عشق الالا اتمه کیم نا قایدانی هوشی نی خرد

ای نوای

ای نوایی وصل ارا ادلتو بسام اوزنی تیغ غم بیله کیم ایلیغنی ملک کرخ کوریالی اوز ادرنیدین چیقد

مستم ارنیاسی ایلیکیم ایلا دنیا کونکلومنی یوز پرکیند ستم بو دورکه ملکنی ایلابر بهستارسین انکا پیوند

هم اینکو کوکل بو نوایی هم اینک سیو بولمغای تیتلار بوتکیمالمه بیذیی کیم یا ساولاردین اخکو یوز دین پرکیند

جمالیکنو قوباشی اوخشار دلکین انجم کوبی یوقا انکا بولغوجه ای ماهغذه اول بولکای ماهغذه

پری رو بو معنین ایرور ای جکم آجه قید بندیمی کرمن دیوا اولمشام دیوانه ایرجانیم سالور بیند

حبیبیم استا بو کلشن ارا یروح کل استارحین همی یوسف ایرور قیلدی قاینیغ کونکلمالارحر بیند

کو دوم نیک مردمی آدم دوروز کوبا قترابونی بو اینک سلار کیم بولور دا بیده انوی قبارده فرزند

بنیک نوشیفی ذماتین حاجت ایلیبو برور کیسمالمه ادلوب مین صبر تیدی جانونیوق اولکوسی

دیدینیک کلعذار ترک حکمی انکلامامی فقیم ولی دفع اولوب قیلغاچه جیغجه دیر اجره شاقند

الم تیلاچ نوایی ور یدینی یل اینک دفعی
قبول ایتمک نی چشم عالم دا بو بر بیند

یولیدا جانا بردیم اودنه کورماین جانانه سود کورساتم کورماسی کیم سالادی جانیغه اونی

سود کوز توتوم قراغاناکوزنا اول یوزمهر یوی انکلاغاج مهرلیا جمالیین ایلادی قنانه سود

برتبسم نو لبیدین جانینی بردیم سوده اوجون جانیم ایب لعلی اینک بولمادی خنداننه سود

ذلوی سودا سوبیغ نقد عمرنی بردیم اه کیم تیمادی جانمغه سودا ده جز نقعه سود

اوقلاریغه جوهری تیغلاردین کونگلی لر سویدور   هر بیری کیم ان تیکاچ اوقلار پیران سود

اوق

فانی ایلنی جهانیانه سود ایاغیدین تبرابکیم   نی دنیانی و نی عقبی عالمدا انی نادانه سود

ای نوائی دیدم جان بر وصلی ویدی سودا ایتب سالالا

یوز تمن جان بر چیکیم وصل ایلیسه امکانی نی سود

عشق ارانادا ایلسی عاقل پری اونه نی پند   قایدا ایمس نفع یتکورکای منی دیوانه غه پند

برکوجی عشق وفا ترکیدا پندیم تیلدای   برمانیکر جور جفا منعیدا جانانه غه پند

اولغو باشیم عشقیدا اورتانغه دیدنیک وه کیم   شمع دین کوییه دیبان برمادی پروانه غه پند

عشق ترکیدا ارشاد ایتارم عشاقینی   منی برکانیدا پیر و والله فیمانه غه پند

لبی جان بخش غه منع ایلکوچی ای بساده قیه   قیل منع غه برا اول غمزه مستانه غه پند

دیدار امغیجه چون قیلدی نوائیغه سیالا

جیق دیبان نافع ایماس فانی دیمی نانغه پند

بولوی دود

کونکلوم تیغ اوزغا چ آه دیدیم بولوی دود   شعله نیک اوستیده چون تو توننک سو فیدا

یوزی دفنی حسرتیدین بوکه چکیم اوتلوغ اه   شعله خورشید غباریک مشکل را بولدی دود

خانمانیم کویدی بیرک هجری اوتیدین نی دشتدا   یخلدی لاله اوراه لاله چون اشکا بولدی دود

غم تونی ایرماس کی آه دین قرانکغو دیسم   بوکون دیره هجر مجد وحشت افزا بولدی دود

کویرودب

کویدوروب کونکلوم نی کوز تیره قیلدی تا انکا یوز اوتی برق نینک سمنی ریسمانی بولوری دور

ساقیا ابحیات برله کونکلومنی یاروت کیم فراق اوتیدین انداغ ظلمت اقرا بولوری دور

راست اول کیم کیرکلی ظلمات ایچره خضر اونکا همراه خیلی مظلوم ایچیدا بو طاق خضر بولوری دور

اول عذار خط ایچره بردم نوای جانجاه

کلبه ایچرا نوی یا توشتی اوت یا بولوری دور

نی مراد اولکیم امید ایلار ادی ای دین برزی شاد آه کیم عشق ایچره مین هم نو میدیم هم نامراد

عارضی هجریدا بولیشی تیره کونکلوم کشوری مدتی بولدی که کورمایدور یاروغلوق بو سواد

خالی ابرو ستیدا کلکی صنع کلکی همچو غنچه ضاد اوزه خط رقم ایلار ده ماندیم خام دیب تا خمیش مداد

کونکلی هجرینک کوزیدین کوب سو روتوب ایشام عیب انکا ایتمانکز نیلای بر کلرخ هجرینی لیکدین بر دوبر لحظه یاد

کوزدوم اشکی اورولوب تن ورشته سیرسته دور عشق بحری ورطه سی کرداب اول بولور باد

تنکری ایتیب هر قیدنی قویبوم قدم دیر ایچره کیم دیر پیری هر نی کیم دیب چاره یوق جز انقیاد

جز خدیا نه کلب جزینی تسلیم بوقتور چاره غه کیم تونی الیندا خوب ایرماس دینون لاردین عناد

عشق دامیدین اتیریوق ممکن بولسونکیم عقل تا کیم ایشی تمنیت اولماس ممکن اولماس اتحاد

ای نوایی غنچه دیک کونکلونک توتولسه هجریدین

ناامید اولما نسیم وصلیدین تا قیلغای کشاد

یوق منینکا یوز ییلدا اول مهوش کابی سوز قیلماق چه　　　بولسه یوز سوز دیر که قیلدا اون هم ایوری یوز قاتلارد

مه‌دی یوق خود لیک غمدا اظهار ایلار انقوت　　　کیم خلایق جانی قصد ایلاکا ایلار بیت چه

طرفه راق بو کیم قلیب عالمنی جانم دوشمنی　　　دوست لوق اظهار ایلار هم جلبی ایلاریب عدو

تا منکا ایستی کونگلوم سیدور یار ادچون اعتقاد　　　هر قچان یار الویدا اغیار بولوب متحد

عمرلی نینکلیغ بیوفا دور خلق کوی ای خضر　　　جکتی ذوالقرنین یاجوج وفا الماق سد

ای خوشی اول کیم کورسه تو تعاسی ایلاکم ایریلماغای　　　اختیار یب ان بو دور اهل اذلوبیغ تا ابد

ساقیا ایتما بو دور ان جورینیک یا پایانی یوق　　　ایلا ساغر یوتکانی دایلی ایلاکای بیورش آزد

مین بولا اول نوعی لایعقل کم کلمای حالیمه　　　قیلیب یوز فرهاد ایله مجنون یغیچ دیوانه مدد

ای نوائی عالم اهلی جوریکا ایتمار و تا نکه دور دور
خواه شاه قور خواه ماه سرو قد

وه که هر ساعت بولور مین یاریدین تیکناچه نومید　　　یاریدین امیدوار اما او دوم دین نا امید

دیدی محنتیمنی بولکای یوز جور ایله ایلای ملالی　　　وه که بار اولتوچی نیک هر وعده سی یوزوق عید

قتلم اتینک ایلکسونلار البتیه لوبونکه دفن　　　کیم بار ور جنت غه ظلمو نینک تغید بولغای شهید

تیگتی کوکسوم چاکینی تیغین تنید اقویوی کیم　　　ایلی انشالیغ قفل ایتیب تقراقونیلکای بونیک کلید

کستادیم کو یونک ای یکنه پنچ سیسی اشتونکم　　　ابجه اسایش دماغیمغه سیکو مکسی مشکبید

دوست

دوست چون جانان ایره دور نوایی غم اوقیب اوفی ای سین بو یوز نه بس کیم یقین راق کلدی مین حبل الورید

بو نوایی غم خیالینی سیزگا رکور مککی ارا

کیم ایرور مجلسی ... قاآن حاجی بابه السعید

قایدا قیلغای سن آدیک من تلبه قالغیلی بند کیم قویاشنی بوینی سمالیغیشی بنبلو یلکه بیچان کمند

قلیم اتماس لار غم دردینک بیلی تحقیر یوزینی مور قیلدین اوت دهاکشی لار مجلسینی قیلغای سپند

لعل لبینک نجا قیلماس اتیکم بیلمانی ترلار ایر بیلور هر طرف میدان ارا کیم ادت کیبی سور سالیب کمند

نا ایکی یوق آه یم اول قویاشنی نیکه بر تقیین رفع اتماق کیم بلوت خم یتیماس نجم لیم جحسون بلند

غوطه مو اورمیشی کوز ذوم بیک مردمی قانی یشی ارا یا یاشور میشی اول قرا کوز عارضیغ فلکون سرنوند

استا کونجا ای کونکل هر دم دوا درد استاکیلی کیم دوا تاپماقا ایلتور مکینی اولکا دردمند

بو نوایی خون نایی بحرانیده نوایی تلخ کام

... نیلاب اچیغ ... ایلاره ذهر خند

بولدی کونکلوم شاد تا قفا چه تیغ ظلم ایلادینک شاد یوق عجب هر کیم تیتار چه کشادی بولسه شاد

خطنینک ایلی کونکلوم کبرا جا الدی کوبا خط الحاسه یوز او ذره قیلا نیک کونکل الماغیق افسونغ سواد

سیل اول ای عشقیدا من دیوانه ایری سین دیو عشق وادی سیدا ای هم ایرور بردیو زاد

ویرا قاجیتیم چو ریدین کیم بیکه تاتی یاغدور عجری کرد اولوب برباد بولدوم بوتنی نکال نهاد

نامراد اولسام نه تانک نیم اختیار ایتمکده عاشق
اولکه اول ترکین ایتم ایرماس ایردی نامراد

یار دین ار ات استاشلیکیم کوره ای کونکول غیر وصل
غیر وصل مطلقا یاد ایلامکنی قیلمه یاد

تابعالمده بار ایکن ای نوایی عشقیده یکتالیک یوز
یوز کتتی دا یوق ایلکه برحسن کیبی پال اعتقاد

ای ساچینکه زنجیری بیرله سوداسیدا مجنون خرد
دمبدم کوبرک بر ایلیک حسنونکدا افسون خرد

عقلیم اوجیغ ایلیادیم تا کسب عشقینک عملی نه
گرچه ایلا علم کسبی دینی بو نور افزون خرد

ای حکیم ایتمه جنونوم عیب کیم کورکاچ انی
توقتا الماس دماغی ایچره اخلاطون خرد

ای خردمند انکلاماس سن حالتین عشاقینک
نه اوجیکم عشق طوریدا ایرور مجنون خرد

آه کیم یتکاچ اننک عشقین تمامین محو قیل
گرچه قیلدی پیدا ایلا کونکلومنی بو افسون خرد

دیدار عاشق غه هر دود اول ناصح قیلمه عیب
کیم کیلیب دور اهل عشق الیدا دایم دون خرد

ای نوایی عشق ایاغینی بیلک نثار ایلاکوم
ساعیه بر ساعت نیچه دین دری مکنونی اوره

رخسار جانبیده اول خال عنبر الود
اوت کوشه سیدا کویا عنبر بوتوب قیلیب

بحری غم ایچره اشکیم کونکلیکا رحم سالدی
دریا مسافری من کردونی ایلاکه سود

بزم غمیده انته من ساریغ یوزوم داقانی لیکش
بو لعل رنک باده اول ساغری زرانود

کونکلوم

کونگلوم کیم الیق ایلار اغزینگنی گرچه تاماسی — یوق وعده بر له آنی قیلماینگ نه بولدی خوش نبود

کیلدی کیم بولسا فراق بیشینگه صدقه بولسون — هم جیبم هم رود فرود هم گنج جان فرسود

نابود بوز بو فکریدن مجموع ایت ضمیر دینی کیم — نی بود قاسغون دوران و سنلار نابود

ایا خوشی تراب کیتیب بولمیش سن الی نوایی

ساقی سن ایدی توت می مطرب سن ایدی توزرود

سنی اوز خلقونگ تونگیل بولما ایل اخلاقیغه پسند — کیشیلار جون کشی فرزندی هم بولماو گی فرزند

زمانه اهلیدین اوز پیوند اگر دیسانگ کیراو بر له — قیلمای پیوند یاری قیلماغیل نا اهل ایلا پیوند

کونگلی کامی نه قوی ایکی خود منینگ دیوانه کونگلومنی — تپار سن ایل یوزی فرزند ساله رایت ... رکند

اشیتما خلق پندی حرص کیم پند ایلاب درسی — قیلا الماس سنی کیم تشکیل پندم سنی ایلاب نا پند

بو فانی دیر ارا گر ... الیق استار ایسانگ بولغیل — گدا الیق نا ... سعد بولما شاه غم چه جمشید

بولوب نفسینگ تابع بند ایتار سنی قوتش و دشمنی نه — سنگا یوق نفسینگ دیک دشمن قیلالماسا قیل بند

شکر لبلار تبسم قیلغانی نینی کورکه جه کونگل بره — که بعید لار انی اچیغ یغلاتور بو نوع شکرخند

جهان لذاتی تشریف کورارسنی لیک بند مغلدور — کم قتار اولمه واقف بولکه قید قند ایرور مانند

سو دنگل جینی جیلی ... و ... ایتیا سمانینگ بار در

نوای باغ نظم ترک ستانیدا اول گلغنچه

عاشق ارا کویماک ایشیم قایدا من قایدا خرد — بیل اوت ایچره دیکوی ایرکا خرنه ایلیونی جد

عشق اوتی طور تجلی غه چو سالدی پرتوی — صبح کوک بولدی بوروبراق یوق ایدی غرخرد

زاهد خناس اجلالین کوز ملکا کنه دوده — عشق خورشیدی یوروتمشی چون اولیوج تا ابد

عشق تجابخشی نسیم چمن غه یم نسیب — یورنهان اندا بولوب لاله عذار کل خند

عشق اول پیری معلم کیم انینک مکتبیدا — عقل اوقوب طفل کبی لوحی فنادین ابجد

اول چمن بوی کلی شوق جوش غه موق — سنبلی سلسله سی هوشی جنونیغه خرد

اصل اول ذات کلیب جونکه مراتب غه اوتوب — بی نهایت بولور اعجاده صفت اعداد عدد

بردور ور اصل عدد و بلکه حقیقت بینی دور — کر عدد یوز ممع اول یوزنی اوتوز بیرنی سنیند

ای نوایی دیماینکه اخلاص ایله بوبیت بیلان
قل هو الله سورهٔ دور الله الصمد

کیم کونکل نه ایلاکش اول قاتل خونخوار صید — قتل اوچون قاتی تونکولمای بیلالمای بیچار صید

ایکی کونکل اولتوغه زخم اوربدوا وقلیم — رسم بولماس کیشیا مالی مرهم چو تابی یار صید

دلنی ارا صید ایلاماک استار کونکل لار نه — یتشتی اولنوع کیم قیلنی ایشیا فار صید

قتل قیلمای کیتی توتشی تونکل کونکلکی نی خلار — بسمل اولمادی یوروتراق بولوی پاره پاره صید

بیلمای اول کافر انی تلمور ماکمنی بیلکیم — بی تغافل بیله قاتل نه قیلور نظاره صید

تلبه

مرشدی جاذب بیکلاب تاتقای کیم اولودوم طلبیم   بولوبی بو حجرادا صیاد دستا یو اورآه جبید

تلبه قوشی دیک دورنیادا کونکلی سودا اوشیدا

وانه تاپسی ایلاکیشی سن ای پری رخسار هید

کونکلی نینک خانمانین بردی برباد   غم عشقینک کی خانه مانی ایاد
منی یاد ایلامال نه جون اونوتونک   اونوتوب قای کاهی ایلاسانک یاد
فراقینک کنجیدا توز کون اوپیرور منی   غمینکدین نشاد منداین هم غمینک شاد
سنسلاحید اونقالی عریان بلوبمن   تجان یولدا تیریک لالای قوشی نه صیاد
کونکلی نه جنس شیرین شهراب آخر   منی دیوانه قیلدی بر پری زاد
سن ایچره خصوصی لار وصلیداای کیم   منی هجر اتی قالانیو نیچا قوز معتاد   وصلیدا
وفالیق توز بو کلشن ایچره یوقتور   اگر شمشیر و گر گل سرو شمشاد
نه تینچ خافق می دین قیلور منع   که قلمیشی دیر پری پیرگا ارشاد

نوای یاد فریاد ذیکونیم تیماس

انیک قاریغ لغیدین ایلا فریاد

سنی فردوسی ایجیدا کوثر حوراایی زاهد   من میخانه ارا باده کی توتقای لشاهد
تیلبه کونکلوم بیوافا ریاد قاش الاینده   مست محراب ارا ادلو می کی توتقای ساجد

ایکو نکلل پرده کیم عشق اهلی نینک عیبیغا ایرور   کورکانیکا اول آی نی باری بزنکا اوق اولور

منینک منینک میخانه لاردین یا حیدا ده نیتلالی   مونلوغ اورکنکه میخانه دا بولوب عابد

من کدای خرابات ارا ایلکیمدا سفال   باقی جمشید بو اقبالیمه بولغای ساجد

بیلکه فرهاد ایله مجنون چرخی اتماکیلار ایری   عشق بیداوین انجه منکا بولوی وارد

اول نوالانی بو جمع ایچره دفا استامایم

اول مقبل اولوی بوبابذا دید پیدا کلیدا

قانی سیناکیبی محبوب بما قبت محمود   که ظلل عاطفتیک بولیه ایلا ارا ممدود

جمال ارا متجلی بو دونکدا بر توی ذات   کمال اوزره مثالا اوردونکدا بوز وجود

وجود دونک ایکی جهان خلقتیدین اولوی مراد   سنجولی کیم ذاتینک اولوب ابکی کونین مقصود

نه جودایروز وجود وحق الدیا ذاتینک   سینکا اجو تکلوی وجود وجود بیرله وجود

نبوت او جیدا کوب طالع اولوی کوکب سعد   بری کینق ایوبک الماس ایردی اختر مسعود

جوسن مشاهد بیرله شهود قانی عابدنیک   کشنه بیلدی یکت بیدیکیم ایردیکیم مشهود

نوای اورکنه دودی بیرله نام سیا

غمی بوقی او بیدی ایرورکیم شغ غنیکه موجود

زاهد طاعت شب ینکدی اهلی ذمانی کورکاسی لدیز   هر نه نافع دور بیری فقی ناتوان کورکاسی لدیز

ظلمت

ظلمت اهلی غفلت ایستادلار که عالم کاهنی　　اویقوغه بشیک قیلغان کاروان کورمکس لاینه

قوت باطن ایستاکیم ظاهر غذاسی برله طبع　　برونغا کرتاف لذت برونغا کورمکس لذیذ

عار ایتیار بر شمه دین اهله تقلا ذره رشته　　کیم اشک حلوا اندا کیم اسمانی کورمکس لونه

هر نه ایلادین قوتغا دور لذت بیخ اولوادیم کیم فقر　　مهر تی قرص انملاکیم بر پاره نان کورمکس تونو

یوتقاسین خونابه تیمسی وصل نیک اهلی عشق　　تا غصه کو شربتین انداغ که قالمانکورمکس لونه

تا مغا بین لذت نوای سالوی کوزدین انگشی
باده سه تا ضروی صاحب قران کورمکس لونو

قفان حکم کرایلار جهانغه دور نافذ　　جهانغه نبی دیمه کیم انسی جانغه دور نافذ

جهان اربنی آدم منت خلقی اولغا　　کیم اول ملائکه اسمانغه دور نافذ

نعمانه حکم شه کماهو ندیم ایلا نابوکور　　نه حکم اتشیهی کامرانغه دور نافذ

اگر عمان اگر بخشش کم بیوق اداد　　نه دیبک بومروحی بخشش همانغه دور نافذ

یو ذوق جهانغه انیک حکم نافذ اولغانیدنیک　　حبیب حکم مینی ناتوانغه دور نافذ

بو بیوت قیبوب من اگر تیغ قتلی کورکو نکدور　　که بوموعونالامنی بیچا مغانغه دور نافذ

نوای ایلکا هریان عزیمت اندیغه دور
کرامی ولری یلی هر قیانغه دور نافذ

کونکلوم ایرور غنچه سیراب ایله ملتذ   اولنونی کیم مست اولسه‌یمی ناب ایله ملتذ

لذت تپار اول جوره جوک کیم جانم اوروین   اطفال دیک اولکای وی جلات ایله ملتذ

رنگین لبینک اوزره کونکلی کامی دور ارجه   پیمانه ای‌سی شربتی اعناب ایله ملتذ

کونکلوم یوز لعلینک دیک نوری ایلاو بیهوشی   کیم صبح قیلور لعلی شکرخواب ایله ملتذ

سن بزم نشاط اچره می ناب اجیب ای شوخ   کیم بزنه فراق ایلادی خوناب ایله ملتذ

ساقی قدحه تو تیغل ای ظرف مغنی   بزم اهلینه قیل برنجه مقرت ایله ملتذ

کوب روضه ایچره جو یکان کوز کورمه یوز اچقیل
کیم خسته نوا ادیکی سیماب ایله ملتذ

ای لعلی لبینک حلاوتیدین جانو التذاذ   تا قفلی تپتی چشمه حیوانو التذاذ

دوران ایلیا لذت اکر بولسه عجب   می دین جوبار اول افت دوراندا التذاذ

نطقو تینک حلاوتینی نه بیلسون رقیب کیم   شیرین حدیث دین تپار انسانو التذاذ

لعلینی قلیب نخشی یمان آرزو دیلیک   جاندین بولور چو عاقل نادانو التذاذ

سینغان سفال اچره نوای غه باده دین
انجه کیم جام جم بله سلطانغه التذاذ

ایماس غمینی یازارغه غوذ رقیبان کاغذ   کم شعله جکتی غمیدین تپار وفاما کاغذ

国家圖書館藏民族文字古籍叢書

سپهر دوری بو سرگشته آهیدین بولمیشی   مگر بو آه توتون بولمیشی آسمان کاغذ

تو بولمیشام تیکتیکیدین قیلورغه مهر مگر   بیکینه تکوی کلتوردی تیچوه جان کاغذ

عذار لعل لبینک وصفی نی چو یازادیم   اقیب کوزوم یاشی کلرنیک بولوری قان کاغذ

یازار نوشته تویاشی چوه سینو وصفینی   مگر کیم اول مکی تا تمغالی ایوان کاغذ

کونکلی چوه سین اسرار خطور تحریری   که مسوده فنا یوالور توشنانه کیمانی کاغذ

اچلای خسته کونکلی رقوسین یار اموزیب   یاروق بولورامیش ادی بول تابان کاغذ

نمار دفعیق قالیوق خطین تیلار ساقی

نوایی یادیه جت کتور روان کاغذ

تکیب دور باشیغه جانانه تعویذ   کورکیلم بکت بو دیوانه تعویذ   اوزو توب حل قیلا باشنیا بولالای

کو بشق رشمی غه پروانه تعویذ   قوی ای راقم که طومار نیکلر ال حاسی   که مجنونو ال حاسی یانه تعویذ

منکا تعویذ اول ای قمر تیبس   ادیوه ری لشتو افسانه تعویذ   جنونوم دفیقه بسیکم یالوه المتشی

تولادور کوشه دیوانه تعویذ   سنیک رفیعکنی جوبا بوینو مغه اسم   که مجنونو ال حاسی یانه تعویذ

نوای عیشی جغیطوه نجشی

خطی سنا غه بوله بیوانه تعویذ

دیما کیل کوی نه بو نام نشانلار غه ملاذ   کیم ایروور تاج و ر ملک نشانلار غه ملاذ

察合台文　納瓦依詩集

اچسه لاله لعلی بی شوق پیله میخانه — ساجیبه بولغای الی وفقی جانلارغه هلاک

ایلی ایاغندین اسهار یکیا کوینک باد — داوی فوقیدا نام نشان لارغه هلاک

دیوه بری قلبی دورمن که انینک درگاهی — تحفه سی لارغیم هم اولوبیا جانلارغه هلاک

جنغد اول عشق کیمه یلان یاتشدا قفایه دورانیک — یار جیب منزل ماوی هطلانلارغه هلاک

گر فنا ملکیغه فارغ کیم ایردر کشور وین — آه سوز انلار ایله اشکی روانلارغه هلاک

نشایی غازی شکینه تنگری امانی توشتویکیم

تا شو انلارغه فنا اولوبی سلطانغه هلاک

ذی مظاهر ایرا مهری عارضینکدین نور — قویاشدینک ایلاکه ذرات خیلی اجره ظهور

وجودینک ایلادی کوچ مهانی وجودی قویاشی — هم اول صفت که قویاشی قیلوی ذره مشهور

خرد که اعمی ایرسه ذاتینک اجره تانک — قویاشنی کورماسا خفاشی بار معذور

سنینک جمالینکغه کل کوزکوسیا تیلبلی مست — سنینک ظهورینکیا ایله کل جمالیغه مغرور

یوتغا ایرسه غنچه خطلینکغه مجبول که پرده عروس — عروس پرده نشین یناکلیغ اولطاوی مستور

سنی تیلاب توتون کونانبس که ایلادی تنگیبو — نغش لارینی الا الماینین صادر بور

باقیب بیجود ایله فاتیلیغ ارا که موه من — تیلاب قدح ارا عکسینکنی مست ال مخمور

می ارا عکسینک ارسالیه جنبش عشق نشاط — قوچد انتانک ایله دردکشی غذوق سرور

جوسین

چون حسین هم بزم اولدی جمع ابجره فارسانه بیله
نوایی اول شه نینک بیرله دیدی اوّل قصور

عارضینک کورکوزو منی تا کونکلوم تیری آسوده دور — یا خود عارضی سوی تیلک عکسی منی کوز کوده دور
دیمه عین نا دوین اولا کونکل اجلی بوده دیار — کافریکم مست لیق اطرافیدا اویقوده دور
سجده قیلماقدا تفاوت کعبه یا خود بت بیلکم — قاشی محراب ایتیبان قیلسام سجود اوترادا دور
اولماکیم زلفی دوتوبانک کویا پریشان لیغ بت — ماتم اهلی دیک قویوشی سالیب باشی قارا بیقوده دور
اولمانیم اوزره محال اولمیش و اتینکی شاهیکم — تاب ارا دور رشته دور کیم تاب اول کیسوده دور
سن اوراسن نا دی کوکسوم شطا فیدیک کونکل — کورکالی کلمیش خطا قیلی قارا خوتنی قابوده دور

نوح عمر بیر سلیمان ملکیدا یوقتور بقا
ایچ نوایی باده کیم عالم غمی بیهوده دور

کل یوزونک هجریدا چیقتی اوتلوغ آه آه لار — کوکدا کلنار بولوتلار دیک کذار اول آه لار
اول بت درین کیم تکر عشقیدا تابیل باغلیم — ضعف ارامندین تمتی لار درد منشا منکله لار
اول یوز الیدا تو یاشی یوز لولا اولمیش حسن ارا — ایلاکیم بولکا قویاشی بولغاندا طالع ماه لار
نالهٔ زار منی تجانا اطلاقنغه اول سلطان حسن — بو عجب تنکلی کیم ایغ اولغاندا راکب شاه لار
کوی یاری بار دی کونکلوم بیلکه اشکی آه هم — وه منی قالیب عزیمت ایلادی همراه لار

بهت استانه ایچینده ناقه ایله بیدار الانیم حیچتی   کیم بو غفلت نی مکر دفعی ایلالغای اخگه لار

ای نوائی پاره پاره بولسه کونکلوم تیغ دور
کیم ترددونکیز الشفا بیلا رانه دل خسته لار

تا وشکیم اوزه تاشقوی کلکیه دیوتن باغری تاشیمدور   اشکیدین ب یر کچه سا غیوزیمیکم تویانیکندور
اچیدا اتاغی تینکه قانی باشلیکه یک یوزمنیک بلا تیکش   انکلیک تاشی ایچی مطلق دیاری عنا انچا تاتیمدور
سر شکیم نی باغیر پرکاله سی بیل داغی کوز نوری   کونکلوم ستری نی و هم ظاهر ایتکنه ایلغوی تیمدور
ایلکودره سرکوی اولشوخی عیدانید اکویالیم   بری فردوس جنتی بر ادلسر کیفیه یا تیمدور
نشالی بیک اولدی انقیانیم بیلدین تخل عیبی ایکیم   بو تخلیم ره سی مهلک قفانی اجره غم تاشیم دور
اورامن یرکه باشیم نی تیمکید ایجانی ملکشورداد   فراقینک حیلی ریه اول اورولشوم تو بلا تیمدور
بیمان نجا لمینه حیرت قیلمانکه ای فرهاد ایلد مجنونه   بو کون شهر ک مهمانسیز طرب بیله همتیمدور
فلک قهری بیله کوکی منتکا سعدی دیانکه سوز کیم   فنادیری مهابیم فیرنواق مرا تیمدور

دیدیلم توشت محراب اجبرد کوروم طاقی جستی
دیدیم کوز کیل نوائی کوز اکیبیلم کوز قیشیدور

من دابراوت دورکیه کو رجع اوریسام افلاکا دره تاتور   اسرسسام کونکلوم جسمی یجا نیغنالی اوره تاتور
مهر ما لیلاس آهیم او تیدیغ کو کلاتیمی بر شرر   عیب ایمکود کردیسام ادم اوریسام افلاک اوره تاتور

تام

آهم اور تارك اول يتلموع نا دلع ىجريم قون   جهت ابى ياس كم بو او صو برد غائب لى او ىما ور

شمع نيك ماىتين انجلا ديبا فروه انوىك   عارضىك مهرخ فهم ايلار د ا درا ها ادرتا وز

ا ى نو ا ى جون طبيب اول كا اىتىن لعل ارا

خسته كونكلوم نيك تو شىش تا لت بلد وب فا لى او ىا وز

ىا ىي بو نجو ءكل كلد ور اپشىو ىسجى ساىجار   سه ا ىر د قوىا يه بو كىو ك بيل كم اىما لى ساىجار

كونكلوم كم ىكىت نا دل عاج ايلا د سيو ىد   هر فضى كم اول ىشى ايلا سو نكال ساىجار

بپشمو ىو سى لعلىك عا لمئ ودا يه دىنك   جعا ن كز محلس ديه باپشو كل ساىجار

ساىجلو ىنا اجل خار ك عتق بلا سنغىن ىحرك او زل دىا ل   ساىجار

غم كلد سيو اجان اول خسته عزيم اىتكم   تىرا ىسيه بغىر ا عزيرا اور سيه يا لا ن ىجار

قلا ب محبت د وسر كشته كو نكلا لا ركا   جو ن تو شى ساىب اول جاىك بپشو لجك

بزركى لب ا د جون كرد و ىشى ا ى ىو عىو نا   غم ىا قى وفا ايلىن بو نه كى ساىجار

جبىن جو نلا ر جلد بىلا سه كو رىكو ى
بىلا لت ىسان ايلد ب جر فو ى ىشا ى اساىجار

ساما ربن قا ن جود ديدكم فى بحريم اىلا ىن ىجىر ىم   وىا حو د سعو د تو شت جلفه عا د ا ىوز   ا ىا ىا ى ىو

هكم جو ز اصحا ى قد يم قلم ىا فح كسى ها ىد   قيو د ىا ضع ىقا ىج ىظا رم هو ىتى ىقو ى

باقیب ویرمس نه طاقت ایلامین کورگانی قراقلارین
کوزوم معطل اب نظاره تیلیم قوت تقریر

منی هجر اندهی توتقادور قتیلیم غه تعجیل ایت
غمدین کیم یوم افت کیلور اشه ایلامانک تاخیر

دیویکنک فعل اجره تقدیرا تمامین عشقیم قبول اتمادی
جو بولدوم عشق آتینک هجری اثریده قیلمادیم تقصیر

ساجینک کفری خود ایمانیمنی الدی عیشقیدا وه نه ادیقا
کماوانی دستارینه بوشیم نه غلاب قیل المار تکفیر

منی هرمغبچه دیر فنا اجره اسیر اتتی
جو تقدیر ایمیش ای کاهی نه خرمنی تیلقامین تدبیر

جنون خط محیط اجره مرکب بولماغیم سودد
که بو خطه بیره بولماس اول ایرنی ایلاماغای تغییر

تغییر

نوایی غوثه ممکین وصل کیم هر توننه بولغای اجره
جو تقدیر انیده خرعشق دیر یاری تعفار تقدیر

وه که سودا دشتیده قیلدی منی دیوانه هجر
بربری عشقیده اجاکیم شهرلارده افسانه هجر

آرزو دین کیم کریب کیلیم غه تو تقاج برقدح
توتی کون هجران فرقت دوره مینا مغانه هجر

اول بوزوغ علوق لارکه بکورکی براینک سنی ایشت
قیلدی ویرانه نقیب کونکلوم اوین دیوانه

تا انیسی سنی دیمه لیلانی کیم تقدی باشلاغاج
اشنالاردین بورولانه قیلوی منی بیگانه هجر

شرحا قیلدیم وصل تافتنام کلکه بونه مینا بلا
تا رتبایین اماقبول اتماجلارکه یانه هجر

هجری ارا هیجه بسا جسام اشکی حسرت بردانا بر
نه شمربرکاکی بو مردعه جو بسا جیتی دانه هجر

ای نوایی بیرکیم هست تاماه الیده وصل
تا رتیب یوزه جیکه بیلا جکال لار مردانه هجر

رهبره

بروکلیب کونکلوم قاتونغان لالان سالالادور   بروق دیمانک بیره اوشمونی قیلان سالالادور

بغجه یقیین بولادور اونی اغزی یوق لیکن   تمکلمی بیا کونکلوم الالکان سالالادور

بغیق لار بیلکیز من مسافری بیلان   باشمو برنفس توکلی قاخان سالالادور

تیجب ایلاونیز دفود فوفریادم   که شوق کونکلوم یادین دعا زمانی سالادور

دیسام شکیب بیلیب اوزنی ضبط ایلای عشق   بیره بوشعله کونکلوم لانا کهی سالادور

نه توپی بلبلی زار اتماسون فغان که سپهر   بو گلشنی بهاره اوزماسین خزان سالادور

نوای بولون کهین برکا کوب عجب اتما نکه
که مونده غه اوت اتکان بغره قوچان سالالادور

ایلتور

یوز للانی بولوبی قیلمیو جون تشریفی یار ایلتور   تماشا نا اجره اولوم لوباعکش ایمار نیز تروزکار

تحایکم مست لایعقل جقیب وکیم انکا بر ماج   کونکل نه اختیارم بر که اول اختیار ایلتور

منیک مجنون لوغونی اولیری عشقیده امنی اتما نک   که عقل کل نه سودا دشتیده دیوانه دار ایلتور

شبستانکیده انجم مجرمی کوی لوتغالی محرم   بو کلی کل اجلیب بر یجه اول پر خار فار ایلتور

نسیمی صبح خیلی سنبلی ذولفونکی تار اتقاج   سوادی تونی بو مشکین سوده ویلی باغبان ایلتور

یوز ذولفین تیلاب باغ اجره اهم اتنیغ کلدی   اوزار یغراغ لار اوتی وی دوراندا نیغم انتزار ایلتور

نوای قیلنه جون دعوه قیلدیکنه وفا قیلکم   بولونکدا اتلموری بکمری دودم افتخار ایلتور

نینک حسنونک منینک عشقیم عجایب نسبت توتمیشلار مگر بو شعله‌نی اول شمع تابیدین یاروتمیشلار

منی و رقیب بلا اول نام لیغ یار عیللر بیر بیلکدا منینک توتنلاری پیکسیز لیکیم وقتی اوتیمیشلار

کونکلدا پاره‌لاریم بو تعاویذ برنوعی هر بیریدین لبینک اوتی ضواحین استماع اتکانیدا اوتیمیش

طمع اوقفلار ایکا شیرین لیکیدین همکین ایوکا تور که اول شهد لبی تا تیمیش من اغریمنی توتمیشلار

سرشکیم سیلی هر کره عشق دردیدین که ضعف اولدی بو سو هجره بواولتلاریم سنه جسمیم قوریتمیشلار

چو من بیزار مین انکه کونکلدین دیمه کیم کلمیش نیکه اول قبله رسوا بو جانب یاروتمیشلار

می ایچکیل داغی تو تغیل بی وفا بد مهرلار ترکی ایمکدین بیک کیم اولار مهر و وفا ترکینی توتمیشلار

نوائی مچ ملک کوملکا اوت سالالیم ذعناجلی
سماو غلوق ابجه تیلارکه کونکلیدین سماو تیمیشلار

کوکسوم قیلدی چو تیغینک لبی هجری پاره‌لار هر پاره قانکه نه افروز لعل پاره‌لار

یا بتدین ایاق چنونح ایلیا اولدوم کر ابستا معالمز بو یردا خاره تارتا پلور اندا خاره‌لار

کلزنک ایوی یوزونک غمیدین هجری تونلاری آه او تدین که هر سعادتی ساچتی شراره‌لار

سروی کونکلونک وقتیدا اگر اتمه کر فلکینک برمست هندو الدیدا دور پیل کناره‌لار

اولدی یوزونک نظاره سیدین خلق حایکم اولتوردی داغی بزنی ایل انتظه نظاره‌لار

یا دغور مه‌ای فتنه که یول بر ملک انجه کیم چقماق عوذ یدوق قیلورمه ستخاره‌لار

پیچاره

بیچاره ولیک توت ایمدی نوای کبی بولغاوی
دردمند غریب و ناشکیب ایتیم چاره لار

کونکلی کوزلار بولیبن توتیا قیلغونچه یکدی رشتاب ایلار　بیری توتوغنچه رنیکلیک سیلی عالمنی خراب ایلار
قفا تیغیم ایچار لب عارضینکدین چیری باغیدا　اگرچه او خشامی برا گل انجناب ایلار
اول آی هجر شبیکدین خندیدین طناب ذیلیغی تارین　فلک اوزدوردی بیچاره بیله تیمیم تاب ایلار
کونکل نیلکی هجری دیغی کیم اوروب اوزدوغی یراق تلاتنکا　بو خوزلاب قونکلیله بوکوب قانی افطراب ایلار
کونوردی چهره وشی ساقی می گلرنک قولایدوین　که دوزخ کیک خماری هجری جانیمنی عذاب ایلار
کونکلار بورکا محبت دشتی دا شکیم یامغور برله　برآهم دودی بیرکون کوکی بربهار آیین سحاب ایلار
ایرور کیمی حبیب الله ولی قیلغان فنا کسبی　یوق اول طالب که دنیا مال و جاهین اکتساب ایلار
قیلی من دیب یرلاینکا کر جوفهم و حساب اولسه　حساب ایتماس ولی احسان لطفین بی حساب ایلار
سنکا مقصود ار حق دور اولوسیدین یکه توبولدا　مغایر مقصودینک اولکیم ماسوای دین اجتناب ایلار
می اچره غرق دور من تا تشنه جیهو اسیندا　قانی رندی کیم محو اوزره تماشا حباب ایلار

نوایی اول کوزلیب نیک خرابه دور عجب ایرماس
ار مستانه غالی هردم نوایی لعل ناب ایلار

خوبلار تیغی تیمس دیب برون بودار اولار　جیبع ایمشی کیم بولیکوب تعتاب قوی اولار مردار

اولماکمینی قیلمه حیرت ایله جکتینگ تیغ کیبی قاتل ار سنسن منینگدیک ناتوان بسیار اولار

دردینی للانی تمنّی جکسه لار بیطاننی جانانی هر کیم نیاز تشنه دیب جکسه لار ناچار اولار

کونکلوم بر تیغ ایلا اولماکی نی استغنا ایلاکیم قورقیتکیدیک اول ضعیفی ناتوان دشوار اولار

عشق بزمی باده سی کیم بولسه مونداغ روحی بخش قانی اوز بوینیغه کیم بوده ریدا هوشیار اولار

ویحه کیم هر دم کوز بیدین یوز کرشمه بیمار اولور کر فیکیدین کوز یوموب جیقوبجه مینکه بیمار اولار

بنوای الیرا عمری ابد دین بخش ارق
هر کیم فقر یولیدا نوائی وار اولار

توورت رنکی مختلف دین جلوه کیم جانان کیلار توورت عنصر کسوتیده دور کویا کیم جان کیلار

ادیز بیکی کلناری کویدیق کوبیده اتما او لنتورور یهو تنی تریک لیک انیکد استیدالکیم جانانی لیار

اکر یانم [illegible] ایلاب دور بوره شل کیم اکجی یاندین نی شعله فیض باغنداماک نخجفان کیلار

کل بیله سوسن کتعانه نیلیغ بولوب مهتاب آرا کوزنکلیکیم کلکونی هیلا اول سوسن [illegible] کیلار

عارض اوزره شوخلوقیدین موی تغار سنجابنی بو قمه سنجاب بولوتودور کیم هر تابانی کیلار

هر جو بولوغ تار بیودور سر رشته عز و شرف اسکی شال کیم فنا کوییدا بر عریانی کیلار

کر نوائی دین سن [illegible] تانک یوق جو نکه من
فاکی بی عشق دور کلا انیک کسوتین سلطان کیلار

ینه

بیله غریب کیملی جانیغه جفا قیلادور — بینه عجب مکان کونکلوم اچره سانجلادور

بیله بر اوق که جه عشق ایکی ایلیکنیک دوریوقی — باغیر ایچره یوراکیم بر بوین ایو یلادور

فراق که جه بار بار لیه وه کیم اوتلار — بولوت دیک اشک فتنه لر لوزلاریمغه یاقیلادور

غریب قصه ایور عشق کیم تو که نمادی هیچ — اگرچه بولغالی عالم نبلیس ایتیلادور

نوای قیلدی مجنون قیدیار فلینی ایمیش — فرد طنابیکم اوز بو ییدا بو مسلسله دور

خسته کونکلوم اورتانور کویالی جانانیم باردور — یغلاغوم کلیلار کلبرکی خندانیم باردور

میلا ایلیدیر پریان الیق کوکسومکه قاقفانی نی نه سود — کیم الیق دیک قدپلا سرو خرامیم باردور

ادرولوب که شیغه رخساری ین اورتای ای کونکل — کونکلوم هجر ایلیدا شمع شبستانیم باردور

راضی اولوروم کیم اجلی بو غروحتی قوتوغانیم بیدی نا — من قالیب هجور اینشا هر لحظه افغانیم باردور

نی نماف اولغایکه اوز نه کوز کوزوب جمع اچره شمع — یوز فریشا قلیغ معاری طبع خریتانیم باردور

ای نوای شعلیق جانکه اوتلاب باشلا یول

کیم قورون جون اطلانیب اول منت مهمانیم باردور

جانیم آشوب اوچون قاصد که جانانیم کلور — کورونی جان اثر دور نشی الحیوانی کلور

نامه قاصد ایلکیدیج دور قاصد جسیم ایلکیدیا — مژده جنج دل دیوب ملی ما کنوتی دیپ کلور

وعده وصل که جانانی دین کلور هجر ایچ توینه — بیند ورکونکلوم نسوز بینلیغی لر اول جان دیبا کلور

سوی برید یار توزاجقیشی خامه سی نیک توکیدین … نامه اوزره شادلیق اشکی که قطره دین کلور

شادلیقیدین جان نثار ایتیانکدا نی کیم بو خبر … هم کونکلوم ینه فی المثل هم کونکلوم الفاتیدین کلور

وه که مضمون دور ایلی دردسر کرد املیقی … هر بلا مکتوبی کیم بو چرخ کجرودین کلور

دیب ایتیش نامه قیلیب یوردی نوای جان نثار
تن دا جان قیلسه تجان بو نوعی ایتیش اندین کلور

تا ارادت عقدینی ذلفینی مسلسل ایلادی جعدلار … کیره کیم ایکی ذلفی ایلا ام آنینک تراغی سینی لار

کره لار ذلفدین هریان حساب ایلاب دوکون فر … الور دادهی تقوی اهلی دین تمار ایتیب لار

ایتیب عفوین قلانوع سالورلار ذلفدین کونکل لارنی … الور خبری نقدین العالی کر ایلامیش تحقیق لار

نی یوزدور الله الله یاد تابیدین کیم هر ساعت … ایمجاره شربتلار اوزره کلاب جاریکل اوزره شبنملار

کلور اول سرو کیم کل لار نحو دار ایتیب کلشن نی … کیرار دانه تحقیق کیم ملک ایلی باغلاب آیق لار

بو نی سوزلار دورای شه موز خیلیدین جرلیدی کیم … سلیمانده یلک بو وادی ایچره پربابا اوتوی جنونیلار

نوای بولماین ذره ضعیف اول کس توانا کیم
بو ایرمیش کیم اوتاردین پارچه غه دیوا غره تیلقینلار

بیگلسام کونکلوم هدا ایشیم آه درد آلود ایردور … اوتغه کیم یا مغور یانغا ر انینک نشانی دود ایردور

لعلی شوقیدین کونکلی خرسند ایردور خوناب اوچون … تکبه جار نکیین سوبرسه می دیبان خوشنود ایردور

یوز

یوز ایاغی تفراغیدین المادی شیوه ایله　　بیلکی تفراق ایچیدا ایا بیت التون سودا ایرور

جیکیلسا آهیم شعله‌سی اول مه فرقتیدین　　شمع ایله فانوسی نه بیلدین اسرا ماقی مقصود ایرور

وصل استابی کوب ایناندیم قادوی کوییدا منی　　بولمسبیدم شیوه البته کدا مردود ایرور

هجری پیدا دیب اول یوز شوقی ارتار هر نجه　　نسیم خزان اسیبدین کلی یغراغی نابود ایرور

قطعه ایت ویک دور نوای اول پری‌وش سری تانک

اغزیدیک کراوت ساجیب اغقالی کرد الود ایرور

هجری ارا قالمیش من ای ساقی لبالب جام بر　　دم بدم شعله‌غه سو تیکاق ییله ارام بر

بر بوزی کلکل فرقتی آتشیمنی رنکین ایلامیش　　ساغری کلکرنک ایچیدا باده کلفام بر

ای ملامت اهلی اوت میخانه دین تا من کبی　　می غه صهبا دیک کرو قوی ترک ننک نام بر

دیر دین سرخوش چقیب دور ناله ایلاب منجه　　اهل تقوی ایجره اوت اوسال نالیش اسلام بر

تا نیتیم بیل لاله رخساری هجری ارا ناکام لیق　　تشنه‌لیکیم حقی الدیدا ایتو دا سوزناک کام بر

ای نوای سن کدا و ایله سیم اندام دین

وصل تیلاک امکانی یوق ترک خیال خام بر

باشیدین ایاغ یلانک تیغ اوز ره کر تازه تیغ ایرور　　حسنونکا ایلکام نظر هر بیر قراغ ایرور

عشق کدالاری دیلنانی کونکلالا ایرور هر بیر قیغ　　تازه توکون نشانه‌سی هر ساری بیبک دلغ ایرور

ذخم لاری خیلیده جانی اوتیدین توشقالی   تیره کونکلده دردغم یونی اوچون چراغی ایردور

کوه بلا دور تنیم جسمیده کوزلار قانی تولار   تا که غنچه لار بوداغ اوزره قانی اقیزور بولاغ ایردور

فرده سیندین الجیده اوت غنچه ایسی کم بلبل ارا   هر ساری عشق اوتیدین بر فرقی ندیماغ ایردور

زاهدا اوچماغ تحونغی بیلمی بیله امیدی کیم   اهل فنا غماسوی اللهدین غمی فراغ ایردور

دیر ادا کور نوای مبتلا غمیده کیم

ایکیدا جانگه خرقه ایکیکیدا بر ایاغ ایردور

کونکلوم غمکار اتینیک جانمه بلا دور   بیلمان سیناسی سرور بنشکیلداغی هوا دور

تا شکفته گره یوزونگ تیره النیلا صندل   ایل جانینو اول شکلنی بیلمان نیچه بیلا دور

اوز دردیم نیکی اونوت بولغای ارشه بیلمانگ   هجر نیک تونی اچره بو عقوبت کم ملا دور

جان اوزره لادور بتنیغا سنی جرماب اوددی کینگی   غنچه سیغ کم بشنکیلدا سر کشته صبا دور

کونکلوم سالیک بیغنی کبی بار ور ایکیلکدین   بیغنیک سنساری کورسا کم طبیب ایلکی یارا دور

افغان خزان مجنیدین غالمادی سمایلیم   هر سر ده گل اندام کی بولمشیغ ارا دور

یاربا که غمم نوای غمی دردینو دوا بر

کیم یاری سلامت لیغی دردینو دوا دور

فردا نه قناعت ارا کیم دلی ایله قالدور   کیم هجری غم یاره سیدین ایکی نشان دور

ساریغ

سارىغە قزىل الوان بىله خلقوبلدو دحلل   رعنالىق اىرور ادى لبا سنكويما عيانا دور
اول كوز توا سه هبا يے بجروج كونكلى   هجران اوتىدىن اىلىك ياخى داغى نهان دور
كونكلوم رنيه لارايه غمى بجر ينكا يله   لاله ورقا دىك بارىدا داغى نهان دور
لعلكىت رك قطره قانىك تىشىج   تغرا قه نامزمال اىنك يوزاغى قاندور
بوكلش ارا بو وفا تا نماد كلوب   بلبلغ كه منك نوحه جله داىى فغاندور

شوق اوتىو اورياق مر اودىن سالمى بولان
كر نا جماعىل السعقى اىله اول تلىه ياندور

يا داغنجى حىرت ملبكم لعل خندان اىجره دور   اول اىنى تىلغ دىىم فى السنا جه اىجره دور
جانحسنن ملاليق يا خود اىيكس باحاه   لعل خندان اىجره اىيكس كم فلك دان اىجره دور
لعل ارا سوزى بله منك يلىق اولولم خضر اىتيار   كويا روح العدا شو اىحيون اىجره دور
مغفل دو يوزى زلفدىن تىز اتقا نسىم   جلوه كر طاوسى كم فردوسى رضوان اىجره دور
عارفنك يحى بىد برقا ملىغ كوزوم دور لالا دىك   داغلار كوزوم قالسه انا قاتا اغ دور
توبه الفت باغ اىله كهجم پىداد اىرور   امىن اول قوشلم اودم مادى دوال اىجره دور

اى انوان يزلا ىوز خامى توتمشى تولا
هرجزكم ساعر عشرت بو دوران اىجره دور

هلال

نظر عجب نی طرف وینی که بر غبار کلور   کوزوم یورور یقتا که یار کلور

نیتابله

به کوجه وینی قولانیم یورور کورورون اسنه   دوکول ایلکه کا اول نازنین سوار کلور

بتاریته س ری کورماسی که بسا لیبانی ادلشوخ   قالغیدا قیبی سارییوبی بوبیقی ارکلور

قاچنیک لارا ایلکا ستات که کافر مستی   جیقار غالی خرد صبر دینی دهار کلور

نوایتیا قلمیک جرنی بجری بولی مورد

سکر تورماسی ایجیدا فرقتی نی ریشته دار کلور

جفا قیلور بیری کل چهره لار وفا قیلا کور   جفا هم ایلکا قیلورسنا دلنی منکا قیلا کور

نه تلبه کم حقیقه تیلار سنی ای کردون   انیک شیطانسل دلنی خوشتبلا قیلا کور

وبسانکا هیچ نیشانالیلاره ای کوز ایلکیچه   نه کرد انیک بولیدین قوفسه طوطیا قیلا کور

تجلی سهت ساتکا اول یونوینی اور تیا جشمیک   کونکل بیله کونکل آینه سین جیلا قیلا کور

امید وصل ایله کوپونگوز باردی خسته کونکل   بیکات لیک نیلک هیچ حاجتین روا قیلا کور

وبسانکا نسیمی ایرور ایکو نکل وصال اوجی   طلب قناتی بیله اول طرف اوجا قیلا کور

نوایتیا جوانیم هرزه مرادو مکین ایماس   وبسانکا کر وصل تغا ای تیر بیله اوتیو یا قیلا کور

هر قیغی یا قسام کوزوم هلی اولقو بیا تشوی توزا ایرور   هر ساری قیلسام نظر اول آی منکا منظور ایرور

جونکه مثل ساجبیکی ظلم ایره باشور ماقی نی سود   مثل ایسین باکشورسه بو ملاکی بو مثل مشهور ایرور

تلبه

مستور

تلبه‌لاب من تاپان کوز ماه‌ال عجایب دور بوکیم ‌‌ ‌ اول پری دیوانه کورزدی دای مستور ایرور

پراو روب باشیکنی توتتم اوچ کیم هر نجه‌مور ‌ ‌ کیم قناعت یانیغایه اوجتاق انکا معذور ایردور

عالم اهلیدین وفا ایلاب نوایی کورسه رنج

یوق عجب بیهوده خام ایتکان رنجی ایرور

قاصدی کیم بیکورور کونکلوم کا جانانیدین خبر ‌ ‌ ایلادوریم برکالی اول لحظه جسمیم جانیدین خبر

نه عجب اچلسه کوز اوغلان کوزوم یعقوب دیک ‌ ‌ کیم نسیم صبح بردی مصر کنعانیدین خبر

دیکه هجریدین خبر سیز هوا ایکم سنی سیز منکا ‌ ‌ باراین اوتلاکیتی اما یوق ایدی جانیدین خبر

شنا دهن کو بابرات آیاغی بولور جز تیغ ‌ ‌ کیم حبیبیم کلماکیتی هر یانیدین خبر

آه اشکیم خبر سیز بولماینک ای عالم اهلی ‌ ‌ کیم بروردی لار اول بری صرصر بو طوفانیدین خبر

ساقیا قوی دور ایاغین ایلاکیم نوش ایلاکام ‌ ‌ تا قیامت تاپماغایمن اهلی دورانیدین خبر

ای نوایی تاپتنگ یوق اول سلام اوتوبوروب کون

کیم ایتکیم کونکلوم کا کونکلوم اینغانیدین خبر

قیلانکه یار وفا اهلینی ستم قیلادور ‌ ‌ نیازمندلی کنگاهینی متهم قیلادور

بغیم وصلیده خوی ایلاکم کونکلی لارنی ‌ ‌ اسیر هجری ایتیپانی مبتلای غم قیلادور

رقیب بیهوده نقش بیلا تقصیر ‌ ‌ ضعیفه چهره‌لار ایتیب رقم قیلادور

نہ حکم قیلسہ فاحیلی جرم ایدی تابلک ایمسی / بو ظلم اویدرک جفا ایلنخ حکم قیلا دور

اوز اپکی برلہ مکر اولتوریسا جال کیوب دیکم / رقیب ایلکیدا افتادہ ذرم قیلا دور

محبت اہلی آہ واصرتاک کوب اورتاب / اولاریک آہ اوتندیت پراپشنک کم قیلا دور

جو کل ذفاسر ایرور نجہ سرها وہ یکم / کوڭل قوشہ بو کلستانیی ایگنی رم قیلا دور

ذمانہ اوق کی توزنلارنی سیندرور یا دیک / اولاکہ ایکویدرشہ محترم قیلا دور

نواں اولمکی امدی بویکی امیدہ وصال

بوقہ لارکہ اینکی چربی وعجزم قیلا دور

عاشق لارد یی معشوق ستر نی نهان ایلار / هر جبدہ نهان انت غیرہ عیان ایلار

سیدا لاربانہ ردم اولتور کلی ادل دلیر / کرفیک لارنک اوق قاشنک کمانہ ایلار

جلوہ بیلا ادلہ اوقنہ وقتیہ کرانکار بولسہ / صدقوب بلہ جبی عاشق کوکش نشانہ ایلار

کلاہ موسمی خد یتسہ شیدا سے بولو بلبلی / هم کجہ دیم کونودر فریاد فغان ایلار

ای خستہ نواای سنی دلبر جدوفنرخ

یا برکہ وفا ییندور سویہ جہانا ایلار

وفا کور نا لاک بسنویی ای دلدار مشکل در / ولی بسندیر کوڭل اوزما وائی بیار مشکل در

بو نیلیہ تندلاکم جبلا محرزدہ کوڭلا ردم / بولو نکم انغزلنی کم قالمقای اشار مشکل در

دھیدہ ورکہ

دمی دورکیم کورار آخر دیی دوردم غنیمت دور   کورشماکا جون سیننگ بیله دیدار مشکل دور

تیلاب یار وفاداری کونکلی اوارلیق چکمه   که عالم اهلیدین تاپماقی قاوفالیق یاری مشکل دور

نوای وصل ایلا مینگ فارغ باراق اسان دور
فراقیدا نوایی دیک قالماق مینگ بیلا خوار مشکل دور

اون سکز مینگ عالم آشوبی اگر باشیدا دور   نه عجب کیم سرو نازیم اون سکز یاشیدا دور

دیسه بولغایکیم بیله اون سکز ییل اولسون حسن انگا   اون سکز یاشیدا بولغوچه فتنه کیم باشیدا دور

اون سکز ییل دیمه بویوز سکسن اولسون اول که کیم   حسن شاهی بو بیلا لاریم کوزی قاشیدا دور

حیرت ایتماکیم حسن نقاشی داکی حیرت بیله   بارچه سی ایزد تعالی حسن نقاشیدا دور

من انگا مسکین کونکلدا تاشی بجر کونکلو ویچ   غلغلیدیور حسرت اول ای نیکم ایچی قلاشیدا دور

نی کتورای منغ کو یوز حسرت انکا قیلمیشی مدام   بو الجیب لالایم بو اسکی دیوه خفاشیدا دور

تا نوای توکتی اول ای فرقتیدین بحر اشک
هر قچان با قسانک قویاشی عکسی انینک باشیدا دور

ایتماس کوزلو کونگل مطلوب کویونگ باغیدور   بو بریکه خار اول بر ای عزیز باغیدور

قیلماس هجریدا یانگای آی سفلیدی فرقت تونی   کونگلوم افغان اتماسی کویا فلک تر تاغیدور

دیمه کیم بولدی قاری وادیی دوریم عشقیکیم   تا تریکدور من منکا عشق محبت جاغیدور

سرو غه تا یتیب قبا چیلقاچ قویاشقه سایه بان　　جانبکوم بو بیده اشراق بکشد قالقاغیدور

یلکو رویه پروانه بالیدا حیرت برله خال　　ایلاکوم کونکلوم هوا حسرت قانی غرقت وادیغیدور

دیر کلکلداری ارا حسرت یلعدین هر طرف　　تا مدی بلبل کونکلی قانی دیه کل یفراغیدور

ای نوای کونکلونک الب ایبطه لاریکه نشان

کونکلی آنینک بار صه معقودی کونکل الماغیدور

ایرور همیشه خزانا برکو دیکه باشمدا اشرار　　سلطانه عم لی باشنیکدا اوزره دور همیشه بهار

یه نیب کتنی قالتوتریک کاجقسانک مست　　ایتال ای نه سنا عجیب باشیغه جماعتانی دستار

تنیم جو قور جو قور اولیشی یاری بلتوب مولاقان　　نیدین کو تشلاب تشلاب قلیغ فکار

غبار ایچیده قویاشی تا انک بو تاکلید دوریم　　کورونکدی نوری خطیکیدین قویاشی ایچیدا غبار

جو دیوه جلد متین ارا تو غرق ایلای نه عجب　　ییلماکاهه هنجه ولعلدین ایچی ذنّار

جو صاف عیش ایله تا باده بار دور اندا کیم　　خوش فراغت ایله دردو کلبه خمار

نوا یا یتیلار ایر سانکه ذمانه احباشی

ذمانه فکری کا کونکلونکنی قویما غیل دشوار

دلربا سندی بو غم کیم عبدا بار دور بکما بار　　فرقتنکدین بو الم کیم عبدا بار دور بکدا بار

مرذی عیشم کوکار دماید در سخوم آه دین　　بو قیبب بلتین سوجکیم عبدا بار دور بکدا بار

قلمه

قیلمه منت کیم بولدوم دیک پادشاهیم حکم وا یوق   بیله عشق پادشاهیم کیم منده بار دور گدا بار

تخت اولا قدری وا توبه سی بو قصه دور کآهی دیا   بو تکلف حم نجم کیم منده بار دور گدا بار

قیلسه رو انوده ایله تیغ اتسه وصل ایکو نکلی   وانی دینی موجه درم کیم منده بار دور گدا بار

بار ایکه وابسته توفیق یوقه ای رفیق   بو قدر شوقی جرم کیم منده بار دور گدا بار

ای نوائی گرچه جرموم کوب دور دور لیکین بو بوغ
خسروی صاحب کرم کیم منده بار دور گدا بار

کوزدا سو کونکلی ارا اوت نه کوزارسی اخ   بینه اچو الینی اولارنیکه نه سوزارسی اخ

رخشنه وصل ایله رذحی نه تیک رحم ایلاب   هجر نی تیغ بیله باغریمغه ادارسی اخ

وای اشفته لاری ایلار امیشی دلجولوق   مونداین شیفته کونکلوم نه بوزارسی اخ

تو تشه هجری نه کوروب من شرحی نه ایتای   ای حکیم ای اول عکسی کومارسی   اخ

تیره بار انکه اتار چرخی معقوسی ببس دور   بجه قاشی یا یسنی قصدیموغه قورارسی اخ

مردنی دهر ارا اصحابه لطف ایله احسان تخمین   هر نه ایکسانک این اوق جوبکا اورارسی اخ

گر نوائی غه دوا دور اوتونک ای یار ایطلی
یار دیبک ایرکین موتانک اتعوتجه بوزارسی اخ

قویدا ارده سبک روح لوق برا وانادور   ولی یکت لارارا جو لکرار کر اما جانودور

شتاب ایلاک یوق سپهر اسقالی نی زرکه اتقه | اقار سو سبزه کوکارکیک بناسی اهمالندور

قوری ایکت لاری اشین جون قیلور بولغونی موت | ایکت قاریلار اشین پیشه قیلدی نادان دور

عطا یوق ور که مدد وور ولی عطا اهلی | جو تیره نی توته عمل یول یوروری نقصاندور

جو قدا ایلکدی عطا برله بولمادی اخر توز | ایشتسه یوقتا انکا ای کنج بیت الاحزان دور

جو قورغه توشتی کوز کوبیا ایتار نوری | نظر قیلور اوی اتقین جو قوردا فنهاندور

دریغ کیم قاریدیم ذهر فقر لافی بیله | ولی ایشیم یا شوروغان بارچه جرم و عصیاندور

خدا او جون قیلیک ای پارسا ایکت لاری شکر | که برچا جرم کنه دین خدا نگهبان دور

ایکت بیله قری غه ذهد برله عصیان نو | یوق اختیاری مونگا قهری انکا ایعماندور

ایکت لیک لا اکشی قیلیسی اطاعت عمر | بونا بکارلری قارالدی نجه کیم قیسمانودور

نوای سنی یمدیغم نی اوجو یلخی نیهری کیم
جو اوردی موج بار نیوا ایر غز اندور

رنگسیز خالینک جمالینک خوانیده ای سپهر | یا عدسی یا پوشیدی انداغ عدسی نیلاغ بیل

کورکاج آهیدین غفلتیدین قیز اولی عذار | یو قصه اول حسرت بولوت نیک تاپیدین بولدی

نا وکینک جسمیم غم سانجغونی بیتتی یوز بلا | شاخ اوده پیوند قیلغاج بوخیلم تاپتی ثمر

منی اول آی ممو قیلغاج تن ارا بیلانلار | جبه کنه ایرمشی خلق حسرت دین غنی تا فغاج ضرر

ایکی

ایلکا کوهر دور قولاغیدا اویا قیلمیش سپهر ای نینک اطرافیدا ایکی سعد کوکب جلوه گر

جرخی ظلم ویغی نیتانک سوکیم صبوحی قیلکیم صبح هم بو غصه دین تار تقاسین پر سپهر

ای نوایی هجر نینک اول طلوغی دشت ایجره انکلادیم

ایکیم دیو لار سپهر دین قطره ایرمس سیل

قدی نینک هر کاکلی اول ذره بلا تاشیدور بو قیامت ظلّ عشق دعوی قیلغان اهلی باشیدور

تا نی بودور عقل ایلار کعبه طاق ایچره مهّت یارب اول خونریز نینک اوسروک کوزی قاشیدور

غم توننی ایلا شفق دور یا فلک مرآتیده عکسی کوزکوزنکه کوزوم نینک لاله کون یاشیدور

بر هما یونی قوشی کبی همّت نینک بولوب ای منجم قاف عنقاسی مو دور یا دیر خراباتی مو دور

باغبانیکیم ایلامیش سرو اوزره چوب پیوند گل سرو بویلوغ گلعذار یوق بونینک اشمیدور

ایلکا اجای سمور اره می ایچره عالم جالیبنی یارب اول جمشید یا میخانه قلاشی مودور

تا نظاره قی کوثر اوجوبانا دیریسن بو کون می ایچمکیلی

بلکه تو ای زاهد نوایی سن کبی ناشیدور

قامتینکا اوجی ملاحت نینک یا کیک نوغوان علیادور قد نینک نخلی لطافت باغ نینک نورسی نهالی دور

قد ایجایم قدی نینک نخلینی کیم کر چه ایرور نورسی ولی اندام رعنالیق و اجدی اعتدالی دور

نزاکت گلشنیدا تازه گلدیک قامتینک یعنی انینک طبعیدا هم غنچه یوق اغزی نینک مثالی دور

نی تا بگ و ملکوم اگر عجودج اولوب قانی فغیدین   که اوله کان یخی ویک برطغا وشی نیکه چا یلی
بولوراک خفرکم حیوان سوی دردزرراراک احیبا ؟   بودم کم جا بم ادلشوغ اییاری سنقا ل بولودر
خلا موجود ایسی بو طرف دین چقاح یو بولدی   هوا بمشتقدین ملود وراودنی کمل دور
یونک کلج مسماق نیک طلاب حکیمو طغا دور   یو زیدا می کلی اول یا بلیغ اوزرہ الی طغنل اور
لبی لعلی هلا کدین اکربه نتوا   مسیحا برله اول کویا اولوک بر مسیح دور
دیم اوری خعدا بیت قیلدر لطفا سودا ن   دعا غدا کو رونک اول اولغ مشکی سودا دور
سنا لفبث کو کسومه کتتی یا لب دین بو نم نوم   همکلفنا یج سیا ی خیلدرن اول اوق اوجا یا دور
جیانا یع میجر ات هی جون کوزومک ایلاد ب نجره   نه سودا اذنی منکی کو هل جیبه عالما دور
لا بشم نوش شبا ج چون تار ج دین برمان   نه تاک بشلار یوکورقا برطا فدر یع یفا ٹا دور

خدای کویا یکم دیدم یا شهر شنج خد
فنا جا یدن الجوز لیکم خرابات ابجا د قوغا دور

اول اوطلوع چرخ دربغت خلعت عریب دور   مگر خلعت خوا اول یوز لویسدنا اودا توبشپ دور
فلک تیل باکیه کمال اولمشی قویلش جرخ   ستو بدیک اوا هدین انشا هویدا دور اولیشدر
فنا دیوبی تیلا برد ر دلی او جقاقنه فاهکم   منیک ها مم قد روا دا انیک کو ترفلا لیودر

نون را شکل الف التوح ارتنغاش عجب غریب
قیلوار بویه یشلار با یور اولا قا لیودر

پریم یوق اوچوب قاچسام اولوسندین تا قیناتیم بار
قیناتیم کویب اوچماقدین یقیلسام تا اوچماقیم بار

جیب بوده یردین عیسی غم ینحو تاهم نفس یوقدور
بحمد الله بتر دور بر لحظه یوق قیناتیم بار

خلایق جهدیدین غمیک غمیم بار در که هیچ اولغای
اگر منیک جانا ریب سیلسام که بر غم دین نجاتیم بار

کوریب کوزدوین بارای بر لحظه دیده ایلینو کوزیم آلای
بوروم کوزدوم سوایوین قرا کوزدین دوایتیم بار

جکیب اغیاردین یوز جور تاریب باردیم یانیکا غم
نی اوکه خلق غیرت نی نه ادروم دین ادیاتیم بار

تیلار کونکلوم توتوش عشق اوتینی ای قاری یوزوادی
موتکیدیک بعین اتیار که قافدین ار توتوق تیناتیم بار

نوای بیدلیغه کونکلی منکا قایدا اولکای یاد
اگر کونکلی غمی خارتکا ... التیامی بار

بلاد شتیده یوز میک جه اولنو کو وارا نته قاتیل عشق
خرد مغلوب خیلی بر لیکو یاکیم سوایشی دور

سنهر تا نکه قوشلاری غم اوتی قوزغاتماق ماتیکا ..
ییب دور کوکطا بوآه‌م خدنکی بیلکی ایشی دور

لبیکدین جان تیپای دیب کوب تلاشتیم اراکونکلوم
اولار حالت ته اول بیچاره دیکیم جان تالاشی دور

قدح غم باده تیر یاقینی قوری تعشق بجز ای ساقی
که غمزه ذهر بیله جامیم تولو بر دیلیکه یاشی دور

نوای کیم یادی بیر لحظه قانی یوق جان تاپقی
طبیب ایلکا بو شربت انکا بیهوده تشنه دور

حرارت جانیمه اول آتشین لعل احکزیدین دور
انکا سکیندیم اول یوز روضه بینا کوثری دین دور

سبا جیبیکه بیک تیرشامیدین یوزونک جیبیغه یول تاپغاق　　بغاکوشتو تکلاق ذرّه شب افروز اختریدین دور

ظهور ایلادی سین دیو لاره ایرور جان بخشی روح افزا　　مگر کیم بخشی اول می غو لعلی ساغریدین دور

شبستان صبح دولت دین یا یغراق بولتایانک ایرماس　　که پرتو افگن اول رخسار شمعی نوریدین دور

یوزونگ اجتماع شمعی لطفی عالم اجزاء یو پرکسنی　　مگر بو عطر اول اوت اوزره خالی عنبریدین دور

بهار ایامی نه بشی غنیمت انگلادای بلبل　　که موجه نسوز تاپقونیک استین گل مجمریدین دور

نوای قیلما خیل مبتنی نظم برله ذرفشانلیغ کیم
معانی اهلینی زیور جواهرینک گوهریدین دور

اول خطی سوادی مودور یا سبزه ٔ جنت مودور　　یا قویاشی اوزره یازیلغان آیت رحمت مودور

بوکه کونکلیم هر کوییو ورور جانیم نی بیلمای یخشی کم　　یوز تموغ نیک اوتی مو یا شعله ٔ فرقت مودور

ایکه دیرسن لبلاریکنی چاچینگ نیلوفرینکیلا　　مز سوبز اول چشمه ٔ حیوان دیمالی ظلمت مودور

دیمیکم نه ابرگینی اولادی غم قویاشی چیکا بنسیقی　　سر بر بیتا ابیا کمنزا اوحشا تنفوجی منت مودور

قد دمی نه گور کاچ هم اوله وه هم تربلا آلیدا　　راست کر دیرسنی قیامت تاپیقنی قامت مودور

دعوی ٔ همت قیلیب ادیکم تیلار عالمدا جاه　　تیلماق آلوده نجاست غه اوزینی همت مودور

کر نوائی همت بحر اندا اوله عیب ایماس
یوزنی مه ملکه بیلدا ایره دیکیلی همت مودور

توقوتیلمیش

توتولمیش ایردی غنچه‌دین اغزی قیلدی اسیر | قولاشی توتولسه چه یوق فتنه دین اغزی اتیر

اگر چه باده بیرله بولدی ادق توز چیچاکلاسی | فلک شگرف بیله ظلم اوقینی اتمادی تقصیر

کونگلنی کوزلارینگ الدی نه تانگ ایکا بولماک | برا هلی دینه ایکا محبت قافی اتسه اسیر

کوروب یوزینگدا عقب دلنی فسمار قاچتی کونگل | کونگلنی ساینه کرلی اتینگ اول مهر منیر

خدینگ اوقی کونگل لارنی بوزدی تیماسی اننگ | نه چیدی هیچ خصوصا قفا اوقینی جگر

نجم اولسیلما گره لار رقیبنینگ قیلماسی | غلیظ اولوب بوتوا کلکنامه تقدیر

نولیباسنکا بو سوز دانشمند بولسه
فدح کتور که خط طید اکور کونگلی بریر

ساچ چاچ عنبرین جعدانی ایا سنبل پر چین مو دور | یا ترسین سالغان ایکان مشکین مو دور

غمنگیدین دور مویا مجنون یوزینگا توشتی چین | یا خود ذیب اوچون مشاط ساغانی چین مو دور

سنبلین کور کج کو ذوم بولدی قرا بیگم ای صبا | ساچی مو بندنغ بیتره یا خود صباحی رنگین مو دور

جیت معقد بگیمنی عروس دهر بیرکیلی نقد جان | دیمه کیل کیم خون بهادور او شبو یاغی بنین مو دور

دهر زالینی دیمه کیم فرهاد کشی عیب ایتماینگیز | کرامیسی فرهاد کشی اخر دینگیز شیرین مو دور

نوق اوتی تا فغانچ سیکون دیر سعی که عشق قرکین ایست
ای نوای برنفس بو شعله نسکین مو دور

چو شعمی مجنونی باشیغه اطفال تاشی سینغوردور   اه اوتی جو لیده سانجه‌نی اناکیم کوییدور

بیرار اچقاوی اچتی

اهلی دلارجه یاشیم‌نینگ دیوی کیم   هر کیشی اول یوزدا کوز الوردی کونکلین الوردور

کوز کبی اول یوزنه کونکل اوردی یوز تیغ بلا   کوزنی جقسون کوریشمکدین بلالار کلتوردور

کوزدا اسراب ملکی قانینی کر تیلار بولسانک خفا   سور تمام کوزنه ایاغینکه همولوم ملکوردور

بو الجب البیغ لار جنوتوم اجره کوردوم خلق نه   عشق هر دم نیغلاتور حالمغه هر دم کولدوردور

نو بهار حسنین دین قانمه فریب ای شوخلار   چرخ دوری نوبهار اوتماکی خزانی یتکوردور

ای نوایی هجر انداوهیده صحت اول دم نهار

هر کونکل دین غمنی بردم زایل ایتکانمی دوردور

تیو یاشی بویدا بوذونکا سبزه سینو مشکین دور   بو وجه دین دور الی رنکی سبزه روشن دور

کونکل دانه اوق سکدی اوکولدی بیلمادیم کیم   باشاق جیله بو بلا هر دعیدا خرمن دور

قلیب عتاب که دوشمنلاریم که بولوب دوست   اولارکه دوست لاریم ایردی ایدی دوشمن دور

ادوون فراق تونیده برقیدین کونکل اودی   که اقه ده یا خیم اوستیدا شعله افکن دور

کونکل نه نوی بلا تیغیدین اماغ تا قفای   فتیلار جسمی اویه روزنه اوزره روزن دور

کونکل نه ذر قرنی نیکه مجتبی بیله صاف ایت   که ده یو دالی عجب جیله ساز پرفن دور

نوایی اولدی پری رویلار بیله سودالیم   دیه‌وین خردلیغ اول علم و تقلبارجه دور

تلبه

تیلبه کونگلوم وه که هر ساعت بیرور باری باردور
منینگ قیلدیم ایرسه باغریم اغریغو دیک یالبار دور

قویماسام یانیقو یسام اول بولیسه یوز جانم فدا
اول کشی دیکیم قریب بالمغی انینگ قوتیغادور

عقل سوداغ کشی قویسام اولی اوکیم منی داغ
لیکشیم الیب کتکالی منی هر ساری کیم اول یکنتیغادور

ای یوزونگ بوستانی بو باغ نینگ رعنا گلی
گر قیزیل ور یوزی لیکین بینه بر ساغر دور

کونگلوا قیلهان اوت کیبی تانی ایس نوایی کونکلی تنگ
هر نجه کیم عشق کونکل قیلغانی وجوددین اختیار

فراق شتمیسی اندانغ تنمدین آه چیقار دور
که گر طبیب اییلکیم توتسه یاره قانی قفار دور

ایمایس بو چشمه خورشیدیکیم اول آی غمیدا
کوروب سپهر عمانی جا الیتیم کوزی یاشار دور

سر غمکینی کسر تندین گر کوزوم قارشی غم
غمنیک تو نیدا جو یوز قاتلاهر دهانی قیزادور

حبابی منی آهیم او تیغ هجری دردیدین هر شام
سپهری ساریکه موجه نجوم شمعی یادور

اقامت استامه بو منزل اهجره کیم نجه کونی
مسافر اندانجیکیم کلور یوز انه باردور

نوای اه که تانی سن وصالدین نجری
خیال ایلی سنکرجه یوز ساری یباردور

کوزوم یاشیگی یور الگانی تو تو تاشی کورونور
بر دور خانه ی یار دغلوق اگر چه ایشی کوردونور

لبی شور غالی عقلیم جنونتو بولوی بیدل
فنی الجستبه تیز بولور ساقی دا ایلی بو ایشی کوره نور

نی کونکل یوزینی کورسام توتوشماغای نتانک   قوییاشتو باقغا کوزی یومسه هم قوییاش کوردور

شکسته کونکلوم جرخ غم تولوبدور کلی   کسساکی قتناته سنوق قوشی کوزیلک یاشی کوردور

نی رودا تیز دیک اولوسی قانی برله تکری بنده   منظر یکساسای تاتش دیک بیچه باقیبه یلکی کوردور

نوایی تیک بو قادی نی نوع ایکین یا رب
که سجده وقتی کوزیکا اول ایکی قاشی کوردور

شام هجرانم ارا جسمیم جو جانیم جرماشور   زلفنی سوداسی اندا عقلیم خیالیم جرماشور

عشق درسی ایچره سورسام نکته سودا اهلیدین   طره‌سی تابیغه جون یتسام سوالیم جرماشور

جرماشادی دیب زلفیغه یوزینیچ اورارمین هرکیچه   جون دماغ ایچره بو سودای محالیم جرماشور

مین قیدین عقل ایمان سرکشته سودا و شیدا   بیلکه تقلید ایمنی ایلای دیب عقل ایمانیم جرماشور

مشکل ارقالغانی اثر مهری محبت اهلیدین   میل کیچه اول خیل نی بوجرمی قطاریم جرماشور

زلفی قدی نی کورالی دیب باغبانی کوب دیدیکیم   عشق پیچانیم سیلده رعنا نهالیم جرماشور

ای نوایی کونکلوم شتساه زلفی قامتین کونکلی دیک
هر دم اول سودا نی آشفته حالیم جرماشور

ذخمی ان جیبینی دمبدم لعل شکر قندوا ایردور   وه نی توز ایریشی اولکیم قیلیوم حکایت قندایردور

اوتسا مانک غمیم هجر سیدین قاینیغ کونکلا اجی ایلاین   بو لالای ترکین انطلایم بر وانینغ پرکندایردور

کوبونکدا

國家圖書館藏民族文字古籍叢書

کوزیونکدا مونکلوغ جانغه تور ایلا تودور جرعه‌ئی   مرهم ایلا قوتونی ما موج هر یانی اشکیم بیله ایردور

مجنون کونکلی تلماسی هوا هر یانی اوقو بکدین کویا   کیم بو مجنون برلا یغاچ شاخیغه اینک بیله ایردور

دنیا عروسی ذلفیغه توتقوان الکه فقر دین   کیم هستامیسکیم اول ایلانی توتاق شاخیغه اینک بیله ایردور

میکنالا تارتیب کورما اول وصلینی اغراق لیکیم   بو بلاده نیک بلبل لاری کیم یلمسه قولنی بیله ایردور

کوز اوچی برلا یاقیب قدینیله نوایی باغریغه

بیلدینکیز ای کیم برقیا باقماقی جاچقیندا ایردور

قیلیب طوبی جلوه‌سی سرو خراماینکیز بار   قیلیب کوثر نیک زلالی آب حیواینکیز بار

غنچه والی کلبرکی دیک تیل ذاله دیک یوق پیش تیش   دیسه کیم بو نغاغوان لعل قندایلیکیز بار

قایدا سنبلی دین نسیم اشتاب کیرار جیحیم رو   کیم دیبا جی من انیم ذلفی قریشایکیز بار

ایلاماسی کونزمردی هرکز قویاشی اجره وطن   انی دی الماینک خال عنبرافشانکیز بار

قاوی اجماسی کیر تورشاب جانیرسته اجره کره   دیکای انی بولماغایم فولتر کالیکیز بار

دیما کیل کونکلومکه قویغیل ظلم ایلیبوز نوح اجل   کوزلاریم خوناب رنکی هم سینک قایکیز بار

ایکو نکل قایکیغه استارسین تاپاپینغو حنا   کوزلاریم قوناب رنکی هم سینک قالکیز بار

ای نوایی قتاسانکه دوراهلی ظلم دین غمل   اوز غنا دیمنغو کام یار الفیکیز بار

کتورمدین ذنتار لار طره‌سی تاپیندا بار   کرفتلی دین دلها هفی لار فاشی جراینده بار

بیر کیچیک دور تارتیبان ایل کونکلی نی حق تعالی قیسیب بر غنچه کیم قیریشان کونکلی ایچینده بار

ترو اولدی بوینی تابیدی لاله اوت تنکه یوق باغ ایچینده قایدا مونداغ اوت اینیک کیم لالهلر ایچینده بار

دیدیم لعلی او لعورو تر کوزنماسی ایل اغزی ای مسیح کیم بو کیفیت هم اینیک باده تابی ایچینده بار

غنچه کیم جان باغیشی بر لعلینینک شکر خنده سیده دور انجه جان الماق داغی اول کوز و هم قیروا ایچینده بار

عشق هلکیده ایتمالارسی نعقدین ظلم ایلابان سماغنورسی کیم هر اول عشق ایچینده بار

ای نوائی کر لعابه جالا اختیاری سن ایغیت
کیم عجب حالت بو نیک ساقیند معفرا ایچینده بار

کمکه انینک بر ملک سیمای بوینیی یاری بار ادمی بولسه بیر ملک دین غیاری بار

بجه اول کیم جهر بانور بر کل بیله تا تانکه ایک غنچه دیک بر صبح اولوب خندان نشانی انکاری بار

یوق عجب بلبل نغمه کل شوقیدین اولماق وار کیم بری دین اوق جسمینی بیرجالغانی عنده هر خاری بار

بلکی لعلینک خیالاتی بیله کونکلوم ایرور غنچه کیم اینکا کی رشته تیغ بیکن تاری بار

سنبلی ذلفی ار آشفته دور عیب ایتمه کیم کل بوزیندا یا تغان ایل نادونینی بیماری بار

ایلاب اوز مست بیخود جیکو ینی ایته دیکی کیم میکدیک دور ایلی دین کونکل اداری بار

ای نوائی یاره اوز یوره بولسه محنت رشته سیغ
کمکاسی ایریسه اول انینک شیار جاسی اینیک اسیری بار

تمام

جیتماس جانانه غم اوزره هیچ جانیم چیقار   دو قیلدین اولوم کرار کاجان جانانیم چیقار

مقدمیدین باغ الوره وشت هم کوی انداغیم   جلوه ایلاب باغدین سرو خرامانیم چیقار

صبر بیکر ای اهل دین اسلامیمز باشیغه کیم   غارتی دین اسبطاره اول نامسلمانیم چیقار

کوزدا ایر حاسی فرقتیدین اشک ملکونا قطره سی   پیکه کوزدین هم باغیر زخمی کبی قانیم چیقار

ذخم ارا قانونی باشاقی جانیمغه تیمش ای رفیق   رحم ایتیب تنگری اوچون پیکه داغ پنهانیم چیقار   چقار

جرخی ار فریاد افغانیمغه تیکسی عیب ایماس   کیم اینک بیداد دین فریاد افغانیم چیقار

ساقیا آل بر قدح بیر بی نوای کونکلی بر
کیم بو کیم دیدار سیز خونین کونکلی افغانیم چیقار

ایلار

قچانکیم باده نوش عم قیلای جارکه اضطراب ایلار   بوزوب فرزانه کیم اوزنی مست ایلاکای بزم خراب

کلی خمار لبلاری فی نسیمی ایلاب دور تاده   لطافت‌ده اقوسی بیکه چشم یکی آب تاب ایلار

منی مجنون قیلیان یار سام کیم نیک دشتید ارالیکا   قبول بیکه انظار موکه قای ساری شتاب ایلار

سوداراب
تیلیب باغریکنی عشقینک تیغ هجری بیک اذیتو   غمیم برمی اوچون کونکلوم اوته اچره کباب ایلار

برآییم ده دیکیم کوی ساری عزم ایلار ان عشقینک   بلابه تسلا کلکتوره جانان اوچون حشلین سحاب ایلار

دیکیل عمروم قولیاشی هجر لمات می ایلوب غایب   تجلی کیم عارضینک خورشیدی دو لعوتکاینی نقاب ایلار

منظاهره بیک جمالینک مهرلی که ظاهر دورتا یکدیوق   تجلی ذرات خلقی منبع نور افتاب ایلار

قل منی ویریری بیلک کم فنهان عشقیم انکلایودر   اگرچه مبتلای عشق لیکین دین اجتناب ایلار

نوالا خائف دوزخ نه یاری دور بهشتی انکلا ماله
نتانک کیم اندانق ایلی کا نصیحت دیب عداوت ایلار

بو تیغ فراق وه سینه کو کسوم نی چاک ایلار   که هم ذخمی اخفاسی هم اظهار یلاکت ایلار
مگر ستاب ایلیکیا ظلم کو کسوم بر له باغریم دین   بری بر حاله پرکاله بر سینی چاک چاک ایلار
عجب یوق عشق بی باک ایککا مندیک اسیر اولماق   کشیلکیم عشق کیبی غرقی و هم ناکی ایلار
تانکه ایوماس وصلی خیلی توشالی تربیت اثبات منزل   کم اشک اه اوت ایلی بیک کوز کونکلی نی بیله
کونکل باغیدا دردیغم انهالیق ایلالی کویا   قفاد تقاد هر یان اوقی ذخمیدین ایلار
خوت اویکم خزان فصلی الا ایجه باغ اچره   قوچ توشی خالیق ایکلایکیر کنی تا ایلار

بو ایلی عشقینه یاری یلال ایلار نوای دیک
بو یکلیغ یار سز ویانا فیتین یکجای هلال ایلار

ایکی کونکل دوشنی لار انجا هر فن قیلوریلار   کیم وفالیق دوستی نی جانیمغه دشمن قیلوریلار
دود ایکیدین جفار کو یاکی هجران تاشیدین   یاغدوروب هر یان ایو کیف اوزره رودون قیلوریلار
باشیمه چولیوه لب جا ایرماسی کیم ذاغ ایلار غلو   ذخم لاریم طوه اسقار کیم نشیمین قیلوریلار
هر یمانی شاهیدین کیبی کی دونی قرا الز بوینوه   صبح جال ایلاب یقا لمغوبتنون قیلوریلار

ادیمیشی

اوچقوسی ایودن عشق اوتی نخسی دیک تیتمنی کوییدوروب کوییا بو تیراغ بیله روشن قیلدیلار

باده تونیکم اهل حکمت چرخی بی مهر ایرکاین جام دوری خطلاری بیرله عبرتنی قیلدیلار

ای نوای کعبه توت یادیره کیم اهلی جهان

جرمی غم دیع بوایکی منزل نیقان قیلدیلار

هرکه که قدح نوش ئتوم مثل می ناب ایلار مترجم اوقیونشیلاب باغریمنی کباب ایلار

هجریم تون نیچه اوینی انکلارینی کیم هر تون تا صبح دیوب بیردیکیل جانیمغه عذاب ایلار

بیچ کلکلهونین اولسام جانانیمنیک اولمیس تاکیک اول عمری درنک ایلابار بو عمر شتاب ایلار

هر تاب کونکلی لارینی انشه عجب ایرماکی مشتاقلاینک قلیغینی هر نیغیمه عتاب ایلار

خوبلار قطره لاری یوزیدین لعلینه بولوب تابیلا نباتیم اوچبه اولا می غه عزو جه کلاب ایلار

بوویرو اعیب اتیما نیک کرمست خراب اوداتمام کیم هرنه تجارت دور دیرانه خراب ایلار

مست ایلا نوای نی انکلار دیو افیبانیک جامین

نوصلیک طعین بیشار ایلار نی حجاب ایلار

تا دیو الحینده مبخچه لاردین نشان دور ای پوینیه باشیمه بوستانه دور

اودوین لابارینب فنا تم ایکسی تاکی دیر ارا هر بیماری باقیه ذوفزمه هخودانه دور

که بوویر باعث ایرور کاه غنجه یوق یوقکه بار تام اولا بهلانه دور

سهرار وحدت اتی خرابات پیری بیری　　　سیم شیخ وعظی ایچره فسون فسانه دور

گر کونکلوم ایچره ساقی نی اوت کیم سالمیش　　　هر لحظه آهیدین بو نه اوتلوغ ترانه دور

آتش کیم اتتی کنگر ایلیکه کونکلوم اویی مگر　　　سیم اوتی عمر اوجاغی اول اوت انغایانه دور

بیل عمر برفها ایلیقی ابر ور بستا هاو فا　　　افغان که اول هم ایلاکه اهل زمان دور

دیر ایچره بوق سغال ایلیه التون قدح دوه فرق　　　بشا کلوا تانکه اولوی عجب کارخانه دور

مستان نوای اوزره فی عشق دین خلاص

مانیو ولیکن ساقی جامی مغانه دور

تیلبه کونکلوم که خرد اهلی معاشی قایدا دور　　　قیلبه کار روزی بنجز اطفال تاشی قایدا دور

اول کوزی قاشی تراغز آی نه تشنه ایلا عاک　　　آی نیلدافت کوزی برفتنه قاشی قایدا دور

بی تجاتش حجابی الور دامنی کوب قورقو تماینکز　　　جاننه ادردی منده یاری بو تجاتشی قایدا دور

دیر گل ذاریدا گل عشقیده ایلیل نیک اونی　　　کر بعیک بولغافقی نویلک خراشی قایدا دور

کو میدا ایسحله لمار اوخشیتیه لار نوای جسمی　　　یکم لیسه خلا هرکه جسمی قایدا یاری قایدا دور

عارضینک حسنینی فیروزه نا قیلغانی هلالی قاشی ایردی　　　یا خود اول یوزنی شمعی یار و تقالی نقاشی ایردی

کوزنی یاشیم در تمیین چرم عشق ایلا بانی　　　هر بخ فال کیزه کوبر دوره لیکین الماسی ایردی

انجم یاغدوردی تیلا ناشی بکا بیغو عشق کیم　　　یوزمینک عشق اهلی ال کوکسیکا ادر تاشی ایردی

خوبلار

خوبلار لعلی خیالاتی چو شور آقورتیم شعله لیغ کونکلومدا یوساری لارغه کویا دیشی ایرور
قالدی جون آواره افزا وجنون دشت ارا عشق یولیدا منکا ایا عجب یولداشی ایرور
اول مسیحا انفاسی ترسا حیدا دور کونکلوم قوشی کیم ملک دیری رواق کنجیدا افغانی ایرور

جون ایرور اجب نوان کونکلی بیان قیلغین
تا عجب کرپا شوردن درد اهلی اچره فاش ایرور

کونکلی اوییدا یوزونک نقشتی ایلابان تصویر که دود آه ایله رنکی تاپماغای تغییر
بو نوعی دائره عنبیک ار ایسیدا خال مگر که هندو ایردور کیم سیری قیلور تسخیر
مگر سو آب حیاتی ایردی بیل مسیحا دمی جو طینتنکنی قیلدی ایلکی ایلادی تخمیر
نه تماشا کیم اتب ویار جاکی دین الیمنی سالیب بو دوزخ کونکلی نه یلار من که ایلکام تعمیر
جو کلدی محتسب ای ساقی ایلاکیل فهم مست که قیلمغای اثر اولوم کیم ایلامای تعزیر
نه کلک المیقا کوب قیلما دفعی غه کوشش که جد جهد ایله تقدیر تاپماغای تغییر

نوائی اوت یوزونکنی توتیدا الطف ایلاب
ولیکن که ناکیغین آنک توتی که بو تغییر

تولغونور

سجیکیم دولغونک خیال کونکلوم اجره ایلاب نور تا کنکه تکرر وضعی لیغ جسم ییلانی دیک
درکم نهکیدا بر ضعیفی ایت برله من هر کیچه کیم که تنیم باشیم کیمی یلاشیبانم آقور

ای پری چونکیم کونکلنی سوزوندی اوز نیهانکیم   برق آهیدین ملائکنینک قناتی کویدی نور

منکیم اوییقوم هجران شام آهیم صو تیدیندی   دیب بو نشانی سوکنکنی اویقو ایلکلیا ایلی اویقانور

کوزیون بولسام عجب یرماسکه تونلشام عشقدا ارا   اشکدا لاله رنگ کسارا اوقلماق طریقین اوکا نور

اتشین رخساره ایله کویدوره ایلی نی اسراکیم   شمع یوز پروانه نی اورتار اودنی هم اورتانور

سرو قدلار جلوه سی تا تانک یوق نوایی ای دیا

دایما اشعار ایل هر کیمکی بر له تیرا نور

حیات باغیده سرو لاله بولغوسیدور   منینک جه حیاتیم پیاله اولغوسیدور

حیات کلشنی منع کلب غنچه نینک   یوزی قدی منکا سرو لاله بولغوسیدور

صراحی بولغوسیدور منکا نسیم کوی محبوب   باشیدا قیل مشکین کلاله بولغوسیدور

نه عیب بزمی ایچینده حریف ففاننکه سرود   انکا که قاح یوتار التیا ناله بولغوسیدور

قدح که حالیمه قاح یغلار ایمدی هم آدین   سرشک قطره سی کلرنک ژاله بولغوسیدور

تجاهلی ایچره بوفوذینک عکسیدین توشیش ساقی   فیاله دوره اوشول آی غه هاله بولغوسیدور

دیدیکه فغانه دور مختصر بسی اوملاکی   که شرحی تلکاچی یوز فیاله بولغوسیدور

نوایی ... کوثر می نه دید هلاک   که باده ایچکوچی ایلکا حواله بولغوسیدور

کونکل اوییکه غم غصه سیلدین نه قصور   که باده لالی بیله اینی قیلیمشام معمور

جهان

جهان غمیدا اوذوم بادهسیز گمان قیلمانیک | که ظاهر اهلیغه بو معنی آیتورلر ظهور
ولیک اول حقیقت غمی ایرور وحدت | غم اوشبو کثرت ایرور کیم قیلور کونگلگا خطور
اجل ساقی توفیق ایلکیدین اول می | کونگلنی بو غم ویتی ایماسی شبهه کیم بولور مهجور
منگا بو می تولا بر جام کلتورای ساقی | که کونگلوم اول غم ارا بولمیشی سهر و کوب رنجور

ملامت اهلیغه ای پیر دیر ایاق توتسانگ
بو نوعی فرح و فوز اینه بر یولی مشهور

کونگل اچره غم کیم لیلی سهر و غم دور | الم بو قلوغ داغی قاتیغ الم دور
یمه درد و غم اندوه بیدین غم کا استعاب | تا فلکنی بولت داغی هفتم دور
خوشی اول دردیکیم بوزلا انور لحظه لحظه | خوشی اول غم که خاطر ارا دمبدم دور
جهان اچره بیلوردیکیم بولت تا ابد یوق | ولی بی درد کوب درد اهلی کم دور
منگا عشق دردا ایاس مهلک بس | زمانه اهلی دردی زمانه دردی هم دور
خرابات ارا ال رنده سرمست | که الیدا عالم وجودی عدم دور
مقام اتسه بغراق اذره تخت جمشید | سفالیکه اولا می اچار جام جم دور
قدح وجهی گر شیخ دین حاصل ایماس | نه غم دیر پیرگا جو صاحب کرم دور
نوایی اچار باده اولنغه توتقاج | نه بار جو تقوی بیله متهم دور

یار بنی هجران جبرگه بحستانی وارای دوستلار   بخه یاره‌ای هجری جونی یوق هنوز یاری ای دوستلار

یار عشقیدین سیر اغیل شهانی دنیانی تیغ اتماغانیز   وه تخنوع انکوم اشنی اشلار ای دوستلار

ایلاماغنکه بکیس لکیمنی طعن برکونی لار ابدی   منداغ برنادنیغ جابکسوار ایدی دوستلار

یار سیز اغو طایله برنیکهام عیب اتماغیز   کیم منگا نوانیشی ایرده بی اختیاری ای دوستلار

یار سودیر انواقان بیغلاره کمال خبر سیز قیلینک   یار برلکه گشت ایانغ لاله‌زار ایدی دوستلار

دوستلار ایلاب تونوتونکه کی لبالب جامی غم   تهمد غیما نوا بولوقانی هستوار ای دوستلار

می ایچینکیکم دهر ایله اجره کوب ستم باتانی دوقا   قهقه جان قلمیشی منگا دردمندار ایدی دوستلار

یار تیکز هم فرصت غنیمت ایلایان شکر ایلایز
کیم نوای بوللی بکیس لیکا ادار ایدی دوستلار

تیره شامیم اجره کیم برق بلالار جاقیلور   هر نفس عشق اتی هر یاره اخزیدین اوت جاقیلور

هجری وشتیقین وه نیت ایلاین کیم اریتکیل   بلکه شی جیقار اره تیبادینی کفنیملانی نخلور

عشق اراینده اتماکیز سودای اجحاب ایکیم   هر فغانی وابنده بتلیم بربرینی ایدیلور

جون علاجیم قیلغالی جانیم سورارسنی ای طبیب   بو جراحات بردیغی سورسه اوز جانیغ بیلور

داغی وادی اجره انداغ ضعف حال ابارکیم   کوره سینگه قیل یاد کر مجنون یوز حسرت قیلور

نی قرادور شام هجریم کیم یاری ماسی شمعه تک   مو بخه اویکیم جرخی طاق دامیم دیزغنها قیلور

نام سین

نامه سین نینگ ایماسی ای شوخ جانیم انطلاقی — اوزرا نور کاغذ اوزرا قیلیم شرحی حویکیم یازیلور
ساقیا سوزنی اوزداتمه ایدی توتیغیل باده کیم — داستانیم بحری قسقاریشی بیلکیم ایتیلور

ای نوای عزم دیر انکیل تیلار بولسانک قرار
کیم بو بیتلیغ کوبر انداغ کان ایچیدا ایتاپیلور

ای ذاتینگه بیر نیچه تیلب عقل تفکر — اول فکری تاپولمای ثمری غیری تحیّر
یوز مهر نیچه نشو نه جواهر موجب حیرت — هر ذره نیک تحقیقیدا عقل ایتسه تصوّر
کوینینگ عدم بولسه وجود دینگ نه تغیر — گر موج سکونت تاپسه تنکری کا نه تغیر
مهر نینگ یوق اثبات خلقی مینکلم سوز غالی بولماس — صدر بولیبا پیشه کر دیو تهوّر
بو طرفه کیم و معنی یارم نیست نیقو یودونگ — هر بیل نهادینگ هنگا قیلدی تکبّر
هجرینگیکی توینغدا اشعی کبی قیلدی نوای — هر توننه نه عجب کویسه بو کوب اشک تحیّر

تا بولدی کونکل اول کوزا و سروکا گرفتار — ایل کوزیدان آنی عن ولی اوزدی بیمار

تا کیمکه دیین بیر اختصام نیچه تاتش زخمی مبلبه رینجی — توندین جیهونیم تا تنکو منیش زخمیغ افگار
کلبم نینگ ایماسی خیبیت لالای دردکه اچتیشی — حالی قوانچ قیلغالی اغزیدین دردیوار
خلق ایچره کونکل عشق فاشی ایلادی آهیم — اول ایچیدا اوت یار ایماننی دود اشتیار اظهار
اول بت غمیدین کاو عشق اوتغالی کونکلوم — جانانه زنت لار ایدی بجهو قلیب باغلادی زنّار

خوشی کلتش ایرور شریود در عجیب کم اندا   پوسته اجل یلدیت ازره دور اسنجار یار
یار الیدا کر یار یوق ایرس عجبی یوق
اغیار جو بلدندا نوای سنطار بار

وای یوز منیک وایکم ترک محبت قیلدی یار   پشلایین قالیم من جوان بر جفر قلدی یار
بارها او قدیک تیز یار دیک قامیتم یاد اتمادیک   عشق ارا کو لا هیک ایکری لیکم قلدی یار
خون کولار برله شلار قیلسی ایرشی یار بوق   من کدا کوزم بس جنون یوز قدی بار
پند اغیب دستار بچکم پله یار او لما یکز   کیم میکد با غی منی تنج جبر برله تلدی یار
نه لاشیب غم نظار می لاکسون دروانه   کمک بو بیت الحزن اشع دیک یاقلدی یار

ای نوای یار او جولنا تار یار ابونیک غیرتلا دریخ
بولو نوتش ایلیک او دو نراق نوای غربت نظم ایلا یار

قنبر کل مینک یوز و نکویک مهر عالم تماب بار   قینش کلنش مینک جا لمکدیک کلی ایلار
ذولق ذین ای زخم لقا کونکلوک فتو لغونک بوقتو در   کیم یسنیک هر جلوه ذولغو نکو ایر قلاب یار
ذولغی یوز ویون دم ادما یک خکوه بله توناجفا   کیم یوسنبل بوله کلای اوزگا آت یاب یار
نه ادجون نبرد ما سارینه راف دور یوذدم زیبا لونر   با وجودیکم یودما الشکلیدین سیمار یار
سجده کر ایلار مکنه قانکا اولا آی قهری اوزه   کنکری شکلیدین الطر افیه یوز غوایار

دلنه

دولتقه نظر يه كم محبوب ايلاديمك ترك ايلامك كيم توزيك كاولوزوالى لامدين اسباربار

يوز العلادين نوان بخوده اول سورجانيل

برانيكه دارك سحر فقيرا نيلر خواجه بار

ميدين ايرور كل ايسى كويا ايرور كلكوند جريس كيم كيب كل هيئاتى بلد سبب لا عبير
بزم ايسى باغ ايجرا همى سرنروار ايلكويد بولدى رنكين موم برقالب هيئت ذيد
تا فرصتى يور قولاق سى كلى يكسان ايرور بلبلى اغزيد صغر باغ الشكلايغ نغير
ساقيا جامنى نبى نوب دين جانك او جون بولا منظار لب بلب فيمان برد كشيلو
باده كيم تيلاجه اغزى غه متاع غاى بنا سين تقوى سلام عقل جانى جفقا يغير
تاب ولوب رسوايه برجام ايله منعوكويدا فرغان اولا ن كا فرغ نلفى يمن سير

اى نواى معصيت عذر برداولسا واحتراق

ذيه عجب الاكوز بولغويه لوح ضمير

ساقيا يك شد مذح عقل حسنى تاب ايرور جاره سى جام بلور دين اجره لعل ناب ايرور
تن ايله فاغمى راكب اوز ايكلايد تاب برلويوز جغلانديك كونكل بتاب ايرور
عشق دين يوكم ساواقدين اتش كل هيئاتم تا جقاندين بلبل اعفاسى برسنجاب ايرور
بيم اوتقوى سوبوتو ربيلدين عجايب دور بوكم مقترامكبن نسيم برد بسم جان سيماب ايرور

تا لونادی ایرماس توننا اقشام کم خوباشی نینک چشم   مونی توتوبودوریم خیالی تیره اچون مهتاب ایردور

سیمیه ونی بهمح جمیع قافنی تا ذال ایلادی   خوشی کیم اول ایسیمه ولتیدا لیم غدینک فتابی ایردور

ای خوشی ادیکم لعل کونامی ایچه دیبا تکلیفی اوچون   ایلکی بر ذرینی کم نینک بو نینو قلاتی ایردور

ای سرافرازیکه عالم درکهی مینک هیچ هیچتی   بارچه سرکشی لار هنباشی ادرحاق اوچون حجاب ایردور

ای نوائی کرچه تاقشانک حجاب بیهوشی
غم یه تشنه لقو غنی بوز عیشی اوچون حجاب ایردور

ایکونکلی امید تاری گلشن دوراندین اوز   هم گلی شمشادیدین هم لاله ریحاندین اوز

سرو قدلار لعلی برله اغزیوین کام نیشتا سانکه   هم گلی گلبرکی ییلا هم غنچه خندان ایروز

چونکه جانانه قالوری جان ارچه ضعف ایردور   تجکیلی اول جاناندین سونکه طمع اندین اوز

کیم فنا دشتیغه اول بی مهری مهوشی کوییون   اول اول اوراه امید خانه مانین اوز

کلکیل ای ساقی اجل زهری ایتیب بر جام توت   تا دا امیدیمنی نقش رشته هجرانیدین اوز

بو چمن رعنالاریدا یوقتور بوی وفا   سوسن ازادیدین کچ نرگس فتاندین اوز

ای نوائی گلشن دوران خانه مانه دین
بارچه دین کچتیم دیمه تکلیف کونکلا اندین اوز

چون تقدیر مینی اول جهان ارا سینکه تیز دیو توز   عیشی تیز مینک ساقیا باغ جهان ارا ده توز

سرودا

سرو وا یوق گل کبی رخسار گل والگون قاشی   حسن ارا ای گلعذار ایم سرو قد سن نو گوز

نیچه کیم جیسانگ معمور ار بیر رنگی داغی شغلی بار   یا لغوز ایرماس ایتیانگ قفیل ارا جلبنام بو نغوز

تا ایور تاکسی رقیبنگ قتلا ایرور واجب اینگا   مونی نیچه اوز غایوق قاغلا بیجی تیکا لی بو کوچی توز

چی ادیبونی ذریم هم رداسین آل ایکر دیر ارا ایر   دیمه نیلای جون خرابات اهل ادب باده سوز

تیغ قات جون ایکره بیر کونک عاقبت حالی نه سود   کیم سپهر اچا تیغین الوینکو قاپار لار نوز

وه بر کوردی اول آی یوزنی هر دم ای رفیق   هر بیر دینا یوز ما کلدی شوق بر لب بر کا یوز

ای نوایی ادهم لازیبد قانتو ر ماسیدین بولوب عاجز
فلک چا بقینی اوتیغو کویوروب هر دم بولوب دین آز

اگرچه تیغ توسیچ ایردی عقلیم کلک عشقدین   نیچوککیم کونگلوم ایمدی هم دنبو نا دور عقل عاجز

جمالینگ لمعه سیدین ارکول اولدوم یوق ایر حاکم   بو یکیلغ برقا آفت کمک جا قیلمیش هر کیز

سوندوب خاکی تیغی رخشی ارا اولتوردی اوتی   حیات تیغی میسیجا اود عادم کیم تما کون اول ایز

قدح خورشید ایلکی اول آی الغاج یا رور عالم   کلیم الله ینگ ایلکیدا بو سیکلیغ یوق ایدی معجز

کوزوم خونابه دین آفاق رنگی قرمز بولدی   همان کیم بو چشمه سوی یودی حاصلی بولور قرمز

قیلا تا میکدی جابا نقدی ایتار ای مقود کمل   سرا کیم رنگلیدی کلیم ارا اول ای مثالین بیز

اگر بز دیر ملال ایردی هر تکاری وصال ایلکی   سیز جام مراد ایمدی که هجری ادیبو کویو وال بز

نولان اول کیم سنگه عالم ایچره یار ایسه رسوا
تا کہ ایدہ سے جمال‍ک بولمش دل و دین بش اولسه کم

و ما نے کرم یاد یم قلبسه اول نامہ ہ لا‍ک ہرکیز
اتے با غیم دار امذکور اولامین آه کم بولای
کوزکل نا دام مشعیقه کوتش قیلای بریم
لدین کم کوز زبانے جہانے لعل کون قلدی
اتے فریا دیم کم باتجا نگ منگلای خوبلدی عمری
غم دیوار یا فنود دخہ بر دیوار دور ستدی
بو دم غم قوتت غنیمت کم کچارم دین ازر یوقتور

غنایم یاد قیلس خاطر یدیم بر دم نا ہرکیز
ایتم را غنی غم کور اولایغم ناہرکیز
وطاح غ یاد اول اوارے بنجای ان رکیز
با غیر نونیا بدین ایر قت آ فلس قبطرتنی برکیز
او لو غراق اینیا دیم باری جکلاماس غنای برکیز
غنا مینی سیدی یکے تا قنی غونچه دار الا فنا نرکیز
غدم کم ادت فنود اندی کشی نا ونس شنا نارکیز

قراد فنای نیک نورماج نظمرار الاشتیاق الماس
سوزدی نگاریم اوزدی کا بوز نا نجبر لرد الا ماجب قام برکیز

کراہ کہ سام ایم اول آن آش نشا ہر کیز
طریق عشق ارباب اعتدالی کہ کہ عجب
جنبیدون دیم کم عشق ترکنگ قوتیفل
بلای عشقیم من مبتلاء سیتہای الی

قا شمفه یا ینس ایدم جرحیدین بلا ہر کیز
موذع کر نو شمشی ایرد لابو ایش فنا رکیز
بو ایشی کلو ژم و فا ایلدی روا برکیز
قو تو قلاق ایلہ بلا دین بو مبتلا برکیز

دو ابو

دو اجو همكين ارسى عشق دردين دوا ده كيم   علاجى تانى اى بودرد ببنو دوا ايرگيز

يا يلدك داغ غريا دعشق ارا ايلاكيم   منيك ايشيم كى ريا نا بو ماجرا بولكيز

كونكلى دهردين اشفته قلها غيل فرشوت   كيتره بولى جام جهانما ايركيز

منكلى زمانه ايلوين تيكه كوب جفاهوه بيل   كوكيم كوروب ايوب بو خيل وفا وفاريز

اى گل يوشى توت اودى وكى خلق كونلى اوبونا   رقم بكا ايلاها ول قاشب قفا ايركيز

ديماكن غام طوع برله بولمايين رنجور   وصال ايلاع عشق الجرد متعا بركيز

نواى بستانه كرب عشق ارا نوا ايلام

بولاب بلبل غنيماه و نوا ايركز

نوه يا يا مى بولمش منا دبا ريا ريز   بلبل اولغا نو يل فرغ فغا فعلى كلى كلوذاريز

كه سيز اوزره كس كل اوزره بلبلى نقش ان   وه كه منى من النك لاله اول كلوه ساريز

تانك ايكو در كرد ديا ريا ريز اوآ ومه   كم ايعاس بلبلى كلى لاله اريز اذاريز

روضه نشجى راد وتوه كل الارى بايم غذات   همكين اوكس انه بو لماغينى دلى اريز

من موبرد يك ذلعه ايله بذايت مني سلم اى جفجه   كيم مونى اوماك منع ملم ايجال قه ن پاريز

ناغا دوق كلرنك عابى بخا لى ربا پانى بانا   وه كه بوكلتش ار الى بوشمش ايرمنى قاريزاز

اى نواى اره بر نواى تا فادى حققه طاول   وقتنى موت قوت ل ال جله كى قاترن

رمیده کونگلوم ایرو عشق مبتلاسینور باشمدا باردر اول سروقدهواسینور

یوزونک خط قیدا ایرو کوذو مدامیک برلغ کویوب دور دلی توتما یاور قراسینور

فقیه قیلدیا بوعشق دین فسو لغیل دیب قبول قربیدا اورجا ایمش وعاسینور

نجوک حلمه قیلامیح مدایله وفاسین کیم حقیر جایمه دوردنو دایماسی جهانسینور

هلا کنیک اوفی ای جانا کوز قراردی کوزاجیب فرادیه آنه جفاریغیل کم بارفواسینور

سیم خطلدید چاولوج ماتمید وربیح کم عزلالاو توبانا جال اک ایرو لباسینور

نوار جانا بروراولا قدعیجم اعتبار
بوایشو جیوز فیلدایکه دواینا کشراسینور

کویوک باریله قیلا لاجبت عندلارم کیز فدنیک قاشیدا قیلالاطوینغ نقلاریکیز

اوقویکو کوزلار هایل موجبت ای قاتلی کیم اوتکه دین بوجان کوخلوه خورکیز

بوجیم غم دار اجرد کوخلومنی کما نا قیلامکه نخیلهٔ خورد رانهٔ لم کوردی شیم برکیز

لولیک ملاحت دنی وبان لا میدالات دور بوطوفیحٔ نا ماقتتوز رد شل برکیز

کوزکلونک دانغاخدین رحم اوحکای بلبل کل غنیسعدین بارمونا لحکو انو برکیز

چلا اوستینیک خطنیک دیسانک کم طور تا خمان برقیتهٔ غ عالمه ایسکورهٔ حرر برکیز

غزلی تبلای نکشیدی دیبا جرد توانامله قومی حایی ایکلکبو عت ساعت طلاب
اوزگا

اوزنکا بولدی یار مهری منده باقی دور هنوز   ناتوان کونکلوم مله اول ای استغنا قیدور هنوز
گرچه اوزکا یار ایستار خاطریم یار دور ولیک   جانی انکا منزل کونکلوم انیک وثاقیدور هنوز
غیری عشق کونکلوم اویینی داغجوله قیلغای نزول   کیم خیال مسکنی کونکلوم روا قیدور هنوز
عشق ایلامی بو کیم ای نا جهه نوع ایلا قبول   کیم کونکل کا آذر اول طرف ساقیدور هنوز
فرقت اوتی داغی داغ اوز تعال دور وه بویکم   اورتاکه جانیم غه اول ای داغ فراقیدور هنوز
جرخی یالغوز قیلادی فریاد قافینی لاله زار   لاله قافینی توکا کوجی آنیک نفاقی دور هنوز
ای نوایی مین اگرچه مهرسیز دیر ایردی یار
اوزنکا بولدی یار مهری منده باقی دور هنوز
تیر کوزدین یوز جراحت غه بر ناز ایله اول دلنواز   جونکه بیتار من جراحت غه یوز بت قیلور بو نوع ناز
زاهد اروم دیسه کیم منغ بکدا بار قصور درنک   قیبی مسجدوا نینک برله قلیب ایردیم نماز
عشق ار کونکلوم نی اول یوز عشقیدین ایلادی منع   کیم ایلیاس مکلیگ ستیم دیر اوت دیین اتمال احتراز
بر کون احمد نی اوشول بد مهر یا کونکلی یو دستغا   نجه کیم فولاد ایرور قاتیغ نقار اوتیدی کداز
یارب اخر نتا من ادلشوخ بو نحو بر لیکیم   ظلم ایتار قیلسام تظلم ناز ایتار قیلسام نیاز
جرخی میناوی خطی اشرصیغ ایراد استادیم   کیم بو خطا مضمونیدین دم اور جالی ادیمنی اجلی آق
ای نوایی سنی سبب آلوده دامن سن جلر   عشق اوول پایه ایله اویدار معنی دیر بالمجاز

جهان بو قلبون اچره توتمیشی ایلیطا آواز
مکر که طالعی سیز اوت یاقتی چرخی شعبده باز

بو طرف راتکه موندین یک تموغ ارا توتشتی
سمندر قاچتی ادیچون عالم اهلیغه نیک تاز

نه کوکلی جقماق ایرور دان یا اوتلاغ ایله
که بال بال بر پروانه ایت ممکین ایرماس اول فرواز

نه گرم لیغ نه قوی بار من نه پرده لیغ نه بستر
نجه کوییوب ایرور اوت موز کبی قیشی یاز

فلک هم روسپیدا یوق مهر دلی یالیق کوب
نجوکه حسن جمال اهلیغه وفا بیله نیاز

ایکیلیب اول سبب اهلی غرور حرمت اوچون
شبیه ایرور اننک مطلق که مبتلا قیلور نیاز

خوشی اول جزوی که بر نوعی قیلیب سیر سلوک
که سایه هم قدم اول اننک محرم راز

نوایی یار ایله بول بو دوره حرم وصلی
مقام اوی سننک یا عراق یا که حجاز

کهتا کلاف اعلاربیزنه جرایی بلا دا استاینگیز
وادی هجران ایله دشت غم اندا استاینگیز

داغ فرهاد مجنون لار بیک اول وادی ارا
بولسه قیدا دمی هم اول ارادا استاینگیز

یوزاولار بیک عشقی چه درد بلا داغ عنقا
طالب ایلیا شمع کمالات ماجرا دا استاینگیز

ایکه استار سیز سواد الوجه فی الدارین دیب
یا خبر بولماق عینی یوزی قرا دا استاینگیز

نقطه بیکلینکیم وفا اوزره قیلور کاتب رقم
عشق اوته بیک داغی نه ایل صفا دا استاینگیز

کوکلوم ذوالفقار ه دور دنیا عقیم شرحی
استا مال هم تلبه دا اول مبتلا دا استاینگیز

اغزی

اغزی شو قیلدی نوایی اتی اهلی استمارانی
یا عدم و شنید ایا ملک فنادا استاینکز

یوق کیم اول کوز قرا دور چشمینینک ارای قرا کوز کیم قیاشی دایی ابرو دور ادسر قرا ای قرا کوز
کر کونکل لار غه جلای وطن استمار بولسا نه یشی تو کونکل لار غه دلفونکنی قرا ای قرا کوز
قرا نرگس کوزنه کل یوزنینک کر سنی کبی یوق بلبل منی کبی یوق نغمه سرای قرا کوز
کوزلارینک رحیم اگر قیلمادی هر کیم فینک ایله بسی نیدور کونکلوم یوزینی یودا ایرا ای قرا کوز
من مزح بر بیراعی سی کونکلوم اتینک قیلدی اوجون کوز قرا قیلمه بر ایشم کا ایرا ای قرا کوز
ای فقر اهلی غه هم کوزی بر لالاه باقی کیم دعا کو بو یونک ابرولار فتوا ای قرا کوز

من نوایی غه وفا قیلماسام یار اولسون
یا شاه ابوالغازی بیر بار قرا ای قرا کوز

سرو تیک کلفغ جلوه قیلسا ینک ناز ایلادای سرو ناز جانلار اتقا ایلایا ای فتنه فدا اهلی نیاز
نقد رخسار ینک کونکل غه سوده قیلدی کوز میادول شمع تاب بیلیکیم اوزینی تیکان تا اقفاج کداز
اول صنم نینک بارچه اطرافیده ایل باشی قویدیلار کعبه دیک آیکیم قیلورلار بارچه سار یوح نماز
یا بیندات کوز اوقیغ کوزلاریم نیک مردمین یا یوزونکنی یا نیب ایلیا ایل کوزیدین احتراز
تو دوایر لعلی اهره هر تیلی نطقی ظاهر ایلادیم دین اوچون کیم جسمی عشقیکلده هر تیلی بر لعل راز

عشق اگر کاملی دور در معشوقغه کامل ایتبار / برلماس‌ین مجنون بولماق استاسه یا ینغلا ایاز

کر نوائی یغلاسا عشقینک مجازی دوردیه
کیم نظرباز اهلیغه عین حقیقت دور مجاز

رفیقلار منی مجروح نیچوک بولالی غم بیرله / که کونکلوم ایرماس الم بیرله کوزدوم ایلکیم غم بیرله

سنوق کونکل جو یوق نغمه ولیق ساغینور مغنی / که یوقتور یار الا عالم و ابر کونکل غم بیرله

دیمانکیز کیم بیری دامی هلدم او غم بیرله بولور / که سیم دردیم ایماس باده پیاله هلدم بیرله

خوشی اولکای یار فراق ویا کونکل غم دین / تمام عمریم بو ابر بحظه ایردی حاتم بیرله

کونکل غمنی دیب احباب رحم قیلغوچی احباب / منینک جراحتیم ایردی که قالدی مرهم بیرله

کوزدوم اتماکیل ای کونکل هیچ جانب میلی / که نیچه فراق کوردی فوز سرو کیم بولور خم بیرله

نوائی به دریغ و نیوی قیلدی اوز لوکرین / خلاصی قیلادی ای عشق چون مکرم بیرله

غم نینک خماری قیلدی اگر قصد جانیمیز / یار دور جو کچه میکده دار الامانیمیز

دنیع کلبه‌سی کیم تنگ‌دار انی برماس ذوال / باری خلد سلسبیل گلشنانیمیز

کلکل ردم ای حریف خرابات ساری‌کم / می وجه دور سلسله گلشنانیمیز

اولتوخ بز دین ایرور که عشق شهلانی قیلور / لا بالله بو نوعی یوق ایدی اندین کمانیمیز

ای عقل تونی فسانه که بر وقت قالمادی / منبر پایه اوزره ملک درسی خوانیمیز

توقماق دور

نوتماقتا دور اختیار ایله میخانه نی عین   قسمت حکمی بیله چو بولدی غنانیمز

می ایچماسانک نوایی دنیانی دربان سود
یوقتور دورا اوز ملکی واجه سود دنیانیمز

خرم اولمادی باغ بر کلدینک ای چمن آرا هنوز   کولمادی هر یان غنچه کونکلوم اوشماتم هنوز

بلبل اولدی کل جرجی غرمی نیک محرمی   کلمادی ایرم کو بیدا مین تقلبه ناحرم هنوز

اجتبا سودا و فقی غر سنبل مسلسل طره کینک   ایکیم بوبنوهدا دنجیر جنون نا محکم هنوز

ساقیا رحیکه تاریتب الا الا ساغر و میدم   الا کون ساغر عوض بولمای دمی همدم هنوز

هیر دین هشتاب نوایی اولدی وه کیم تیمامیش
چتیغ یاقوت دیکی کونکلوم اولا محرم هنوز

جماعیکه جنون منعی صفا قیلالسنر   ایتیبان نه اوچون تلبالارکم قاتلالسنر

کیتیک کونکلی بیله جانیمکیم دوا عیکز قیلدیم   فراق اگر بو درد ایدنه کون نی کجه قیلالسنر

کوزدوم اقینی کولا قیلدیم ای جابر اشکی   که یار هم اینک اوق مقعود جفوب یغیلالسنر

کونکلی فسانه لاربنی وه نیت یا شور ایکم   بو توه کیم یوز اوذره قانیا یاشیا ایله یادقیلالسنر

نوایی هجری نوقالدی قلیکه وه حالو نشا   جماعیکه سواد یازیکز بیله بارالسنر

بولماسا اول بت ذات شحر ایم اچره جلوه ساز   قیلغوتاخ من اندیش ایندوب قیلسام تماشا

قانی یاشیم دین لعل کونی کبی قیلیب بیله ایتور کوزوم　　عارضینک نظاره سین ایلارده یوز تیل بیرله زار

قدینک وصلیدین استعام رعناسی ایلا تاماده ایله　　حسن بوستانیدا اول بر کشتی قد سرو ناز

رشته الکلین توتوب تنزاق ساری تار تار فنا　　اول سببیدین ایکم قد ظاهر قیلور اهلی نیاز

آدمی لیقدین قاچیب تنیم جنون اوتیغ یاساجب　　اما سلامت اهلی ایلانک تیکبه لاردین احتراز

جدی ایا رج کونکلوم ویسانک کوییده هجران قدی　　اوت نه حاجت موم مهری تابیدین تا فسه کداز

ای نوای بحر عشقین یا پایاب بولغای اوجیدا　　یار او جون جان اوینسانک اول لحظه یار کیلاز

هر بجه کوکسوم جان اتشا نک قیلور شعله تیز　　اول صفت کیم اوتنه یا ز غاسی یه بولور شعله تیز

صبر ایله عشقیم خصومت ابلا اشکلاب اوزتار لار امنی　　اوت بولوبدی تاینده تاتشی اتیسه تیمور یر التشر

غم توبن رحلت کسمایلی ذالی جهید ویار یار بدر　　یا تقیم بخه جرخی انجم جوهری اینیک اریز

عنزینی حال غمدین نه عجب آه ییلی　　جون جنت سنبلی ذلفیغه بولمه هستان تیز

وصل ارا انجیم قیلور طغیان او شول یوز تابیونی　　یار قصدیغه یا قویش اول یلورکیم سیل خیز

سرو غنچه کم جلوه سی کوییدوردی ایلانی آه کیم　　دهر ارا طوبی کوثر بیرله سالوبنک ریخز

جون نوای وصل تاپتی ایدی دردی ای طبیب

غربتی کردی هر یا خود ابحیوان بیرله تیز

ای خرد نیکلا حیاتیم دیق مخلا او ار بیس　　هر دم اول دارییمنی دولت ملالی تیلارمن دار بس

واه

داغ قان بولور اول یوز لالهسی هجریدین   یوقیکه هجرینینک شدتی کونکلوم ایردر افگار بیسی

تا دیدیم هر قطره قان کوزنی ذوقی نثاری ایلاکوم   کفر ایتیغی نوینک جاییم بولمیشی استغفار بیسی

عالمی دور خوشتی هر روان اهجر تخیل اما کونکل   کیم انیسیم دورتون کون اوپری رخسار بیسی

دست کیم ایکری خرام ایلار اول آهم قیلی اتیار   قاتیلم یا الیغونه ایشتور هرجی هجر قنار بیسی

قان توکار یوز داغ اول قاتیل دیمانکیم یا عشق   خنجری خونریز دور یا غمزه خونخوار بیسی

هرجی دین یا عشق حوادث قاشلاریغه کیتی   کیم فنا اسناری ایرور اول کلبه خمار بیسی

عشق ادا رسوالیغی عالمغه بیخونی بولور فاشی

جون نوای عشق ایجه قیلدی سنکا اظهار بیسی

دمی ایرماسکه لعلنکدین کونکل یوز لخت قان ایرماس   داغی هر لحظه قان یاشیم بیله کوز دین نهان ایرماس

یوزونکه کیم هوا الحمد یوق کوز بساتیب اغزینکه کوزم معنی   اگرچه ذره خورشید الویدا کوز دین نهان ایرماس

اوشول غم هر سو نگاه جمشید کویا کیعبتی دور   نهان داغی ذاید نقطهسی دهیم عیان ایرماس

ایرور دردیمنی تسکین بوجه لیکین توتنوم کونکلوم   عجب کر نادلی کونکلوم ملکا فنی هم فغان ایرماس

منی اولتورکالی غمزنک اوتی هجر بوور لیکین   نه تانک لعل خیال برلکم جمشید احیان ایرماس

لحد کنجین وطن ایلاب یاتیب قویغیل منی مجنون   نه بولمن نکبی اواره پنهان نهان ایرماس

بو دوره هجر دعاوی جامی فراغت تیلکان ایرماس ساقی   جو برهم ذوق صحبت دردی جکماکی دیک اماغ ایرماس

اگرچه قالدی یوتانه بلبل ولی معنی غمم انیای چونکم
نواله غنچه دیک ایرور کلدی اوزگه نی ایوعاس

نوانی اولدی گر پروانه گوییده بلبل اون چکتی
بولاریم شخیشدور عشق ارا اول هم عیان ایرماس

خوبلارمینگ بولگانی من خسته غمپرور یاره بس
انده مهری اطواری نینگ میلیکی بیری کر بار ایماس

ایتماکیم بی وفا منینگ جفاسی تیمایسون
بی وفا منینگ جفا کر ایلا مکی اظهار ایماس

ای وصال اهلی سیز عزت سریر کیم منگا
هجری کویی اطلاری الدی ابولماق فخر ایماس

من کیم نوشی لبینگدین استماع کا قوت حیات
ایلا غمزنگ سنان قتلی بو مقدار ایماس

ای کونگل غمکینی ایسانگ کونگ قوییه ساقی اغزینگا
ظرف ز سبقار ناغوبجه قویغا غیلی دین نهار ایماس

یوز بلا کیم یتکلیدور جز تحمل ایلکوچلی
تا خلایق اختلاطین قیل نوایی عار ایماس

خوبلار غه کیم اول آلمایی قاده قیل لوق و الغی بس
کوزلاریکلا سرمه کوی نینگ قرا توفراغی بس

چون تنیم داغ و غنچه طوپ بولدی ای سپهر
یوز بلا قیلما بیر ایفیل کیم اولار تیز تاغی بس

بشتا تاج خلعتی کیم من تماشا قیلغالی
اوز بیکیم بالشدا قالغان ایکیدا تیر داغی بس

یاشینگ ایلک بولدی بو نعتو بعیلی فنا تفراغیغه
کیم شباب ایام عیش اراو بیلیک چاغی بس

کو ییبه بو منجانه دیک گلشن غه باریاچاق هستانگکه
گل اوذه مشرین هی گلبرگه اوذره کوف یاغی بس

سیم

بیم نوایی جالیغوا اولغوسوغ باقی یوق ایچرا ایلیم — تا ه غربت بولیم ایم اولیانه منظور سالامغ

منی مین استاغانه اوز جیتیف ارجمند اتماسی — منی استار گرخ تیک جیتین کونکلوم نیاز اتماسی

نه بهره تاغفا من اندین که مندین استاغای بهره — جوادیکیم بهری اندین تیلار منا بودور هند اتماسی

نتای حور یری پری بو مین که تعلیم یار حیا تیمو — عیان اول ذهر جشم ایلاب نهان بوبو نشخنده اتماسی

گرکه ماسی ایل بیله کونا شکلیدین حسن ملاحت — ایجیم بوجاک جاکی ایلاب تیغیم بوبند بند اتماسی

گرکی اول جابکی قاتیل وشی مجنونا شعاری کیم — بو ذوغ کونکلومیدین اوذغا یردا جولانسمند اتماسی

کونکل اوز جرخی دالیدین فریبن بیمیم کیم اخر — اجلا سر رشته اوذغا بوینو نکنه کمند اتماسی

اول ای اوتلوغ بوذین اخر نوایی کتما بوبی دیب کوز

محبت توغفیف اوزغا اول اوذره سپند اتماس

دیر بسو دیوین مطلع اودکیم ذبانه بتی ایماس — عمر نه توتیغل غنیمت کیم ذبانه بتی ایماس

اول نفا ایلاب تجنب دور ایلی نه مهمانی ایلاماله — اولکه بو بولی اهره بتی کون مهمانی بتی ایماس

ایکه بو لمیش خلقینک ذ بغت لبار بیلاکی بو — معنی اهلی کونکلا ور رگا ذعفرانی بتی ایماس

قوی تیغ انکیغ نه کیم یاد ایت اجل خاری نه کیم — بیت لارنی بیتی قاینداکیم ناتوانی بتی ایماس

اوج دولت اوذره بولسون جاودانی پلغیعق یمد — کیم ذحل قصر یدا ارتون پاسبانی بتی ایماس

مهرتاج جرخ تجنتینک بولغا غافل بولماکیم — مهربی مهر فلک نامهربانی بتی ایماس

察合台文　納瓦依詩集

کرغا ویه کیم بریشنخ یوز مسودا افغلا   ادکه آین خانه قویمش اوملای نشی ایوسی

شیخ امش ابل فکرینه قلماق دو معاد کم نیلم   بر سور قول زو سعایا اول نشبا نشی ایاسی

کر نواں اسا دل افکار وکینه اک ابل وبه

غم ینک اواره بشا مانع بشو ایکک

قیلاق اولاب بالی کیکه نغلاغ اوبالی ایوسی   کم کندیک نغلاغ او بالی میتب بولسه سبی

عالم ابلیغ تیاره فریاد آج بو کجه   آه کیم بوقتور سلطا عالمدا بر فریاد رسی

ایکه بولول هجری ارا جشم لری بوقتا انون اشم   قایدا تا بلسو که نو شت لاد ه اج حضی

گم صوجی استانله نه تانک کم صفا هادق خلید   یا ده ویک برهم هم یوق جدید یک جام برغنی

جع ایتارا واره لاریه بابا کایک کونلوم اویه   یولدی اوغان لاریه اول نظلنع واقفا لوسی

کلفتی وصل ستا ایه کونلاو قم قالشو بار در   جرخی یوز مینک سوغه نیله اکر بولسه قفشی

بر سم اول کلدین نرخوای سبا قوای شمال   دیمه جخر بو شین خواه بوده خواه بسی

خرذه اولدور کیم کجه کر سیاک جو بولغا ناریبو   باغلار ایلا د اورنکر فرد مسجه بو کمون

یکم نواں عالم اچ وبره جوالیه کر ماو ل

ادکه بر کز قیلا دی عالم ابلعا کو بال ایوسی

کونلای بر تون قواغی بهتدست بلا تا غنی نریمرسی   ایار وغ غم قالما اول آی کو یه یی ابلا

ولی بو طرف ایدیم کم نغایم بر بج دیدی او ستون اول آی ثار اوینیو تشلین جفتی خو بخت مهر اوینا غاماس

کو مثل کالفا عشقیکیدین بجرو نیک اولوم ضعفا بو نیکلیغ وعده بر لب رسولاری ایدی م تا غا ماس

لبی لعلی ضیا لا هری درا کو نظلوم منی قان فیلا د جهت بود درمان قان یو تارو م کو نطلوم بح طا ماس

اجل تیغ بویلغا ایلنی میدان اچره قتل اتسه کم ایلی خو غاصدین جا یکسوار ع ایمد ی اطاق کس

ایکی یک تلکه کونلوم اول پری کوی خو یوز لامنی کر و بخیز لاریک بوله جفطا ر لارخلق لم یا غا ماس

نشیم لا لورو یوم مجلی غ میال قیا سیکم قیوند یک رشک دین فالی متیم یوز قا فلا تو نغا غنسی

او توب عثق اچرو عروم فراید اقوطلو زند ارنما دق ک مو ئدی ا او لوی ضفت او نیا یغا نا اد رگنا س

کو یالا رسکی دیکوی خرا با خ خارچ اچره دور بر ویم ایکی کا توشنگ قر د غ با دهق قا لی کس

هجوم اتح جهانا مو شی لا یکنوت با دها سا ق قد چکلا کش بو ضیا نگا دفعه قا یلا نما س

جت اویتین ایل بجا ملیغ یا قیتک او تا نور جانی

نواں یو قسر بجرایکه او تقدیرت مرینم او تا غا س

کوی تا شه با شه حسی ایلسا م اویقو یوس ایت اویور بولنل یا غی ایکی ب شین قو ما خ بسی

جولا دیدم ذلفو نک کهذدیق بویه سیا لغیا دیدی ایت غریبد ماس کعبه قندیلی طفنا بوی بوسی

آه او تح جسنم اور زا رکنه مانع کوز یا شیم بحب غرا چاج او تا نور کو لا د ریا او در ه ضسو

جا بل لاریو لوانه تنیم قانا لعلی کو د درده دیج بلبلی رو جو موذ د ر کو پر لار او تغا ز لا ن فغسی

قوییسه مغزوط فعغ ارا ا نوعرتمنو اول یوزکوذ کویمن   اوحواخاکسن تیزه مبلغه وعاین اولیسام ننس
درد او لسانگ دوا اهل ذهماذیج استامه   کیم تافیلاغو دورا راپجاره لا غنبجاره ییس

اتی س ماتمام لیکبیت جان تغای دیب قوله جیب
کیم توایمو بودور اولکو عزای جان علت سی

کبیگ بری فیغی الکمیدا مجنو نانوق ښتایغنس   جغون لاتیج سنوق بایشم اوءه نوشل ښنایت پس
دهنیکی اسوال عیشن بخشم د فیغوم کوبن   غذا اول ای قلبگ فخی بلگ برقیطر قاع نسس
سنن حیوا از ذلال ای مخفرترا ایت حیاتیم   منگا ایا بایدا اولمال حیاتج جا ووا پیس
ثی عزت مسر یکم اکر بود مر جهال جای   منگا اول پار کویسدا عزتلگ فاکلا اپیس
غنی کو نلاو ملگذ ا صنها عذر دم فایر ملاه عشتا اوتا   مینگ کو نخلوغم کو بیو ر صنا بذ داغی نهمای یپیس
سنلکا کو شرسو بطخن اواذی دیوا هره   مغنی نغه سر له منگا پاره هغانج ییس
جوا وت د فعنه ښبه کول جها را دور ن خفنا   که نغرا هل اوبون دیر فنادار ال ی پیس
نغایکم لطفن تمدیمو نغاوت یوق نغ انطلا   فنا اهلیو جویت فیلا ای بودیر فای پیس

نوای دیله اولار پالت دا دیاملکه جور جیت
میرنی پاره کاوآره بر کو مال آ نر پیس

ایلا کهانی قندیو نونگ باریند اسرو کل هو یسی   دهر یپتا نید اثا قا بطای برلو هوسی
ذاذ یس

نادنينك قدنك نهال برلد رضا بين كليج كوزكلى نوسرو تلديم آرزوئ كل هوس
سرو نازنينى يشيدة تا كوردى مشكين كاكلتى سمع ايلا يوب عقبر دو ديدى اكل هوس
كوزن تا سروقد كليدى كيو دوكنى باغبان كلش زاجر قيلاوى شمشاد ايلة سنبل هوس
كنكل حسرتى يوق باريم قيون سنا بولدى فدا سنكر بولسا نك خلا يوق ايدى اكل هوس

ايلا دى برنال منو مروز كاريم خه قرا
اى غوايد تانك يوق ايتمام مڅو الكيل هوس

اولوس
اى قويشد يك عالم ارا حصنونك حيرانا اولوس ذرة نينكلايغ اول قويشش كويدا سركدا
ايلار سوا منك نا تمام هر طرف بى اختيار تا زياراه يم دين منى ديوانه دين افغانة اولوس
جلوه حاى حسنيكه برو م نمات استفار م نتى برو م بوكه عالم اوستيدا منهالج اولوس
هجر يدمى يوز صبعت جالت ابره من ابو يعش كيم تمانا غ قيلولا ركشمه طغيا نه اولوس
كرا يدوسى اظنا عشق ايلا ركجكته يوغ من قالور من تيغ استيدا قالور حيرانه اولوس
تيره بارانة نجمنيك قيدرى توكلا ناسى قزن لار تدر لاى اند بانشه فاتر كانه كجى بيهانه اولوس

سرا دوسى عهد وفا سيده انوالى اولادى ليله
يو قدرور بوعهدا را قيلاق وفا اهلاد ا دوسى

كوكا وه ابره درده م اوتى لايه اوحتا ماسى كيم اول آن يا عمرلج اوقتى لايه اوفتاماسى

نی ستم کیم قیلسه چخنی ایردی بردم خمنی دا ایمدی قیلسه بر ستم اولتقی لارغه اوخشاماسی

ویمانینگ قریاد شیرینغه انجه بار حسن اهی کیم خوبلوقدا اول صنم اولتقی لارغه اوخشاماسی

جور دیب ایردی الیم لار ایمدی توتیمغی اوزوجه یار اول مشام کیم نوالیم اولتقی لارغه اوخشاماسی

عشق ارا فرهاد و لیلی مجنونغه اوخشتی انگا غنی کیم بو رسوالیق قرم اولتقی لارغه اوخشاماسی

کوییغه نیکه اجرامیدین کونگلوم منع اتما نگیز بیله کیم اتنی عزم جرم اولتقی لارغه اوخشاماسی

ای نوای جمشید افریدونی وصفین ایتمه کیم
شاعا ذینوکرم اولتقی لارغه اوخشاماسی

بز کما اول مهوشی تیلاب جیبیم کونگلی بر لبه یار ایماسی کونگلی الحجرده هرنه کیم اینیک تیلابا یار ایماکی

تیلاکلاما کونگلوم اوینی کیم منگا اول یاغزی تاکش تیلاهم بر بونی کونگلی بیله غمخواری ایماسی

کونگلی اوزوگا دوری تیلی اوزوگانه چاره قیلغا هن کونگلوم داینوزقی تیلی بر لبه بری اظهار ایماسی

نی تیلیم کونگلوم احوالین پیلورا ولتوغ کیم کونگلی غم نیتیغی تیلاه اوتدین افطار ایماسی

یار اولدوریم تیلاب کونگلی اینیک بولسه کر کیم تیلادورا اوزگا کونگلی اوزگا دور اول یار ایماسی

سمکه کونگلینی ایستماکا غمکین تیلاب اسیر وی الماسی کیم تلین یقغان کرته یا کونگلوم اوزار ایماسی

دیمه کیم دردینگنی شرح ایتیب یا کونگلی یا تیلی بیله کونگلوم ایرماس ور مونغو دیا تیلیم افطار ایماسی

قیسه تیلی بر لبه دیبین کونگلوم تیلابو درخانقه کیم تیلی کونگلوم اراجز کلبه خمار ایماسی

شاه مدحیدا

غزل مجید انوای کونکلی گنجینه تیل کلید یوق کونکلی قلیدا لیکنه گفتار ایلاسی

هر نهان ابتسام عیان بر نار آیین ایلاماسی نیجه اچیغ ایلکلام بر لب شیرین ایلاماسی

استاسیها هر کمنی اولتورها لکه اول جلاد دین وه که مندین اوزکاه اول غمزه تیغین ایلاماکی

ممکن کیم بر عارضی رخسار خطه ذلنی نیکه صاحب کلنفا را اشمنا و نسرین ایلاماسی

جلوه کیم قانیغ کونکل وه ایلار خط بر نور مشرق بوله خاطری میل ریاحین ایلاماسی

اشکی اولکونجه یوزوم دین کهربا رنکی توتار سوز هر کز و غزان بو نوعی رنکین ایلاماکی

وه نه حاجت دور که اول حسن ایلکسلکی هر کیمنی رشکلو عشق مندین اوزکان بو ایشی طلبکین ایلاماکی

ایلاماکی

ایما نوای ایلاماس دور المار دون یک قفا

خیر بود در کوکب آیین بر لب تزئین ایلاماسی

سنبلیمن لیلی اجیب دور لیل عنبر اسا ایماسی داغنی مجنون قنا تیمشی لاله حمرا ایماسی

نستریق کور کوز داشی بر لساری هر بر سار نهار جهلر عکسیم کور کوز دو بور بر کلی رعنا ایماکی

کلفه او حشتی لالهٔ اوجونی یار مهه کویا باغ ارا مضطرب کونکلوم قوشی دور بلبل شیدا ایماکی

سنبلی او تقدیری نسیم انتطاه نظاره طره سین یاد قیلیم کیم دیماغ اشفته سودا ایماکی

نرکسی الیعنا جام بیکه الیدا کا فور حیر بیلا رشته جانم روا دور اول جو قدح یا ان ایماکی

دیمه افغانیم دا یبلبل ناله سیدیک یوق نشاط بو بهم الذاذه ایماکی کرا اول نشاط افزا ایماکی

بولمایینک مغرور حسن ای شوخ لالهزار ارا سن کبی بولتورقی کل لالهرخ بری پیدا ایماس

فصل گل نی ساقی بلبل غه کل توت قدح

مست ایرور اول هم نوا ایدیک ولی رسوا ایماس

فغانیم کونکلوم الفغان دلبریم دلدارلیغ بیلماس بیلور عاشق نی غمگین قیلماق غمخوارلیق بیلماس

نیچوک دین یار ایماس دشمن دیماک بولماس تو اقبالیم ایرورده اول یار خود اما طریق یارلیق بیلماس

کتورالماس ساقی تیموروش منکا بر ساغر و لیکن که دوران یادلیغ افلاک همدملیغ بیلماس

فغا ایلکی تیلارمن بیر بیله همواره بولنوایم ذغاح اهلی ذغانی یا همواره لیغ بیلماس

مینک بار بیدانه اوتدور که انداغ دور تانور جانیم که انی هم قویاشی یوزلری گفتارلیغ بیلماس

نوا ای کوزلاری نینک هر وصفین کیم جوقالی توکتی

وریغ اول شوخ مردم کش که مردمدارلیغ بیلماس

جاکر ای تیب کونکلوم اجلسو دیماکی ایلماس ایماس غنچه نی عمدا اجیب گلی ایلماعالی سهالله ایماس

دیمه ایبوورییم بیدینی حیران سن اول رخسارغه عالم ایجره نه کیشی بارکیم انکا حیران ایماس

قطره سولارده کونکل اوتیغه تسکین بیرالی کیم انی یاغدوردی دشت تشنه لیغ بیلگانه ایماس

هجری دشتیده اقیوندیکا که ولی اول من کبی خاکسار باده پیما داغی سرگردان ایماس

گرچه حسنونک کوزکودین یاردی تیجور قوزغانات ارا مهرسی دیک آینه کون افلاکیدین فنهان ایماس

ای نوای

ای نوائی اول پری دین آدمی لیق کورماسانک
عیب ایماسی اول چو رو ور یا خود ملک انسانی یا انس

جانیم لعلینکدین بیرا دم گاه دور قیلیس التماس لعلینک هم جان فدا کوریوروم گاه علی ابنا القیاس
کونکلوم دور بغت خلعت شعله سیدور کیم ایرور تاشی ارا بولماقیمهانی فرباد غه خارا لباس
دیدا کونکلوم بکتا تا انک یوق یاسی آل توتسه کوزدوم ده که اویقو یوقتور ور توتیدی ادتو تجر یاسی
اوت ساچار عشقینک هر آتی بولور یوق کونکلوم عجب اول دوپا دیک تا انک ایمکدور عموغ بولماق هراسی
کونکلوم ایچره مردمی صبریم اوزدولوب قالماغای هر سونکالی یا نیما ابون قطعیغو انکا کلاویبا ایست
خدمت ایتیم جانیم شیخ غه قدریم بیلمادی دیر ایرکانی بنده سن کیم ایرور بسی حق شناسی

ای نوای کسوتینک فقر فنا ساماً آلکیزی
یوق خرقینک تا انک دور دور کر اطلسی اولسون آلیکسی

مینکا منزل کهن دیر فنا بس یا نام استیدا اسکی بوریا بس
کلی ذوق ایلکا باغ عیش ارام منکا غم دشتیدا خار و بلا بس
اولدی چون کیم ضمیم رنولیق دور قیل ایمدی بنده نی ای پارسا بس
وفا گر قیلماسانک جانیمغه باری جفا ته قیلما غیل ای دلربا بس
کونکل کا توتیغان بر جرعه می عشق انکا ایچون که هم درداق دور بس

ایرور بر نکته عشق عالم ایچره دیبان اوی کلمان هر کیشی اندین ماجرا بس

نوا عشق هجرن تاب ای نوای کیم بولغایه نوالیق لار نوابیس

تا انکه ایلماس کر چیق یوقدین اقهر بیدینا موجود ایلماس — کوزلکو بنیکا جو بیکیم کوزونکه جوهری معبود ایلماس

دشت ارا ایکسارک اتلمان مسافر یوزلانیب — قهری قیلمایکیم ابیور آهیم بنجاریکا دردی ایماسی

کوکسوم اجتیب هر طرفی قیلدی کماج اول طفلیکیم — لاله لار برله بوداب هر داغ خون الوده ایماسی

عشق باد اریدا سودا اهلیغه جز نقد وصل — هر نفسی بر بجز ال او جوار فنا نود سود ایماسی

وصل ایجره دیمکیم عشاق نه رد قیلادی یار — هجکیم منیدیک بینه بحرا ندینی مردود ایماسی

هیدره عکسیکدور کوزاندین ایکمان ساقی نتانک — تا ایکی دیما ساده قید نیدین مستلیق مقصود ایماسی

ضرب عشقیکدین حزینه دور بونوحه نیاله التونه

ای نوای دیما کیمایسکه بو بیهوده ایماسی

هر بجه کوریسام اول آی کونکلومنی فرقا ایلماس — ایلماهیم الیسته آه نه شکارا ایلماس

عشوه سیدین التفات اهوالیمه ظاهر قیلور — دار لیغ کورسام انداغ عشوه پیدا ایلماس

جانغه بر کوبما بجه دور هر کمکا فرقا قیلماغی — بینه یوز اولما کوچه کیم تکلیف فرقا ایلماسی

شوخ لارغه برله جیریم کیم تیغه اوت سالور — جیق ایله یالغوز منی سیولنه تیغه ایلماس

فایدا یوزلا منعام جنون هجکایه دور خلق ارا — اول جیبتی کوزا وجی برله تماشا ایلماس

ایلماس تا صبح برسنیدیک نه عالم آفتی — عشق ره منیدیک بر عالم رسوا ایلماسی

مغنی اباغی

من اياغى توفراغيغه نقد جان ايلار نثار   نه ايشيم كيم اول قبول ايلار انى يار ايلاماكى

نقد اسلاميم اليب برجرعه توت اى مغبچه   يول روا ايرمس بيچه كافر برله سودا ايلاماكى

مدتى دور ايركيم نواى دور اياغينينك توفراغى

پاى بوسونكا كستغفار ايربوق تمنا ايلاماكى

نيكاريم درديمه نظاره قيلماس   نظاره تيك داغيغه چاره قيلماس   تيلاب اغزيم اياقين يرده كوسليم

اوزينى غنچه ديك يوز پاره قيلماس   منى نيم دشته اچره عشق يتوردى   اوزينى ايلا كوچ بيله اواره قيلماس

كونكلنى ايلاغانينك ذخم غمزه نينك   نچاقاييكيم قيليچ هم پاره قيلماس   منى ديوانه قيلميش ياكوسلانى

نيلاريكيم اول پرى رخساره قيلماس   نه ديرسن دير ده ذالى نينك قربيقن   دعاچون ايليغا اول خماره قيلماس

نواى نه ديسه يوزى تاكيم سالور كوز

كه ذولفونك روز هجرين قاره قيلماس

لطافتده يوزونكنيم گل ايميشى هم گلستان ايرميش   حلاوتده لبينك هم جان هم ارام جان ايرميش

بو معنيدين كه دايم چون نهان نور اول پرى كوزدين   ايشبو جان كونكلدا اورتاماقا كوزديك نهان ايرميش

ايليكى باغريمنى يوزچاغدا اياغى قاتغه بولغانده   كوزوم ياغيدا كل ايميك تابانوديك نشان ايرميش

شررلار برله آهيم دودى صحراى عشق اچره   كيشى كورسه گمان قيلغاى منينك اوبدوكا كاروان ايرميش

ساغينيدم كويبيدا اربكه ايتلار ناله سى ليكين   بنچو بيكيم تلبه ايت عشاق كونكلوديك فغان ايرميش

توکوب ایلکاون منینی محتجب یغلارمن اوسروقا سو کلتوروب ایهان کوزدین سیندرو جهانی قانی ایریش

نوای نه دیدیم عشق ایچره سامانیم تاپیب ایرکین

ولی کوزدوم جهانی آواره پنهانمان ایریشی

جونکا کونکیدین داغی اول جسم جمیل ایرمیشی یلغا قونکیدین داغ اول دلنی طویل ایرمیش

بر قطره کونکلی قانی جان بردی اولمولا قن غم خاصیتی نه سوردوق لعلیکه قتیل ایرمیشی

کلدارا نیلوفر اجلدی کمان قیلیم خال اوزینده پیر یوزیدا بر قطره نیل ایرمیشی

هجران تونی دفع بلیوم که یوز اچیب سن خورشید وجودینکنی تانکنوری دلیل ایرمیشی

آواره کونکلی سحاب بی تندین اکور عشقینک اول تیلبه کیم ایتتی کویا بو کفیل ایرمیشی

آیین قناعت توت عزتتیلار ایرسا مدام هر بانی طمع اهلی بیکا یوزیدا ذلیل ایرمیشی

کونکلی نه نوای بیکه الساکه نظر ایلاب کور

کیم درد ایله داغ ایچره جانانه قتیل ایرمیشی

قویماوه شام خمارم تیره لیکیدین عقلی هوشی نی توباکیم سپهر بوینی جقاروی مغوشی

آشنا بابی خود هوشی لیکین یوقکه هوشی الفا یمار می قولا قویغیل کم ایلای صحت لیکین تولا هوشی

جام توته نوشی خوشتور اول صفتکیم دیر ارا باده الیب مغبچه نوشی ایلابان قیلدورسه نوشی

اون جکیبه مغنی دیر ایما ایکه دیرطا قیبو صدا ویلکیم ها او دیتو مغنی نه هذا ایلار سروشی

عربدم

عمر بودم دین اریتار ییقینک ساقیا توت بادیم
دیر پیری نینگ قلی کیم اولدوروم عیب پوشی
محتسب تعزیر وقتیدا اتینم قیلدی هلاک
بولماغوم دور بولماغونچه مست لا یعقل خوشی

کر نوایی برایاق قلایی ایجاد غم دفعیغه
ذاهد اندین اوذنه غمکین ایچتیک ایجوری قوشی

حسن باغی ایچره قد نینگ سرو بولماغلیق نوتوشی
پریوا قیلغوالی کونکل اول قد سرو اوزه قوشی
بیر بالادیم بولمیش اواره تیمتش الغیاث
هر چونیغه ایلیک سون خود المایم قوتوشی
کوکسوم غم تاغی عشقینک بلا مسماریدا
بر کیتوردا ایلادی فریاد دیتین چکوشی
کویدین نیزن جبار داق غیر رقیبا یغما غیل
غشی تاو ماقونشمی سبن دود هر دم اوروشی
لعلی شهدیغه هوا قیلغونکه ای جانیم مجوشی
کردسانک کیم تاغماسین مخلص ایلیک ذکر نوشی
عشرت اکیم چرخ الدیدا تفاوت یوقتور ور
خواهی بزم ایچره سماع ایت خواه بیچ ایچره باهوشی

ویغه بیرید نوایی غم ایوکسی برذعان
است سمانکیم غدین ایریلغوان انینک له قاداشی

عارضینک هجراندین کلماسی منکا کلغوذار خوشی
کل سراغی کیم ایاسی کلمنی داغوز منکا خار خوشی
خسته دور کونکلوم یوددکین غمکین ایرماسی هر دمان
لب لاریبکدین شربت الکا بولغان اول بیمار خوشی
کوییدا دیوانه تا فیب تعلایم کیم کلور
قصر جنت دیک منکا اول سایه دیوار خوشی

کوییدا اهل غم ایلا بار ایدیم چون اولارمین ایکو نحل   امیدی بار ایدیم رو خصتینک هم قاییدا بارسا کلدیا یار خوشی

هر کشی مقصدغه بر سررشته ایستار ای فقیه   شیخ کم خوش شور سنکا بار دور منکا زنار خوشی

خرقهٔ زهد ریا اهلیغه خوش شور خانقه   لیک اینیکدا خمیغه کلدی کلبهٔ خمار خوشی

ای نوایی می بیلا خوشی توتت او دونکنی کیم ایلکس

بو فنا دیراندا بولماق و می هوشیار خوشی

عشق اهلی جنده جرم اولوم مشکل قابو تقابیرجا ایشی   کیم بولوبو ورجان بیلا عمر منکا آرایشی کلیشی

قالدا اقا هر یان تمنعدین کیم فراق ایام دا   تویمادی اورهای تقب دیکنی هر قیمان اوریجان اتیشی

سحو بیدا مشعل یار تعلن نور رو توز تانکیجه   اول خودا او تلو خمار سر کرد ان میک کو خالق عالم تیکیشی

نجاه ای دور بیدا ایکا سعده کو جلوه کر تیب   کو ره بوز ایکا قولاغی در ناری کیکاندا کیشی

فعق لیغ سرکشته حیمه دین عجب یوق جو اوت   آب آتش رنکی نه توبه ایلکیدا یا ذقنی

دهریک اتیغیسا دغدیغیدین فراغت استاسانک   جوبکا اوت ظاهر کو بیدورقیلغان داغیشی

ای نوایی کر دفاسی قالمیشی اینک سنکا

غم بیالی هم انکا جون وفاسی قالمامیشی

منکا ایمدی سرو ایلا کل مدعاسین قالمامیشی   سرو بویلوغ کلجبین لارینک وفاسی قالمامیشی دیشی

ایلا بوزمیشی محنت هم ضیلی کوکلوم کنکوریکیم   نیشاط اندا سیغونجه قفاسی قالمامیشی

من بلیّت

من بلیت اجره من ایلی شاه کویا جرخ نینک / ایمدی ورو اهلیغ یتکوبجه بلاسی قالمامیش

یاریم قیلماسی جفا وجور سایر عاشقی رحم دین / منداکیم کور کوزه منکا جور جفاسی قالمامیش

بیسکه تراشی بلا اطفال اهردی لار جکیب / وه که عریان جسم اوزه محنت بلاسی قالمامیش

کل اجاغی باغبیکنیم یول برجادیک ای باغبان / جیغ موردوری بو نقالی انینک صفاسی قالمامیش

ای نوای کر وفاسی قالمامیش انینک سنکا

غم یماکیم هیچ انینک هم وفاسی قالمامیش

کونکلی نی بو کیجه بر آی خیال مبتلا قیلمیش / که اویقو خیلینی کوزلار سوادیدین قیلمیش

کوبیکلی تازه تونغلاغ داغلاردینی موسوادا ولمیش / یوق ایدیسه هجر دوتیدین فلک یوزینی قرا قیلمیش

وجودوم خرمنی اورتار کابر برق بلا اوردیمیش / کوزوم کاهجری ایلکی کا جیدین برادک یا قیلمیش

وفاسیزلیق محبت اهلی عاریبور خوشا اوکیم / حیات نقدی نی بر قاتلی الوینا فدا قیلمیش

ایاغی تفرقی نینک قیمتین جانلار ویکای همیات / حیات الکیمی تفراغی برله تا انکا بها قیلمیش

کدالیغ ایلامیشی یللار کوزدوم اول خوبلار شای / تجی ال بر کور کوزدوب عارضی انینک کامینی روا قیلمیش

وصال تیمار ایسانکه قاجاج بلیت کوز کورمیش / یتار اهلی وفا بخته نازاهلی جفا قیلمیش

حراب جامی نی توتماسی دیر بیری بولماینی فانی / برو بو غیفی تاختیتی کیم بو نیدیری فنا قیلمیش

نوای بینوا بولکیم ازل قسمتی قیلغاندا

خلایق غم بوا تیقیم بزنه بینوا قیلمیش

ذلفینغ هر یان کره توشکان ایرور بیسی طرف ایشی بجز یرد تلبه کونکلوم قصدیغه بل باغلامیشی

روشنی ایلار شعله اوستیدین کورونکان دودینی مهوشیم انکیدا التونغه باشیلا کیشی

یارجانیم قصدیغه هردم که تیشلار لعلی نی محکم ایلارمن فغان قیلای دیبان باغریم بنی

ذار جسمیم غه تا انک سرکشته لیکین توشتی اوت اوت عیانی ایلار ایمک دو دیدا کوب یاقی انی تیشیق

لعلیدین جانی الوالی یاردینک کلیسی جانبریب ایکو نکل مردانه یاردینک اول یاربینی غه بوکلیکی

غمزه صیق اولوونک ان کل بیلا دیک بو باغ ارا هر بهاری کلمسیه انینغ سونک خزان بار ایمیشی

قاچان اسی کلوری نوای ننظم دین ایمس عجب
کیم باغیر قانی بیله کونکلیدا اتا غمینی پروریشی

سارغارمیش

سربیغ کلا دیم کم سرو روانیم باغ ارا یارمیش یوزینی کوره ایچه قزیل کل ضعف ایتیب اوتلوغ

کونکل اطرافیدا اجقان ادجه لنی هر برح اوقی نوکی بلا خیلینی عشقینک تیغیدا کی اول ترکتارمیش

غمنینک منت قیوب ونی الدی دوجا غمزه یوز فتنه که خوب یاردی ترکیب لیک فتنی دین جانی نوازمیش

کلامینک کوهری دیک تا غمیشی کرچه صبا ایلی قنا تیاسین غنچه دیک بر تب نخچه کیم قوینینی اختیارمیش

کونکل نی جال جال انتظاره تیشتی اوق هر یانینی اوتون قویما قوکوکایم بو اوت بیله توتیش توتیشین یارمیش

نجه کیم قد جبار سرکشی لیک ایلار عنبر ذور لغی اگرچه کون بیک حقفاندا دایم سایه قیتقارمیش

ایلیک یو غزی غه ایلیب بیشی بولکیشی قاینیشنی هندینک مگر ساقی ایاغینی اوپطالی اول وانی یا یارمیش

یوکوره

بو کوزده رونق اوجون نه بیت حقیدین انکلادیم کامل — نه گلشتور کیلی دیمیش نخ غیب ایلی کلکلانا قاتیادیمنی

فراق ایله دنغ نوای عشق عجب ایس

مگر توقوز توتوب توقوز فلک جامی نه شتغار منی

اول سرو عذاری گل سیراب دیک ایرمیش — لعلی لبی گل اوزره می ناب دیک ایرمیش

کوزوم قاشی عکسی کونکل کوزکوسی ایچره — بو قبله‌نما اول مونکا محراب دیک ایرمیش

دیوانه کونکل قیدی جنون دینی نه توتسون — کیم بر خمی زلفونک ونکا قلاب دیک ایرمیش

کوردوم کونکل احوالی نه کوکسوم توتوکیدین — لعلینک غمیدین قطره خوناب دیک ایرمیش

صبح انجمن ایچره یوزونی کورمیش ایردوم — انجم ادا خورشید جهانتاب دیک ایرمیش

توت فقر ایتاکین اطلس و زربفت کیوزون قوی — کیم اول داغی تن حفظیدا ماث ابدیک ایرمیش

بر تولی نوای نه فراق سالمه نظرونی

کیم اول داغی بر کون سنکا احباب دیک ایرمیش

نه عجب گر بار ایسام دیوانه وحشی لیک ایلم خوشی — کیم کونکل الفت پری رویوم ایرور دیوانه وحشی

منع ایتیا ریز بوشه یوق کونکلوم حالی لعل پاره سین — اتینک ای هوش اهلی کلکی بولسون اوشبو دانا

صاف وصل بولماس اگر باده ذهری هجری دور — ساقیا بر جرعه تویکیم الدی جانیمنی عشق

سالدی کونکلوم نه غم هجری نیک کداز ایچره یار — گوییا کیم عشق ارا اول قلب دا بار ایردی عشق

وه نه بیلگیغ وارغه اولای من قلیب بو حالت دا کیم   اول پری کا یم یار ودور دیوانه وشی غم جرکه کیتی
رشته باشینی بلا ایرکه دور دور دستار کیم   عشق اسرارینی استماع ایلیک عاری بولوی فقتی

دیمه کیم بر نیچه سوز بیله نوایی کونکلی نی
السام اول بولغای مو راضی نیچه سوز لار کیلکنی

هر کون اهتمام نیچه هجر بیکده اهتمام لاریغ ایشی   کیچه بار انکا انقوجه انی وایدی بیدارلیغ ایشی
ایشی وفا قیلماق ایرور کر قیلالماسکه ایکاس   ای وفا سیز بو جهان ایچره جفا کارلیغ ایشی
عشق ارا قاچ کونکلی نکار بولوب دیکم   عاشق اولغان ذبونلوق که بولور خوارلیغ ایشی
لطفی جو بیلوبمکه قلیب خوف ایر نوشی لارغه   ای پری بیلکه ایماس جور دل آزارلیغ ایشی
تقوی اهلیغ ایوی سلسله جوجی اوضاع   ایلاکا بیلار دیدی بو دیوله خمارلیغ ایشی
عالم اهلی بیلکوز کیم ایشی ایماس دشمنلیک   یار او لنوع برنیکز کا ایرور یارلیغ ایشی

خسته کونکلونی نوایینیک ایب بیرا که یار
سنکا دلدارلیغ بر حال ولی افکارلیغ ایشی

الور جانیمنی عشق منکا دم اورماق مجال اولمیشی   بر ده دیکیم تیلی انیکه اولار حالت دا لال اولمیشی
عجب قانیمنی اول کوزیکم قرار یعنی ناتوان دور   کیم غم بیمارلیق دا جکیب خسار اول اولمیشی
ایرور بر یارکیکه نعلی بار خنتنک ارجهان   تینیم تغرلغی تا جولان کمکید ایمای اولمیشی

تتیم

تنیم تار رشته ذلفونک خیالی بر بوجرماشتی — بغیه رشته ذلفونکنی چرماشقان خیال اولمیشی

قامتینگ هجریدا انیش لار بریلیم جسمیم نقشی ایتم — نظاره ایلایم هر بو مشکین غزال اولمیشی

کونکلی باغیدا ایتیم اوقلاری قد نینک فراقیدین — بوغیم تارکالی هر قسیب پر رعنا نهال اولمیشی

فنا کوییغه گیرکیم جم بیله جام جهان بسی دور — کدا کیم جام انکا بو ویرا اینغان سفال اولمیشی

سنی اوینقوا هجره سنی خورشید اوج دولتینک بیشی دور — هم اول شب تو تندا اول خورشید دایم زوال اولمیشی

بوذونک کورکاچ نوای کونکلی آذی ذلفیدین بند ایت
که اول مجنونه بهار چیندین اشفته حال اولمیشی

یوز هجری بر کسه التمیش دیج اوتی یاشی — اطفال سیره کیم قیلور اطفال دیک هوشی

اولکیم سقال بولیار هوشی توشی یا شوق — بولغای سقال قرا ایسیغ جون اقاردی یاشی

کویا که مال جان جیدین ایرور نیکا کم قری — جون تیتی تیلکاشقالی اول مال اتیار تیلکاشی

حاجت تیلار برولکا کوزی یعملوی منزوی — اوی کوزشده کوزونکا داغ حاجت اولادی فاشی

یوذیدین توکار سوی اولکی کوزی اغزی بور بنیون — ایل الیدا آقارشولاکای بر لکوز یاشی

ایکم بوذونک قویاشی ایدی ب رغاره دی سیب دی — بیلکه سما غارور او یا قویا چاغیدا قویاشی

الیده ابسی قاتیغ یول قطعی یوق کنزیر — کرتیغ کرکلا ایول کرتنذیر یواشی

بیلکم بو بولوا داد ایرورا عمال خیروبس — یوق علم فضل منصب مال اوروق قیاشی

یوز سیمیم ایله نوای اشی معلوم ایماس کیشی
توزغیسی ایردین یا توزغو بابی اول ایردی کاشی

یارسیم یا غلیقی بیله کوکسوم یراسین باغلامیشی   اندا اوت توتشمیش کونگلی دین قان تراشیح قیلامیشی
بوکه پاره پاره دور کوییکه باغیر بیله کونگل   ایتلاریغه الویدا اول کافر ماناتوغرامیشی
رشته زلفونکدکیم توتشمیش کوه لار بحساب   کویا قتل ایلاکانه ایلایکانه حسابین بیرامیشی
هرکشی سوداری اولماکا المغائی بونوعیکم   عالم ایچره سنبل زلفونک نسیمی یویرامیشی
باشیمه تیغ اوردی کونگلوم جالک باغریم تیلدی زخم   مست بی باک دیوم قهر ایتمیشی اول خود نمامیشی
هرساری یوز زخم لیق عضویم اورلیکا یامیش ایلا   ناتوان جسمیم کیم کویدا ایتلار سودرامیشی
عالم اهلی ایچره بلانینک معتم ترکمنی کیم   هروفا غنچه جفا ایلارکشی تا اوجرامیشی
توذغمایلبیلی خکوب ایلا کا دوران باغلاغدا   قالمامیشی قوزغالماین ادیکم برو قوزغامیشی

اضطرابدین نوای کونگلی بردم توختماسی
سن سیزین سماغمایکیم عزبت دا کونگلی توختامیشی

مهری ایلماس کوردونگ یوزونگ هجر اندین داغ اورتامیشی   ای ایلماس هریم اوچون ماموق متدور ایلامیشی
کونگلوم اندا غ جال جال اولمیشی کم کویا طعمه دیب   هر یا تیغ ایلگه لاریغه بربرانه توغرامیشی
بسمل انچمیش ذار کونگلوم صیدینه قیلقاج تشتارار   اول شتطار افلکی جزین کونگلوم بوبلغاغ ادامیشی

لاله رویوم

لاله رویوم سیرامای کونکلومنی کر غوم ایلادی　　یادکار انینک توکانلار جالی کونکلوم سیر ایمیش

پریوزینی توتقانلا بهار ایامی ایوماسی لالهزار　　کیم یوقوبدور هجر انیدین اکریبان کونکلوم قانی ایقلامیش

دیمه ساقی ایلکیدین جامی موخوشتور یوقسه درد　　هر نه انینک کلدی اول خوشتور ردیم تالقامیشی

کر نوائی یار دیک یوقا عالم ایچره نی عجب
کیم کریب عالم نی همواشی لاردین انی تاشلامیشی

دانه خال ایلیک کونکلوم قوشی رام ایلامیشی　　کیم انی توتقالی جانیم رشتهسیدین دام ایلامیش

عنبرین خطیکه کیم انینک کلور بوی وفا　　جان خط کرده امیدیم صبحینی شام ایلامیش

لب لاریکینی روح پرور نطقی ظاهر دور مکر　　روح قدسی الحیوان ایچره ارام ایلامیشی

حیرت اتمیشی کشتکار اول اوسرو کیم غنچه ر کیفده　　قانی ایلا ممزوج کون ل اشام ایلامیش

سرو کل غم باغ ارا دیرمن که ایلای جانی فدا　　تا که قصد بیر سرو کل اندام ایلامیش

جعتی وه اوسروکیم اول کافر بی باک کیم　　هر نه جعفا ندا قتل اهل اسلام ایلامیشی

دیرنی قلمیش کوزوم کا ملتفات ای جعجه　　اول مه کلکونی نار ضساریکنی کلفام ایلامیشی

کام وقتی تنکا دنیا ایلاکانه تا خمیشی حیات　　یوقسه تینکه واجل خود کام ناکام ایلامیشی

قانی رسوای نوائی دیک اکر جه اتی عشق　　تنکه نام ایلدین دوریب بیله بو نام ایلامیشی

منکا نام مهربان یاراغو کالارکه مهربان ایرمیشی　　منیک جانیم الیب اغیار لارغه ارام جان ایرمیشی

تن اوذره ایدی فهم ایتیم عودسیز باده و اغیمنی   کم اول هر بیر اوغان نشام هجر بیدین نسنان ایریمیش

بیو دم لر انی کونکلوم اطرافیدا زخم اچره نا اوکلار   بلکیم قبوق شکلاری زخم اولار غه ایشان ایریمیش

رقیب سینه ده وور کونکلومنی مین یغلاب ایتدیم لیکین   سو کلتور حال هجرانی اکوده سینه ده وار ماقی ایکمیش

خیالی خیلی کونکلوم وشته اجوب قیلدیلار منزل   برا اوت یاقغه نی بر اول منزلدا غم داغ غمنهان

بلیت دستینده افاری کوروب مجنون نسا غایتغا یلار   کونکلی اطلیغ برینیک اوآره یخانه غه ایریمیش

ذمان آشوب دین کونکلوم کایوز شدت تیار ایردی   جو فهم ایتیم هند باعث اول آشوب جهان ایمیش

اگرچه مین یجان سنی بخشی دوریم حعرق دور من   او ذوبی بیخی تقور ایلا کیم هندی جهان ایریمیش

نوای نظم نی کوردوم قویاشنی لوصیغ بیدا اتسام
بو یوزغان آنی عالی قورتشنی فورده دان ایریمیش

تا کونکل بیله کونکلومنی اول غمزه مقام ایمیش   قانیمنی حلال ایتکالی اوینوغنی حرام ایتمیش

سرو اولمادی باغ اچره دایم یبای برا نخم   باقی کونکل اوجی بیرلا نیکیم قدینی منکلغو سلام ایتمیش

حیوان سو بیله ور کوثر عیسی دمی دور لب لقین   بستان بساری جانانیم کویا که خرام ایتمیش

هجری او قیلار زخم دین جسم بیله انکشیمی   توتماقی فقه بلا حدیث بودانه دام ایتمیش

تا عاشق شیدا امین قیلیم قیلور اول کوزلار   مجنون نی کیک لار غه عشق الغنی رام ایتمیش

معشوق قیلور جلوه هر کیم که انیک عشقین   داد اتی کونکلی بیرله عشق ایله پیغام ایتمیش

اسکندر ذخم

اسکندر ذهنلیق و در عشقیغه نوایینی
یم رخشینینگ ایرور نعلین کوزکو بیله جام التمیشی

تون هجر یولداغی یوراق سی داغی سحر خورشی — اولتور کوردمی ذرّه لارینینگ کونکلی نه توت تونی

ییل لار جکیبان هجری دمی وصلینک کا یتوالا — سن داغی دمی ذرّه لارینینگ کونکلی نه ایتب خوشی

منزل داغی من کونکلی اصحاب دیبی ایمین — من داغ ایرور نقشی روح ایتب عشقی

معلوم ایماس تا نیکدا کیم بولغوسی کیم یوق — نشتون قیلمکدا نفیسی اسرودیلاکشی

هیهات بو خلوت کرشی بون اولار من — غیراوته خیالمو قیلورمنی منقوشی

بو نقشی بو نیکلیغ منکا کورکو رمادی دوران — جهدیم نه قلیب قان ایله یوزفا تلامغتی

قیلمادی نوایینی بو اقبال کوز رودی
او کیم ورقی قسمت جکتی رقم کشی

ذوی کمال ایله کوبینی نقشینی نقاش — هکونات وجود دیبیدا وجودونک ایلاب فکاش

وجودونک ایلادی موجود اولوسکه زن کیم بولماس — وجود ذرّه غه موجود بولماغوبجه توباش

سنکا یتیشمادی تا انک یوقا وجود طلبی — کم مهری شمس غه فردا نه بولمادی ظاهش

انلماکی بولوی جنون عشق ایجیدا یا عدور دودونک — خرد قوتشی او جوریما قیغو طفلی لاردیک تاش

اینکیسی کونکلی داغ عشق آخکر بیشه یکشوردونک — نهانانی اوینی اولوغ قیما قیدی اتیغ فاش

عقلی ایله بوزوبک　سوا بولدی ایبا روشناء بدرکا عقلی معاش
جرخی ایچم ایله　محکم قدرتنیک ایلیکیدا　محقر ایلیک ضحناشی دانه خشخاشی
نواء بولدی تقراج　بولوبکا اولوی　بیا بوشب ایروی بوکون ایت لار ایا غیو بلاشی
توا دوای قویشی　جمال یوزی نه جکان　مگر بوریدا انور ایروی اول بری سعیدا تابشی
ایروی قویشدا نوری　برآ بدا ایش ایلاس　کدورتا ایره ای منور اولوی قویشی
نغوز ایروی اول　قویاشغه نور کرجغمیشی　نغوز ای اجره بول تابشی ایمورکه اویاشی تابشی
مرکنگ ایرسو ملک　بویری قوبی قوشوبان　بیر اوزه قربه فیلوان کی کدایه تلاشی
بیشما دی جریلی　جو قویب تاینه تنیک　نه نوعی بدبوله سیمرغی ایله بولار بولاشی

ایا غیو جو بلا کنه باشنی قویا الماسی
نواء یا قویا کورائیب لاری ایا غیو باشی

اوسینی لار کونگلگومنی وصلی امیدیا ییال ایلامیشی　ارذو ضلی جوئی جانمنی یامان ایلامیشی
شاه لطف عزیز نه توپاق ایمس میکیدی کریشوخ　بوشوم ایتمشی فا ایلا لطفومنی زلال ایلامیشی
بختم ایدی بهاری وصلی اراکوز باشی نیک　کمتویتین فا بین خزان هجران کمال ایلامیشی
ذلعی اجره بولسا من برینج ضم لیقی تاروبک　فغی بیغ جسمیم کم بجران بوکه وال ایلامیشی
بنجه لو نگلوم بحری طوفان ایلا یا شکم سوین　غنی اول کسی تو تمثال ایلامیشی
بکربدا

پر فغان اولدی مناقیلوا کوگلوم نینک قوشی کیم هجردن اوق یت لاردین عریان ایلامیشی
هجر طا نمر تریک لیکیدن اویا تیلن من ولیک منددا یوقتور تغیر اجل بوشیدا اعتماد ایلامیشی
اول ایکی لبیجریدین کیم دردعلاجیغه حکم لعل ایل یاقوت محلول سبال ایلامیشی

ای نوای سحری مشکل بودک غم یوقتور که حق
نیا لطف برلا مشکل لار حل ایلامیشی

سبزه خطد عارضیک باغنی خضر ایلامیشی کلتی رخسار اوثا یکی پیدا ایلامیشی
هردم اولمیشی خط لعل کیدن یوز انجه انتشار بردم انتم عزیزلا خفری مسیحا ایلامیشی
وہ نشید اوشی یکت دور کیم جیب الفت دار یوز غم الفت عشقد اسند ایلامیشی
قاخیتم تا یوزه اوزه اشکم دین اولمیشی ندیلار اولکا ایلک فلکین ناوہ قتغین ملامیشی
نه تمات دور کیم یوز هنیک خلق اولمیشی پر نهان کیم از ایلا یوقا ایل ایلا تمات ایلامیشی
بو طلامیشی پید امنیک دیک وادر منودیک رحم سیز تنک منا مهربی عجب رسمی پیدا ایلامیشی
ای مشتاق ایلی فوت والخلق کیم منی اول منجه دیرودنی اوسر کیف بو نوعی رسوا ایلامیشی
فرد بو یکیم اول ترک دنیا بو لمیشی اهل تره کیم فنا یولیدا ترک اهل دنیا ایلامیشی

کوب نوای نیک مقلاد دورہ سبیں سور چاک برد زرنی بادہ جون بالا ایلامیشی
شام کیم یتون پردہ سبید ایلادی اضغا قویشی بردہ طالب یو دنیتن اول ای ایلادی انتا قویشی

يوللك چون كردى شبتناك ايردى بلغ شا مدينى عارضى چون بولدى فيد ابولدى ثافيد قويا شى

بنم جبنا نوردى جما لا دمسا ين نوقدر شمع پشكم ظلا مرايلا دل هرس اغرى فيها قويا شى

صبح عشترى د يوز يويى ياروشن ايرد دل برم عشى ايلام ايلى ظاهر مغه كلا وى اصلا قويا شى

قلاى غوق كوب عشق املى نيك مغنى كور كيم سن علطا كنيم الريش عشاق قوياشى

چلى نوا يكم تفاوت دور تو يا غوى آى غ

ايلاك نظاره اول اى عارضدين يا قوياشى

كويبا هريز يكا پشق ايرد اولا ايك قيشى كيم قويا بريك اول مهر نيك البدا باشى

يوزنه نرطفلى اوچون اطفال غمتيكا پا دام يوقتنه جهى دور كيم يوكور يوز سوارى يكشى

اوكودى بنم ايو سا جاره باشنو كال الار كنى جالين امن اغيل فلك ياغدور ادر بشنو قا شى

سوز لاريك دور يدا مركانينو اولوپ يجوم نيدور در قيا سلام رفته نيك اوستد لك تش

استملا سر پش د مانوپ محمد بن اى ساقى جاغى دارى نهو شى ايزيب قا تما ك ا شى

فقر شتد افنا يوليو چراه تيلامه بول جو معلوم امى قايد ا ثا يلسون يولاشى

اى نوا ان يوز يون ديك اوجو ق ياروق ايرور

ذلغدين ديم كم جتره دور در وهج جرمنى

سوز ديا ك اى ايك شاد يكا يكم بند اولميش كولا المجيد ايش ايدى ينار خنده اولميشى

كو نلو م

كۆڭلۈمدە يارچە شىكايات سارى يوق ايربيكم   تشويش جانكا ايتفاق بلە بويە اولمش

كلديڭ الامان كۆرۈستار هنراج ايكيم مجنون   رەنگى ايلە موى ومشك يارىدە ما ئندە اولمش

بولۇت ابو قباس بولۇ لىلى شبنە كە عمەد كلۇنى كيم   سنمىشى ئەرسۇق انۇيىچە بركۇد اولمش

يۈزى برلەبويى كۆرسە قيلۇرسە كۆڭلى ضعىفى   كركۈن كۆڭل قوتى كيم موسى كلەد ار اولمش

اولۇپرى ديوانە نامغ رسوا قىلدى   وەكە مجنون نىكا الحمىد افرومند اولمش

بىخبولمە تىلابار تۇقل كراپودر آسودە   اولكە حقى ئەرنە نقىب ايلادى فرسندە اولمش

فاضە صغى لايم ايلا فلىفضرقا قىلدىنىك   كنى فرۆندۂ حجاج كال ... اولمش

قاۋاك ينج نۇال ز اينتما سى دىب ئند

كيم سنىڭ ئندنىڭ ئنىماسى ليلە انكا ئند اولمش

ذلفى خېربان كرد قوغنجە ايدو رسى طرفى ايشى   نخيروا تلبە كۈڭلۈم قصدنغە بلا باغلامىشى

روشنى ايلا رشعلە ا يستەين كۆرنكە دۈركى   محمدشىم ايلىكدە التون ىلە بىدە كىتى

ىارجانم مقدىشم بردم كە ئنشلا رلعل نى   تحكم ايلا رف فقان قىى اى ديبا ن باغرى يونى

ذارحسمىم غنتاكى سركشتە كىدى توشنا اوت   اوت عين ايلا رايلاڭ دېر لوب يالڭ فى

لعلىدىن جان الغالى طامع كليمكىڭ جانبرى   ايكۇنلى مروە اول يارىش بۇكلى

غرە چىن اۋلەدن ايكى بلى ويەك بۇ باغ ارا   هر بهارى كلە انكى سنۆن خواجە يارامىش

قات ریسی کلدی نوای نغمه ویع ایرماس عجب
کیم باغیر قانه منبله کونکلیدا تاغیتی پرورشی

عاشق اولدوم بیلمادیم یار اوزکالارکا یار ایمش　　الله الله عشق ارا موندای بلالار بار ایمیش

قیلدیغه ایل میل قیلغانیدیم کونکل آزرده دور　　اول انکادا دارلار ینکه عاجلی اوزار ایمیش

ایلیکا اولدوردی مین اولدوم ایدور بو حارق کیم　　جانیم اتکانیتی ایلا باغریمکه صنوغار ایمیش

رشک کیم مهلک یارایم اغری غه جکتیم ایکلادیم　　کیمکی حسن طرفیدیم سوغانغان تارایمیش

کوی دیواری اغزیمی تنی غه توتکان سایه دیک　　سیل غمدین ایمدی سایه اوزینه دیوار ایمیش

جانه محزونم انکلادیم تیغ هجرکیدین انیک　　بیلمادیم بو ایشدین اول اولکوچه منت دار ایمیش

ای نوای خوبلار نی کورمه سا ایلیق پیدا
کیم بروکیم سالوی اوزغالی جون کونکل دیوار ایمیش

بروکه دیو ساری ظاهر ایلادی اخلاص　　برونیق نفعی بوکیم خانقه دین اولدی خلاص

خلاص استاسا انکه اندین عیانی قیل اخلاقینی　　که یوق کیشی که خلاص اولمایین یو نوع اخلاص

عوام ظاهر دیک ایلاکی انکا ظاهری نی　　صیتمر اوطادی باطن ایشی بخوبلی که خواص

بروکه خاص عنایت بو بولدا عام اولدی　　که کونکلی باشی دوزه قیلیب قیلدا اوزی رقاص

تعاویذی تیلاباتی بزکا نرتی لیقی نه ایستیغ　　بو دورتنغا رغینه بحری اچره بولا غواص

نوای

نوایی بهجت سماکه قیلیک جنبش اول / که تیغ شهید بیله کلدان قصاص

می منی قیلدی ریای پارسالیقدین خلاص / پارسالیق بولکه جیب عجب و نخوتدین خلاص

خانقه اهلی بولوب مستلیقدین تینمادی / شکر کیم بولدوم اول ارباب نشالیقدین خلاص

عشق خلوتکهیدین سالدی یک منی بتخانه / قیلدی زندان کورسه سیدای قبلالیقدین خلاص

دیر پیری جرعه سین تا تمایودریم اولادرشادلیق / دیر ابا کار آرزو قیلسام کدالیقدین خلاص

ای جفا کر بر جفا قیلکیم ایکولان بولغامیز / من جفا چکماکیدین سن بی وفالیقدین خلاص

ساقیا بحری خماری اهجره بت منا جانه / بر قدح بیرله منی قیلغیل بوارالیقدین خلاص

ای نوایی پنو استاب سینی دلدارهیز / کر نوا استارسه بولماینو لیقدین خلاص

کیم نایبر غم محنت دوران تنغیص / بیخشراقکیم انجا بر ای غم هجران تنغیص

بر غم داغی تنغیص جو بیحرانجه ایماس / تا فضایتره کونکلی چسنه وابیطان تنغیص

من اودوب بوی جنون دیشتیده الکیس سبع / کیم ایرور کونکلومه غم بابیدا فنهان تنغیص

جرخ دین ضعفیم ایله بولسه ملالیم نه عجب / کورار اول زال بیله رستم دستان تنغیص

کویوی فرحت سفر باغلاغان اغیار نهانکه / باغ کلشن داکورار غول بیابان تنغیص

ای نوایی سیز ایرور تلبه لیغ ایلادی برده / اولپری یوشی غم جکیب نالهٔ افغان تنغیص

جان بیتب اغزیغه تا یمان دردهجر اندین خلاص   جانیغه هجر اندین خلاص ایت یا می اندین خلاص

رغدین اجتی سنبل کلاه وذره ایلا کیم بولغای   هر کونکل عالملار اول ذلف پریشان دین خلاص

دیمه نانلکیدین اوجار یرتشم ایلدین او یقوکیم   توین نیک اول باشیدا یومادر بو افغان دین خلاص

رحم بیرنا قیتینک کونکلی او وهم اندا ایشکیدین   کیم کریب ویرانه بولماس گنج طوفان دین خلاص

استامالی بر بر نسنا هر جان دل اگر ار او جون   کیم انا مونیدین خلاص اتکیل مونی انکیل خلاص

جام درد یدین خلاص اولماق نه دیتمار استام   ایک بولماق استادینک انده درمان دین خلاص

هجری اول ابجره قالیش یا هجر اندین کونکلا   وه جان بولغایکه توتغانلار بو ودران دین خلاص

بنده ذلفونکدین نوائی نه خلاص اتکیل دیسام
دیر بولغای بولماغونجه حکم سلطان دین خلاص

ای داغی محنتینک منی مبتلاغه حرص   اولغو علم درم لساری بولغاکه اوغه حرص

هجریدا وصلینک استا با ناخ ایلامین اضطراب   کورکورکه ایلا کبی حرفی اهجردا دواغه حرص

هجر دم من وصالیدین اوشبو عینی اشر   هر کیمکه ظاهر ایلاسه بر مدعا غه حرص

من جفالی جوکسیق حرص ایلارم عیانا   نه تانک اگر اولما ایلاسه ظاهر جفاغه حرص

سالکلار هیچ مذهب ایتا حریص خوب ایماس   الا بو اسکی دیودا جام فناغه حرص

محروم من حریص ایدین ایرور ولیک   وصل ایستیدا گرما یمن او لماک اراغه حرص

درد و غمین

درد غمین کوب ایستایو بولدی نوای غم — مونجه کم اولماس ایردی بزنینک نواغه جرمی

ویمه نه سود ایردر اولماق فنا ایجینه خاهی — بینه نه سود کی اوذلوکومدین ایتیب خلاصی

عوا میدین دیمه کیم اوذوی نه توتقادی ایر سانک — اوذ اوذنکدین اوذونه قتولماغو جهد قیلغیل خاهی

کونکلی خلیل ایت فارغ ایماسی خواطر دین — جراحت اوزره یقیلیا قودور جبین عوخواهی

عجب ایمس دورار تا فتی کوهری مقصود — براوکی بولدی فنا اشکلی بهری داغواهی

اوج قاقارمین اوز احوالیمه تحیر دین — رمیده کونکلوم ایرور بجا صول ایلیه رفاهی

دیسانکه بوبولوا اولای نفس نه بروح اولتور — که عشق تشریعیده کویا بونوعی کلدی قهاهی

رضا یولیدا نوای باروقیانه چکسانک

جو عشق باغلادی بوبینغه رشتهٔ اخلاصی

ای سنینک خنجری هجرینک مرا سیسی جانمه خاهی — هرجنون تاکسی کی اتساکه تنی عریانمه خاهی

نشا قید پدا تیلانک عشق طرف خاهی لاربرینی — کیم ایرور خلی سیله کلبهٔ ویرانم خاهی

اوبقوخا الحی اولدی مینک بخت گران جانمغو — اویغو هر سرلیق بخته کیم دیدهٔ گریانیمغه خاهی

تا رتماق ظلم ستیم جانمه خاهی اوذغاندیک — قیلماق اول ایکی نه حق ایلادی تا جانمه خاهی

ای اجل هجرمی تون جانمه قصد ایلاه کوب — کیم هلاک انتمای ایرور محنت هجرانمه خاهی

خوبلار با وفا اولمشی متغیر کونکلوم — نیکم کلدی بو ایسی کونکلی الفانی خاهی

استماعه باغیدا بلبل اونیدین عشق اثر

ای نوائی کیم ایرور بو صفت افغانه خاص

عشقینک ایلیکاری غم نار برله اختصاص — قیل غمینک درد و بلا برله اختصاص

فتنه لر جهاننی قوا استماس بیلدین — استار اول ایلی کاتی قرار برله اختصاص

مخصوص بولمایکم سنکا یوق عیب بولماک — عالم ایلیدا شه غه کوا برله اختصاص

تا فسی کونکل قدینکه خصوصیت ایتمه عیب — کیم کور کوذدر کلیم عجابر برله اختصاص

اول کونلکی قاشی کرفیک ایله اختصاصی ایسه — نه تانک قراقچی غه اوق یا ر برله اختصاص

اوواره لار نه استا جهان اچره کیم کرکی — دیر فنادا اهلی فنا برله اختصاص

اول کل فراقی اچره نوای فغان ایله

بلبل دورور که تافتی نوا برله اختصاص

هر کشی اوذنی قیلور اهلی فنا بر مید اخاص — کیم قیلور اوذ لولاسیدا او رنیدیج اوذنی خاص

درو غم خاصی لاریدین مدح اوبلا کدور شیم — بولور ایر عشق غم ایله درد یو بونه خواص

بولمایوج غرق فنا استماع کیلی کو هر وصل — ورد تا غلس کی تا بحر یدا بولمای غواص

قیلمادی ذهر جنیج برمید ابر درد سماع — نی اوجون بولوی ایکیج شیفته کونکلوم رقاص

مکی کوز قاتیق آقزودم اقیرور هجر داغی — قایم اول قاج اوچون اینک اظهار قصاص

فتح

فتح بالب تیتیماسی اگر ایرماس مخلص　　کیم اوشول فاتح تیلاکلا ذمیم دردن خلاصی

فیض عام استاراسانک ایلا نوای اوزره　　بو فنا دیرارا قیغلار بزمیدا خاصی

قیلادی جانیمنی هجران بنده دیک دوران خلاصی　　مین نیتیب اوزره خلاصی تیغینگ بولماس خلاصی

جان منکا مین جانغه اولماس استانی ایرور هیچ بزدین　　مین جاندین جانیمنی منیدین ایلادی هجران خلاصی

اولیری عشقینگ دیماکا یا شورکه اول تیکلمیش دیه　　تلبه بیلک عذری بیله بولدوم عریان خلاصی

ایلام مهلک دور غمی هجرانکا وصلی اولماس　　بو اولوم لاردین کیتیش بولماق ایماس امکان خلاصی

جان بریب دیشوار اییغلار برله دوران اهلیدین　　سیمک مخلص تا فتح بولغای ایل تیغ امکان خلاصی

اوقی نی جسما نداییکانوی خلاصی اولوس ولیک　　بولمادی سونکا کاچیج دین بارینگ پیکانی

اول پری شیدالاری دین ای نوای استاریم

ایلایم هوش اهلیدین مجنون سرکردان خلاصی

قیلما انکا نجه ریا اهلیدین اکمل اعراض　　ینخراق صدق ایله کر عارجی ریالیق مرتاضی

محرم صادیق ایرور عذری بیله قابل فیض　　معجب بی و غره بولماس متجلی فیاضی

اوزلوکا بیک سلسلدیک اخلاق مکین نی سو تابار　　کیم کیتار سهل ایلانجه مخالفی امراضی

باشی آقاردی کوز آقاردی اقارماسی کونکلونکک　　تیره سنی هجغه کیم توتتی سواد بیاضی

جلکه ریاضت ولی ایش اورینده گر توتمادیکیم　　بو ریاضت دور اویکیم عوض کلدی ریاضی

بارچه نیشی و فیقدا اچق بولسا کو دور غه غفلت — بر غرض دین جو بولور دفع ارالی ککسی اعراض

ایا یارما مکه تونتاریم تقوای نجه — فقری تاریدا اغی انکو حیدور بو تقواضی

هر نه الیکه کلور حقدین ایرور عارضی — بس تحمل قیلیبان ایلدیم اعراضی

جمله عیشی نوای ینتبا یاشور غالی

ایلی کوزی اچق ایرور کوزی آتسه اغماضی

سهم کم بوی لعلدین جان تیلار جانانی عوض — کونکلی بیرلدیب بیر جانانی آذر دور یوز جان عوض

لعلی نه انر بهمه الا الماسنی ایاغین تقواغیم — تا فسام ایتمانی مکت الر جانی استاسا بی جانانی عوض

یاپی بوسین هم ایاسی حلیم ایاغی تفراغی — کرمیسر بولسا جانانی بر حال ایرور آسانی عوض

اتیلاری نیله خاک قاییق کوزی لی هم راضی منی — کر تیلاب الدونیک قرار هوشی فغانیغا عوض

ساقیا توت لعل کونکلی می بحر یدین ذوقی بیله — کیم ایرور بر جرعه سینو نقد بحرینی کان عوض

وصل ارا بولماقیم میسر بولسا نمن جان جهان — کر بیرلیسه اوترادا بر جانی ایلکسی امسه عوض

ای نوای عشقی ترکیغ ایلاکیل یخودلیغ من

وصل محبوبی جان بردیم بولدی منکا هجران عوض

عارضینکدور آفتاب عالم آرا دین غرض — جانی فزا نطقونکدور انفاس مسیحا دین غرض

اجانا عاشق کوری نه دیوانه جنونیک بولماقی — هر بری پیکری جا لیغو تماشا دین غرض

اوق

اوق تیکلیبون کوزلاریم کا بولماق اوقدیک قونیلکا
باغ ارا اردم یوان سرو رعنا وین غرض

درد محنت چکیلی مکدین قصدیم آنینک کویی دور
کعبه دیر ساکیکا کوه حرا دین غرض

ای نوایی یارنینک مهری وفاسین ایستاسار
قیلماس ان بولسانک کونکلکا ظلم بیداد دین غرض

ای صبا جانیم هلاکین ایلا جانانیمغه عرض
بو قیب حبیبیم ناتوان احوالین ایت جانیمغه عرض

آل دودین اشک قانین ناله انیننی ایلا کیل
زلف سنبل یوزی گل سرو خرامانیمغه عرض

کونکلوم ولوغ ویران ایچانمنی برباد ایلادی
قیلغالی جانان قصدیدین اینیک ناحسل یمغه عرض

وعده وصلی غه یتیمای اولماسانی ای رفیق
قیلغاسن بر یرد اکورسانک عهد یالغانیمغه عرض

عاشق اولغور دا کی کچمیشی وه کم عشقیم سوزیغه
ای رفیق ایتسانک نه اول بی باک نادانیمغه عرض

وصل شوقی غالب مین لحک لالا ایلاماق کیم
حاجت ایرماس کاشف اسرار نادانیمغه عرض

ای نوایی هجر ونغدا ایندا جانیم جوق بار
قیلغاسن نافعانک عجل البته سلطانیمغه عرض

قیلدی ایرمیشی ناتوان سرو روانیم نا مرض
زار اولارمین کیم قلیب دور زار جانیمنی مرض

جون تغار اذار جانیم کیم مرض دین یوق ایسه
ایلاب آزرده جون ناتوانیمنی مرض

کر مرض نیک لازمی درد بیلان ای کونکل
درد عشق اتمادیمو یار ولغتانمنی مرض

صدقه ایلانکمینی مردود دی نا ای دوستلار
کیم ضعیف ایتمیش اولوسدین تانلاغانیمنی مرض

آریان ارنون تور سون کوردی الحون مست الار سون الحون
دریان ارنوه کوردی کوردیه انوه مست انحون سون الحون
الحون

درد ولیغ کونکلوم ملالیکین ایستارم کیم کویدا
یتعیش اول آواره پنجا غنچه‌ینی غرضی

یوز تمن منیدیک کمی بر اول انیک صدقه‌سی
بیلماسون آزرده یارب غنچه انمنی غرضی

تامربیقی اولمیش ننکایم قان تومار کریبان کوذوم
ای نوایی دین الور من توکتی قانینی غرضی

ای قویاشنی وصفین دیب کلامی صنعاریننک غرضی
آبحیوان وز یوین لعل شکر بارینینک غرضی

اولکه ویب دورلاربون بیستانیند روحی روان
اهل معنی الیدا قدبیله رفتارینینک غرضی

جلوه کر کوشر و لاله دین قویاشی نینک ملوی
کوزکو ابره جهن عکسیدین نمودارینینک غرضی

سیله موجیدین رقیب بیکخانه پروازینینک مراد
برق تیز یورین سمندی برق کردارینینک غرضی

ایکو نیکل فرهادنینک تاغی هستین دیتم دین
درد محنت شدتیدین جسم انکارینینک غرضی

اول قویاشی نغدای فلک هر ذره نی دار اتماکینک
ذره مقصودیوق هر نمار افزارینینک غرضی

ای نوایی عمر تا پند وفا پیرلیق سوزینی
کیم بیلور غنچه کورایه ور سروه شعر بادینینک غرضی

چالیم نی ایکین ایلاکوچی یارغه معروضی
من بیدل تشکین قیلغوچی دلدارغه معروضی

بیرلار اوپوبان انشا بیله ناله‌لار ایلاب
برخسته غمین انکوچی غمخوارغه معروضی

ای باد صبا جانا صدقه‌سی کر قیلالماسانک
ذاری سوزینی اول باعث آوارغه معروضی

تونغانلا صبوحی اوچونه اشانکبوحیندین
بخت اویقوسین اول دولت دلدارغه معروضی

هجران

هجران خماری ارا رنجور اولا یمعنی　　کیم ایلاگای اول دلبری خمّاریغه معروض

هجرم تونیدا چرخ که دانلای حرکت دیر　　ای اشک قیلیل اول کوکب سیّاره‌غه معروض

اول دردِ فراق اهره نوای که تا فلاسی

بر بر کیم ایکین ایلاکوچی یارغه معروض

جانغه دلفونک تابیدی اول لعل خندان دور غرض　　خضرغه ظلمت تیلاردین آب حیوان دور غرض

شوق اوتیغه اوریملسام سوکوینو ور کونکلوم غه بال　　استاطه دین اوقلار ییک کونکلو دا بینکا دور غرض

بیخود ای هجران عذاب ایلارسی انسیز جانغه　　اشتعال نیک تا تاپشوران کرنخودسا جانغه دور غرض

یوز توکنه قویودوم ایماسی قانی بلیک جاج ایکو بیکلا　　کوییا اول بیوفاغه اولکه هجرانه دور غرض

الا اتیار بولساتک کفیکی وجهتا قیمه تیغ سود　　من بیجیل من کرسنکا بوبرادیج قانو دور غرض

عالم اودم فدا انک اولمونکا یارسیز ای حبیب　　سنی غوضی انسا فدین عالم دین انسانیدور غرض

ای نوای واقیغ اول جانیکنو یازیغک الیدا

بس فراونه دور غرض کر حسرو ویرانو دور غرض

بروکه امری خلافدین ایلاگای اعراض　　اکر اولو رشهی دوریوق انیک کیبی حرتاض

ریا و عجب و حسد دفعین اریت فنا بیلاکیم　　کیتار بودار و ایله بجه مختلف امراض

عملغه باقی کیم بجری فصل ایرور یکسان　　قفیل بر عالی اولسون دیل قفیل عیاض

زمانه اهلی نی بو کارکه ایکیلیل ظروف کیم تولا دور انجا مختلف اعراض

هلاک نفسی ولی نطقی بیلکه رشته لغز کیمیا رکش که علی ذوالفقاری دور مقراض

سواد قیلی نیوب وقت ایرور که یغاور سانکه که عمر رشته سی میغ اجل کیتوروی بیاض

بو قصر یا شوروی اول ای خوبا قیم اوزتاره جهان اگر چه ایرور بارچا فنی ایشی ایماض

بروراولولا که نوائی حدیثی جان بر له

ننیدین که فیض رشتکی باغلامایدور فیاض

ایحبیب اولتوغ خ کل کل قیلدی لعل ناب ایله عارض منی مجنون نجوکیم دمبدم خوناب ایله عارض

مکر سنجاب اریشکیم تلفاری شنکرف کون اول سرخ قلیب شنکرف دیک کلکون تون سنجاب ایله عارض

هم اول کون مهر اقبالیمنی غم شامی شبهانی قیلدی کیم اول کلکتعذ فیهما سنبل سیراب ایله عارض

قویاشنینک پرتوی بیله که نیکه تنک توتسا انکه ایرور انداغ که تانک بولغای قویاشی مهتاب ایله عارض

مکر دیبجیر دلفونکا رشتی دوا بیشیم نصیبم دور که هر ساعت خراشی ایلارمن اول محراب ایله عارض

قاشی بر له اشارت سجده ایلارکوشی اوزن [illegible] که ایلار سجده روشن قیلسام اول محراب ایله عارض

نوائی عارضی سارغاردی غم بیله نجو داولماقوین

نجوک سارغامغای بو نوعی قوردا خواب ایله عارض

تیلب بولکلارکا آه افغانیدین منی شیدای ضبط ایلایکیم جور جفادین اول تب نیمای ضبط

هر دم

هر دم ایلای قانینی توکار ادسردیک حبیب بیلام ایتیب   کیم دور در کیم قیلغایلی اولتوغ قدح پیمانه ضبط

شوخ جلو قدینی ظلم قیلماقدین ایرور بی اختیار   کیمکین ایرماس قیلماق اول جور ملک سیمانه ضبط

ذلف زنجیری اهل عشق کونکلین تارتیبان   ینخشی قیلور بر سردک دیوانه رسوانه ضبط

تنکه کونکلوم وحشت قیلسا ملامت عیب یوق   عامل ایلا مجنون نده قیلغای هکر صحرانه ضبط

غنچه لار عجب اولماس انلار تریکنه عجب   ایلا ماس کونکلو دین چون لعلی روحی افزانه ضبط

ضبط ایلا ماس اهل عشق کونکلی کشوریینی   خسرو کیم ایلا القای سر بسر دنیانه ضبط

اشکی موجین منع ایتماس منداه یوق اختیار   کیم قیلیب دور قاصد تا القان دفاع دریانه ضبط

دور ابلی ظلمین خیال اتمای کیله بولدوم بیهال   تنداو کیم قیلدی برو سواس ایله سودانه ضبط

دیر پیری بنده سی رمزی کونا قذ حکم ایله   ایلا میش یوز منیک جمود کبر ایله ترسانه ضبط

ای نوایی سنی دانی دیوانه لسی کونکلو یک داغی

کر سنی ضبط اتمالا کیم ایلای الغای انه ضبط

نغسی قطاع الطریق منزل لیو دور یوریا ها   نقدین صفعطه قیل اوتکوبجه انین احتیاط

طوق لفت دیلکه بویندا تسبیحینی تانک   مکر حیله اوزن تشنیع لیلا برله قیل اقتلاها

تشنیع جاهل بولماق اوز اسراری برله منبسط   غفلتا هلی نیک ایله قیلغان کیبی دار ایسا ها

ذوق جام برله وجد اتمه ایرور اول طفل کیم   می دیبانه رنگین سوزی قیلغای ایجب عجلا اختلاطا

فقری کوی اطلابیدین کمکیم کورگای اوذین   تا فنا نشانی ایت لاری سلکی دا تافیغیل اچره دا

وصل غم یول بیجیدین فقری اولون کوییدا طرفم   بر ماو جماعت دور نجیلی بردین تموغ بردین ایچره دا

ای نوای عشق ارا بالدار سور سالکه حدیث

انداهمون بیله غرض مقصود کوریدا ارتباطا

دیر پیری خرقسیدا بولغیل ایه قماری شرطدا   کیم بیلین رست ایلاغای اوتلاب دوزوقی وفقار شرطدا

شرط قیلیبکیم ودا سیرلارین ایلاماس سوبماس   عشق ذوز استطابه ولی باطل بولور ستار شرطدا

توبه قیلماق ایستار ایرسانک قیلمه دعوای اشکار   تنگری کا تا فتور ادوزنکنی قیلماغیل اظهار شرطدا

بولماغیل آزرده ازرده قیلمه کیمسه نی   فقر آینی دا بیجیکیم ایماس آزار شرطدا

عشق انی جیبالار فهم ایلاماسلار بیلکالیکیم   باروده انوینی جانی ریشی خاطر افگار شرطدا

شرطدا ایلا دعوی فنا اچره ایماس شرط ادب   بی ادب لغیدین دور اتقه شرطدا دعوای دار شرطدا

سالک ایشیغه مشغول بول ولی دم اورماغیل   کیم بوبولا شرطدا ایرور ایرماس دیکی گفتار شرطدا

استیار ایرسانک تنگری نی بت لارنه سینودورنکالیکیم   اوشبو بولدا دین عجبی غیر استغفار شرطدا

ای نوای جرخی دیه جرا ایلار ایکی کوز تو تمه کیم

حاجت ایرماس قیلماق انی جرخی کجرفتار شرطدا

یوزوا خالیکه دور مونا یا اچر برابتیار رجالیقدا خط   تا مدی قدرت کلکو یوین کون محیطیدو بر نقط

سبزه

سبزهٔ خطینک کوروبمن یاره توربا قیقلاری   کوب تنفرلیک الکرده تیره ایلار کوزنه خط

ای نی رخساریننک دیبیم کویا قویانکه ایردی توتی   کیم هلال سرورقیدین واقع اولدی بو غلط

بجار اسینی کیرار مردوم خرامانی قامتینک   کرده کیبیک دوراق الغیکیم جایبه بولمیش در وسط

ترکی انجم شاهی بحر بیمنی یاروقماس کوبیا   ناوکی انجم دین اولمیش توسنی کردون سقط

مسکینک می اوتیدیق ای منعم ایوراتینی کوه   اندا بر اوتلوغ سمندی تولا هر ساری بسط

ذاهد اولودوم دیب نوای عشق نی ترک ایتمیکیم   بو کمان اول اتقو تونسون طبع دور فهمندن فقط

سرفراز سمتی قیلاق تیلارایر سانکا مضبوط   نفس روحی نه دنهارکه قیلمه مخلوط

روحی اول نور دوروکیم حق اظهار ایتتی فیض   نفس ظلمت ده قالیب بولمیش انکا پایه هبوط

روحی رحمانی ایور نفس دور شیطانی   ایکیسین سر بر بیکا قوشماق ایماس تو ور شروط

روحی عیسی کلمة الله ایتیو قیلاق نقش   نفس فرعونلوق کبابینی ایلار مربوط

روحی غه داهب حبیب الله اتی آی نی   نفس بوجهل اطواری نی ایلار مغبوط

یارب ایت بزنی حبیبنک صحیفه‌سی راسخ   ایلا بوجهل طریقین ایچمزدین مسقوط

قیل نوائی نی اوشول خط بیله عازم یارب

کیم بر ایر یاتوری ایریلدی اوتونالغه خطوط

خط

کلا اوزره عنبر باد یلدی ظاهر ایتما چیار خط   عارضی کلکنلار اوزره کیم کوروی عنبر یلد

خطّینی کوروب تیک لب اوزره گر مور و خط　　کوروناوی شنکرف اوزره یا لعل اوزرا زنگار خط

دیما کیل خط یازماس دنیک بحر بیدا کیم ایتور کیشی　　یوقتورور لیکین یاتور بحر هوا ایوره طومار خط

اول پری قصریدا خامیم نوکیدین آه اوقی کلور　　آه اوقی برله یازار حالتدا مجنون وار خط

قاتیمه هجران آر خط ایلامیش نی دهلی دیب　　اشک ال کلکوندیک عیان قلمیش سریغ رخسار خط

اول تمام قدین ایردر ساریغ جسمیم سطر لاجدیک　　کور کوزوم دین تمناغی ایله بیحد رقم بیمار خط

جام جم دوریدا کشور اهلی نیک تاریخی دور　　کیم عیان ایلاب دور اول ساغری انوار خط

دور گردون شیر دین توزلوک توقیع قلمه کیم　　ممکین ایرماس مستقیم اتمک رقم پرکار خط

یار خطّی دین نوای خسته کونکلی ضعفی ایتار
ضعفی غه موجب بولور کوب جون اوقور بیمار خط

بوزونک لعلیکه دیش تاپار هر لحظه کونکلوم انبساط　　ایلامیم خاطرغه یوز لاغای کلب یلیدین نشاط

عارضینکنی آی دیسام یوق عیب جون کورکوزماده یک　　ای قویاش چهرینکنی آچ کیم یمخش ایلابی احتیاط

ایلاسام ظاهر اتینک مهری نی مجلس اشکارا ایمایین　　ذره نی بولغوسی خورشید برله اختلاط

هجر یوقی تیمان وصال ایچره نه ممکین چیغور سز　　کیم تموغ دین اوتماغ اوجاغ ساری قطع ایتماک صراط

باغلادی کونکل غه بو منزل لوغ نی غوی کیم ایرور
بر یاکی مهمانه یری هر لحظه بو اهلی رباط

اینلا قیلدیم

ایلاقیلدیم دفتر عشقینگ نی هر دستان حفظ کیم قیلور اهل هنر سوره سوره قرآن نی حفظ

تلبه لیکدین کرچه یوقتور خاطریمدا هیچ حرف لیک بس خواب اتیمشام افسانه هجران نی حفظ

عارضی کوبونکی وصف ایلار نی قیلدیم آرزو ایلاماس اولی بهار ایستاسه بوستان نی حفظ

یوز بلاغه اوچراسه جانیم غمیدین نیچه هر بلیت دیو الحق ایلاب جانان نی حفظ

یار دیرلار ایلامیش کلبیم غه کلالا اختیار وه ایلالغوم بر اختیار افغان نی حفظ

شام زلفی قد نه مهری عذارین کورگالی ایلامیشمن سوره و اللیل الرحمن نی حفظ

ای نوایی عشق اطواری نی حفظ ایلای دیسنگ

باری ایشنی ترک ایتیب قیلسون هنرینگ دیوانی حفظ

نیچه یالغان سوز مقیمینگ حرکات ای واعظ مجلس اهلی یوزیدین یوقمو اویات ای واعظ

حور جنت غه اولتورمکده مکر اولبان ایلنی ییبارورگه قیلاسن قطع حیات ای واعظ

دیویلار بند ایله توسین لغین ایل نیک اوگسوت کیم دیدی تیکمل مینی اوشا طات ای واعظ

یا شوروننی دریغه دور نشکی ابایی شطفو نیکدین اثریدین یوزوم اوزره قطرات ای واعظ

نیچه ایمدی گامی کوزونگ نیماک ایجمالکا ان حکمت اهره بوایه ورنخش صفات ای واعظ

اوزنگا ج یولداق اورگاج اوزنی کورساتی گا کوز توت اوز جالینگ گا تقصیرات ای واعظ

دیر بری قیلدی دورومنی کیم اگرچه می ایچار بار یارب اوز استیدا ثبات ای واعظ

ایلانجون رزق نحاذی سوزیلا بیج اتینک

تا رتیغل تغوقو ایمدی صلوات ای واعظ

ای ادلوکنی تیرکو دور جاغدا سوز وتب بار لفظ   دمبدم ظاهر قیلور نطقونکا مینیه اشعار لفظ

قد نینک اول نخلیکه کوهر دور دانی الفاظ ایرور   الله الله نی قدر عنا و کوهر بار لفظ

لعل هر لفظی و معنی کوهر بور یوق طغل ویک   بر ادا یه معنی ایلاردا دیکهای بسیار لفظ

عارضینک وصفیدا کوب سوز سانکه قویاش لفظی تابک   عجز ایله معنی اوکسیدین تپار تکرار لفظ

هجرانی انوی نی تافیب دور ناله دین بو غرق و خراشی   کیم بولور دردیکیم ایتور ذمان افکار لفظ

نی ملاحت خوب یکم دیباکیا ربار ایلایکم   معنی اولکیا جاتینی نیز انطام پرکار لفظ

ای نوای کوبکلونکا برسانک صفا پار الیدا

فاش الوریستر نکتی حاجت ایلاکای اظهار لفظ

طریق عشق ایدا بولمیشی منکا بلا ملحوظ   نجوکی که فقر و تیلاردین منکا فنا ملحوظ

اگرچه درد سزا و لمیشی دوا اولی منکا   بو دردهستاکا نیلاین ایماس دوا ملحوظ

غریب بر منکا انتها دینلی ذاهد   کر بار دور اهل حقیقت غه ابتدا ملحوظ

بو زمانه نینک اول تغار دیر پری دینی قوچی   یوق ایر بر منیدا ایر عکسی تشکدا ملحوظ

عجبکی فیض چراغی اشتیلا سا نوای نور   برو که بو نوای انیک ذهبی و ریا ملحوظ

ایاغه

اي آغىزى كريشته پوشغاى بلا مغىلا ماڭى   كر اولسه يا دېن كعبه صفا ملجو ظ

مي ايچكى خلق گنهاىن يوماقغا ابو كرم   ياغمار مجملدا ايسى رنج پارسا ملجو ظ

نواى اي بعدى قدح كشوڭ يا رو تغىل كم
يا رو غلو ق او ملا وى تقوى پله هنگا ملجو ظ

كر يا رىڭ اجى اليوز دور يا ره ملا حفظ   او نم خوشى ايرور بولما هبيا رملا حفظ

بو كوز غزيا ايلا دور يا رغ دوستڭن   كيم توپكسى اوزى نا انچه كما غىيار ملا حفظ

دور اهليوز نحا نه ملا حفظ بولا نغاى   نچو كى ايسى كبند دوآر ملا حفظ

فر يا ديكم عشقىم مرض بولدى فزون راق   هرچه كه بولو وم عت پهار ملا حفظ

مى برله قفقا تا جا غوسى عقلى ايله تغيير   هرچه لا يول خرد افگار ملا حفظ

كونكليكا انواى ىيك او راشق نهان ل اوق
ميلاب بولا نواى ول افكار ملا حفظ

ميسج آمين كر منبردا طاهر تىلدم واعظه   بنى اورينىو اورماق سنجاره ىقىد وقدم واعظه

ندىى بو جرع اىىو مولا غىاى بولجنون باعث   ندىن سايب اياغ ايلكىن جا راون وهوم عظه

اياع عنبر فاىب ايلا دى ستارى اشغه   ىنىد وكرزراق حصىن ايو مكى سروم دور واعظه

اگر جاه غرور ايحا ىكا جليسى تقوى زمامش ينحون   نظار جان ايله او حمين اىه ذيربم عظه

کرم تیغینی ایلار مجلسی اهلیغه فغان ایلاب — ریا دجهینی ایلادی الماس ایلاب کرم واعظ

قدح ای دیر پیریدین که بوده فنا حجره — قیلورلار رونق بخش باده دیکای هر صبحدم واعظ

ملکیم سماتینک ذهنه سی بولکوهنا حیز — که اندا احتیاج اوزغرین کمانی ایلار علم واعظ

قلادا تجقویب می ضعیف ایلغا ایلماگای سوقی — ایرور چون خلوت حجره فی اچارکه متهم واعظ

نوائی تانک ایماس بو واعظ دین منی‌لانه غبارسا

کدن فسق اتکای اوزین یلم کوب زنطا یکوردی ای واعظ

نه نطق دلکشی ایرور وه نه دلکش الفاظ — هیپ نطق دا یوق سیله جان فدا الفاظ

ایرور خجسته سوزونک فیض موجی بیک تنکری — تنکری ذاهری بری لعبی ورکای بیها الفاظ

سوزونکدا الفاظ نشته که عرب فصیحلاری — بیری نه قیلادیلار سوزونکا ابتدا الفاظ

سوزونکدا ایری خرد تاقمایین غلط احکام — تیلیغه سهو ایله هم اوتمایین خطا الفاظ

سنکا ندیم اولوبان جبرئیل کیم کتوروب — بر آشناق نشدین بارسه آشنا الفاظ

سپهر جوفیدا کیم باوجود احجره سوزونک — بو بحری اجنید جواهر سوزونک ارا الفاظ

نوائی ایلادی نعتینکدا ور دبولنه تانکه — انکا کلام رواتی بلنجشی منتها الفاظ

ای لبینک ظاهرا ایتیب شترین لفظ — خواه یا لفظی دیسون ارخود حین لفظ

جبین یا لفظی اینک شوین دور — کسر دیب برذم ارا جنذین لفظ

اتیتین

اتشین لعلینک بس رنگین ایرور — نه عجب قیلسه عیان رنگین لفظ

لعلی الفاظی منی او لتوردی — تیغ برنی قیلاین تعیین لفظ

قهر لطفونگ باری جان بخش دور — بیله کیم کوردی حیات آیین لفظ

قیل نوائی سوزیکه معنی قصد — استا ایلارکه بتین صورت لفظ

ایستاسانکیم اوزغا سین دور انقطاع — اول وداع اتکونچه سین قیلغیل یورونگا الوداع

جان ایرور شیرین مهلک جاچ اوچون ایلکیدا تیغ — تنگری عی و رحیق شربتی مرکب ستاب ایلارسی فداع

سرا وینیک کتاره کون قیلای اوچون نه تسودیکیم — حشر باذارینداب قیمت دور رموندانی متاع

مسکینک اخر یوق فراق دور که اوتکار حالی بند دور — همرقینک ایوانیغه کوکی کبنذینی ارتفاع

صندل ایرکین اوی بیساط ایلویح کوراسر ونینی — کیم بو بنکلیغ کوردی صندل کوچا یعکوردی صداع

یر او پارسی رزق اوچون منت یوکیدین خم بولوب — تنکری یارنیک کیم قیلورسی خوش نمازی اقتداع

وردی قولا قینکه خاموق دیم پر جکیب دور ایل سوزی — بو خاموق برله جکیب دین ایلاغاسن استماع

پیت شیرین کرذبونی اینتسه شجاعت دین ایماسی — تغنی آقین قیلسانکه ذبون عالم دا یوق سینذیک شجاع

ای نوائی تنگری سیرار سنه تیلی محرم ایماس

جان کونکلونک ایچ دیتویلم جاودان اشیق شاه

قیل کونگلونگ اولیا فکین عارضی غه یا قسام وجهی بوق واقع — قو تاشی الدیا کورمایو ورکتی کونکلونک بولوب مانع

یوز ییدیک کیمکیلین ایرماس ای مقصور حکمه خدمت کیم قویاشی جرمین توشوب چلی ایلکا تکد رنکی ادتیوریع صنایع

لبی هم اورتادی جانیم هم اچیغ سوزیدیخ یعنی سجوکی لوکدیدیخ استیغنا رنج خوش شربت ایماسی نافع

یوزونی جه قیلسام نظر اغزینی کورماسمن منظر غه کیلماسی ذره خورشید اولماغی طالع

جمال اغیار ساری مجنون کونکلوم اوزیار تجبیدین ایکی پریدا نینک جلوه سی سودا هرکز بولماد نافع

لبی جانمنی قیلدی حیلا دردینک خسته کونکلومکا تا انکه ایرمکتور بینیدنیم کیم ایلاین شهباز جلوه ساجع

کوزدونکه فکریدین بیلدتن خلوتیدین ناتوان کونکلوم ریاضت عینی دور کونکل بر باد ام ایله قانع

فنا یولیغه اوزلوکوین شروع اتکه دانه بولغایکی سراولسون یادی توفیق یوق بحد اول شارع

نوائی ویرا اراکیت پرستی و رحمت اینکا یکدیوق

نه تیلبی ویبادل هم قیلور جو یکم ایرور تابع

کوزومنی تا کی قیلمیش اول سعادت اختر مطلع تا ایرور جاسکه شه کون جلوه دین قیلدیم انجار قع

قیلور لار قصد جانیم کلتوروب بر برکه باشی کویا بولیم سلطانلار نینک کونکلوم جمیع قیلدیلار تجمیع

بوینه راکب دور حرکت کا جولان وقتی یار اردی قویاشدین بو یید اعلی فلک دین بویید اسروع

تونشار کونکلومکا اول یوزیری توی کوکسوم شقاق فریع بوروونی بر بونوای تیلمسانکه ای تیغ قیفا دسع

نه تا انکه ار رکونی هر بر یوز اعت کرا انجم دیر عجب جیب یوزیمی ای نصاحیب لیغ تیجیم زکر دیع

نوائی واقف اول کردون عرض سیدی کا قعقعنکغه اجا الهٔ شام دین کیو کساکه صبح دین مقنع

منیل

عبد الواحد بولدی ||||

مینک جور ایله بردو کا قیلور عشقینک جنوع
قیلماق رجوعی دور ایشی انداق قیلامین رجوع

بر لحظه دا پر دیر می ایلیکمه لوییب ایدی
آلمو بر نه منجی لار دیک تپار و قنوع

قوتقارغای ایردی کونکلومنی اول چه الیدا
بت سجده سیدا مونچه که من ایلادیم خشوع

ایلا خمار شاهیدا یوز تیره لیکنی دفع
ساغر قویاش قیلدی چو کوب بر خیدین طلوع

که معتقد بنه رجوع نوای قیلور ایدی
ایدی رجوعی قیلغانیدین ایلادی رجوع

تا ایتیم رنجی خمار ایلاب می احمر طمع
اول کتندیکیم تاپاغ ایلاباکوهر طمع

لاله جامی درد ویکیم دست بوسته تیغ جمشید در
درد دیک کر ایلاسانک لاله کون ساغر طمع

ساقیا جام لبنکدین ایل طمع قیلغونه نوشی
بیرکا عمرنک دیک ایروریا [illegible] نشتر طمع

قیلما الله بیکیم قیلماان طمع بردیر حشم
منکم لعل می دین ایلاما کی شکر طمع

دیسا یکنم بولماغای کیرمین نکی دیوانه وشی
آدمیزاده اجره قیلمانکیز بر پری [illegible] طمع

بیرلا دین الیدا قویدوم نقد جان ای مغبچه
کیم مینکا بار ایروی سندیک لعل جان پرور طمع

استیام [illegible] وفا دیدی نوای قیلماغیل
بو طمع قیل کر قیلور سنی مونیدیک اوزگا طمع

قیلغالی بیگانه لارنی آشنا جانانه طمع

آشنا لارغه بولوبدور و آیکم بیگانه طمع

اقما نوریمین تا کی اول تیره کش مینی یاد و تورا
بولغالی اول [illegible] وشی من بولمشام فروانه طمع

خالی ساری ایلانکیم پروانه کونکلوم تانک ایماس کیم تعجب ایلاماکی کر قوشنه بولسه دانه طمع

یار اوچون کونکلومکه کیرماسی خانمانتری ایلایدم یوقتور بیلاق الستاسیمه باری ایلی بیگانه طمع

من جهان افسانه سی اول شوخ میل ایتماسی تنها کیم کریه شوخ اطفال غه دایم تیلار افسانه طمع

دولتی باقی تیلا کونکلونک فنا کسب ایلاکیم دهری فانی ساری بیهوده میل ایلاماس فرزانه طمع

یار تا غم اتی کلیجه بوده علوق قویوی یوز بولمشام اول حسنی کنجی بیرلادین ویرانه طمع

تا منی ویرانه سیوا ایلادی بیر مغبچه باغلادیم ذناز امتار ساغری پیمانه طمع

ای نوائی اول وفاسیزدین توتولسانگ توتمه انس

هر بیریکیم بیوفا لار میلی قیلماس یانه طمع

جسم وصلین قیلدم اول ذوالنون سیمین ساقیدین طمع اول کیشی بیلکلیغه کیم قیلغای سیم سوداییدین طمع

لعلیدین تیرکوزوم آنا اشتام آذرو عیب ایتما کیم هیچکیم اولتورماغانی ایتماین دور مسیحادین طمع

ذره نی خورشید یک روشن طمع قیلغانچه یار در مهری ایتماکی اول خورشید سیماسیدین طمع

نی عجب قیلسام طمع اوتاره کونکلوم جنونین قیلسه بولماس عقل خود مجنون شیدادین طمع

داغ ایتیب کونکلوم توقیه قیلدی هردم نقدنی اهل نظم انداغیم قیلغای نقد تمغا قیدیدین طمع

کلکنی دیو کلخن اللامرحه قیلماق دور هرکشی دنیالیق ایتسه اهل دنیادین طمع

سرو قدلیق محبوب دنیانکدا کوزیم نوای ایلاماغ هر کی کلدیف خلعت ایتسه سرودین ازادیدین طمع

جغتادیه

چون عزیزلیق استماسانک ایلدین اوز طمع　　کیم خلق نینگ عزیزی دیدی عزو من قنع

مذموم دور قناعتدین قالیغ اتسه مخبر　　طامع خصال لیدین کش نه ایلاکای طمع

کیم طمع تا خسی اتکالی افطار روزه دور　　ایرماس ایر آچوغ غزا بولیدور ورع

ماتم اوزوونک غه توتکی اولارسن گناه ایله　　بی جرم طفل نینک اولکانیکه ییغدور جزع

بر درد منده کونکلی کاکورب نکه وجه انکا　　کر کونکلونک اغریماس اول ایرور بو دیکانا وجع

نفس اولسه یار بعنیک کشی سین یوقسه بولماغونک　　کر کشی بولوب سنکا یوز مینک کشی طمع

تا قیلدی نوای اوشبو مثلنی لجاج ایله
کیم ثابت اولوی فقریدا مضمون من قنع

لبلار یکدین هر نفس جان نه تیلارمن منقطع　　منقطع بولمای امید اولماس امیدیم منقطع

کوز یوموب اچقونچه یوز قتلی قیلاق یوق مجیبی　　چیل صنعت لار ده مهوشلار غه سن بینا مخترع

کوکنه دور آه هم فراق تندین اتیب مونکلوغ کونکل　　شعله دفع اولماادوتونینی دودیوکمک مرتفع

عشق درد شوق کونکلوم اچره دورلار آه کیم　　تانه قیلغایلار بلوب مونداغ بلالار مجتمع

عشق ایلاغو غمدینی دردیم ویاسام مفهوم ایماس　　فاهمه کیم انکا دورمین مین خوداولماس مستمع

استماسانک وین فنا پیری غه تا حق اطلاع　　مستقیم بولماغیل دوران شیکا مطلع

ای نوای قیل فنا علمی غه تحصیل کسب کیم　　ایلاکای سنی دفعی اکر تقوی بو دور متبدع

察合台文　納瓦依詩集 — 237

وصل شامی خلوتیده یا فسانه لار ناکاه شمع   رشک ایدین جانیمنی هایی سایه اورتادی ناگاه شمع

روشن ایتسه ای ینه دلخواهیم یاره تماشا شمع کیم   شمعی برهیم تولوی چون دلخواه ایکی دلخواه شمع

اودجا سوندی کوب لاف کویا ملک لیک هجراندا تونلاری   تورماس ایردی الیدا تارتابی دیسام و آه شمع

رشته جان کویدی اشکم ارقیب جسمی ایریب   تیره شامیم ظلمتین بولمیش مکرکیم آه شمع

اهم اندا غم تیره قیلدی کونج کیم تا قوسی اودین   کر قویاشلاین تابسا عیسی روح الله شمع

تا قیه هجران ظلمت اچره نتاک حیوان سوی   تککیم بولسه هدایت یوزیدین همراه شمع

هجری ارا استار چابکلیغ هم نوائی هم کونکل
کیم قیلدار لار تیره تونلارده کدا ناکاه شمع

هجری اوتیدین شام اکر منزدیک ایماس یخواب شمع   رشته جانیم نیچون سانقوی تاب شمع

برقویاشی هجریدا کونکلوم تندین سبب من کبی   کوکب اشکیم تونکار انداغکه درناب شمع

مهوشیم دیک دیدیکیم بولمیشی لبی لعل کون   من کبی قان یاش دین اولدی غرق خوناب شمع

کیجه کیم تیره کلبم یاره تغان اول قویاشی   تا ایماس انجم دیکا دور اول کیجه نایاب شمع

غم تونی اول آی خیالیدین بو ذوق کونکلوم یارادور   کوشته فروانه سی پرتوی مهتاب شمع

تیره شامینک عیش نوربدین دیبانکیم یاره عامای   توتقیل اول کیلینغ که توتغیش کون حجاب شمع

ای نوائی اول قویاشی توتغاچ شب تا نخو بوز   رشک دین سیماب تککویک بولور سیمابی شمع

اول

اول قویاشدین تاپتی اقتباس بزمینگ کاشانه شمع   فیلسوف نی بو اوی نه دیدی قرانکغو یانه شمع

بنده داغیدا ولیکین باشیدا ساچ دودیدین   اولری هجریدا مندیک دورهیگ دیوانه شمع

ای اتا داغی بزم گاهی ای مه خرگاه نشین   کیم بلور فانوس ارا فروانه نی همخانه شمع

بو شبستان هجره تا غمی هر کیچه کلتور ملک   اول قویاش دیوانه جسمدین مکر ویرانه شمع

ناله قیلسه تیل چیکیب کیم اوتغه ستاب یارغه   سرگذشته دین کیچه دیب ایما افسانه شمع

نیچه بر کون یاروسه سندین یقولغانی کاکلین   جون تغاری پرتو ییدین دیمه بو ویرانه شمع

تانگ ایماستور بزمیگا کیم بولسه دورتی شب هجرانی   عارضینگ هجریدا توک اشکلرین دردانه شمع

بو شبستان هجره کلدی فرقتیغ تیغ اوزره تیغ   باش اوزره جونکه قویدی تاجی زرینانه شمع

ای نوائی اورتا کیل جانه کونکل فروانه سی

کیم بو اقتباس عارضیدین ایلادی جانانه شمع

داغ اوزره داغیدین اوتاره کونکل دردا ضایع   نی تفرا کونکلارده انکا داقع الور اول واقع

تیره باران غمینگ قیلدی ذره جسمیمنی   کیم ذره بوانیه کوب بولغوسی اوقیدی مانع

هجری اوتی دود کودوم دین نی تعجب توکسه تن لاله   جونکه توتون خیلیدین انجم سپهیدور تابع

لعلی توقیداسه ریتق یوزنی نی یاپتور دیلی تن یاشی   گرچه صغراغه جیجک جکب شربت ایماستور نافع

اورتانور عشقیدا فروانه جکار اوت بلبل   اول گلی شمع جبین عشقیدا من مین مانع

ایلا نصیبی جوا اول قسمت کا ایتامی رقم   سین کریمسی ارتوق ایتمارسی سینی نجوک اولغای نامع
اولغوی یاشی هر کیشی کا طالع الورو نتایج   کیم نوای غه بو نوعی اولماس هر کون طالع
یوزیکا کوز کوزی هر دم قیلور اول سمی جامع
اینکدیک کیم قویاشی رخساریغه بولغای قمر جامع
جهانی اول قویاشی یک برق جیسی اورتاغای ایردی   کران هجریدین اشکیم بیلکس ایردی ار جامع جامع
قوروق جسمیم غم تیغیدین اسرا درد ایله تقوانکز   یغا جوغ کیسماکی دیر ایلایکم بولغاسیم جامع
قبول ایتمادی قوروق جسمیدا هجرانی چیل قوروق جسیم   بولوبتکا ایرقالیک بویم غه تولمیشی یار ایر جامع
کوزدوم اول ذره حباب اشکی اول یوز جامع ایرعکسی   بعینه شبنیکیم بولغاسی ایلار قاشقار جامع
دیم زاهدکه تقوی غه نه جامع دورکه بار دورلار   شراب باده اشکیم صنوبوم سرشک جامع
انیز برلتقوه قاشی کوروب ذهبه موقوما سلار   تجوبلی قیلغالی کیش برا ایتی که بولغای بوقدر جامع
کوزنکلی بیت الحرام طوفیغه جامع ضواطر دور   سیزغه کعبه سازی ایلایکم بولغای خطر جامع

نوای جانیغه تیغ کردی بولمیش جامع غه مقصود
بیتیم وصل اتکای فیضی باغیدینی کنز جامع

دلبرینی دین کوراکه بولکدی نقاب جامع   اولغوسیکیم قویاشقه بولمیش سحاب جامع
ترکانه غدا ایمیکی انگ غرق اولدیم کورونکانه   کیم کوردیم کورار ماه بولدی کلاب جامع

تکمیل

کونکلی که ظاهر ایچیلمیش غنچه زار لاله زاریم
در شیشه سیو بولمیشی یاقوت ناب مانع

کونزوا یا شورمیش اول آی ایلیم یا شحدین اوتمیش
دریا دایم کوروبدور دُر غنچه حباب مانع

اول غمزه قاتی توکارکا اول کوز وفا قیلورغه
بیداد ظلم باعث ناز عتاب مانع

تنم تنغراغیم سو رمای تیمسی صفا کونکلکا
بو نوای کبی صفادین سوغه تراب مانع

یار بهشت ماننده نوای جبری هستا لیکین کره دایم
کلری وصال بهشته جهد عتاب مانع

کوزوم بیا شوریدگا عیانی بوتماچ اول جمال بدیع
بولوتونغ سو تولار اونوم که بول فعل بدیع

تصور ایتسه قاشینک طاقتی کونکلی تیتراو
قفا مهندسی بیکم جکیب دور آنی رفیع

شیدین ایاغینک غم توشکای باشینکغه اورولوبان
قویا شیکه اوکها جینی ایغره قیلالوغونک مطیع

تانینک خیال تاریقمای کونکلکا اورولسون
ایرور تجو قیل نیا بوی سینه چوق وسیع

نه نوع مرقدین ویکم فراق من نیکلیغ ایرور
که اول بطلی دور مظلم بو برمز دو سریع

قیلورمن ایلدی رعایت ویا کوا اسرو ادب
که دوستی فعلینک قولولونکغه دور بیر سریع

نوای ایلیا تزیکم اوپا تیغ اولماس
مگر رسول علیه السلام بولوی شفیع

مست یاکیم جهان جامیغه بولغای مطلع
کیم قولا قیغوسیام سر تیمنی بولماکی مستمع

جهد ایتار جانغا کونکلی ذوق اوقونک پرینی دوربس   لیک سالور جان فریبی خلقغه بولوب کوب صحیحه

قهری قیلیب اول قوتوروب بو طرفه کیم لطفی ایلاب   قتل رشید بولغوسی اول قاتل بغایت مخترع

عشق اوتین ترک ایتماس نارغه سوزونک تاپکای اول   بنده ایلاب پروانه کوبماکین بولور متنع

دوستلار یار غوزماسیکز دفع ایلا الم عشق اوتی   چاره برله کیم قفا بولغای قیلمیش منتفع

کیم فنا شمشیدی کیم اوزی همراه ایتماسون   قطع بولماس چون بو یول اوزلوکین اولماس منقطع

کورکا چو اول آی ینکی نوای نارمنا بیخود فغان

کیم بولور بیخود فغان قیلماقدین اولماس مطلع

عزت طمع کیم ایلاسا ترک ایتماین طمع   اول خوارلیق غه موجب ایرور عزت و منع قینع

تخم طمع که خوارلیق اولمیشی اینک بویی   سن ایلا عار تخمین ایکیب قیلمه کلا طمع

نفسینک هلاکین هستاتار فعالنک ای هلالا   دنیهار ماتم اهلی کبی قیلماغیل جزع

بخونکه ترکیدور دور اول ظالم لعین   کونکلونک کا ایلاکیت چابکینه دور وجع

روحی نفسینه جهت اولسا ملایک بولور سیاه   نفسینک کا قوت اولسه شیاطین بولور بشع

ترک ایتمه عذر عجزی غه کونکلونک ره عشق   توتغیل ریاو عجب نی کرماس جلا ره ورع

جاه اهلی فقر اجره نوایی غه اقتدا   ایلا تیکه بو طریقتی انکا کلدی مخترع

اودکا ایلار منی غم هجر بغیدا جان برله وداع   کاشکی جان دیک ایلاسا اول ناتوان برله وداع

سر جانان

گر جهان عاجز بیله قیلماق وداع آسان ایرور لیک بس مشکل دور اول جان جهان بیرله وداع

گر وداع ایتسام زمانه یوزینینگ آشوب بلا نیلای ایتکایمین اول آشوب زمان بیرله وداع

خانمانیمنی وداع ایتیم تمادین ده اغنا کیم دیلی القای قیلی اول بیخانمان بیرله وداع

من اولوب اول بحر شه لار سلطانینینگ بحرانیده اولتا قیب جان ایلاکه دامن بیان بیرله وداع

ایلادیم کوب مهربانلار بیرله وداع اولمادیم وه اولار من قیلسه اول نامهربان بیرله وداع

ای بو بستانیده مغرور اولماکوب ای باغبان آخر ایتکوسیدور چون گل سرو روان بیرله وداع

گرد اغینینگ وقتی اولسام یاریب اوزونی عجب کیم ایرور کوب صعب ایتمک دلستان بیرله وداع

ای نوائی خیر بادی وقت خلوت ایتایم

ایلاکونگل آشوب فریاد و فغان بیرله وداع

قیلور قایغوم کونگلوم اول نازنین جه جراحت غم ایله که بولمای حسین جه

بیلکدا حلاوت بولور مغز حا انداغ که گل یفراغیدا بولور انگبین جه

غبار قتل اوچون ایلتی اول کافر اما دعا سیوز اینیک بولور اهل دین جه

ایش وحشت او ذره غیر رسعالیغ ایرماس بجز لال کونگل خلوت نشین جه

تنینگ ایرماس کونگلکانینگ ایچره قتل کتی حلق ایچره کل یاسمین جه

یوزونگه دوریاد فلوق مشاطه لار کور که گل خرمنیدا ایرور خوشه چین جه

گرفتار ایله دوزخ لغونگ ایچره   که هجران تونی بولسه خیلی جهنین جمع

سرونگ نامه بر توشتی یغار ایلالم دیک   بنی تکنته سین جبرائیل امین جمع

نوای خیالنی مخزن لگ بوقتدور

بنی سیرار نجه ذوق تمین جمع

اول پری پردم قیلور مجنونلارین شاد اوزگا نوع   لیک ایتار من تلبه گا پنداد اوزگا نوع

یاری نه من کورمادیم اولدوم اول کورمی بیتام او الماوی   عشق ارامن اوزگا نوعی فرهاد مجنون اوزگا نوع

ذکر ایتیار بزم ایچره لطفی مهری ایله عاشقلارین   لیک من بدا اوز رسوای قیلور یاد اوزگا نوع

عشق ارا اوزنه مثال اوصفا تمه ای بلبل که بار   لحن آهیکا اوزگا نوع آه فرهاد اوزگا نوع

شیخ تلقینی ریاکم سالک دیو فنا   بزگا تعلیمی مرود عشق آیین ارشاد اوزگا نوع

یا نه چکتینک جانه وصل ای اهل عشق نادیم   سیر یلوب بز دیری نه ایچگالی که معتاد اوزگا نوع

کونگلی سوزده نوای نه که قیلا غلیق ایرور

توشی اداء اوزگا نوعی قیلنه اداء اوزگا نوعه

سهیتا سی خاطری عشق قا هجر بیکنی جمع   بوقسه مجنون قیلادینک دلنی فرشتا لکنی جمع

عشق ادیتیغ کونگلی ایچره دیوم تشکیکی براه   بو که قیلدیم فار جسمیم ایچره بیگانگی جمع

اسرا قلماسی بو ایا کوز دین مناسب تاغماوم   ارتیب یوزی نه که قیلدیم کروه ایلانگی جمع

بخشی

بنفشه ایردی ای کونکل قتلیکنک انکلهار تعبیدینی   ایت لاله ایکه برلار داغی ایلابان قاماقنی جیج

اولپریم مجنونلاریغه صیدینیک اولغاای قوتیاشی   جو کی قیلسا انکه ذره هیچه پاپانکنی جیج

کرتیبتم وقتیدا کوریب انکه لبین دی باغبانا   ییلهار لارین قیلیب گلار لی خندا ایکنی جیج

ای نوایی نظم نینک ایل کونکلی فریشان ایلادی

قیلدینک کونکلی ادجوت کوی لاکی دیوانکنی جیج

ذهی براقینک ایزدین قمر عذاری داغ   معین ایکی تواغیکه سرمه ماداغ

جو یاروتوب یوزونک انداغ فلک شبستانین   اوباتدین او جوروب هر طرف نجوم چراغ

شمیم کیم سحاب ذلفی عنبر افشانینک   بلوب صوامع قدس ایلیا عطر دیماغ

اوتوب جو قدی عذاری نیک سپهر اخضر یدین   بو نوعی سرادیله گل تاغی مین ینه اول باغ

اولوسیغه ظلمت کفری اچره اضطراب ایردی   یوزونک تویلیک فروغیدین اولدی مو ملح چراغ

کتابینک او دوکه کتاب دین کیم باردوراتوق   بیلا تمیکه مناسب حق ایلامیش ابلاغ

بو بیکه عین عنایت بیله کوزونک توشت

تموغ اوتینی نوائی غه سو دراب ایلتور چاغ

ففیغی تیندا تمیکدین یوزیم اسکی بوتوان داغ   هر اسکی داغ بو تاخ ادزره بر قردوق یفراغ

یوزونک کا حیف قدوی بولوی نیل فتیتی وی   علمکی یاروتور ایل کورد ادقوینی چراغ

قدینک چو ایلادی گلی گشت سرو گلی دیمیکم بو بالوی قانو الف لار کیب عکسیدین تاغ

اسیری حجا من اولمای هنوز خالیدین وه که دانه اغیز اورمای نچیم اولوی توزاغ

علاجی سلسلهٔ زلفی دور جنون نومغه اگرچه منینک سیدین ایلکان نوره ضعیف دیماغ

چو بولمغیری هجوی وصال حکمین ایماس شهود اولور هم خواطردین اولماغو بیجه فراغ

مگر نوائی ایلا برکشینک خیال بیله

مریفی عشق جهاندین اوتارسن اولغیل ساغ

نیواغ

خزان فصلیدا اوی جسمم غباریغنی کورکن جاغ دیدیکیم بر قیرودی شاخ اودوره قالمیشی بر سیریاغ

ادیاعه آری توتولغان داغیدیک قالدی اثر گویا بونو نو ایرمیشی فیتله اسیر چون کوکوسیدا قیونان

یوزیکه نهری وین یوقیکم یوزیکه مهر یوسیح ناگاه حرارت تیمان خونوبیب کیم لساولور لساری دین قاتیاغ

کوزی اول شوخ نیا جون هم بیا ایم اوسر دلی تولا توت دور ایاغینی ایکو تیلی کم حین هم اولماغ

کونا آچ بش اکی ندامت سا جا ادر اچو لیکیم یار دور تونونک تیره کو ذونک بولونک بر تاغ ایاغ اقشاغ

قدم قویماد و اهر بو خزان گورکنه چمن ایچره که هر گل برگ نیوذونک چو گنبد و رکه بیغ نیواغ

مگر کیم کوبید ایالا انک ایاغ اولالم خرام اتمیش

نوائی کونکاییکه سورره بولشیس اولا قرا تغاغ

معا ینکلغ

یوزونک هجریدا کیم حکت فوز ذارمسی سکلغ کیم اچتی یوز دیا گلکون انشکیدین گلزار

ار عشاقی

اگر عشاق نی بر تیغ ایله حسن اهلی قتل ایلار کیشی هرگیز قالیب اولمادی دیشوار یوق منینگ کبی

فراق اهلی اگر چه اولماکی آسانلاری اجل کیلماکیم ایماس سیندین کیچه بو ایشدا منت دار منینگ کبی

کونگلونگ قتل ایلاغ اهل قاتلی ایچکی جور ایلاکین اسیری تاپمادی اول قاتلی خونخوار منینگ کبی

بیرور ایچ قیلوینگ آرزو سوی پیاله هو اسیدا ولیکین اختیارینگ بیرما کیلا قهار منینگ کبی

هجر ایچینده اولوی لالازار طغالی تیکندین کوپ آغزده ولی یا شیدیق ایاغ بولمادی افگار منینگ کبی

کیشی گر خوبلار عشقیدین اتمای احتراز ولی یوق ایرسه کورکوی الحذر یوق دار منینگ کبی

تیلارلار ایرسانگ فغانه قایغوسی دفع ینچود لوق گر ای بولسه فقاهینگ گلبه خمار منینگ کبی

نوایی گر خود چیکیدا سواد دیوین مثالینگ اولسانگ
قدم اورغیل غزلده خشیدا مجنون وار منینگ کبی

ضعیف جسم ارا بیر بوی نینگ اوستیدا داغ قوروق ییغاچ اوزا دور بیر قراغ اوستیدا بیر زاغ

اوپوب سپهر سیارسی تانگ یوق یوزینگ آیمیدین که جایی تقا تور ییل الگ اسرو تیندا بولسه چراغ

جمند غم زده کونگلوم نی چکما ای بلبل که لار جغد قیان کنج کوشه باغ

نشسته بوری نیوا افت که توتی یوزنگا ایلی یار و غلوق پیلدا تون شمعی بولوی کوزده دماغ

یارام فتیله سی زخمنخ کوید دوری هر دم ملکه قاج انطفا حیات هر ده بولمیشی یاغ

ارال قوی ما سهار دم پیاله نی قولیدین دماغ اوبلا تیلار بو دمانه انگره فراغ

خیالی لبینکدا ته نوای بشیدا منزل اکه   شیدیمه کی پرتوی بادا جاری بولوبدی ایا بولاغ

سپل اتیم دیر مست مدام من نیکلیکغ   که هیچ کدالیق ایتیار صبح شام من نیکلیکغ

برونغ انکا خرابات ایلا کم بولغای   برایکیلا انکا زر و جام من نیکلیکغ

انکا حلال می عشق دیر ای پیر ایلکم   اوزنکا زهد ساتیغلیغیشی حرام من نیکلیکغ

بنغه جنت ادا نورش ایتیای کوثر   انکا که میکده بولیشی مقام من نیکلیکغ

حیات صافی نا کام وینی بر و العجب   طرفه کورکیل کم ابرور دیده خونبار سرینغ

عبیر جنت یکین ایلاماس پیند داوکیم   معطر ایلکاسی دیم مشام من نیکلیکغ

بیمان ایماس ایدی مجنون عشق طوریکه   سو موکبی بولوبدی ایدی تمام من نیکلیکغ

بر و سر جان بریب ایلادیم خاطیمه توش   پوشیده روی کونکلی سودا و خام من نیکلیکغ

کیم بولور سرین ... من نیکلیکغ

نوای اوزلوکدین تنداولکه دیوانه ده
اوشاق شیشه و ناموس نام من نیکلیکغ

پیرا قاندین منکا کم یار ایسه رخساریغ   طرفه کورکیل کم ابرور دیده خونبار سرینغ

کوزکا قانغ یاش اقیبان بولمادی کم سریغ دفع   رنکی کویا کم سریغ لاله کبی یار سرینغ

خلقغه دیه سریغ رنکی رخسار کوروم   ایلادی آینه کون توینیدا اظهار سرینغ

پیرا قان دفعی سریغ جنس قیلور طرف کوزونکه   کیم بولور تکیسه بوزوم بوینغه رخسار سرینغ

اوزکا

اوزگا صفرت بیلا یوز توبوی یوق ایرتا تنگیکیم ‖ زعفران رنگی اوپه بار ایب شمار سریغ

من کبی صبح قویاشی عاشقینک اولمیش سنکا کیم ‖ هردم سی مهر ایلی یوزی قیلدی نچوه اسریغ

خسن کبی بولسه نوای غه سریقی یوز کولمه

کورکوز دور تلفنی ارا یا غیدن رخسار سریغ

اول آی روشن قیلور کوزلاری تر مهر خاور بیکلیغ ‖ نیب دیوانه بولمایم تجان صلایف پری بیکلیغ

سعادت لیغ برو کیم غم تونی بختی دفعین ‖ قیلوربر جبهسیه الدین جمالی مشتری بینکلیغ

نجوک تکرار ایدا تا صبح بلبلدیک نوا ایکمای ‖ یوزونک کیم سبزه خطادین ایرور گل دفتری بیکلیغ

اول اوتلوغ جهری دوریندا موزدلوق ایرور پریان ‖ تجلّی برقیدین کویکان ملایک سپهری بیکلیغ

خوشتا دیرفنا کیم منجه اطرافیدا جعفا ی ‖ قیلور نقد چین تاراج خبر کافری بینکلیغ

کرنی هجر ایندا اولگای وصل اتین تونی ایرور انداغ ‖ که غافل روزه توتشی کوبکای ریاتین پروری بیکلیغ

نوای عیش جوبند دیر ریاضت جمالی کعبه

کر استاسین نوای اینی غم یوقتور وربری بیکلیغ

اورتاتور من کجه لار هجریکدا انداغکم چراغ ‖ رشتهٔ ایلار رشتهٔ جسمیم دور کونکل اوت اشک بیلاغ

سرو سنبل لاله دیک قدزولفی یوز و بنکا هجر بدویی ‖ هم الف هم نعل کیتیم کویدوروب یوز بیر داغ

برکون ذدم کا سرو اقدور بر کوزو ملکا گل تیکان ‖ سن سنی ای سرو گلرخ تا کی انتسام کیتت داغ

جانیم ایچره اوت اوربر لعلی میکون هجریدین — ساقیا نوبت منکا تیکماجه لبالب توت ایاغ

ساغر بولان دیوانه ایشانک منی برمی برلتیم — هجریدین دیوانه من بولدوم ایکی جفظه ساغ

استارم اغزینی قلیب لعل خطن خالینی وهنوز — خلقی غایب قیل نشانلار ایتیب اوتماقیلک

اول فراغ بوبتردوداتی مقصود اورتادا — کیم بلوب مقصود اوتی هم تردودم فراغ

روزی کاری تیره نطقی لاله بلبل دوزنکر — کیم خزان فصلیدا ایلارلار تفقو بانی زاغ

تلبه دیب قیلمه نوای نینک علاجین ای حکیم

کیم مشوش دور مونینک برادکه سودادینی باغ

انجه یار الطافدین هر کون یتار شرمندلیغ — کیم ایرور هر بیری کا یوزبیل ایشام بندلیغ

هم جنون هم خستلیغ کویونکدا جون بیتی خدا — سر بلنده اولماقی ارتوق دور منکا افکندلیغ

ظلمونکا اوبارارا تغرانک نینکدک اولوغایم — بختراقیم اوندا کالارینک لطفدین منخندلیغ

قدانغونکا هجریدا کلشن میلی اتالکه یوق — سبرو دلکشی غنچه لیغی یا غنچه نیشکرخنده لیغ

غم فرشته پاک العقیدا حسنونکا کلدی شبه — نی فریدا آدمی لیغیدا استغناماندلیغ

عشق کوی نینک کدایی منکا ارتالکه دورور — نی ایت در بغت لیغی یا سایل اولماقدلیغ

ای حی سبزار اولادینک وصلیدا کوب بیدادیکالکل

کیم قوی سا الیشی نوای باشین اول شرمندلیغ

ایتیش

آشنالیغ لوحینینک اوتی ایلادی کونکلومنی سینغ   بولدی باغریم داغ کونکلوم سینغی برله قرینغ

من انکا عاشق کونه هم یوزیکه عاشقی دور   عشق اهلی نینک ایرور شکلی فنا یولدا رنکی سرینغ

یرقانی اطاقو یادورلار مونکا حکمت اهلی   کیم حرارت یوزی کوکسومنی داغی قیلدی ایلینغ

من اکر ینغلار ایسام تلخ سیحولی لعلی اوچون   کوزلاریم داغی جیلار اشکی نی اچینغ اچینغ

حسن دوریغ وفا یوق و قومس فتیا اوقور   خوبلار دین خوش ایور یخشی لیق یخشی قلیغ

انی چون کوردوم انینک کوییدا قالیم مونکا ایلا   دوستلار کیم مونکا اولوغ توشتی منکا سرو قتیغ

قان توکار دسونکلی نوای نینک اشکی ایلا کوزی

اولکوس کریمات عشق غمین ایتیغ ایسیغ

سارغاریب دور لاله رویوم رنجی تا بولمیشی قتیغ   لاله بولیل کلشنی عمرومدا اچلمیش کرینغ

کوب ایسیغ عمروم بهاریدا میوه دین ایستادیم   میوه غه تیمای خزان بولدی بهاریم نی ایسیغ

شربت ابسام شیره جانیم فذالال خفر ایلا   دیر اجغلانیب کیم نی اولوم جوجوک نی بوقاریغ

ای مسیحا اورمه دم اول اول کوزیدا صفوت دین نفقه   کیم با کلتور تویا شدین حوت بر جیدین بلیغ

وصف اول کوز نینک قوالیغ برله ایردی دایم   ایمدی ساریغ لغیغ منسوب اتمیش انی خسته لیغ

دیولر صحرا اکنزیدین بولمیشی اغزیم طلمی تلخ   نی تانک اولسام کیم بو نوع اولمیشی جوجول نجانیم اجیغ

بو درد امید که هم چو لطفی بولفا وتسلی مبض توتهاق میلی قیلای طبیب ایککنی غیبه
کوفویلنجم بو لا اکسب بولغو یکا ما کامو یتا توسن اخلای بجون ایم ایرور مجد جالبغه

ان نوای مولا یوسف جایع قیلور منصور کم

بولدک جانان ذعفدرین عثیم اصغ جالم قتیغ

کلب یا رو کاس البدامیتن تمشلنغ اول قه بخشیدینا پتوق از هنفه بخاتشلنغ
الظلام کسی بلبل رنجم مگلای لار یکم کل آدمیس ناوکا اتیتیه قترگ نیلنغ معسوم قتشلنغ
کوزوم را اول طفلی اوزریستار یوکوجمال اشلا کوییا کم بار انکا باعث بوکوجمال قتشلنغ
عتق وستقبد یافا ره دیوانه لاربکشو ینغ بوجهت دیب بولمیش مجر اجا نال تشلنغ
عارضنک نقشا صورت بین اگری بولد فرو جبن مودریم کلکی هنواتیشی از نقاتشلنغ
شتوری ی بوشو مغه قارون کنج کساه قوری سو برنه مجنا کواه قلدی بو قلا شلنغ
بنشلار یوی کجکه لار عتق اهل هجران وشتیدا وامقو فریاد ایله مجنون نوای بنشلنغ
کوزولک کا کو ایله بو ذلیت سالا هه دیوا نلنغ

خدا اوجون یه یوشتو سعو یا مصلا نلنغ

قدنک جلوه اوزده میلا کو کو دور بردم عجب ایس مظلجو اباغه اوزره حوانلنغ
بنک منشو رسما اسی تاب کلار توکت قایمتی سنو اراسان شو بوتا برو جله قا نلنغ

دمیشی

دېمیش سین اولتورایین عشق ایلەبی ایلاب چە ھمر بلیپ ن اولارایۆہ کوپ فریغانلیغ

ىنە حكام ایلار یسانك ایلاحسن ھتكید ایم منكا مصلم ایر ور خوبلارغ سلطانلیغ

چونون ترك ایتبان عاقل اول دیوں دایو بولور ایمش بنی ادم وموحجہ نا دانلیغ

دید نیك نوای اگر وصل تاضه اتورامین

زاقیلا بود كمال ایلا دیك انج جانلیغ

ای لبك خاقانی جبه و حیوان نیلیغ قوں یوقاری لیغ خالی بلد ین نیلیغ

ایا غیم نیك قلمی ضعفدین اندا عكم قلم كتا قا لواغ ترك دریا قطوان نیلیغ

نون تنویں كی خم سحر بنا بو و ستیم داغ منهایم انك نقطة منها نیلیغ

نوی جو سر ار كو نلكو ه دا ایكدیك كم یوق جر كس دولوغ اول اوق اورى بطان بلیغ

ادم ادرینو بر كی عشق كم بولدوم اول آدی سركانیق ارا بولمانمای اسمای نیلیغ

یوری نظاره سحر انلیغ اولتورو دی منی بر یعتهزدیں كم اولوپ بو و رمن جیرانلیغ

قدیمه بومنزل ھسكین غا كو نكل وتنهار انخلا یول اوكو جد دلاوی منها نیلیغ

جاه بنك ذنی غو دیب تبلار بلدنیك كم كلی ادی د نیت ایا ایلیو احسا نیلیغ

شیخ دیر عشق ن ترك ایت تقی اور كاتابین

ای نوای كشی بولغامو بو نادان نیلیغ

يا شعوريون غيرينك قيلج قيلور كوكسوم فا بوكو مخفيدورانها كوينا اشنك بويفتى علاف
قونشلا رنك صغ جبكيب بولمش قراولا منلنده كيم كوكل سلطان خليفو ايتسى صاى جفاق
مهرينك الخلاف عشق سوكرا ارتسام كوه غم عجب عشق ابتاس عين ايزود بااغيفه
تحنح كو نلكلوم اوغرى بىشته مالكع وعلم تواقسنود اوغرى لاشى سلوح قو باره دلىكى
عشق ارغتو ثانذير بعفى فرون بعفدهنى ليك جاليم انطلاعنا تا نسى مخال اخلاق
بول صبا اهليذ هرم جار و صلين استاسك عكس ساايعايعو ساق بوما غوبحه باده صا ف

اى نوا باكر قيلدور كوكلوكا حرم طوفنى قعد
قطع ايتب وعشقى فنا محد حرمين قيل طواف

دشت فنامورجه يوق جشيرلار كاصغو كرم محفوق بولدوره روايت عم لاتخف
كم شيردورك مورجه يوق جيات انكا كيم كوجال كوذى بوبيابان كونين شرف
اوزكونكل جم سيدين جمو قيلغاى بولوان نيذور خليفو دوران سنطا خلق
طلقى غ قو نكته سكزارد بومكس تا نسى دقوف نكته اسرار معرف
كرسا جسه اوله خليفو سوذوين شمل درهرنحه ثمن ايبع قيردور هد ف
بحرى فنا اغوطا صدف دار اوم كس سعذى ىيتما لحاى در مقصودم طاف
ساق خراب جام خراىت عشقى صن تو تبل قدح معنى ايتب ساذ جنك وف
نا فنا

نا نشائیتسا اول باده ذوقیدین   نیچه بو خیال دین ساچین هر ساری تیمخی

شاید نوای ایلماغای اول تحفی لار بیله
ترتیب نظم منقبت شیخ النجفی

هجر یوین هر دم قیلور بو خاطری افکار خوف   ظاهر ایتکاندیک اولوم دین هر دم بیمار خوف

ایکی کامینکا دوست وصلیدین ایرور تاپقای حیات   قتل تیغ سوریب دشمن قیلماغیل فی نهار خوف

وصل بوستانیدا کر ایمین ایماس ای رفیق   یغلایین کیم خار هجر اندین ایکجدا بار خوف

هجری حسنیدور مخوف قاتیل ای محوش نتانک   ایلاماکیلکیره تومدا ایلکام اظهار خوف

نیچه کیم دوزخدین اول خوف محشر اهلیغه   هند هجرینک شعلیسیدین دوریوز اول عقل ار خوف

سالما اوزلوک نقدی نی بولماغیل دشت فنا   کیم اغیر یوکلوکا بو یولدا ایتار بسیار خوف

آه کونکلوم بوزولوب تاپماس جانان وقوف   ملک ویران بولوب حاصل قیلماس سلطان وقوف

جانان تاپیم دور عموم کنجیدا پنهان ساقلیق   اغزی رمزی نکته حاصل قیلمادیم پنهان وقوف

وصل ار هجران بیلکشوردی عشق کونکلوم قیلغیه   مهربان ذهری ایردی سوغه تاپماین هجران وقوف

تلبه کونکلوم غافل اندین کیم اولوسوز وصل ایرور   لیلی اتیغ عیش مجنون تاپمادی خندان وقوف

اغزی رمزی غم ارا بول تاپمادیم ایا عیسی عجب   عیسی تریغ نتانک ایل تاپماسا امکان وقوف

بیتیم اچرا ایلی مطلق واقف ایرماس دور خرد   قایدا تاقفقای ایلی معنی جالیدین نادان وقوف

لعل لبینگ سوم ذایلا اتی تانماداین کونکلوم خبر   وه مینی اچرالیدین اوسرولماین ایمان وقوف

وصل امیدی بیله هجرینگ قیلمیشی ابیدیم اختیار   قتل دین کونکلوم مکه اول بر جاده هجران وقوف

ای نوایی بو که دوراندین یوز آفت دور سنکا

ایرماس ایرکینچ تاپقای سین اول آفت دوران دقوف

عشق تابیدین اولوبمن منی بیمار ضعیف   تاب کوب کورسه ایچکیلک پیلور بیمار ضعیف

وصلیدا اوپره لوبان باشینی دیر منی کیم اولا   وه کیم بولمیشی من انینگدا هجری یدا بیمار ضعیف

ضعف ارا ذارلیغ آذرده قیلور کونکلومنی   تنغار آزار ولی جونکه پیلور زار ضعیف

ضعف لیغ بار ایدیلا ارتیق معلوم ایرماس   من کیمی کورکوز الغایو نمودار ضعیف

بولمیشی اون یلیغ اولوکدین منی ضعف افزون فراق   وه کیم جانلیغ کیشیکیم کوردی بو مقدار ضعیف

ضعف دین ریشته قتولغونک دیدی ترکی اشتالانگ عشق   پر دیوا لیدا بر قولی انیکدا بار ضعیف

ضعف ارا قیلمه نوایی بو ستم آی غافلیم

چیله ایلا بو دولت جورنه ستمکار ضعیف

کر تیمیدی اظهار اولمیشی داغی هجران هر طرف   جانی نومی دیوزا اجه باردور درد فتنهاری زار هر طرف

عشق حجر بیدا بارمین سایراندا کیم قیون   دیم لبی کرداین کزار مجنون صحراین هر طرف

کوینگا

کونکلکا فتنه‌لر یاریب نه غمنیغ یا تکلیف یا شور اکیم قیلدی یار سام یرام لاردین اقار قان هر طرف

کونکلوم اهجره توشتی بر نجار و صنیک بیع کونکلی تا که اندین جقفالی بر توکی هجران هر طرف

هنددی دور بو العجب تا نه ایلدا اول کوز و ریبا هندوایلد اهلی تماشا خیل هر ظهن هر طرف

تا ذه بولسون اول بهار حسن کیم انسر کوددم دور فتنا الا اولمیشی نجو کیم ابر نیسان هر طرف

هر طرف میدان ارا یوز فتنه توشتی رحم ایتیب توسنینک نی جا غمیغل قیلغانی توکان هر طرف

ویرانجید انتی ترکو ذسانکغنی ای غنچه جام دور رنکوین تنغار جون المجیوان هر طرف

جون نوای دیک هوای بولدوم اول آی هجریدین
نی عجب بلبل نیک یوزا ورسام تاریتب افغان هر طرف

بیجگتی عمردوم نقد غفلت بیرله نادانلیق دا حیف تا غافل نی صرف اولدی اندهی فیتها نلیق دا حیف

جانغه بردی شوارلیق تویمالر ریاضت رنجیدین صرف بولدی نقد اوقاتیم دا اسانلیق دا حیف

باغلادیم فیمانه دین فیمان فغانکیم عقل دین بولدی بوفیمان اول لیب فیمانلیق دا حیف

ای مسلمانلار بلینک کیم تولون عمردم حاصلی نفسی کم قرنقه کبری نامسلمانلیقیدا حیف

حیف کیم نفعی ایلاماسی هر نجه تیشلار دین ایلیک دیمام ادراجو الیمه بو بوغی حیرانلیق دا حیف

اعداغ نهشتی کیم فنیمان بولماغای کیم ایمس هیچ ایسیغ جون الیتی خطا بولکا فیتنا نلیق دا حیف

هر نه اوتکنه سوز نارحیجین دیمیام یالغانی ایرور جین بودورکیم دیکامین عمرنی اوتتی یالغانلیق دا حیف

جون بیکیلی راقه ودر حساب الفانده سلطان امیرت کورا   جینی کیم بولغای کدا اوقات سلطان نلیقورا جینی

ای نوایی واقفی ایرمان خلقدین بارکا خینک

بختی عمرودم تندغفلت بیلانه وایلقدا جینی

ذار جسمیدا قلبنیک زخمی هایان محتلف   هر بیری دورکرو قدنیک صمرتدین برالیف

تانک تنهالیدا ایمیس یغرا غیکه تیل لالار تیبانی   سرو آزادیم اوجون قلدوغو بولمیش معرق

تاشی کوزدونک کوزکا لی ای شیخ پیلویم مکری بار   هر سید موشیکه محراب ابرو بولغای ملحق

عنبرین خط بیله اول یوز بولوب عالم آفتق   عالم آفت سر الیس خورشید بولغای منکسق

باده مقصود جامی ذوقیدین طبعیم بودینی   وه نیچه دایم خماری جهل توتقای منحرف

ساقیا اول کوثر استا یاددینی جرعی توت   کیم منی حیرانی بولغای کشتی سیتر بوکنتی

جان بریب ایچسانک نوایی پاک ایکسی اول باده دین

کیم ایرور تیخی الفاظ اوصافی زله مقعق

غمزه دین کوب تیغ تارتیب ایلادی کوکسوم شکاف   نیچه نیلانغ تیغ اوچون کوبلاکی قیلدینک بر غلاف

نی عجب تیغینک بیلا رخساریکه مرآت ایسه   کیم کورونور سودا یوز عکسی تجلی ایلا بولوب صاف

وه نه قاتل لالار دور وصف صفی انیک مترکه کیم   بر یوموب اچقونچه کوز ظاهر قیلور یوز نیک مصاف

عاشق مجنون تلوغوم جر صیتو اولتوردای منی   گرچه بار ایلی الدیدا مجنون بیله عاشق عفاف

قیلدی

قیلدی سین کی اسانا دیب اتیمنی سن ای صبح　　سن عزیمت قیل کی من عجزیمنی قیلدیم اعتراف

اولماسین عشق اهلیده کیم لاف اورسه باور قیلما عمل　　کر دیسه کیم ترک لاف ایتیم ایور اول داعی لاف

ای نوائی ذلتینک قویدینکیز دیمیش سوزنی شنید ملک　　بار عفو اتسونکیز ایتیب سین خطا بی اختلاف

کورکوز دور هجران چرخی نقطه سین جانب هر طرف　　سن هر داغینکه تویتش دایی هجران هر طرف

ایلانشوقت بر لیه چرخی اتیمنی منی سرکشته کیم　　زخم کوب یتیدین یغار هر طرف

کونکلوم احوالین دیکیم شرحی غریب ایل دور دور　　کوز کمدین باشی صواریغن تولی پیکان هر طرف

تاشلادیم تیکابه جنون خیلی تولا نلار لخته سین　　یعنی ایجتیم مهی نلار الدیوانی حلقی هر طرف

اشک قاتلیغ بیکموزنی ایلاکیم سو لالهٔ　　بولمکسا بولیدا هانیغ نار ترحم هر طرف

اشکدین کوب مضطرب راقدور کونکل اولیا کونکول یوغ　　کیم کیب بتیمنی اولتوغ اورسه بو حسم هر طرف

کورنه حیرت دور منکا کیم بلا رود ر بود یر ارا　　دانشی بوزمنی ایلا دیور هو بحرانی هر طرف

توبی شتری کرملانک داعی اولمکی نحیتشود　　اول پری هوی بنداغینکه ذلق اهتیش و نیشانی هر طرف

شیبه و بکه کونکلوم منی فید ادرتا دی شای ولیک　　داغینی اتی می حیات اسیتیدا منها قی هر طرف

ای نوائی نوحه هجران توزوب اون جکر کوب

کیم کیتی قیلیمی شری تیکابه بو افغان هر طرف

عشق ادیقید اقاف

تا کی عاشقی یتیق یوکیدین خم بولور خم یوق خلاف　　کورکه نوح ادلار خم جون قالوی

عشق دشتیده دریدین ایلار عزیمت اژدها — اژدهالار ینجوکیم مو ایتا الماسی مصاف

بیر توتار قانیلیغ کونکل دا عشق اوتی نیک اوچقونی — برقی تیغ باغی نه اولتوعیکم ایلار شکاف

اولکی دود و خاده تیغ عشق اهلی تخویف ایتار — عشق اوتیغ بوند کورماین توتماق بولور ای معاف

عشق تیغیکم کوره نماس انجیلور ایل جانیغه — خویلار زخمیدین کویا انکا کلدی غلاف

ایلکه عشقی قاسی بروره کلکیم دایم یونه بلا — شکری دیب اودنکانه سوزیکم استالماکه بارد در کواف

ای نوائی برجاینی جان عشق دیبی دم اورمیکیم
هرنه کیم دیر اولماین عاشق ایرور اول یاوه لاف

هر طرف

تا منکا یوق اوزماقی یوز بوسر کردان مجنون هر طرف — نی عجب اورسه قیونیک بوی مجنون

کوزلارم باغی کلستان بولمیشی اول یوز تمنّاسیدین — بر کی کل لاردور سه جلغان اشکیم کلکونی هر طرف

دشت ادبار مجنون من اما تانغ اراند ویاد ایلیم — تا غلار دردیم یوکیدین بولوبدی ها موج هر طرف

عقل هوش شوم کشوری کیم بولسه ویران یوق عجب — کونه یاتمدی کیم اقار اندا غیکه جیحون هر طرف

بحر مرات ای انجم اول کوکدور که آهم اوتیدین — قطرلاردور کهی ظاهر قیلدی کردون هر طرف

ای خوش اول صبح دیونکیم منی نقد یاراجه استقبالی — ظاهر اتکای جلوه بر بستر ساموزنی هر طرف

کوی غم تاغیمنی نوائی یولدا رقیب طعنی دین
کویا اول ایت مهر و بور ایلاب افسون هر طرف

کرچه

کره تاغدین اغیر یتی ضعف اولدیمنی ضعیف لیک حسدین هم یاتکیل قیلدی تنی زاریمنی ضعیف

بیلماکیل جانیمنی کم احباب سوزیکلادی عجب کیم قلیب دور ناتوانیم سی دیک جان بیماریمنی ضعیف

هجر ایلات وغ عجب تولغای نماقی برشمعدا اوت شمع ییک جون تار دیک قیلدی نمود اریمنی ضعیف

رشته لعلینکنی دیدیم تیلمغی ادجوق برکزه کوییکه ایلایکم قانو سالیمتی جان بیماریمنی ضعیف

جبریم کین یوق جنون آشوبی دا ضعف اهی ده که تابو دایلادی اخر یوق باریمنی ضعیف

خط موی هم اولوب تن اندا کونکل امکانی یوق قویمادی اسرار هجر عشق ابره اسراریمنی ضعیف

اول قویاش عشق قوی ساقور نوائی ایجزکیم ذره هم قویمادی بحرانغا مقداریمنی ضعیف

قاتیلی کوزونکنک اطرافیدا قرمزه جکیب دور ایلاماغی کیم قتل ایتمارنکامی دایلغان نجوم ایلار طرف

ای کونکول اثار بیلوا انا فرزندی سن بولسانکا ته نشانکه کیم سنی تیمشی دوری سن دلیلدا اول ایاغ انده غم هدف

غم ظلمتیدا استاپ لعل نیک اولدوم ولیک حیوان سوی تاپسام ام ابول غمرادیم هم تلف

وصلینک جه ملک بحر بیوت دیدیم مشرف بولغاج لیک سنینک عشقینک ابرا اولسام ادیم دور ادکانم شرف

جانی نقدینی هم اوشلایا تنی کلیشی ایدیم وصلینک ههلکا فراق اول نقد بیت الولی اوروب ایکیلای تلف

کر بجه بیلیک عینی دیدیم کسی کوز ذیکوی لاف اورار ایلی نظرا نحلال الار اول هم کور ایروره هم علف

ای مطرب ذره خنیف بو نغم کیم جکیتیک جزیی که دور جلاجل کر نجوم اول سنگا خورشید دف

بومجلس نقاب اجسامکه دانی حجربن جل ستر بو کیشی طالب اوزین ایلا ماتا تجعیل کجه من عرف

اول ناوک اتکن قیلاغ کوکسین نوالی نیچانک

تا انکا یوق هیچ ایلاب دور اینکا خورشیدنی کردون نیچوق

باغ هجرده شمع ساچتی کل لااق قونلا یوزلاق | شه یکیتیم انداغکیم ایلی اق قزیل یارماق

شه یاریغ اوندایکیم هر کجه تا تانک اتقونچه | سی عیش ایله او یقودا مین هجر تیلا اویغوق

کوزنه مردمی کوبونک نیک کردونیدین تعلانکا بادی | قانیک آق ارجانی قان لوتی یاتغ اق

کوز که جان حیرت مین ایلکمنی که تیلاب مین | بار حاقینه نیب دور تیش تیلی که کیبا ترناق

جان نقدینی اچلایه هجر نیک ایکا بولمیش لار | انداغیکی تافیب سودی ایرلغان ایجا اوراق

کوبونک کرک اوچاقکیم یوق اوچاغ کوبونکدا | اولفونی تغاوت دوریم تاموغ ایله اوجاق

هم دهر بلا تیش دوریم هجری وفاسیز دور | خوشتور نفس اوزنه احباب ایله خوش توتاق

تیما که ملیک ایرور شکل فقعدهٔ نیتار کیم لار | کوز خیره توتان تیره آط اقسا قیول تایوق

ویبکش کی نوالاری کوبلکلوم ولی اولتور کوم

اول اولدی بو هجر نقدینی کیل تنغری ادعونا فاتراق

اوقلار یکیدین هم کوذدم هم روشنی اولمیش ها جوق | مشعله کیم بولوب دور کولا ماجه له یاروق

ایکه بو بیتوموه یاذوق بچون تقعین سوز ماوینک | سن نه قلیسانک قیلامیک بو بیتوم بو یاذوق

ما تکلامیدین کلقورومن کوز ها سجده مکر دنه | کور ره اول بت نی کمال ایلارکه ایلارمن تاتوق

دعوی

ا ب ت ث ج ح خ د

دعوی مهر ایتمکه مذبذب ایکانی توق تقا استماع　　خلق وین جوبان یا شوروب معنا یوق منکا جز رتانوق

کرم روی لار رشکی صادیق اتی لار عاجز منی　　وه که عشقلاریندین یوذومکه کلدی کوب ایسیرونوق

ایکه عزم ایتیکه جرم مطلوب همراه دور سنکا　　سن نیراق سنی اندین امما اول ایرور یقین یاووق

دیو گر وی نوای کفری نه فتنه‌دین ابلیس

توبه جون سیندی ایجارکه نه صراحی نه تانوق

دیمه‌ایکیز احباب کیم قیلماسمو بس یغلاماق　　کیم منکا تنکری نصیب ایتمیش توبا بماس یغلاماق

تیره شام هجرینه اگر جان تسلا شمع تانکغچه　　باشیمه شمع صراحی نیدوروبس یغلاماق

مست عاشق مین دانی کونکلوم ایرلغان کیم　　ای مسلمانلار نیتانک من ذار بیکیس یغلاماق

تانکلا یماس جشیم اقزغوچه کوزدوم کر یوکتی اشک　　نه عجب ابرو بهاری اقفوچه به خس یغلاماق

دهر باغیدین وفا بیرلیق اگر فهم اتما وی　　ینگلاشبنم اشکیدین قزیلدی نرگیس یغلاماق

ای نوای قاغ نه معنی داغ اشکیدین یقای　　جون قیتیم اتکه بو جرخ مقرنس یغلاماق

منقطل اشیدور ادیوار غایب هر دم یوقلاماق　　لیک مهلک یوقلاماغاندین سوکر ایته آب تابماق

تکلکیم یوز لانسه نقلات نه تانک عالم یوزیی　　آه اینکلی صرصری طوفان بر له قوذغاماق

تلبا ایتلادیک بجری سودیدین کلتوروز من اوت ساجیب　　عافیت اهلی عنا اولدور بو کوی تارقاماق

نه جونوندور اول تونیکیدین ایرور هجران دشتیدا　　کاه قوروب قوب سمایدین تا جیق کمرانی قولاماق

من چو بکتیم عشق ابلا بنتدی هلاک قیلما سنکز کیم عجب دور باشی کر ایل بیلک قولاقین تولغاماق

سوزنک انکلاسا قیاحی مست ایت منی اولتوغل بولماغای ممکین منکا دور ایلی سوزنی انکلاماق

سنکا نثار اولسون نوای وا نیاز ایرماس عجب

سن سنکا انه قاریغبا یاتیبسا ری کسنی اولا التفاتی

اول که کافور بولوب مشک قیلور رعنالیق اق سقالینه کولار خلق ذهی رسوالیق

چون سقالی بر لیتغان ایرور لادم رعنالیقغه قیرماق لادیم ایرور آن ذهی رعنالیق

عمر ایلیکه چو یتّی بینه ایلیک دین ایلیسی یغی لیق تنکری کا دوریامر بو ناپروالیق

کیم یکیت لیکدا قیلور توبه یکیت لیکدا اولور قری بولغار سقالین تیلم فرح پیمالیق

تنکریدین قورقمادی اول کیم قریبان باده ایچار یخشراقدور بو عملی نلقوبی ترسالیق

بو دور اتفاق کیم چون بولدی قوی ضعف پذیر بو فتور در هیچ صفت دین نشاط افزالیق

تیلاکمک قری ذیبا کیب اوزنی ذیبا نشال ار کیمسه یکیت کا ایر اشور ذیبالیق

قاریغاندا ایکی شلیک کیتی بار ایلکا عزیز بری زهد بری بسی خلق ارا ناپیدالیق

ای نوای قری بولدینک کوشه توتوب طاعت قیل

بولماین خاردیما ننکه ایلا هم بزم ارالیق

کونکلوم بولور غمنینک توری حیر لحظاتی یفولوق چون شام بولدی هر نفس ارتار قرانکغولوق

اول

اول کوزکه عالم اهلیدین دور اویقوغ　بختیم کبی نه عیب اگر بولسه اویقولوق

صبر و قرار هوش الماغلیقینک بندیدور　ای جانلار آفتی سنکا جانیمنی الغولوق

دشت فراق هجره تریکلیک یوق هوش طیر　کویا بیلی سموم کیبایی دور آغولوق

منع کوی عزمیدین منی منع ایتمه ای رفیق　بو یول ایرور بو اهلی سلامت کا یارغولوق

اندین فلک نه ایلماس ایکین کوزنکا پرده　کیم بو ایرور حقیر خرابه ایکی اولوق

تا تمغدا دور نوائی انکا هر تیره دور　شاد ایلماس اولوسنی نه بو بوله قانغولوق

ایل دیدی یاردین کیم اول ور منده ایاری یوق　کونکلوم اوینماغا تمنی غم برغکساری یوق

جان رشته سین جرمادیم اوقوبکلوده ایکم　تنغنیک بغرینه یاردل بکما کی کاتاری یوق

دیمانک غمیدین ایلاما کوب اختیار سیز　بی اختیار لیقدا منکا اختیاری یوق

توتسه قرار بیر نفس آلمیده وه نه سود　کیم اول نفس رمیده کونکلی کا قراری یوق

دیسام که ترک عشقینک ایتای بوتمه ای پر　کیم تلبه لار حدیثیغه کوب اعتباری یوق

هیچ روزگار اهلیدین آسایش استاسانکه　کیم مو ندا غیری تورقه روزگاری یوق

اوزنی نه نوائی ایلاما اوسردا بوبزم ارا

کیم وهر عشق باده سیدا جز خماری یوق

ذهی اولده کرم ایلابانسنکا خلاق　کریم خلعت اعنده مکارم اخلاق

سپهر گنبذینی روشن ایتکالی ذاتینک   چراغ اولوب اشما قندیلی عرصهٔ افاق

نجوم کوزلاری نه کرده مرکبینک یاروتوب   کهی که سکری تیبان چرخی ساحتیدا براق

رکابینک اوپاکی نینک آرزوسیدین ای کون   بریب رکابینک اوچون اوزلاریکه شغلی جناق

هلال مهر شتاب اولوبی نعل واغ الیغ   فلک کارکالی سیزدین نصیب درد فراق

سپهر هر کیچه یوز مینک کوزین ننره وین بولماس کی   وصالینک ینه هر کیچه کراد مرور ایماس مشتاق

مقامینک تیباسین دیب نوای ایلا سپهر

کهی بجم بیله نیرمزکا جکیادا عراق

جهانغه دال هم ملک ایتار هم نفاق   انی توروت عزم پیدا قیل اوچ طلاق

نجوم دُرکه رخساریدین الم کوزی   که ایتمانا کیم اینک مساری باق

سنینک سونیکا یاپامیشی اق ساغنجی   ایماس اوریوزی مهری نوریدین اق

خاش اوزوره قوسی قدح وسمه سی   وفا رنکیدیا کلامی البته طاق

دیبا منکه فاقی ابادینک اوی   توبه دیمک بیلی ادما غیل هم وثاق

تجرد طریقی نه پیل معتقیم   تقید علوسیدین اویغیل فراق .

نوای اوزونی قیل اولفرع فرد

کم اوزلوکا نه هم معالی اوزوکلکوبی براق

یاری

یاری یوق ایرور کونکل ملکی دورور سلطانی یوق
ملکیم سلطانی یوق ایمدی دورور کیم جانی یوق

جسمدین جان ایرسه زایل ای مسلمانلار که اول
بر قرانغو اوی دورور کیم هم کلی ریحانی یوق

بر قرانغو اوی دورور کیم کلی ریحانی انینگ
اول قرانغو کیچه دورور کیم مهی تابانی یوق

اول قرانغو کیچه کیم یوقتورور تابانی انینگ
ظلمتی دورور کیم انینگ سرچشمهٔ حیوانی یوق

ظلمتی کیم بولماغای سرچشمهٔ حیوانی انینگ
دوزخی دورور کیم انینگ کیم روضهٔ رضوانی یوق

دوزخی کیم روضهٔ رضوانی انینگ بولماغای
بر خماری دورور کیم انده صحت لیک امکانی یوق

ای نوایی بولدی سنگا موقفات عقوبت تارکبار
هجری دردی ولیکین وصلی درمانی یوق

چرخ دردا هلینی بردم یا غدوروز کو فراق
اوت روان اندادیم خطلیک دود بی بولکلی طاق

از دریوور حلقه اوزحان نیته کوکب حالیدین
جز اجل فرزی نه کام انیغ تقار الغای فراق

نظم ایتار کونکلیم هم انکیل مرض بانیکا او جوان
قیلدی چرخ انجم سیندانه آی کوین یاز غوچاق

چرخ برا یبور ایشی بهلاق انینگ بردم تکون
تورتسم ایلغ بخشی اقامت موقدان ایو یوانغاق

صنع بحریدین حباب انکلا غیل کوه کنبدین
سمکوتی کنبذ دیب اوکماس ایلما ایلی ای روشناق

ستما انگذ تش کوی وا خست کرچه بی عمر ابودور
دهرودا الیچ تورت عنصب برله قلیقیل اوچ طلاق

ابلا فغاینی کورماسین دیسانگ نوایی فانی بول
تونکا سن جتمانکا اندین تمکه قیلغای یا یار نفاق

یار چون بیمارکه بولدی من ملاحتینی یراق — اول جهت دین یار به وصل استارمنی هجرونا فراق

یخشی لارغه بیس بیانو ور جهان کیم یار الیدی لیوا — تنک دوروریخشی بیانا میل کیم بیانا هم نخراق

شه یادیمین فروینی کیم کیج و مقام اتمیش غه تانله — راست رولار عرضه دین کیم حقیقتلار جنیدی قراق

تا ده هربان داغ ایلیس جسمیم دا اول یوز عشق دین — کیم کوب کوب بولمیش دوردلار قوییشیدیم احتراق

بو براغلیق دین یقین ده اولکلاندمن لاریک — هیچ قایانی رامن بولوبدور ریا یقین لیقدین براق

مه جبین لادین سینه دل نی تالدیم ای نیک — باطنی کورسانک قرا دوده کیم کوروب ظاهر آق

کوب جمادانیکه توزده بار ایله بول جمله وقت
ای نوایی کیم عجم بولسون مقامینگ کر عراق

بو ملکالار ایریمیش دلربالار عهدی هکم ای رفیق — کر کشی دیر کیم بولور توتیم مسلم ای رفیق

هر پریزاد یکادن مجنونینغ تکلمیش وفا — بلکه اندین ده دورکیم ابو ملک سنبلی ایرحالی آدم ای رفیق

درد مملک عمرنینگ تجلی کوب وانی اده — کیم مسیحیم لکتور باتیشیوه مردم ای رفیق

قویدی براو تلوغ فتیله داغ او چون بر نخچه دین — جرخی تا کلشن نی کوردی بسر ده زخم ای رفیق

کل ایالیسی کیم کلیبدی ده قاغلیغ داغ ادیر و اکم شنقری — توزوکی اینلاب کور ماهوق قویا قوزغوم ای رفیق

بو منقش سقفی تا ورخی یا غلیقوعونا ایلیس — کوب مشقت چکتیم اما قالولی حمیم ای رفیق

ماه وشی لار شاهی کیم دلنی نه جون آشفته دور — توتمیش بول وفا اهلیغه حاتیم ای رفیق

من

من خود ایتیم عزم منغ کویدا رسوا بولغالی   سوزنی ایتیب البته منداین قالماسن هم ای رفیق

ایچ داغی توتقیل نوایی غه قدح کیم اردی بس

بو نفس هشیار بولماغلیق غه عالم ای رفیق

اشکدین جانیم بناسین توتیادی اباد عشق   آه دین بر دی وجودوم تفراغین بر باد عشق

هجر ادا غربت بینه بیمارلیق بر له جنون   قیلدی جانیم قسمتی بو نوع بیداد عشق

شعله توتشتی اوجاغا لمونی آی اولی بیر بیا   بر تجان کونکلوم قیلدی اودر تامالی بنیاد عشق

هجری جبر و دور سپهرلیق کلدی لار قاتلی یاری   لیک بو فن اهره یار دور یار به غه اوستاد عشق

یوز قسمانیم یار اینکو رحسنیدا عرض استطالی   جلوه قیلغاچ جانیم بر ماس بر بیناهم یاد عشق

قیلدی عشق اهل تامامی جانی بر بیت تا ایلادای   غمزه تیغی بر له هم هوشی لار کونکلی جلاد عشق

سندین ادر حیله [illegible] لیلی شیرین ظلم کین   منداین اوز غمالی ارکی مجنون ایله فرهاد عشق

وصل تحصیلی اوچون ای شیخ تقوی قیلما امر   کیم فنا ایتیب ایلاب دور منکا ارشاد عشق

ای نوایی عافیت کوی ایستاسن بول شاد خوش تنی

کیم منی دردو بلا غه ایلامیش معتاد عشق

وه نچه جسمیم غمدین ناتوان ایتکای فراق   ناتوان جسمیم غه هر دم قصد جان ایتکای فراق

جسمیم ایلاب ناتوان جانیمغه قصد ایلار نهان   قصد قیلغان دیک جان رسوای جهان ایتکای فراق

جانانه رسوا ایلادی تانیم سونکا عشق قیلدی مینی
یوزنیم اولوب عونلی که نیتمان اتکلای فراق

ایلدیکیم انوده محنت اوقینو بولوم نیتمان
هر جراحت اوزره یوزدانه نیتمان اتکلای فراق

ای کونکلی سلطان اوزونکنی درد ایله مردانه بول
بیزنی شایدیم یوزنیکلیغ امتحان اتکلای فراق

وصلیدین دم اورمایین ایل تاپتی جانیم خلاص
وصل عوض کونکلیم جانمه اوت سالیبان ایتکلای فراق

دوست دین ایستیار رفتار نهار اینکولم میم
وصل قیلغانی کاهران بیز تاقان اتکلای فراق

ای نوائی من تابیغ تاکی دیک ایچی محمود دیقیل
محمود وصلی امیدیق تاخیر یکنی فانی اتکلای فراق

آه کیم تیغی دین کونکلوم قیلدی پامال عشق
دود آهدین کوزوم ی ایلادی ای عمنالی عشق

وردیکیم هلال برله جان جقاقغه کر بول قالمادی
آه کیم عمنیدیق کونکلومنی قیلدی پامال عشق

اول پری کویده کیم بر لحظه یوز نیکا بشی باردور
سوده یان ایلیتور منی دیوانه یپر یالی عشق

کوزده هر دم یوز دور سیزاقا دور یوز کونک کونکلوم
خاصیت مهتاب ایرور هر کیم بولدی لال عشق

عاشق اولدی خسته بیچاره کور پیچ اولمایشی پاره
الله الله مرقه ایلیه ادیماس دورو رفتار لی عشق

عشق واوسیوه کیم کونکله نیل کی اندیم هر قیون
کیم جبار سرکشته دور مجنونی قیلور پامال عشق

ای نوائی عاشق ایکیم عینی کبی جستار فراق
کا ایروو مجنون کیم قیلایو ور درد امید الی عشق

جهرما.

چهره گلگون چو خوی سیوه قیلدی نیک افشانی ورق   یا مگر رخشان کواکب ظاهر ایلابدور شفق

کوزکا زینت تاپار خطدین ولی خط یانه مانی   طرز صورت بیله عالم آفتیدور اول ورق

گلشن ایچره قسمت اتته لعلدین جان همسره   سغره گر کابه انجه گلکلا تغرلیغ لایوق دور طبق

خوی دین آرتوقه تیغی جمالینک شمع روشنراق نتانیک   چون توتوشنا رادت ایچره ایلار شعلهنی افزون عرق

عشق ابواهین یا فارغه یخش جسمیم خامه سی   خاصه کیم تیغ فراقینک ایلادی پاشیمنی شق

عشق دیرسین گرم دورلار بلدی یوق افسرده لار   کیم کیشی تا اوینامسی اودلوغ تیلماس بو سبق

بلبل گلدین نوای بیله دلوار ایکنیم

اول ایاغ مفهوم غنبوق بو ایاغ دیک ها صدق

جفسیم جانیم عیب قیلمه چشم بیماریمغه باق   کوییه جسمیم حیرتیده اتمه ناله زاریمغه باق

هجرلی دشتی بیک گلی لاله سیلی برلا قانه   قیلما غیل ای گل تعجب جسمیم خونباریمغه باق

ایکی نیل کیم کوره آلای سن کیم فروغ شاخ گل بیله   هجرلی تا شدی سراسر جسمیم افگاریمغه باق

ذلفی نی ایچه اول آی ای شیخ باور قیلماس ایکن   کیم اسیری ذلفی ماه تب بیله زناریمغه باق

بیر بیله تا ایکه قیلدی فال تاتیق اوینیغ نیکیم سوی   عشق سیلدین قیلغان کیمنه دیواریمغه باق

قیلماس بیکه توبهم نه سینید در عزه عغبار ای فقه   خرقه و تاکلی گور اشفته دستاریمغه باق

باشغا گتوره میوق دیکم هجری تخمی باری عمر   ای نوائی عمر اییب قایوسرلی ریمغه باق

سالوریم اویکاکلی نور خط دیر انیلیق　　مسکین انلار بو شهر ایکری معزلو قتور مسکنلیق

جمال جلوه قیلغاچ قیلمای ادراک اهلینی حیرتین　　بو حیرانلیق او ذره ارتار منظاهر لحظه حیرانلیق

لبی لعلینک ایدور اغزینه قانجوی نیجه ایرماس　　ای تونتسام بو میخاره بدور ور بوده مستانیلیق

کونکلکا ایلادی ذولفونک سواد اعظمین مسکین　　قرار یب روضه کاری کوردیم تورلوک ویرانیلیق

لبینک دور جام جمشید یوزونک مرآت اسکندر　　مسلم دورسنکا حسن جمال اهلیغه سلطانیلیق

اگر یوق آدمی لیتوق منده بارم دا آتانک ایرماس　　که مجنون دا الحق لیک یا پرید بولماس انسانیلیق

جهان بزمیده ام همدم نسیق ایکا اوج عمر ابجاج توت　　کیچی بسیر بولماغا تا کیم ملامت دا بو مهمانیلیق

باری دشوارلیغ لار اوتنی ایلار نیسینک اسان　　باری دشوارلیغ لار دا بو لوقات بو آسانیلیق

کمیل الی ساقی منی برجام ایلا قیل مست لایعقل　　که دیواره ایرور عاقل قیلمای تمیز عجبی تادانیلیق

نوای جون کیم منی دیر بیاتورت مینکا ساغر
ایکی مینکا که عشق او لاسانک کونکولنکا قیمانیلیق

تا منی محنت تونیکه مبتلا قیلدی فراق　　روزی کا یکنی سواد دیک قرا قیلدی فراق

عاقبت تا ییلدا کا یاری کونکلکا وردنه　　کوب صعوبت بیله جان ا ایدا قیلدی فراق

جان کونکلوم هر بیری نیغلار لار ادنا جوانیغه　　کوب بیا کونکسوم لاریب ماتم سرا قیلدی فراق

وصلیغه شکر ایتمکانیم بسیه محل طعن ایماس　　کیم بو نزا انجه کیم کی ایردی سزا قیلدی فراق

دوره کورکوم

دورکورکوم اولکه‌ایچتی بر قدح جام وصال / سونکقی دهر ایلا جامین نی نوتلا قیلدی فراق

هردم اسیر بوینا اولوم ایردی نوای جانینو / برادلوم برله بو دردینو دوا قیلدی فراق

ای کلامی خوش فراقینک نقد جانینی محترق

لعل جان بخشینک حیاتی جاودانین محترق

محترق

فلق تولی عشقینکدا ایلار کر برونانی قتل اوبون / کر تیلاسانک تاپغونک من ناتوانون

کر چه هجرینکدا یمان حالت من لیکین منکا / کمکه اندین محترق بولوقلسنی اندین محترق

عشق صحراسیدا یاد اتمه وطن نی ای خرد / کیم بو بوغ اوتلیق یورغا عالمینی محترق

استمانک ای عشق مجنون اوتینو سرگشته / بیلکه ناقفونک بوقعه رسوای جهانینی محترق

دیوار ایچینده یمان الوپدا باشی نوپسائه تانک / کمکه بوق اندین یمازاق من یمانوبی محترق

ای نوای خرده نظمینک نی اصلاح اتمانک

کیم قیلیس انی شعرای خرده دانین محترق

بزکایوق

اول پری یوشی حور عین مهربان دور بزکا یوق / فی المثل الیدا انکا ایشلاغونیز دور

کوی‌ولایت لاریمسکین دور بی قاولارمنی / ده که عدم لار انداقاعی ان دور بزکا یوق

تا انک ایماسی کراه جالکم تنی بر باد ایلادی / کرد غرچون کیشتانینو صلا دور بزکا یوق

ایطلارمی مهمان بولورغه یوق حجره نی نوبه دک / کیم اول مخصوص لارغه مهمانی دور بزکا یوق

ای

هی دیکونچه چون اوتار هم عیش هم غم بس ایرور | گر فلک دونی ایلکا عیش بیرکالی نور بر کاه وق

یار کیلسه مجلس دیدیکیم انجم قان اتتی شوق | هجر ایلا رحیم زیب برباد طفیلی ایتی شوق

آه کوب بیرینه دیدی قاصد وصالینک مژده سین | هجریم آه اضطرابیمنی فزاوان اتتی شوق

شوق هجر ایچره تیرا اشوب ساری کوینکلومه | کوینکلوم آشوبیغه قویدی غارت اتتی شوق

هجر ایلا بولسون نیاز وصال امیدی چون ممکن دور | بس حیات قیلدی کوینکلومه یکسان اتتی شوق

گر ضعیفتوم نیکه چه یا یانه یوقتور عجب | کیم کوینکلی مجنون لغی نیچه یا یانه اتتی شوق

ای نوائی هجر ظلمین یاد قیلسام یوق عجب
کیم منکا پیدا و نامعدود رامکنه اتتی شوق

ای جمال ناز عشق نکه بر بیرین خوب راق | قامتینک مرغوب راق قدی بیر خلد مرغوب راق

منداپولسه میکنه هر چون یاری نینک صردی هر | عالم اهلی ایچره یوق مندین کشی معیوب راق

عشق ارا فرهاد مجنون دانی مجنود ایردیلار | بیک مندین غالبا بولشته یوق مغلوب راق

هر نه قیلسا انکا توان کوینکلوم سوزینا جانه | حق برا اتمایدور لکین سندین کشی محبوب راق

طالب اتسا انکه قیلغیل جانانینکا جانیم فدا | نی سنکا مطلوب راق اولدر منکا مطلوب راق

کیم بلالار دیر فنا عرض اوسلوب ایلا کای | اوز لوکدین ایشی ارک هاکی کوینکلی مسلوب راق

گر نوائی باب ایلا مقبول بولونک انکیل رحم کیم | انکینه اعدای یوقتور ور عشق ارا منکو براق

قسمت ازل روزیده ایلدی ابو ایلی مرکلی فزون تنگ — ایلیکی بو عشق ... آه نفاق مدور ... وق

سن

سنکا ایشق جولاق قلیب میلا نه جوکان اوینماق   منکا آلیدنیک باشمنی کوی ایتیب چانغ اوینماق

باشنی او جلات ایلکه قاتیب برله قالماق رخشندین   تارتیلار رجا مکسوم ایرم کونکلی جوکه اوینماق

کوز قراسین اوینا تور هر لحظه اول مردم کوز   هندو دیک کیم ایرور آینی قالغانی اوینا ماق

اوینای اوینای ایلاو دیکه کنغر ایلی ذیمتنی نیرلا   الله الله بو مو دور اماناسیلمان اوینماق

جوری تاشیین اوپری اوینا ب آثار دیر ایلی ساری   وه کی بو دیوانه یه تیتاغ امان اوینماق

جرخ اوینون برله الوردین ثواب ایلدین واقف اول   بو مشعید برله بولماس اهل عرفان اوینماق

هر ساری اشکیم بو کور ماقان نجب کیم عیب ایماکی   تیز اوینون جتاج اوق یکشلار کیم هر یان اوینماق

وعده کو ب قیلدی نیک نوای غه ولیکین اوینا بان

هو نجه بو لغانا ایل پیدا ای عهدی یالغان اوینماق

نمیم کور الیمیدین من نه تانکه کو نخلوم هلاک اولماق   ایجمد ایوز قلیج عیب کوکسوم جبال جاکی اولماق

اولار دیب شادا و لوب کورسام دردم هم عجب تهلکهی   که عشق اهره جیاتیم باعث درد و درد ناکی اولماق

الوم جیبق الجیدا اسق ده بالی اولماق ایماس غمگین   ان هم کور که عشق اهره بلور مو منی ده بالی اولماق

اگر دهرا جسیه ایلکیدین تعجب قیلما ای ساقی   که بولمیش مست عشق نیشو نیک هر دم نالی اولماق

جو من بر جام او جون دلها اسیری من عجب ایرماک   لبالم تا کی ایکیار رشته بیل با غلار غه بالی اولماق

جهاندین سلکینب جقدی اینا ال یا ییب یا بوتیم غلیق   هیتر بولک که تقلا در طلب بولیدا نیکالی اولماق

نوالی کوکسیدا عشق اوتی تیس اولدی غم نقدینی

الماب کوب تازه داغی هر طرفدیندور حقالی ولماق

بیر کون اولغای نجه دین اشفته کونکلوم دار راق هر کون اول ترکی کونکلونی اشکلی فتنه لیق اوزوم خونبارراق

اولماغیم بو شغلیل اسانراق وصالیکدین بیار فرقتیکدین لحظه لحظه حالیم دشوارراق

نقد تیغ عالمیه ودور انداغیکم اجلدین قاشی زیور هر نجه باشیمغه قاتراق کلسه منت دارراق

غم توننی طول سوادین جان بیلا کونکلوم بولور کیم اولاردین یوق ایوی مضطرراق بیدارراق

هجر لی دشتین سیلی اشکیم نجه قاقوری هر طرف کیم بو هجر اتاغ لاریدیب بولماق ناهموارراق

منی انیک حسنی کورسام بوزی قویاشی مقداری نجه ذره دین من الیدا بوزانجه بی مقدارراق

نجه لیلی وشی راق اول جلوه کورگای مجنونا کوردی شیدا لیکیم عشقیدا مجنون دارراق

دردکش لار ایجره مندین فارغ ارکیوق نتا نکه جون خرابات اهلی دیوقامندین کی خمارراق

کعبه ترکین ریا و دیرمیرک فنا

ای نوای دیرمونده سن اس فیفی خمارراق

بنفشه نیک نیکا بولمیشی دماغی موبخه اولوق کیم اول سنیک خطیکا هندو یا ایور مسروق

ملاحت اغز نیکا کر سبب اسه السو کیم که باده عیسی که دور دور شوری کاشی اغزی کا اوجوق

قوزنیک توخشید انجو کی سرد اوزی دیکای ارادا که سبزه رنگی قولو تکور انیک ایاغی یاروق

اوبرور

ایرور جهنده بوی ونگ بیلیک گدای اق کل کیم　　کوروننی بارچه بیم خلیق جهان اوزره ماحوق

نشیب غم مسکه قد نیک غه نخل اوختشماسی　　که بوددرکرو یکر لیک اولدور اسروا ورق

سن ابر یش اوزره ولی کل نیاج اوزه دسته　　یول اوزره باغ چه بارغای اولکه هنز شوق

نراجی لا فید ابر ملکیان ان دی کم بسر　　ننونی جلوه کر اولغای تیز و برله یاد ق

همی الجسمانک اولغایلا اقسوم کرب یر دیر دیوکی　　که بوایشی اولوب یر نیک دیر دا کمنز یاد قا

خوش اول که بزمیدا ایلار نوا ردا اغشتنیک

شه انداطنبور اجابیب نوای و بیت قانشوق

ذهی قوت حیاتم هجری مهلک درد ایله یاد دینک　　اگر لطفونکنی لایق بیرکا یوقتور مو سواد دینک

منگا لذت سنینگ غمزه نینگ منگا قوت نیک کیم دینک　　منگا عشرت سنینگ وصلینگ منگا راحت سینیدا یاد دینک

اگر خورشید رخشان آرضو تکیسام کلی رو یونک　　وگر طوبی رضوان میل استام سرو آزاد دینک

باغیر قانی لب لب ایلا انکه نشام ایچ لعلینک　　کونکل میی وی دماد م بیمیل اسکیم ایاقیدا دینک

اولوسنی یرکوز در قتل ایلاماکوی ابجیوانینک　　ولیکین اولتور ور قتل ایلا بجیوان نرخی جلا دینک

هجق دورای کونکل بویکم اول ای فریاد تیماسی　　کم یا لقیب دور نیدین کم تیتی کوب اولا ای غم فریاد دینک

یمان دیوانه بلکیل کیم دیو اولوبن اول ری رخی　　نه تانکه ای شیخ عکسی استام تجیل بولم ارتات دینک

اولوسنی صافی عشرت توتوب ای ساقی دوران　　هممان دهوی قاتل منیلک جامنی اسرا دینک

نوایی کوبه مقصود ساری گر قدم قویسانک
تجرد بیشه‌سی دور یوره‌ ایلینک ات توشه‌لیغ ذاد اینک

بولمادی تا کوزلارینکنی کوهر افشان قیلادینک
توکمادینک قانیمنی تا باغریمنی تولا قان قیلادینک

طفل دیکیم غنچه اجوای قیلادینک ابا ریمغا تاشی
خاطریمنی جمع تا کونکلوم پریشان قیلادینک

تونکیشی دیک جلوه قیلادینک قویادینک بر فرزه هم
اوینتی ایکره رخساریکنکو حیران قیلادینک

یوز بلا یانشی عشق اطفالیدین یاغدردادینک
یا جنون تا رانجیدین جسمیم عریان قیلادینک

ای فلک قیدی قویاشی یوز لولی هر کون تجرخی ادا
جلوه گر قیلادینک کیا اختشام یر کیفی پنهان قیلادینک

دیمه‌کیم قویوننک نوای جانیغو داغی اجل
شکری یاری مبتلای داغ هجران قیلادینک

رحم هر بولغانی کونکل کنکار حرکونکلوم دیک ما
ممکین ایرماس بولغای اول شوخی ستمکر کونکلوم دیک

کسمع اطوال بغتینک کونکلوم او در نعل اودر لعل
ابجکیم بولوب هر یر کونکلوم صنوبر کونکلوم دیک

کونکلوم اول خطا شوقیدین یوز دخم لیکن جسم ایکره
اوت ایجنده عنبر اونکله دور مجمر کونکلوم دیک

ابجده دخم استی یانکلغ تبیق کونکلوم اونی دی الماس
هر یم انداتا هر بول اخکر کونکلوم دیک

گرجه لیلی محملی ایجی ایکوب خال نهادی
صوتی محمل بولماغانی مجنون مضطر کونکلوم دیک

مروه اهلیغه تیاع مکسب ایرمیش جلوه گر
هر کشی بر بسه صفا کونکلو سماغر کمی کونکلوم دیک

بجرل

هجری تیغیدین نوایی فاقه وجعین کورکه یار　کونکلی مملو جسیم دیک جسم سراسر کونکلی دیک

عشقیم آرتار خطی ظاهر بولغالی جانانه نینک　شمع دودی شعله سین افزون قیلور پروانه نینک

هر دم اشکیم کلتورور بو طلوع مجنون کونکلوم　قیسه تشلار دین ایمش باشیدا دور دیوانه نینک

عارضینک نینک نقشی دور مینخانه دور کونکلوم اوتی　عشق بولمیش برهمنی ایچنده بو مینخانه نینک

شام هجر نینک شرحی ایلنی محو داستانه عجب　اویقو کلتورکالی نه دور خاصیتی افسانه نینک

سوده دور باغریم تشنه کونکلا کیدین جکتی باشی　کیم سودا ابزه جتار غافونیک اوجیدی دانه نینک

یا غمادی کونکل کمندینی یا غیب حوادث یا معمودی　کیم سورار کینی جغب تا منی بولماینه نینک

اوقلار نینک جای اتیکلار بریلان نوایی کونکلی نه
کیم یوق اتسلاندیک یا غین دیوار نی ویرانه نینک

ویسالنک کوزیشت فنا اهلیغه بولای همتک　نه دوست غیری ایسه بار دیغو بیلکه ایمال

قیل اوزلوکونکنک کسا کیغی پایمال بر که غبار　یوق اتسه فالجیقی اوزی روضیق سوی بر که کمال

جوروجه خلیفه نعشق ایشار ایسه ارتو غلوق　بیتور حلا جیوه تقوی سیالی بر که کوحال

یورالی سمال دیمانیمی عشق کوی یکه ایجیدا　عورت اینا و دیب نیالی کیم اینا اولیبه یوزرال

خوش اولکه عشق گلستانی باغیدا بلبل　اولار دا استیدا اغار اوخار بیلسه توشال

بلا غباری وفا اهلیغه یاغار کویا　سپهری جبری فرون بیندیق اولوی هلال

کیم او تیر قدا کویا انجو کیم غرو دانه   یوقا اولکه چهره ارا شاید ایلاکیم کو هلالی

انکا بو ویره فتا اجره توتت منجه می   که نیشی باغیشو بر کیتماکی نه قیلور کرکی

نوای نه اولسه تانکه بزمی الجندا فراق هست

که غصه جامی نه دوران انکا توتار کوبراک

منی که هجر دیوا اجره ایلادی اوسرو ل   نه تانکه کوذومکه قوپاشی بولسه قطره دین اوکسوکی

سنونو منی یاری نشیماکی یوذی نه جور کادی اه   بو وجه دین دوران الدیدا یوذوم جور ذولی

فراقی اوقی دین اولیمیشی قوتسوای توتوت دایم   بو طرفه رافکه بر اوق دین دوران رهایا تولتوکا

غمکیدا تورلوکا وتورلوکا بلا غذوجراب من   بکه بر بیسه منی کوییدور و رنجه تورلوکا

تینمدارکی لالارا وذولری فراق ششو تدیم   بجولکی رشته اوذلتکای اوچیکتون او جوروه

تونای جهانمدا سلیمان سنی ودیا جمشید   نه مونکا جام وفا ایلادی نه انکا یوذدکا

نوای اوردنادی شیرین جو شیخ ایلی کونکلین

نجولکه کوییدور ابجته جو غربت اولسه مجبول

ایلیک

منکا جکیم لعل شوق تیر به جانا نوینت ایلیک   کوییا حیوان سوبی بر له یوذوم جانونی

جوون منی جراحت انکا نادقار ایتیم نه تانکه   اولیری بکری بوسه منی داد جیرانوینی ایلیک

لعلیا ابجید اکور کوه ور هوم بکر مبتلا اولمالی   نه عجب کیم معجزه اتسه موسی عمرانوینی ایلیک

جانانا

جان چیقار حالت دا ایبتی تا فسانه ای ماه یوسف مصری / نی چیدیم اوچماک اوچون ایستار که جانانیم ایلیک

رحم ایتیب حالیمغه باقیب کوزونی یاشیمغه برنظر / ووه نی بو بنتکا ایمس اولوم عقل ایمانیدین ایلیک

بر بیه بورنیه آشوب و بو رانیدین ایلیک مین خسته غه / بیلکیم کوموو بیر کی اول آشوب دوبورانیدین ایلیک

سیدیدیک اولوی نوای کونکلیو کیم تیغ هجر

سوندی ایلار تیغ ایله کسمایل که هجرانیدین ایلیک

نه لطفی ایدیکیم منی نام برله یاد ایتینک / نه نامه ایردیکه غمگین کونکلیم شاد ایتینک

تیلی قلم تیلی ویکه شکر ودین ایهو رعاجز / بو نامه برله که بو ناتواننی یاد ایتینک

اوقور اوقتی یاشیم اختیار سیز گویا / که هجری دوده سیدین نامه غه مداد ایتینک

یتوردی جسمیم روحی اما توشی مغالی هجر / مقلم ایر دل وحی کیم انی سواد ایتینک

جواهریکه ایباردینک بو نامه دینک ایچون / کونکل خزانه سینی مخزن مراد ایتینک

نه سود بولسه عملی نامه سی قرا که خود / انینک نشانی اوزه جمشید کی قباد ایتینک

نوای جسمیغه روحی اول قویاش حرشی ایمشی

سیبی نطقیغه یوق برا اعتماد ایتینک

سمندره نادایله اولا کاغذی بیلاغه باقینک / پری باشیدا ملک پری دین اوتاغه باقینک

نجولکه قوس قزح دور که مهری عکسی ایرور / تا فیب خم انیکوین اول ایکی ایلیگ یاغوبا قینک

صداینغ یانغوا ایسب ایلکما سنان توتیمیشی یوز اوق بلان کوروننک حال تیل بلاغ باقینک

اگر نوا اوق بیلان نسیم غدا ایتماسا بیکز اجیب تیمنی عدودین فزون یراغ باقینک

الف قد یکلی کوران تا کی دردیم اونوای ادا دیدی الفی نی کوروننک ایلا لکه دواغ باقینک

بو باغ گلگل لاریمانی یرکه سا جابین قویماس خزانه ییل نی کوروننک جرخی بیوفاغ باقینک

بوتنکلی بیر لیو جهانی بوزماغیم ایتیمیسا اگر اولوسی دا هر طرف آشوب ابتلاغ باقینک

نوای اولدی جهان اهلیدین نوا تاقمای

نی بولدی بیر نظر اول فراغ بیوفاغه باقینک

سی هوشی اهیدیم بیر یان مکونی قد بیله اورسام تیک پری لاری نه جنونی طوغاریدور بونیدا سالمالی

بری جسمیدا بیریانی تازه داغ قانی ایله گویا قفا جنو نو قمکیشی لاله لاریغولی نی بو گلگان

یرا کوزلاری بولوب تنده اجو بولوب خراون نوردین یسماعن هر طرف السکی توکما نلار نکلی دینی ایمان

بولوب بیر جان قوشیدین آه بیکانه دیگ یغب کوسطوم اوقونک شیعانلاری گویا بیسار افق ادچون تاوه

نظر سالسام یوزدنکیدین ادوکیه یونی کوزنی کوز ایلاب قیلیانی تیغ ایله هر دهنی نه اینک قعطاشیوی جک

جوانمالی نیه دلغونک حلقه دامیدین کونکل ایلدی بو قوشنی بیک هم ایاغی بوغیدا محکم ایچیتی ایلنک

ایری یردین کتما دیب اسرادیم رک لاریکی کوزدا الیف جان رشته سی بیرلا ایاغی ادریندین اوچک

فلک ظرفیدین تولا بردی قفا اول ای عشقین بوعیدین نیز جاده ایم تکادی برقطره دینی کوبرک

لقا

لطافتمکین ایپ اوچماق تموغ دین قایچیکیم بولماس   کیشیکا هیچ مقصودی میسر حکمایین ایمکک

جه بولودم عشقیدا فانی چه تشین سورماینک نیذین   که قالماس صوفی ذاکی بولسه مونکور بدا اشتهاکی

تیلارسن ادلکونینک جزو جزودین منفعلک اتکالی سن

نوای نقلمی نیک جزوینی قلیل جزو لانیفک

اسبابی اول بت نینک جزو بلیدا آذتار کوروننک   بر کلا آیقی بیله یوسف خریداری کورونک

لعلی خالی جانغا نعشتی تیزا قاتی تازه داغ   ظاهر پیدا باطن احوال نمودارین کورونک

دار جسمیم جرماشور اول آی نی یادغا نام نینک   وصل امیدین تنیم نینک جرماغاج تارین کورونک

ایکی کوز ماهر نبا اهلی فنا تیغ اغیدا   سایه سیدین تیغ بولور ویرانه دیوارین کورونک

ضعفی لیغ جسمیم ایکلدی کثرت بیگانه نی   بو یغاچ نینک شاخ نینک خم ایلاکان بارین کورونک

بحری دوری نینک بوکتین یالکانلار اهر طرف   سودا یا مفور نقطه سی نینک دوری پرکارین کورونک

ویمانینکز بحر او سرور فخم ایتمیشی نوای جسمی نی

جسمیدا ذخم ه یوز جالیغیدا انوارین کورونک

مینک فراقیم انیک وصال تون بیله تانکد   بو نوعی دهرا ارا یوق اجمالی تون بیله تانکد

غریب دلق یوزا یرکا کوکیم جهان ایلیکا   کورا تمامیشی بو ایکی نینک مثالی تون بیله تانک

قانیکیم یاروق تونونوم تیره دور کیم بو ایکی نینک دور   کونکل ارا یوزدلفی خیالی تون بیله تانک

نی تونلدا عشق نسیمی تانگه مهرمک / که بوی بولوی یوذونک تاپماینی تون بیله تانک

تونونک خجسته تنیک قلوغ اولسون آه ای هوشی / کم ایکی بنده سی نیک بولوی چالی تون بیله تانک

بر و کیمه تانک تونینی باده بیله اوتکازدی کامی / یقین کیم بولماغای آنی نیک ملال تون بیله تانک

نوای ایتماوی ذوقی یوذونک وصالی نی کتیق

ولی ایرور غم انیک انتقالی تون بیله تانک

کیمکه بر مجلس آه و درد بیله سوزی کرک / مونداغ اوت یا قماقیغه اول مجلسی افروزی کرک

مجلسی افروزی اگر بولسه مجلسی اهلی بیلکه / باغری نی کوییدورگالی آه جگر سوزی کرک

صبح وصلینگ هجر تیره کوزی خالی عشاقیغه / شام اولتورگالی هندیک سیه روی کرک

کویونگ هجر ده بتیب هر کون کوراالدی مینی / منظر هر کون بیرام یار لحظه نوروزی کرک

میغتراق هسرایعی آه تونیناای خرجیم / سن عوض اتماقونغه خوب تیر ول روزی کرک

بر خفر روشنی عشقینی بر دم ایلکدین نیکالیم / دشت هجران قطعیغه اخرقا دوزی کرک

عشق تعلیمین نوائی دیکه الورلار اهل ذهن

ایله درس اهلیغه مونداغ دانشی اموذی کرک

عشق کلتوردی چشم دیو فتنابز معدا اودنک / خانه بنجه هوس ایلاماینی انذیبی سونک

راستلار هامنی دور دیر تونذار اول ستارکیم / کیمکه هر ایکی قوم تودی اکش کلادل اودنک

رحمت

همت اهلی نه چیله هر سفله قیلغای کس پرواز — نسر طایر بیله یوغی یما اتقای قونک
بارکیشی لار غه فنا منع مجان بو نوای جا — تیوه نینک کوسکلی کیچیک دور اگر ایردور سکری چونک
آه اشکونی ایرور اوت و سو ایچره عاشیق — زاهد انی نم ایتماکی قورقوق اولسون اکر توبلک
دور با دوکشی دهر چو قویماسی جاوید — سعی ایتب قولا ایروپ چو تیار ایلدی قولونک
کر منین استانواکشی کیم طاعت ایتیب
دوست لار سر رشته امیدی غه ایلیک اودونک
عشق ارا وصلینک تیلاب هجر بیکینه بولدوم دردناکی — خسته نیطلیغ کیم تیچه امیدلاری بونیاعی هلاکی
عجب یوقار اول قویاشی نو چیکینه تاپماسی ایکو مثلی — او تیوتنه عم کرچه کوبکنه ناله قیلغای دردناکی
تیلی من تیطاج ابجار بیطانه کو کسوم جاکیدین — اون کطلیدا اولمیشی اجلی دروازه سیغ کوبیالابوجا
ایکه ایرورکی پالی عشق او تیغه کویماکی آرزو — شکر لله عاقبت کویدوردی عشقینک نورینه پا
الالی اول می حو شوقینی کوکلوم ای باغبان — بر دینک او خشا پروریشی کوز دلاله بیله تیالیک
عشق ارا دونخوین ای زاهد منی قورقوتمه کیم — هجرلمی اوتی کوره چه سمندر غه شرر دین قایدا با
ای نوای نشام غمدین ایرور یوق ور چه وصل
اق ایردور لیکین قرار تیغدا هرینه ایته زالی
بولمادینک تاکونزلاریمنی کوهر افشان قیلمادینک — تو کاماد ینک قانیمنی تا بلغرم تولا قان قیلمادینک

طفلی دیک کیم غنچه اغوان قیلمادینک باغریمنی کاش   خاطریمنی جیم تا کونکلوم پریشان قیلمادینک

یا قویاشی جلوه قیلونیک قویمادینک بر ذره کیم   اغریشی ایچره رخساریڭنی حیران قیلمادینک

یوزه بلا تاکیم تیغ عشق اطفال الدین یاغدور ماویک   یا جنون تاراجیدین جسمنی عریان قیلمادینک

ای فلک قیسی قویاشی یوزلوکدین زرگون چرخی ارا   جلوه کر قیلدینک کی اخشام بیرلا فنهان قیلمادینک

دیدیم قویدونک نوای جانینی داغی اجل
سنکا یاری مبتلا داغ هجران قیلمادینک

رحم بیر بو نوای کونکلیکا سن قار ضیر کونکلوم دیک   تمکین ایچاسی بولماق اولغوچه نستیمر کونکلوم دیک

کسی اطفال کونکلوم ایچره نعل اوذره نعل   انجه کیم بولدی خریبا کونکلوم صنوبر کونکلادیک

کونکلوم اول خط شوقیدین یوز زخم لیقی جسم یار ایچره   اوت ابجیدا عنبر آتکه دوریم کونکلومدیک

انجه زخم اتسا انکا فرقتی کونکلوم نه اوتتور تی ایماس   چمر یتیکیم انداطاهر بول اخکر کونکلومدیک

گر چه لیلی محملیدین ناله کوب چکار اندا وای   صوتیم ملک بولماغان مجنون مضطر کونکلومدیک

مژده اهلینو ساقی عکسی ایر بحیشی جلوه گر   هر کتی بر صفا کونکلومکه ساغر کونکلادیک

هجری تیغیدین نوای قالمدی خمین کورکه بار
کونکلوم ملو جسمیدیک جسم سراسر کونکلوم دیک

خیالینک حسنیغه کونکلوم مداوینیت بر تحیراتینکا   ایرور کلکون تن مشتاع عشق کوزکه بیلا انکا

جفا سر

جهان سرو بجید قیلدی الوغ عشق کوزونکنی یا خود الفدیک جانونینیش بورماق غم صفلاری حکتی هم کهن بیله

بنیک ظاهر اتینک خضر عمر برسالار اولکوم خصوصا کیم خضرغه عدم اولیمیش آب حیوان بیله

توتوم مدام وصلی ایردل ایکونکل یارب بلا اورسون سنکا کیم منی اویغاتی عجب حالت ده افغانینک

دماغی یوق حشوش بولماغانا کویاکه بو ابریشمی جهان باغیده اسود اسنبل ذلفی فریشانینک

نجه یاغدورسه غم تاشینی فراق اطفالی ای مجنون نه غم باشی اوذره لیلی بارچاهی بولسه قالقانینک

قفس قیدیده دو بلبل بوکیم ویرانه توتمیش جغد دنی فاسیوق ایکانی نه بیلدی کویا اهل دنیانینک

بو بزم لیلی نغاقده بی تار قیمشی کونکلوم ای ساقی اذیب بیهوشی دارو توب منکا تعالا نوادورانینک

نوای بجزیدا نوعی میسل تنکلی اقیزدینککیم
دهمای بولوی بجون قیکینی اوتار بیوقتور املاینک

دین
ایلکا عشق غرض نه کیمی وفاسی دور انینک کسر منی اولتور مقصود وم رضاسی دور انینک

بولماس اول بیگانه وش جون آشنا بوال ایکونکل بر کیشیکا آشنا کیم آشناسی دور انینک

ناوکینک فوقی کونکل دین جیقاسو نامدیت ایکونکل قیر اید توتوم ساغینما کیم قراسی دور انینک

اوتی سوباردی کونکل دا اگر اونی ای عجب کیم باغیر پرکالی هر دم غذاسی دور انینک

صبر خلیین کونکلوم اوذکر دیدا قویماس ایلاکیم لیر فیکیا قاشینینک خیالی اوق یاسی دور انینک

دهر بوستانیدا بوکیم جای ایر ور کل کونکلاکی بلبلی اجو الینو کویا کیم عزاسی دور انینک

شاد اولوبدور فقر کویدا نوای ایلاکیم
سلطنت فرشی کا الیتی بوریا بیدور انیک

جنون هجریدا یاتیب توق ایرکنه دور بو هجر و نوینک | که بو نوای وحشی خیلین کونکلی جوفان مجنون دیک

منکا اطفال اطفال تاشی حریم کشوری کوریکم | منی دیوانه اول تا عدیک بولمیشی بو یاما نوینک

ساجینک سود سیمین ایتو رفریتا سوزلاریم باره دور | نسو کر نفتا تیکنه دا ایلاسو قیلغانی افسونینک

واتینک پایمال قامتیم کا جلوه دیک بولمیشی | نظر قیلکیم بعینه بولدی هجران او ستیدا نونینک

قیوب فرهاد مجنون قدینی کورو فتری عشقیم | که بر ایکی ضعفلنیدا قاملوسا اول ایکی همونینک

جو کوهدورنک یرکا قارون گنج یر توتتی حکمینی | توتاین نقد ایله بولوب خزانینک کینجی قارونینک حکمنی

وفا ایلاب نوای کوز توتمه عالم دونلاریدن کام | ذوقا سر کیلدی عالم دونلاری هم عالمی دونینک

دنیا وینفنا سنیو اح سفال جام جم دیک دور | کین سفالاری اسکی لیک خرد اکنونینک

نوای نظمیغه سالسه قولاق شه نی عجب یم بار
انیک هر لفظیدا شاهان دره لعل مکنونینک

تریک

اوذکا ایلاردین حیاتم نقشه برنماسی ایمیک | محکیمین ایرماسی اوذکالار جانیله بولماق تیریک

غنچه اغزینه اکر تابیه دور اغزینک یوق عجب | جرمت اسراری ادبینکم اوذکالار جان بولماق

سبزه خطلاری یوق یکت ساینداول یوزنا بیون | سبزه نی اق ایتی کویا اول قویلشی بونغاه

کسیر کالی

کیرگالی کونکلومنی اول ای گر کوزنی قعدیدا اقان   برایشک باغلاسه غمنینگ تیغ اشک یوز باشینک

عمین ضعف اهجره کونکلوم شوخی لوق آیینی ایرور   ایلیلکیم بیمار اهجره هم بولور بعفی تینک

یوزیا شوروزونک لیک زولفونک تاریکا یابوی صبا   شعله فنت بولغان انوا هکیم توتون بیلک

یاد وعا ستیاریبن کونکلی اوت ریاضت قیل قوبول   قایدا کوزکوروشن اونقا بولماس بیمان ایلک

دیواراهی هوشیم دوزن باده تو تفاج مینجه   اوزنی بیلالا رسم ایکلدوسیکم ده کیم بولیلمک

چهر چون نوا ایجینک نوایغو یانکایر ماس اضطراب

کیم جنون اهلی برمی کورکاج قیلور لار تلبه لیک

تیلاکم سنینک حضوروینکطلبیم سنینک جمالینک   نیچه کون فرق کلماعرضم سنینک وصالینک

جیداباکلساه خواقنیک اوچاکلساه ایاغینک   کورالکاه نظرینک تاپاالماس مثالینک

ملکادوشتی دین فرحی یوق منکاباغ دین طربی یوق   زهی سنینک هجرسنینک طریم سنینک جمالینک

اجلی ادشبو وم بولونکدامنیدین البجانه برای دیب   بباشم اوله خاک پاینیک تیکیم اوبیلاماعالینک

یوزونیدا اوروبسن ای مهرکماه صنیدیم دم   منکا روشنی اولوی بودم که تپب دوررفودایلینک

ای عشق او چون نوا ی نه جماند اقیلدی رسوا

بوقدر نه دوستلار ایمدی که انیلک فاشیداالینک

مشتق اوتدیوی قسیتم دردمبلا مو قیلادینک   وود برله خانماننی قراموقیلادینک

کویما کیمکا برق آفت قیلما دینک مو آه نی — اولما کیمکا اشک نی سیل بلا مو قیلما دینک
ظلم تیغی دین تنیم نی قیلما دینکمو بند بند — قوتینکدین بند بندیمنی جدا قیلما دینک
ایکو تکلی جانیمنی قیلدینک عرض افسوس نی قیلدینک ظلم — قیلما دینکمو یا قلیب بخشی ادا مو قیلما دینک
دیمه ای کوز کونکنی قیلدیم کور استارم — برباقیب یوزمینک بلاغه مبتلا مو قیلما دینک
دیمه ای کوزنکنی تیلدیم کرسنی استارم — برباقیب یوزمینک بلاغه مبتلا مو قیلما دینک
شکوه قیلاتی سنی ای کردون روا ایرماس دیمه — بز نی بی کام ایلاب اهل کامینی روا مو قیلما دینک

بحری عشق ایچره نوای هشتالیق تا قیلما دینک
تا بو بر کوزنه ازیش [illegible] اول بر نی امو قیلما دینک

کوزدا یاشیم ایلا نور سرگشته مجنون باشیدیک — ایلا نور باشیم داغی قان ایچره مردم باشیدیک
تورقارام کیم تاشلاغنا اولتورغوچ کوز یدین یراق — کیم باشیم ایلانور دور دوران فلاخن تاشیدیک
بربری ایچره که یا لار کور کوزور قوس قدح — بولماغای پیوسته اول ایکی مقوس قاشیدیک
کوب دلار تشکی الار کیم سنزدی جبین هور تکری — ایتادی بر چهره کیم هورتینک نقاشیدیک
کوزلاری بینک قانمی قوت ایلار واحت تافقه لار — کیم قلیب و سلار غذا پرهیز بیمار اشیدیک
سیمکون قوشلار تا یانک اتغوچجه فلک دین ای مسیح — یار ایکینی مو بری اول مینو دیرنک خفاشیدیک
رنده بولغای عالم اوینا نمابر ورد ایله — اول قدح تاشی ایچی دور لار لاد ایچی باشیدیک

کرد

گر زرافشان قیلسه ترتیب اهل نوعی جام سین
زرفشان ارقاسی نوایی کلکی گوهرفشاندیک

رحم ایتیب ایدی دستیلار مجروح کوکسوم نی یا رب — قول یلالنگ ایلاب سالیب هر یانا ابجمنی اختیاریک
ادجیرسه یوزی قراکونکلوم بولوب تار تیب اوزدوب — اوتنو سالیب اورتابانی جانمنی انوی قوتقاریک
کلمسه ایرب جال لیک کونکلوم تکیب واقع بولونگ — کلب بو جانب سنا نللار بیله سانجیب قانیتاریک
جون اولامین یاریدن ایستانک باشیمنو کلمسه — باشی یلالانگ ایلاب قیغوب تیراق اوز یوز پاره لیک
کلب اینور مین اوشو تمانکیم فرحی دین اولمامین — نکته دانلیغ بیله اول سوزنی باشیمدین اوتکارینگ
باشیمه یتیب اولکوم دردیغ فریاد ایتیب — هر نفس تنگری اوچون هر قینیک بر یانا باریک

کم میسر بولماس بو ایش نوای خسته غه
قولدا باتی یا سو وربات میخانه ساری باشقاریک

نه نوعی باردی ایکین اودیکا کیچه اول جابک — که توت قرانکغو ایولار رخشی تیندا اودی اسرودا
اگرچه کیفیت کوروبوبان بر نوع — ولیک کیفیت اندین کوروب کیم یوز تورلوغ
نیچوککه الدین الور طرف هر نفس نهانو میل — سمنده اوزه ایکلاغ رایردی اول قدنا دوتا
اگرچه اولتوروبانی یوز تریک غم نسدین — ولیک جان تاقیبانی مکتب سیله یوزا دیوتا
کهی که کوز اجیبان کرفیکی اینک نادوک — تو توشوب تجاجنی اینک جان کونکلوم اغزه توتوشوبا

نه دیب اوزا ایلکیدا قالوای عنانی بوشی خود
که بادی کو جلولی رخش عنانیم کو جلولی

نوایی یا بو بلالار سنکا که یوزلانوی
خیال عافیت ایتما که اوزونکا بار ادبرودی

سوده قیلماس ایتا کیکنی ایلکیمدین چکمالی
کر قیامت غم دیکوچه بو ایلکده ور اول ایتالی

قانغا قول شمالت تیغینی چکمالی کر قیلور
قتل فولاد قلیچیدین برون اول سیم بیلک

قید قیلمانک که جنون سلسله سی قیدامین
کیم کیسا الماس ای قیدلاری الماس ایکالی

ترک قیلغو دور دانغیغ یوزینی قاچورماق نه ایدی
حیله قیلماق نه ایدون کیم یلماق نوچ کا

صد قیدین مخلصه ایلابان احباب دعا
مستجاب اولماسا اینک منی مخزون نیتیلالی

ونده برله کرش درویشی ایلماسی بولسه فنا
تنک دور دور بولسالماس اول تو بولنک نوایی ایکی

کوییدا اوتلیدی نوایی یو صفتیم یار ایدی
تکیه قیلماه جبری یانغ ایتیدا توساللی

بینشه بولوری عشق اهلیدا صاحب اسراریم مینک
عشق منشوریدا طغرا دور بو شهریاریم مینک

لعلی یادیده تریک من یوق لب اوچ لسنام و غنچه دین
قالغ بریانونی توکار بو صبح افکاریم مینک

من جنون ججی کیمیدا ایتیم کر انداغ ترکش
کورسه مجنون نی اوی ور یلدا یکتنو دارم مینک

اغزیدونی انداغ آدم کوییدا قاتی بولمشام
که وجود اقلیمیدا ایا جیسلار اثاریم مینک

بول

بول مجب جالیم چہون اجره کرلنی کولورور   وہیک بغلا تورہ روز ابچہ نالہ قذایم مینك

کونکلوم اوز جالیدا یوقتور واقف ادن اجبایم   هجری که دردیون ایرور حال اوزره بمارم منك

کافری عشق اولوم اول بت عشیقدا وه نجتلا دور   چوک درد یوق امرور حال اوزره بمارم منك

کافری عشقیدا اولوم اول بت عشیقدا وه نجتلا در   دیدا ما باغلاماس بونیمه وذ نارم منك

سن داغی کورکوزمه کی عشو خلوقی ای ذال چرخی   کیم بولوبمو سفدین ارتوق نوخی خنار م منك

خاطرم دورہم دورا یلدین آزردہ دور   ای نوای کستاہ پنذلیتب اذایم منك

کہ عاشق بولکنڈا خستہ حال اولاق کرک

رشك دين عالم ایلگا بذخيال اولاق کرک

وصل تا فی غیلقی که عشق ایلغینه دریدور حال   نیچه کونوز ایشه فکری مجال اولماق کرک

شوق داره که مویه دین بولماق کرک   هجری اوا که ناله دین اناله مجال اولماق کرک

وصلی ممکین یوق ولی هجر بذارم یوزیبلا   موندا غ آفت متبلا سه ما سا لا اولماق کرک

عشق کویدا دلال وصل ایمجده دور کش   دیوسایی طالیب جام ذلال اولماق کرک

ظلم کورکیم چرخی ایتب ایک سپنه کینه دور   مورلار خیلی اراو پایمال اولماق کرک

ای نوای تسالک مخلص کودرت دین سلطان   خا نودین دیر سری عشو حال اوقایال

هر کو بیگل ارام اوچون بولمش دلا رایم منك   اول سبدین یوقتور کونکلومد ارا یم منك

دود آتش سر ورمکہ حقیقتہ کلکوہ بولدی اشکم قیلغالی ترک وفا سرو گل اندامیم منینک

نیکھا کو رکوردی شعلعتہ دیغ اتولہ کوبت لثر کرایمسی غم دوزخ بو صبح یوقات غیم

ولی بالا عهد مدینہ پیج قلمونلار اعتماد ای صبا عشق ایلیغ ییکوردی بوسقا غیم منینک

عاشقم انتیغ غریب کونکلوم منینک تا فرقتی وصال عاشقی شروم دویک بو لیمنی بوبد نامیم منینک

دانہٴ بتسبیح فیل ایلا مسی کونکلوم قوش رشتہٴ دقت رہ ذلغی بونیلی داایم منینک

ای نوایی ھینویک اول مت کوی بسا کرجویم کفرن ایلہ بولدی ابدا بو بولدی ایمانیم منینک

بویجہ ایم ایرور دوران بخ بریم ادعو دیک جرخی کلمذار دین البخم کل لارین صاور غود یک

سو غالی کلدی یورونک تابخیہ قولاب دوبنی کیم ایمسنو لحضا بپکسم اودہ اوتو رغو دیک

ایکو کلار دیسنگ ایاشور عشقینہ ایاشور کا کیم ایرور جسمیم فنا تو اعدہ یاشورغو دیک

بستہ کو کلوم عنجب کیم سینیک بلانہ زاق بولدی خم لتی جسمیم اوتین ھر ساری خم اوتورغودیک

خجبری ظلیبہ جدید ارمن اوکلمالی اول جانی جہا قایغو دیک کیم ایرور قتیلیغ اول کمالی یوقاشگا؟

عیش وقتین پیل نہایت کیم ایرورم دولتنوم جرخی ایرماس فوت بولانی وقتہ یایاغود یک

پسی کونکلا پرسا لک نوای غو کی میکا جر ایلہ

ایرک اول بیر وطبی باغ کونلانک الو دعو دیک

کلمش بہرہ یوقتو ارام بیدل ارام کر کل سرو کلہ نیلاین سرو گل اندامیم کرگل کرگل

کیم یوق اول شوخ پری پیکرنینگ ارامیم کبی   غم یوق اول شوخ پری پیکرنینگ ارامیم کبی

عاقبت کویدی امیدیم لارکه یوقتور رشبنتم   اول عقیق شیرین گوئی باده ارامیم کبی

کعبه ده نی نام ایلادین اهلیو یوز بر نفاق   دیر احید یا کوی یا باب فو ه کامیم کبی

کل بلا سوسن کل مستور فلکا ای باغ بان   ذلف سنبل عطرلیق رخسار گل قایم کبی

ای فرایض اهلی رسوا کونگلوم اتمیش بو طرف   کلمنام تا فیب سواے اول رند بدنامیم کبی

ای نواے خانقه ده تا خی دیم جر تغزل

کیم کبی هیچ نه نیک کنجیدا ارامیم کبی

اعتمادکیم لعل جانبخشتنگ امرور جانینی جوبول   کیم ایرور هرنیکه یوق اینی جوبول   اینی جوبول

نخجیم بولسون جوبول شربی تتکم سوزلارک   ممکین ایرماسا اول کلامی نشا انفاسی نی جوبول

نوتنو لولیکدین هشا جونا ویرکر   اولی نیب نه اسیاف اول ار توغراق ایماکانی جوبول

غم ا و نونگ مسجده جونک جانینگو کویا جقامتی   برقمیش موشاع نشا موسطه نو یو ستانی بدیو

ناوکینگ ا و ره بلشاق کویا ایرور حبت نبات   کیم کونگل لامی بولور اول شطلی بیاذینی جوبول

ساقیا جامیم ایو کبلی فریدی کیم هرنخجه اول   بولسه اچیق بولغو سید ور د بج اندینی جوبول

ای نواے جانغزا نظلنیک بس وصفی دیم

شیره جانوین اینی یدکبای انغیوا دینی جوبول

بېس کیم کونگلوم جان تینگان ایمکه دین بولای توشو کونگلاکیم جانل دین اولمغنی دہ روحی انگیز جویدی
جان فدا العلیک بلا قاتل کوزونگ سحر انگیز ایله چاپیم باریکیم بیلا نترکیم یا من اولوم
خاتمہ لعلیک الغ وغ وقتیلاج نیلاکوم مهری اتیا شاہ اوم یا پوشقا کبی یا فغا جو فوف
فرقتنگده الا لهویک یوز جال جال ادغان سنگلاک مینگاکیم برقالارا بولمیش بو ننگلنج کویو
آتشین لعلیک اگر جانغن ادر تارتاق ایکاہس کیم ایرور سر وسینه نیکم ایرور سر وجویو
ویمه وشت عنق ارا منیک خیل عنق اهلی قنا اوت بو پای نیو غم واده ایریان بر سروی

ای نوای فتوی ولید ابرو اوز لولی نه نهال
کیم بو یولو ابو یه غه مانع دوراول ایتوقه نوکی

اغویکیم سوز داممبیی وریک قیلور ایلنج تریک بیس اولویه سوز لولارد ر دیکیه ایرو دیکسرو چک
فدی توئیاج سروا رتوشت ایاغین او چالی یوق عجب کیم ست اولور سرمایه توشیه بولش
هم اوشول تغوا عرضین صاحب یوز نیک نام ک بارک یر زول آیغ جسم تغراج اولنوا یوچک
تیغ ذمیح باغلسا احباب غم یوق ایکو نکل برمشک باغلانسه عشق اچره اجلو ایوزانه
حبرانی شه باشیم محنت بلاس جسمیم قایدا ابلی عشق انطاعر کوروی قاتع ایوله
او جغیل ای بلبل بو کلش وی انده یکیم رنجه کل و فا د اکندا چو ری اجر ی ده نه ارا اتله
ای نوای قیلم کلا ب ورا د سروگی نهال بیس ایتبال سعادی قیلدا رتیب شمی ابو قدر
سر و نینگ

سرو بیک ساقی بیلا باده کلفام کرک
بولوی چون ایکیسی بر سرو کل اندام کرک

کمکه بولسیلار بولار کافر ایرور دیسه ملکا
حور طوبی بیله کوثر می دین کام کرک

کرچه رخساری ایرور صبح وصال افروز ولیک
وصل ایامی قرا زلفی کبی شام کرک

اولکه جمشید دیبان اوزی نی خورشید کبی
ساقی ایلکیدین انینک بزمی ارا جام کرک

کوزلاریم دانه سوینه کلور وصل قوشی
لیک توتیماق اولا ای طرهٔ سیمین دام کرک

سعبه طعنه قیلد ایسه تنوقه وورپلکه اوزینی
جمع ایتار کا فنا ویرلدا ارام کرک

ویدیری داولوی شوکای بیلکالیم
شیخ اسلام دیلن نیمه کا اسلام کرک

ایلکیبه مغبچه دیر ایچره منی مست بیلیک
اوشتا تاکی ساغر ناموسی بیله شیشه تنک

ای خوش اول کیم قالبان زهد تو دین عریان
نار زنار اولسا ریب تار پیله نغمهٔ چنک

عشق بزمیده بیت بال مغانی چو کبی منی
زهد ارا طفل ایله اوینا تا انی مست ملنک

مکا زاهد نی ترکی قیل دیب سکلیق
قیلمغای سین لو ذ نکا اوچرا اول شاهی شنینک

صافی می لمعه سی ساقی خورشید حسنی
تیره زاهد غه اتر قیلما دیکم بار ایدی دینک

عشق نی باک ایلکیم زهد خیال قیلس
ایرور انداغ که کلمای بادهٔ ناب اولسه دا تنک

میکده اهلیغه یوز تاق طربناک صافی
خانقه لا ابالیغه عوض نوای دیر دینک

هجری دینی کوزومدا قرانکغو ایلادینک
بحر دینی کوز یومغانیم اول تیغ دا اویقو ایلادینک

جانی کوکلوم ملکتی سرکشته دورکوبونک ارا
باشلارینی ایلانو ورغه بیله جادو ایلادینک

جالیمه قالور تعجب دینی ایلا اغزنی اجلیب
یو قسم اجو ایم جهانا اهلینی کولکو ایلادینک

اشک سیمابی مودور هجر تیکلا یاکور آفتیغ
حل قلیب کوزدینی روان اول نوع کیم سنو د ایلادینک

قالوی صفر تکدینی اول آی یوزیدا ای جایک نشتاش
کوبیا جون ایلاکونی انیکه تیکو ایلادینک

شاهد دوران غه کوبیا ای طرب مشتاق ک
باده دینی کلکون و نساغرغه کوزکو ایلادینک

بولکه ایتورسنی زمانه اهلیغه یوق الیرمشی جفا
ای معلوم ای نوائی بوزمانه ایلادینک

نه بولوی درد ای بیوفا دوا قیلماننک
وفا غه وعده قیلیب وعده غه وفا قیلماننک

تنیمنی قرب قفاسیدا انکاره اتینک
باشیمنی وصل شکیبا کهنا قیلماننک

سونوب قولوم غه یوزونکا مراد آتیب جاحیل
ایجیب بیوزونکی کونکل حاجتین روا قیلماننک

وصال اوجی بیک ایکونکل قویش سن مست
نیشتماک انداغه مکین اگر هوا قیلماننک

زمانه اهلی غبوسین تغافل ایلارسن
اولاره تغافل اتیب کیرتیشن جفا قیلماننک

جهان غمی غه جواننور برقدح می ای ساقی
الورمن ای جهاه ملکیکا بها قیلماننک

اگر جه اهلی نوا دور ولی اول ای تا ماشی
نوانی بیا نجه بلبل کبی نوا قیلماننک

اتشین

انینگ رخساری اجیب خانمانیم اورتادینک   خانمانیم خود نه بولغای جسم جانیم اورتادینک

دیدیم کونکلونکنی الیب منی جان قیلدیم اولا پری   اورتادینک ای قاتل نامهربانیم اورتادینک

دلربالیغ برله جوری یاقینک جانینک شعله‌سین   خسته کونکلوم الغاچ اوق ای دستانیم اورتادینک

تولغانیب کوییسام عجب یوق اوتونک زیرشته دیک   جون فراق اوتیدا جسمیم ناتوانیم اورتادینک

اوتینک سالدینک هجری برله عقلی هوشوم بارچه‌سینی   یوق بارینی کوییدوروب بخت نیمانیم اورتادینک

هجرینک اوتیدین جهاندا بختی ایرمس ساقیا   لیک اول بت برله اوق جانا جهانیم اورتادینک

تا نوایی دیکه چیل اغزینک خیال برله منی
اوشبو یوق سوداده پیدا و نهانیم اورتادینک

ذلفی کیم باغلیق دور هر جانب هر طاری اینک   تنده‌نی ایلاجانی عجب یوق چکسه رفتاری اینک

تیغ ذخمین کیم تیلارمن هجریم ایرماس غرض   جیتماسون دیمن حزینی کونکلوم دین اداری اینک

دانه دانه خال ایله نجمک نی سحاب کورکانار   تازه تازه داغ ایله کونکلوم نموداری اینک

لبلارینک نینک توقیدا اولمش خلقلاری کویونکدا دار   ملوه ایلابدورکه بولمشی لعل منقاری اینک

ممکین ایرماس اولپری مجنونلغه ای هوشی چکیم   کیم جنون خلقی دیدور بو نیدا طوماری اینک

ای مسلمانلار قیغا کیم کافری کونکلومدا دور   کیم ایماسی بار رشته‌سی دین اوزکا زناری اینک

تشنه من ساقی شفق کونی می تولا توت ساغری   کیم فلک نی نقطه قیلغان دوردکاری اینک

یا قوی یوب انغری یصغواذا استقارک اول دی نیکم   قالمون اولنو عینک ساعود الغبارک اینک
ایتا الملا نا مریتا الملا عتقی سرتی آه کیم   ففقی ایردرا فی مشغلی دوا ظهار یا انیک
مشردہ مطالب کیریدۃ الملانی چمکین ایمس   مرقوم مطلوب جا شوا جا ی طلبک یک اینک

ای نوال فردہ بول وصلا استانک خلق دین
هر کس کیم یا رلیغ اووک خدا یار ی انیک

کوکو اکیدرج نیک برانوف جال کرال   کرفیلم شبنم توکو لعظ نیزہ دین نمتا کرال
بلا رکندی نعل الورد یا رص ایل قلو ور   جان برورد ابرقلونک یوق بدہ دین جالا کرال
بوکونکل غمنا کید لاشو وهنا کوردوسینہ   استارم برحفظ بوکونا خا طرم غمنا کری
صلی حضرت غیبہ طفل اشک اولیز اوغم   کویدا ایمیبی یوقتور ور بیا کرال
لیلی انقلاع قویدی جمنون کوکل ای ارجیم   کیم یوق ایردی منزل اول جاد یا الویح بالکرال
کم ساورسا آدمی لیغ تغرا عینن باد فنا   اه کیم یقتورکس اهلی فنا دین خا کرال

نجا اولا نوال کوکلی ضمین راق بولور
کورها دول نخیلها تیطا نا ر ی بولنی بیا کرال

ذی نها اتنیک افر کلیب ابو اول   ولی خزبر الملا نها تنک اغ اذل
نی قدرتنک جبلی نه قلیب توا نو نست   نه جکنک نوبا شوه نبریب ذوال خلل
بولوب

بولوب صفاتیڭک مظهر جمیع مخلوقات   اولادعقل انسان‌نیڭ ایلا دیڭک مجمل

جمال نی‌یور فاش ایلا دیڭک هر تورت دوڭ   بواپک مفتقی ایلا‌اپک کوزل صقیل

فراق آتشی نی شیق غه ایلا دیڭک بتره   اکرچه تجدیدین یاقتیڭ انلا کوپ مشتعل

بیهار ملکشنله سنی بیله کیدوردی   چمن عروس یوز قویه چآق جلل

سپهر صنعچه سین انجمدین ایلا‌بای افتخار   قوس طلا‌سینو اغا‌دی ایلا دیڭک زحل

یا ذاره مطلع صبح اوزه نور پیدا ظهور   بو چو اوستیده چنڭ سحاب دیج حمل

نواری ایلا دیڭک مدحتیڭ تمام لارارسال

اے در دا ایلا دواکیم حق احمد مرسلی

کیم دیدک جا‌یڭی اول موشوق رخجون ایلا کیم   کوچ بیله جایڭو جانانی‌ڭ دشمن ایلا کیم

اولگر جون باری فوای تلبه لاروپک خواه ست   خواه دوع اقبت کنچ نه مسکین ایلا کیم

جون بولور اول طرف خوشی کویرا ‌کرم بله نگا‌هه   هرژمال یوز قاتلار فریاد دشمنوڭ ایلا کیم

بولاپک اول سروکلاہ اپکو نمکا اوز جخ پی بار   خواه غنم دشت قیل خواه میل کلنچ ایلا کیم

چرخه دوزنوین کلور ستیلم فوشتورای رفیق   نغمی جون یوق اوزن کر یوز قاتلا‌توپسی ایلا کیم

غم سپای قلبغ میخانه دور دارالامان   ای نوای زنهار اول اوی ماچت ایلا کیم

نجولی کن درد قوانغی ایا غنپک سم‌بیدی وال   عذار نقطه سینگلیغ عذاریڭک اوغ اعمال

آلنی کوی قدینک اول ایگ لام اولوڭ اجره / کوروب طاج اولدم اولار عین ایلاماکویه لال

تنیکله ماوی مجال چه دین کوپودور / تنگینی سوگیچی تانک بوق لرایلاسیچال

غریب جالیم اکر سوه ولک محبت مجب / که اغنری یاقلو غدین یوقتوره رجل سوان

ملالت انتی منی بیوفاده اولکلایم / خوشی اولا توشه لر تقلو قدینی اولری فارغ

بوباغ گل لاریدین کرولیک قورقامن / که یتگای این ویسام ظاطر بیگه کرده حلال

نولان استاء دلرستنی فراقا اجره

مراد تاپما اکرخو و مراوینک زور وصال

عشقی نه ترک ایت دیدیک خورشید خفار نور میا اول / چنینی دین دیسن گه این غا کنی غرور میا اول

یوزنه دیماک برور بان ایلخا لعلی ای خفیر / سسته طلات دلغین الحیوان دورمیا اول

سیز امان برذمت لکین اول سدایمس / وه که بیلا یم کونگل یا جاندا فنا دورمیا اول

سوزلاره قتل ایلارسلام اللی انجا قل تونگل / رجیم که اندین طعه قبلدینگ مسلما دورمیا اول

جرکه شنگ اچره دعوتی نه یعد لیک کوه کمر / بوکه قودیز ایزدا وینک دریای عمقه دورمیا اول

توته ترپاغ کوه شیمیا فزاده هندیک دیمه / جری و شتیدل الخان الامان دورمیا اول

وحشی طیر اتمیشی رسیده منزل جنونه / من کبی دیوانه رسوا نادان دورمیا اول

کی ککم نهسیز مراد نه ورکم یان اورتارمنی / ملای بی دووته اورتی یکوزه مو جگر لاند و میا اول

جرخ کونکلوم کلشنیدا اچتی مینکا غنچه دیک
غنچه دور مو یوقسه هر پاره آلوده پیکانلار دور مو اول

دیر بزمیدا دمادم ساقی دوران توتار
بادهٔ کلکون مو دور یا ملانک باقانلار دور مو اول

ای نوای درد و تیغ یارنینک قیلور اهلینی هلاک
ایتیغیل صور قیامت یوق افغانلار دور مو اول

یوزدا بلکنی کوروب ایدی کوزلاریم یغلای قاتیل
کوزلاری بو بلماغای لار اوزرا یوزنه کورکالی مایل

کتاب اوزا قید یک بولغای مشطح قالماسین دوری
غمیم یاشیغوی بوب بیر نقش توقوز فلک حمایلی

منی بیدل نینک آهی اوتی کیم عالم نی کوید وردی
هنوز ایرماس کونکلنینک شعله لری اول اوت ارا داخل

تنیم اکل ایماس کلخن تماشا قیل لینک وی کیم
کونکل اولوم اور تاب مجنون تیلو غوم دین لیک ایرماس غافل

لبینک شوقی کونکلدین خلق نینک طعنی تجب گستهی
صبادین غنچه دین برکی بولور هر دین دایل

نیدورای مجنونسه بولونه فرادین داغلیق کوبا
جمالینک دفتری یاد غاند ابولمیشی ورق یا کل

مینک جرم اهجره عذروم تیشینه ذهدا هجرن عجبدین
تبر دور دوست لطفی جا لیمه کر بولماسانی مل

فغان او تیدین بلبل نینک ای کل دو کیم جیز قلقیل
تیکان پیکانی غول کل جوشنی هر کیم ایماسی حایل

نوای قیل لوغین فقر اهلی نینک یری قبول اتـ
ابرو بر بغده ادا ایلاگه نیکلیغ شه عادل

ای جمالینک روضه سی فردوس باغیدیک جمیل
لبلارینک کوثری عینا تسنیمی سلسبیل

استاماس بولسه محبت اهلی نوشین دجله دیک — گاه اوچون جکتی قفا هشاهات اهلی نیل

کوزدمه یولوینکدا تفراغ لینی تیکهان کیم بخل بور — تاریکینه سرمه اهل تفرات تیکهانی اوزاغیلا میل

ای کبوتر چاچیل اولدوم نامه کلتوردالکی نی قوی — کیم جرمی لا مکاندا محرم ایرماس جبرئیل

عارضینک آینه یوزدین صفا دین اور سه دم — کوزکو ال کیم کورکوزدور یوز وجهی نی تا رشتی دلیل

ای نوای باده آل ایچ خاصه بو شرانغو

کیم ملامت دور اصالت کوهری صیدا چیل

ایله بولمیشی کلی یوزدونک یادی ملا قاتلیغ کونکلی — کیم توشار هر قطره دین اوزنیغه انونچ برکی گل

دیمه کونکلونک یار هم کیم جسم ایچره حجر بنک تیغیدین — پاره لار دور دین اریلمان باغر دور یا کونکل

سرو دیک بولبه بو گلشن دا اتا کلدونک انا — نمکین ایرماس تو غماقای سنا سرو و گل انه دیک اوغول

تیمم دین ار توق تیلاب خار ایتما اوزنی ای عزیز — کیم قناعت دین دور عزت طمع دین یار قل

دیر پیری برلاقی ایچسانک نوای سرا دیم — بول فهیم ابرایقا اوندیغ کرچه قیل قیل قال قیل

کردی تنغ اغوه هلالی اچتی تولون ای غزجمال — اول تولون آی ینک قراغیدین جوالونیک آهنی هلال

سوبیله شمع اوچی نی هر لحظه الدونک یاره دی — شمع کر چه سوبیله روشنی آقا کی دور محال

تیل نی تیز ایلاب که اوتیقدین سو جقار دیمک طرفه دور — لیک تو اغی انیک کوزلار که بردی اگه تا حال

یوقدین اتینک لبار هر دم یوز مسیح روحی بخششی — لیک عنقو دین جر دیمار جه بس جوهر مثال

طرفه

طرفه دورسیم اوت ارا ایکتینک نهالی کوینمادی   طرفه راقیم اجتی کل کرچه خدنگ یدون نهالی

کوزالیم توتغانداکیم کوزنی توتماق اولماس تجرالیم   انی توتغیل کیم الیم خیل ایلار پایمال

بو غزل نینک مقطعین صطلیع خیال اتماک کرک

ای نوائی شاید اتکالی فهم سن قیلوانه خیال

کوزدین هجری ادتی بیک هجرتین قاتا دور اول (کوردیم)   قراسا غنما بیکانینک سوی تامونه نشانادور اول

لبینک خالی کی خط یکشوردی جهانه نیکشوردون اورتای   هاما عشقیدین جان ایمدانی داغی نشانادور اول

کونکل باغی ارا هر یان اوقونک ذخمی ایماس کوینا   نهال مهر بیک ایکا کلجیک اوجون قاذغان مهالنودور اول

کوزدم بیاتتی مردمی کیم تاسحر کوکب سنار رتونا   اول آی اوبیقوغه باریغاندا قادریغه پکسیان دور اول

قدینک سرو بیدادور کونکلوم قوشی ده سنلوبلی ایم عاس   کیم اول سرو اوزره قوشی قهقهو سینه متعلق

ایماسی بولسا نینک تعیین خانقاهی شعلهدین المین   فنادیر یونیکر نی الجلال سلطادار الامانی دور اول

نوائی ضعیفین التقاب اوز کامینی اتما جوروتکی کریلی لا راو بنی بوینکا اوسرو بجکلا بولدور اول

نی اتابا اوتغرا اق کسنارش مکتب حسن قاری قل   هیچ اتا کورجا بیورا برکیتیچ سن کیمی بوجهل اوغول

مشقینک آتش کا بیوز هر بیکیم قلدیم نظر   شعله سی اوتلوغه نقشی دوراتکری قانلیغ کونکل

روزگارم هجری دشتیدا توارسه عیب ایماس   کیم انینک مثلین نشیمی دورا هر دور تعزا ایغ   کلل

دام عشقینکدین کرآزاد ایستادینک کونکلوم قوشین   اوزی یاناتی قیلیه سوآسینغانا بیر و پایلکنی بولسا

رنجه قیلمای وردی هر دم سنگا ای جان اجلی   رحم ایتیب اندک منی قوتقاز اوزونک داغی قوتول

اتسا لا یانک مخلص قرا تا قیغو دیک انووه میبتلا   هیچ ویک آلنکیفه دورانی بیکم یوز برسه کل

دل نوا ایستی ایله جون وصل جانانی بولمادی

یار لعلیدین فوت ایلدی بیر دین اولوم توکول

اینکدیک مستغنی ایمیش بو مشکل ایرماس حل   کم عمی لیق ساتیته قویغان طاق موی شعله لیق منقل

قویاشدیک تیترا ماک دفعین سیم دا آرزو قیلماینک   قویاشدیک ایکا جی بن شراب سوموز مال فرض ایرور اول

هیدا ایم غالب کیلکون بیمنی محتسب توکمیشی   تا فیب آلمیغ اول یا اچیق دیک اوق سوزنای قوزیل جدول

موبکیدیک محفل کیم توبت مشکنی چرخ اتتی کافوری   صبوحی میدین اوتکیم اول لا یعقل ایرور اعقل

ساوق یا تیره ایرسه ایقره روشن دی   تیپا سینی مهری اوتیدین شعله یا آی نوری دین مشعل

خوشتی اول مخمور لیقیدین تیره کوریم ایغاچ اوق بولسه   اول تشول کوزونگا ساقی بیک هلالی و تیدین مشعل

مجاسینی جیجیوین یا غلار سا جار اوت اغزینی کودن   صبوحی اهلی نشاط ایلاینک لار تا قیتی سیر یجی منزل

می ایجره عکسی ایور رساقی یوزیدین انعکاسی خود   کوزوم مظلا دین توریت اولدی یا خود اول مسا اخوال

قولادی هر سور که نی لا استمسانک عشق اهلی سوا لیق   کا وا عظ کوییا جکیب فریاد تا هیچ کوی بیلای مجمل

میتیف دور بولسا یار وصلی خلوت تا فنا بلکی

که یغنی بوی بیکا اول خلوت ایجره اوز بولکونکد عنکل

هجر نینک تونی بر ییل چه دور ر ساعتی بر آی دیل   حیرت تجلی بولماغای اونی ایکی ای کر بولیبدیل

اول عشوه کر چون اچتی کوز کوزنی نظر یوق تیلو سوز   کیم انکا دیبا باغلاندی کوز حیرت دین ادا یتیکلیغ تیل

چون شهسواریم اطلانور انین فلک لعب ادرکا نوز   عشقیدا جسیم بونکا نور اونی علم اوت اوزره فیل

یا جسمی اس اول کل باغیدین بولمیشی بو ورد داغیدین   دردیم اغراق داغیدین تماشا کوی جسیم شتلیل

ای حسن ارا صاحب غنا خورشید آنا نکد ورای انا   استار اسیانک بنبت فنا م سرو غایم کل انکل

کونکلی مهر یوتی عیار راق مهر ایلاین خونخوار راق   سن یا فلک غدار راق مهری یوق قایم و یکیل

کوردی نوایی جان ارا غم شعله سی هجران ارا
کوز مردمی ویک قان ارا کورکاچ لبیدین خوی قیزیل

باغ منک یک سمارغا ریب بلبل منک یک بولوبی لال   کویا مونکا ایرور بر کلدین ایریلغانی خیال

بردا لکی فیراغ سماریق خاکسارا بولماسا   هر کیمکی نی وجهدین رنکی سماریق دور بشلی الال

سمونیکیم تو شته قرارغا بولکلار کورکش   کوز باشیم زرله بغیرر کاله سی ایلار رضیال

شنانیغ مجنو دیک که عریان بولو بان ایلار فغان   بر کی لیلی دور کر تینیلی الکنه بولدوقا دونی خیال

هجری ارا آهم باتماس باردی لیکن شهرا ایدر   کیم خوش اندا سرو غه هیبت تیکو رجاس کو استحال

بو سماریق رخساریم اوزه بر ساری اشکیم اوختشا تور   بو خط ایلینغ باغ ایچیدا ر طرف دق رشق ولال

وصل ایلالا عشق باغی نیک بهاری یوی نشان   هجری بلبل کبی تیلار بولماسنک خوانیدین مثال

بو چمن نرکسلاری رعنالیق ایتکانیدین نه سود / کیم خزان تاراجیدین ایمین ایماس تور هر نهال

ای نوایی خوان بولغای بهار تاریخی غزبیدل

گلشن دولت گلینی شهزادهٔ صاحب جمال

خلعتین تا ایلامیش جانانه قزیل سریغ یاشیل / شعلهٔ آهم چقاریر یانه قزیل ساریغ یاشیل

شیشه دیک کونکلوم هوادور گلعذار حسنینینک یادیدین / تا بدان نینک عکسیدین الوان قزیل ساریغ

عارضینک شوقیدا خطینک خیالیدین ایرور / کوزلاریم نینک الدیدا دوران قزیل ساریغ یاشیل

لعل گون می توتقیلی التون جام ایله سبزه / کیم بولاردین تخته یوق امکانه قزیل ساریغ یاشیل

ای نوایی التون شنکرف دنکلی اودیده

بولدی نظمینک رنکیدین دیوانه قزیل ساریغ یاشیل

قامتینک سرو دیک تیو جلوهٔ رعنا نهال / ناتوان کونکلوم ایسه هر جلوه سیدین اودی حال

ادر لور کونکلومدا اول جانانک خیالی هر کیچه / شعلهلیق کونکلومنی قیلدی عشق فانوس خیال

یا تشی قویای دیوم ایاغی تغرا عیبو دیدی قوی / بولسه سهتاب لعلی رنکینی مسوددم ایرور دیدی ال

نخچهٔ قند ابیکه ویر لار منفعل دور اغزیدین / لیک کونکلوما برله سیتار قیلیب دفعی انفعال

خطی خالی فتنه سیدین نچه ایکم اقتی کیم / هر کونکلوم توتی غبار هر کونکلومنی توتتی خال

دوری خم قیلدی قدینی کونشته توتتی یوق عصا / نیا کیم دوران اوق بولور هر بیرایکم یاندانی دال

ای

ای کونکل سین یوزنی یوز کورماکی قیلغای سین هوس

هجری تقلیدین اوقوب یا خود نوایی دین اوقیل

من جهاندین چیقتیم جسمی منینک جانیدین ایلی   من ایلیک جاندین یوردوم جکاک بو ایل قانغوچی ایلی

توزنی توتغومدین سبکه رسوالیغ لاری اللاب ایلیتیار   هر طرف بولغدین بیچارلار اوستیده لار یانغیدین ایلی

بنجسیم اویغوسینه کوبا کیم سرو دیو ور چیزین   کوییا بوکیم اوبولماس هر تون افغانیدین ایلی

تانیمیس لار بربرینی یاقیغان خوتلت کمویدین   سو غالی جایلم کریب جقونجه دیرانیدین ایلی

منده طومار جنونینک هیچ وه کیم بی جنو   هر طرف کونکلوم داقانیلیغ داغی غم‌هامدین ایلی

استقارم ای خضر ملکدای قیلیب جان برله طوف   کعبه کوییدیتا جز تا فغونجه بارغانیدین ایلی

ای نوایی قیلغایلار عیب ال دیوانه حم

اول پری وضعین اوقوغان ساری دیوانه دین ایلی

هر کشی کورسه قزیل نجار ادا اول مهوشی جمال   قان یاغیشیم موج اورا قیلغای قویاشی عکسی خیال

ناوکین جکلاک جوغانیشی انکلا جان تارتسه   کوچ بیله چیقغای ایکه زینته برکنکل تیماکال

اول قویاش نینک هر کیمی کورکی توشی دور عجب   کیم رکاب الماقی ایباشی بیر له کلتوردی هلال

نون باشیدا سجده بیلکیغ دور قاشینینک اوزده کوجی   عارضی اوزره نقطه مشکیدور عذاری بیلک اوزره خال

کوییا قیلغان شفق برله قویاشیدین رنک کل   صنع نقاشی تفوز قلیسه ایکیدین مثال

میده ساقی عکسی کوزکا چ ایمکندی اوچقالی باشی کوککا تار ایمدی یقین کیم تافتینیک سی انفعال

ای نوائی اوپکیلی انونی بوزنالم کلکالی اجل کیم اجل تیککاچ اجل کارجلای ثابت ایدی محال

یا غلقین ایکیم تیکار سین انکه مژکانیمنی قیل نغمی ایتیار دا تاری ایملک رشته‌ئی جانیمنی قیل

امسا سینک تاریف قرایا خود قزیل قیلما قنو رنک کوز قرا سیدین چاچ قلیب کوزدین اقار قانیمنی قیل

کردیبانک هر یانی قزیل گل لار انکا قیلغانی نقب کوکسوم آجب تازه قانلیغ داغی هجرانیمنی قیل

غنچه گل یا بند تیککای لیک تخیلی ایلاب تنک انکا سنحب کوکلی الملیغ دار هجرانیمنی قیل

کردیبانک هر یانی پری شکلی نمودار ایلابین ده نوع ایتای ولی منظور جانیمنی قیل

قیلسانک اول یا غلیقی ار بر شعر هم یاد ماق هوس انده هر یانی نقشی بو نظم قریبانیمنی قیل

ای نوائی کیمکه بو یا غلیقی نی تکسه یار اوچون

متقوی جانم جوهری نقد ایمانیمنی قیل

قانغ چشیم ایچره تنیم تو لغانین نظاره قیل لاله زار ایچره یلان کورکوزما دینک اوت آذری قیل

باده‌دین مو ایرسین او کنک کوزلاری نینک هجرینه یا عذاری نینک باده تا بدین بولوب دورلار قزیل

کونکلوم ایچره هر یر اغریدا پیکانینک اوچی کلدی دردی نینک لذتی نیک نشتری نی ایتور تیل

تا توشوبمن اول عذار ایکی کیسو هجری نی ای قویاشی رحم ایلا کیل بولمیشی بر آی ایکی ایل

داغیمه ابلاده مرهم ما موقدین استاکنه کونکلوم ایچره پلتیه هر یانی داغی نی انداده قیل

دهری

دهر بستانیده چون یوقتور وفا ای اکو بکل   لاله دیک کلکون قدح توت غنچه دیک هردم اجیل

التفاتینک آدمینک سینه نوای تقلب زلب   ای پری باهم بو مجنونیکه فرد ایلا کیل

قیلغالی خلعتینک اول سرو گل اندام قزیل   قیلدی قانی توکماک ایله دیر ینی گلفام قزیل

لعلی شوقی بیله گر بولسه کوزوم تکلی قانی نی عجب   کر قزیل می بیله توتسه کوزومنی جام قزیل

جرخ گر چالیه قانیم توکلامادی هجران تونی   یلگا بس بولدی شفق دیک یوزی اول شام قزیل

قیلدی قانلیغ کوزوم ولی خیالین رنکین   رقم ایتکه تینکلوق بیله لام قزیل

گل سوار منکه بور بکی اتی الی خلعت اول شوخ   رنگ لار ایچره بورور اول کوزوم اوکلوم اندام قزیل

ای نوایی جون نوایی نوی می لعلینک ایرور
بولغوسی چهره سی خوناب بیله ایام قزیل

ای قاشی یوز ده یورسنگ ای صنع لایزال   رای بشکنه کور مادی هیچکیم ایکی هلال

ایغز سوی دیماکوا بیل دیمیکیم کلور   آری دقیق نکته ارا یوز برور خیال

کوزی قاشینک بعینه بوکسی باشیدا نون   ذلفی ایاغ استیدا جون درد ایاغی دال

خط لفظکیم یا دیلسه قویار نقطه بوقاری   مشکین خطینک استیدا انواع کوروبی خال

سر سبزه ایرور همیشه بو گلشن دا سرو دیک   ازادکی بولسه مزاجیدا اعتدال

وصل استاره مه عیبا قلیبا اشک درلارینی   سایل کبی یتیم لاردین یغیبا تعلمکی جال

نوای

اول چاپک الوبدا باشین اتی کوی

جونکه سرگذشته کرشیم بیتی دور کواه حال

عارضینکنی باغ ارا جون کوردی حیران بولدی گل　　بر که سرتاقالون تغییدین کیم بسی قریشان بولدی گل

باده دینا گل گل کوردب اول یوزنی ایلکه تجریدینا　　چاک چاک اولدی کونکلدیک تیه تیه قان بولدی گل

کلگفذ ایرم کشوری حسن اچره بولدی پادشاه　　راست اندا حکیم جمع ملکیدا سلطان بولدی گل

سیر باغ ایلاردا دوران جسم دختی ضعیف　　هر طرفدین چابکوم دوریدا قالقان بولدی گل

لعلی کامیم دوره تیجوک کلسه اول گل خرمنی　　بی تیلار بزمیدا کونکلوم قسی فراوان بولدی گل

بچه کونونور قیلیم کلبانکنی ای عندلیب　　کیم سنطا بسی کون بو گلشن اچره مهمان بولدی گل

گل جاغی ایلاب سفر یاری نوای چایقو

هر بری بر باده قانلیغ داغی حیران بولدی گل

ایتما آلمانکیم منی دیوانه بر لی یار بول　　سر به یوق قیلدینک منی اول کوییدا بس زار اول

من اگر رنانمی دیم سنکا سحر حیاتیم نت خیدین　　نخل عمرد تکلاب سن ای ایله مهر برخوردار بول

جون منی غم تیغیدین قتل ایلادینک بس اگر　　ماتمم دیه غم یکیلی یا اوز فاتحه خوار بول

ایکو بکل اول عمری حجری بو یکنلیغ صعب ایرور　　سر قوتولسانکی عالم اچره جانانی بر له منت دار بول

اول قوی باشی نینک کوییدین ایکه تیلار سنی جیقی قا　　خاکسار اندا نجوکیم سایه دیوار بول

تا تری یک سنی

تا تیریک ایسن استماع ایتماکنک خوشوقتلیغی ای صبوحی‌وش   تا تولار منی دیدیدا پیمانه خدمت کار بول

ای نوایی گر تیلار سن اولمغو خاطر اریک سنکا   کیم دیب ایردیم وفاسیز ایلگا مونداغ دا بول

قیلدی آواره منی خسته غم آواره کونکل   خانمانیمنی قورا ایتی یوزنما قاری کونکل

ایتیلار ینیک الدیدا یوز پاره کونکلنی سالدیم   موی کوبردی انینک اغزیدا بر پاره کونکل

یار یوزی پاره قیلیب باردی هجری کونکلومنی   هیچ اوت تمامی نیه هر لحظه یاروار پاره کونکل

یاشی توتار کونکلوم انینک وصلیغه میل ایلاکنه کوز   قان یوتار کوز یوزی نی ایلاب نظاره کونکل

نا ذا او قیون جان بیله جسمیم غم اوروب خود اوتونکه   یا قیلکه قالور یا قیبان یا الجارا یا لعل پاره کونکل

لعبتی دهری فریبی بیله بازی یه کیم   برتمادی یکیب بو رشته بد هنجاری کونکل

کونکل هیچ نار که سنوقی بولسه نوایی کونکلی
بولمسون ینیشه کونکل قصدیدا اول فار کونکل

سرو نازیم یوقی عجب کر ذره دین تاقمیش ملال   کیم سوا انجیا الکیدین تغار هر ذره دین لیغ نادوتا نهال

بیل لار انیزیم کیم توروتمیشی سن دلال وصل اوجون   بلیمیسک ار کیمین شمه کیم صعب ایر کیمین ذوری جمال

کون توزنی اولماغای ذره سیغ لیق اول ای قیلالا بانعفی   نی حرارت دور توتاشی یاد سبب بی تاقتلیغی زوال

روزی مهرینک غیب دیر مینکه الصام تیلابان   هر تجلیکه کورساهم انینک شرقی دو ای او ذره چال

ایلدا شام اولمیش نوایی یوزدین کیم صبح ایرور   کیم سا غنور سوی رده ذره نشاقین الباب الکی صبح وصال

ایکونکلی برنوع اولوبمن اهلی ودده معذبی مولول | کیم ابروو مژه کمکه اندین بخشراق انوین مولول

هجر ایکی بودورنغای معن جانانی جانم نیشتوم منی | کیم ابرو بر لحظه جانی منذین موژ جانیدین ملول

تنکری خلق ایتمیشی منی کویا ملامت چکلی لی | کیم دمی بوقکم ایماسمن خلقی نادانوین ملول

انجه دیم اوزره تترای دلربا رلارکو بیدا | ای مسلمانلار بولوبمن کاو بسیتاندین ملول

اشناسانک مقصد قوم قوی طعنه نیشدین نه باک | کعبه تا فتح بولماغانی خار مغیلاندین ملول

ایکونکلی فکری غه قیلی کیم دوستی دوشمنلار بوزین | کوزیمس ازروی بولماسانی دار حیران دیق ملول

ای مغنی توز عراق اهنکی کور کوز حجاز | کیم نوای خاطری بولمیشی خراساندین ملول

ای شیخ کرمنبر اوزره افسو نوی بر دور طول
کیم نوای خاطری بولمیشی خراساندین ملول

غفلت دین اکر وعظ ایلا اوینوامسه لار ایلانه | اول ایلار لار اویتیق اوچون افسانه مشغول

باشیدین ایاغی منبری نیک ماینه دستانی | هم اوزی هم صوفیه جاهیل مجهول

یوز یاراده قلیب منبری ادب یاقوالی اولی | بو شرطه ایله کیم بولسا اوزی قاتل مقتول

ابلیس صفت ایل سارک میل ایتمه نوای | تا بولماغای سنکا رذق یار قیدیدا مغلول

هجری اوتیغ اتماسانک یا قلماغای سنی ایکونکلی
یاردین دنها یکم ایریلماغای سنی ایکونکلی

ده نه طالع دور که تا قیلمای غیر ستایب یاریمنی — چون سنی یار ایتسام قیلماغای سن ایکو نکیل

نیلای قاننی بولدونک ویبانک کیم اغیار ایکو کیلدونک — میل ایتیب اول شسلار سیماری قاتیلماغای سن ایکو نکیل

وسمه لار لیلی موارتوق حسن ارایا اولیری — گرچه مجنون سن گری یا نکیلماغای سن ایکو نکیل

قیلدی چون ساقی لبی تیکاج قدح شوینک چو — تا ابد قیلماریکم ایلماغای سن ایکو نکیل

غنچه سن غمدین ولی ساقی هم ایماری عارضین — اجسیب ایکم غمدین اچیلماغای سن ایکو نکیل

دولتی باقی نوایی دیک ایرور تا غافل مجال

تا تعام اوزلوکی فانی قیلماغای سن ایکو نکیل

قاصید آلیدا احوال خرابیم نی دیکیل — عمر وعظ انده بر کیم ملک اضطرابیم نی دیکیل

عشق اهره ضعف لیغ جسمیم زار حس ایت — تا ر و لغونک دیک اوت او ذره بیچ تابیمنی دیکیل

تنده رگ لاریمنک حسابی تا نمایان نی دانی ایت — جان ده هم درد و بلایی بیحسابیمنی دیکیل

کوی سعی بیند ملامیم کوروب اتنی غیرب ایله — روضهٔ جنت ارا دوزخ عذابیمنی دیکیل

هجری دردیدین وجوداوبیدار ردم توتقالی — هر زمان ملک عدم ساری شتابیمنی دیکیل

سوریسا کیم غم نیدین امن هر توداریم نزم عشق — قان یاشیم لیق باده باغریدین کبابیمنی دیکیل

ای نوا غم بیله بیخود لوغوم دین نکته سور — یاری هجر بیله ایلیکیغ خورده خرابیمنی دیکیل

ایکه عشق اشوبیدین حالیم سورسین سورجاغیل — کوز لاریدین سو کوزوب جسمیم ارا اوت اسلاغیل

ای پری دیوانه و بیخود کونکلوم قادر مهر وشا — دعوی دلدارلیغ قیلسانک کونکلنی اسیر ایلغیل

ای بهار حسن برقی وصل ایله کل قیل منی — ناتوان کونکلوم ولیکن داغ هجران قویغیل

شوخلوغ عیدین بوکه باغ ایچره تیلارسن اویناغالی — کوزنی لایم نیک باغ سیبیلا ابریم اوینغیل

تلبه کونکلومنی همیشه قیلمه مجروح ای پری — تیغ کین یوز قاتلایم سورسانک برارلیم الداغیل

گرد عشق ایلی فنا و شیوه ای مجنون کونکلی — هشت سانک یول اذماغاسینی کاروانینغ قایغیل

ای نوای دیوانه بولسانک کوالیغ برله هست

باشنی قوی یار بولسانک سغالینغ نی باشیغه تشاغیل

که کوای شوخ منی بیتینکاه دیونه یاد ایتکیل — یا یاشنلیغن اوپوروب بر یولی آزاد ایتکیلی

هم هجر ایلکیلا نچه قیلورسن غمناک — نتی بر عشرتده وصلینک بیله هم شاد ایتکیل

بار دیک و عذر بیلیم تورما دل بیداد غم — کیل داغی ایچره لی بیداد ایسه بیداد ایتکیل

ناله‌دین عشق ایله کونکلوم نی نیت تیتی فراق — ایمدی تلبه فغان جیکیلی فریاد ایتکیل

عزم دین سوردونک کتمالی ایرور جانغه خفیف — ساقیا برایکی ساغر بیله امداد ایتکیل

فتوی وشنید ادیسانک فارغ آزاد برآب — بیر توکلی بیله و هم تن برباد ایتکیل

ای نوای تیلاسانک عشق ارا ایل کلیکنی — اوذی هجران غم و دردی بیله معتاد ایتکیل

یار هجرانیدا سروقتیم ه تیکینکای اجل — جان فدا اتسام بوزاذورکه کلدینک در محل

جانی

جان تلاشماقلیق قوتوبما لعلی هجریدین منی چونکه ایرور تا خرفات کویب قیلما کلمال کیم جیل

جانغه فرقت الماقیم مشکل ایناجانیم کیم تکویب قویکه بو مشکل غه کیم ایلای ایکی هجران جیملی

هجریدین اولمای وصال توشیدین نا امید ایلماکوم دورسعی اولماکوینی تریکاسی بیمشلی

هجری پیمای ریبوقاتیل و ایرور حیوان سویی ای بیهیچ اسرار دیبکانی نکته دا قیلمه جدل

سونکیچ کونکلونی خلقی تیربیا منی برون کونونیم دیم ایلماغیم تنها می ابد کلدی مفلا بیهیچ اول

ای نوائی غنچه تیغلیغ کونکلونی باده نی

بر پیاله لعلی مجمو اولدا اولمادی اینیت بیدل

جانغه ظلم ویکنی بحرکیم کونکلومیکه نهشتاریم قیل من جیکا الفراتجه دیما نسن قیلی الفراغ قیل

قوزغادی کونکلومغه پیدا ایلابان خیلی غمنیک کر رعایت ایلاسانکه اول ملک فاز غایح قیل

جانغانینک درده ساده نیک ایلامیکدی بر نه رفع ایتیمانی الفا دو دا بیم دوردی نه سعالفاتیج قیل

جور پیدا دنیکه توکانمای قالغانان ایرب جانیمه جرخدیین هم الفتوح السالکه الا دیمانی الفخرج قیل

وعده مهرین مکنا یوز قاتلا بانمانن ای جرجه سوی داغی رهبر لیک قیلسانکه یوز اول یالغیج قیل

نم بوی ک ستعید اتشی الورودی هجرانیکا هنی التفات استانکه داغی من ذاریا السعالجه قیل

ای نوائی نوحجه اهنیکا داکوب قیلما نیک فغان

ایکی مجلس مطرب بو نغمه نه حالفایح قیل

بوینه قامت بوینه رفتارینه شکل شمایل   کیم ایماس عقل ایله هوش و هوشی داغی هوشی دایل

یوزنگ کوییدور دها تکلاوت سماجت بیلماغ انخه دود   کوزنی قاری اجماس قاشی خونریز بغا یل

جانغوا حسنی نقاب ایره داغی آیلا تیب چهان   قالماغای ایردی تیریک برکشی بولماس جا یل

تغیین ایکمما تو تشور مالینه جایل تیلای الماین   قایدا اول بجه کم بولغای قولی بیو بونغه جایل

ای حبیب انبیا مسیحی الدیعا اظهار فصاحت   جون ایرور دم اورلکا قانیکما لیعه اقاتل

عقل هوشی خرد جان اینک الدیدا قو بیودوم   تا تغایدیم وصل مهیا قیلبان حوبنجه مایل

جونکه عشاق اوچه یا نماسی لیمشی اول کول قولاتینه
ای نوای بجه بلبل کبی بوزنم ایره نعره جایل

ای مصور عارضینی کورمه نگارینه چکما کیل   جانونی ارتوق دوربکی ذنهار یکم جان جکما کیل

کلدی اول مرآت حسن ادجاق استا جانانو تیر   ایکوسنکلی بر لحظه اورها اه افغان چکما کیل

ناوکیکه دیبی جان تاقیب ایردیم جکتینک ای رفیق   الحذر باری ونه حمد بی بر لحظه پیکار جا کیل

ایکه بو بیوم باغلاو سنکه کو بیدا عشق جرمایله   اسرا کرو ذنب سته تلاینه نیکه ریان جکما کیل

جمکیعین ایرماس قسمت اولغان تارزق یکسا فزو نلمغی   بس خلایق منیقن تا بولغا المکه جکما کیل

غمزه تیغی دیدنکه کو ملکلومنه قو رارسن اشکار   جبین ایسه قلماب ذلفوینک برده فتهای جکما کیل

ای نوای خانقو شیخ کوب اتکان ذوق مل   یو تنکو قماسحا به بر بردینه آهنی جکما کیل

ایکی کوز

ایکی کوز منزل ای ماه محمل		کونکلوم کعه عزم قیل منزل بمنزل

کوزونک قاتل دور اما زهر چشمینک		ایرور اولتورماکیمه زهر قاتل

اینکیکه ایا دارمن اه لار لیک		بولور بر آه چکسام بار بجه دایل

منی مجنون دیدی لیلی وشم آی		کم بو دیوانه نی ساغندی عاقل

کوزونک جون نیم خوابه ایردی نی کم کر		کونکل صیدی نه قلیلم نیم بسمیل

ایرور برچال بولمه مبدا و فیضی		سنکا کوتمکی اوزنه ایلا قایلی

یا فتینکا اوت برکالی ای عشق حیا تیمنو خلل

داغ هجر اورتاکوجه اورتای تا داغ اجل

دیما ایتسی سنکم فراقیم داغی عشقا هجره		تجه سین ایلاکوم اخر علی بار ی اول

نامه جرمیم ارا صفحه تقویم کبی		اشکی قانی بیله هر سار ی جکلمیش جدول

برق تیغینک که وجودم خسی کویدردی		دوده دین تیره کر اولسا انک کولیدین برصیقل

یا شمه شعله هجران تو تشب دورنه اسیغ		کیم یورقاسی قراهجرم بجه سین بو مشعل

ذاده ایا باده سنه بولک و لیکین نه کنه		بزکا بو اشنی نصیب اتتی جو قسام ازل

بمنتی وین کوب بکله نظم اتتی نوائی هجران		تیلا ما ای طرف غزالینغه بیتشه بو غزل

ایکونکل هجران کو غیدور تاریب افغان نغلیغل		ای کوز ایر یلغونکدور اول کلا جدیده قان یغلا غیل

کوز توتارمین ای بلبل یکیم اوتسا نکه اول گلشن بیلاری
چون ساغینسانک منی برته اول تاریب فراوان یغلاغیل

راست لیق جیقمادو چون ای شمع بر تون بز میدا
جعبسه سرو و نین کوی پیحیدیا یاتیغ یغلاغیل

ای قدح قانی یوتمای غیم مجلسیدا ساغیب
جکسه کلکون باده اول گلرخ خندان یغلاغیل

کوریکلوم اول آتاج باغدا کوزونی منع اشک ایتم و لیک
قعد جان هم قیلوی چون اول کوریکلوم الوان یغلاغیل

یول قاتیق مقصود مبهم یا ء سنی غالب ایکونلکل
اودن جکیب یوجا النکا تا بار دور ایمکان یغلاغیل

ای نوای حیل اغزدین سنکا یوقتور نصیب
خواه پیدا ناله جکیتیل خواه فنهان یغلاغیل

هجری او قیدین ایکونکل هر یان قنات لار ساز قیل
اوپری وصل هوسیدین هستانی فرواز قیل

استسا منکا بر قصه ای راذیکه ایلی کوب یغلاغای
عشق ارا کورکن لارم نیک شرحیدین اغاز قیل

بز نیاز اهلی سنینک جسم ایت کهی
قوی نیاز استمالی جا بزنه نکاه اوذنکا ناز قیل

گر دیساڭ قیلیم سوزینکیم یوق دیکوم یوق ای مسیح
ادلکوم ارهلاتی بر له هر دم هم منی همراز قیل

رحم اذو جور کوپ قیلماق لار دا بشی دور
گر قیلا السانکدان کوبراک بوبرته اذو قیل

بر هوای زاهد یقین دین کیم اوذونکا امتیاز
اوذنی ایلدین بیقین لیق بیله هم ممتاز قیل

ایکه رشته سین لیک قیلمای سنی روا ایل حاجتین
اوذینی هم اوذینی اولوغراق رشته جا جتمنده قیل

گر تیلاسنک سن نوای نیکه نهمانه دردی نه
سینه عشق آیینی بر له هشلی غماز قیل

تیغ هجری

تیغ هجری آنینگ بیله کونکلومنی یوز پرکنده ییل — هر بیرین یوز پاره لیغ باغریمنی بر پوینده ییل

دیمه هر تاری داغ لیغ تنینگ منیدین دوریوز کره — هر برین اول تاره لاردین یوز کونکل پابنده قیل

ای کونکل کرد اوله اول افزون بر حسنی ارا — عیب ایماس ایکی صد فدا ذرکیبی فرزنده ییل

یا لغای اهلی عشق بیکلیغ قیلیم اتمه جهد آچ — برکوروب اولماکی که عشق اجره منی خرسند ییل

حسنیغه اوصتا تینک ای گردون گردونکا قوباشینگ ویلکا — ای انکا مانند دیک آنی مونکا مانند ییل

ای نوای شعر تیمای نلبه کونکلوم بیلوریکیم — دیمانک اندا بولماغای احوال اوزکا نلبه ییل

جله سین اول کرو قیلدی نخل رعنا دیک یاشیل — لیک آهم دود دیدین هم ایلاب اسرار دیک یاشیل

ایر ورلور باشیغه بلبل لارکیبی فرواته لار — قیلدی اول سرو کسوت سرو رعنا دیک یاشیل

لعلی رنکی گرد دور قانلیغ مژه ام بالیم ایردر — وسمه برله قاسی بیل قوتتی لوق یا دیک یاشیل

استماسی بولت قد ایلی روزه کاریی اول قوباش — جله سین بس منجوق اتمیشی جرخ خضر دیک یاشیل

دیو رنکی اهلی مردی بولماغیل کیم خضر ایماس — خرقه سین ایرا حق اتته تقلی حماق دیک یاشیل

کیم معلم لوح مینا جوری اوزکامی نی دیدی — لوحه تعلیمین اتتی لوح مینا دیک یاشیل

ای نوای یوز کلا اجتی جابیغا اول سرو ناز

نا لباس اتتی بهاری عالم ارا دیک یاشیل

یوزونی کوردی بوزوچا کیدی خراب کونکل — اوزولدی بس که عیانی ایلاب اضطراب کونکل

جو بولوب جلوه گر اول گنج حسن هر تیلدین — خراب لیغ قیلا دور هر زمان خراب کونگل

مگر شکنج زلفونگه قالدیم اورده کی — او زیلا غنچه کبی پیچ پیچ تاب کونگل

بلا دور غم عشقینگ سنینگ ولی یوزدای — که اول بلادین ایتا الماس اجتناب کونگل

شراره آهی هشتیلیک اول آی هجرا سیدا کور — که پاره پاره قیلور کوکی شماری نتاب کونگل

رعایت ایلا سو دیک صاف خلق کونگلنی — سینار نفس بیله اولتوغیکیم حباب کونگل

نوای نجه لبینگ دین ویدیکیم بولوب انیکا
تیشی لی بیله قان اچره لعلی ناب کونگل

ناله نی نیچه کیم ایلیدی نهان ایلار کونگل — سنی سا غنچه دیک ذهان نیخو دو فغان ایلار کونگل

هر نیچه کیم یاتشوروب من ذار عشقینگ خلق ارا — بر محل سر آه ایلان بارین عیان ایلار کونگل

تیره شرح ایلالمادیک جان بو نوای بی شیشه دین — ذخم وی خوناب سن هردم روان ایلار کونگل

قصد ایتیار کونگلوم که انی لبلار یکدین کام دل — ایمدی تحقیق ایلادیم کیم قصد جان ایلار کونگل

کورکو ذواریو دوکنی کونکلوم منی رسوا قیلور — ذار ایتار کونکلوم منی کور باغرینی قان ایلار کونگل

شعله کوکر دکور کوزدی قفا کوییدور حالی — درد عشق اهلینی بوکیم کردون نکمانه ایلار کونگل

ای نوای اول اول ناصح بابخو اوقرا تور
کیم نیکیم من ینولویک ناتوان ایلار کونگل

ذی

ذی ملکوتنگ نیک اون سکز مینگ دین بر کلیبی عالم بر ادیلوک قیلی سینگا عالم ارا حوا بیله آدم

تربیت جیجین آفرینش شاهدیغه حکمتینک جلوه بولوب رخسار یلیدین موزونلیکونی طارم

کل اچر سوسن اودره یوق چمن اچره بولوب ایونی که بیلدیم تربیت کا جیق اولاریغه بیتکوروب حکم

بنخود قایین کوروب انجمدین اوتقی اوجی میزانی جوامدین چرخی ذالین ایلاماغه مطارده فدحم

جمع نحه اتتیغن کلدیم جوقویونک تادیه قانیلوغ داغ ماموق اق کلدیم اتینک داغی اودره قویغالی

جوبا ذدینک صحیفه غه یا بیلیغ یار سارغه ال اتقاعاعی شفق دیک حل قلیب شنکرف قیلدینک تمریدی خاتم

کسوف اچره قویغنغ تا ابق الغیل آتینک آی یوله خردکیم انکیم هم جنس ایکی حرف ایرور هم غم

جو با علم بر بر یکه حکمتینک بولکا که وصفین خرد پرور مهندسلارغه سیرین ایلابان مبهم

اتیکلودرنغ لاریو قتور نوای ایت جو الذیکلا

اولار ایت دیکیم بوایت ایاغی تزاغیدیکم

بهار بولوی کل میل قیلادی کونکلوم اچیلدی غنچه ولیکین اچیلادی کونکلوم

یوزی خیالی بیله واله بولوم انداغکیم بهار کللاری کتکالی میلادی کونکلوم

یم اولوب باغیدا اغزینک خیالیدین یوذده که غنچه لار ارا استاب تا قلادی کونکلوم

کوذومدا جلوه قیلیب کونکلوم الماقی استادی کل انینک اذیجا اکوز قابیل ایلادی کونکلوم

یودوزنک نظاره سیدین مست هوا دی یعنی که کل جاغیدا قدحه آچیلادی کونکلوم

زمانه گلایشی ده غنچه ویک دور ایلی کونگلی اولار غه شکر که یاری قاتیدا دل کونگلوم

نوایی غنچه تیلاب کونگلوم اغزینی اتیب بوس
اگرچه تاپمادی لیکن یاپیلمادی کونگلوم

شب بتان اهیره بیر کاه شمعی لارینینک نوبتی اتیلکم بجه یار و عراق اولنابه تیز راق بولغای انجم
نه توبیکیم خار خارادین تیدا کوی یونکدا یاتغایمن دیکایمن کیم یانیم تیدا دور سنجاب ایله قاقم
اتانینک ای اتامنه خورشید ایدی کویا که سن توغدونک ولی حیف لطافت آب او خشار سنلای آدم
اگرچه عشق بحری بحری دریای اعظم دور ولیکین کیچیک را کا دور بر آفت لیغ ایرور قلزم
تویا شونینک دور تولا کوب اغز بدای ساقی که کر بولدی قویاشنی اول بولکم کر دوجه بولغایم
اگر معشوق زیبا بولسه بیر کاسه نی لوبی نفیس ار بولسه کالا ملکی نه بغدادینه ناروم
خلایقی کولماکین اوز حالیمه کورگنه دایغلار من جنون کور کیلی که جنون دردیمنی یغلالار کولور کونگلوم

نوایی شهر ایلی اشتغالیدین کیم بولدی معقود ونک
بولاری افتتا حانک مخلص قتادیر یا بولغیلیم

نه عیب اگر منی غمیده دور کونگلوم که جینک حلقه ای زلفی خمیده دور کونگلوم
فلک حقیقتی فکریدا کویوبی ایرور تاتانک که آتش دیدای دمانیک دمیده دور کونگلوم
صفقیا کیلی توزکیل خراشی لیقی اتمه جوزینی ترانه زوری دیک خمیده دور کونگلوم

شغاها

نشاط دین دیمه سوز سوز بیله بیکلا سرود   که درد غمزه دلیق عالمیده دورکو نکلوم

طرف او تیغ توشوب دمبدم توکار رقادا یاشی   کا اخر او نکوس اوزغا تمیده دورکو نکلوم

نه عیب وصلیدین ار مرهم اولسه کو نکلوم غا   همیشه جوی کی انیک هر چمیده دورکو نکلوم

می ایجی نوائی اهل زمانه دین ایلامه یاد

که اونینک خیلیدین اسرو رمیده دورکو نکلوم

قراغ ایریماسکه قیلمیشی من کوذوم سیلیبی بولیبی هم   سرشک ایریماسکه اول بول برکمای قیلمیشتی تشریح تنم

ایسطه نیک هم ایاغی کوییدی اوتکان جاغدا اخیر عیدم   سو نکلار تیغ انمدیق کو یدورب ایلاکنا نهادم

کونکل دور او لیری دیوی عشق ملک نینک سلیمانی   که هم یار اه دین یل حکمیدا یعل دلغوین خاتم

قویاشی نینک قویدین ایکم جیلان اولتی ایروره مونداغ   که بر بهوشی سنکا تیکماج بیرادیمالی ایلیکا بولغانی خم

هر بیوشی طفلی لار دین بر زمان ارتار جنونوم کیم   بر ورلار عقلی هوشوم قونکلاری سنکا تاشتی اتاردین یرم

اولوسی دین جقیم یردم قاجارمن سایه دین هم وه   که نا که اول قویاشی سری دیمیاک اولای ایلاسی محرم

بوا ایر تیکه کو یدوردی وجودوم کستوری عطری   یقین بیل ساقیا کیم جام ستریک بیلمای ادیمیشی جم

نی فی ایریماس قلم دایم فراقیم شرحی یازغای دین   تیواجاک ایلابان جرمات قرا بولمیشی انکا ماتم

می ایچ دیوا هجریده کیم اتشی شرقی انکلادی ارنک اوزی   ایرور هر ذره نینک ماستی خورشید تین مبهم

سپهر کون اشهابی خ جون کر الکتور پایمال اولماق   فلک هیدا اندیدین هاتون قمر دیک سوردی توبرت ادم

عالم‌آرا بومو
نوائی درد و غم الیدین دم اچیس عجب بولسه اتی تنک نه دم اچیسون بو ریکیم تانغادی

نه اول قولاقیغه تیار عرض جان ادا قیلسام
نه اول کونکل که تیار نقد جان فدا قیلسام
کونکل شکایتیغه اول کوی تغافلی قالیم
بو بویسنغوم نه ایکه‌دور غم بها قیلسام
نفاقی عشق جهانی بار غلاب ای بوینوم
نجه که ذهر درع پرده سین ردا قیلسام
کوزوم مکم دیور هر لحظه تیره راق ایلار
سواد خالینک که هر تیخ کوز قرا قیلسام
اکر شیم بو صومعه شیخی بیله توز المادی کاشکی
که ایمدی میکده پیری غه التجا قیلسام
اگر نوائی ورمی تنک بولسه منعانه
بو خسته‌لک دار وایده … دوا قیلسام

نوائیا چو صبا هم نفسی دور اول گل‌غه
نه بولغای صرصر آهم نی گر صبا قیلسام

سپهر کوزدوم یوزینه اقشام … کویوب خزینه جانیم
بو ایرور … وصلیم تانه بولغای شام هجرانیم
قویاشی کلبیم … یوز قاتلا … اکیم
قرا اتشا میمی غه … نشیه … بنتاتیم
نه بنظلیغ یا … هجران غمیمی کم باشی ایتیار …
اغزدینی شعله‌لیق آهم … پیکر … نیم
عجب دور طایر وصل … کلبیم غه … کم
یقین دور … اوچورغای کوکیه افغانیم
قدینکنینگ خیالی کوزداد وری نو …
معاذ الله اگر انی قوچا غای … هم
دیدیم … کونکل … خدنکنی
دیدیم قال … یا … ویرانیم

قوچ

قوچ دوریغ اشواری دیر یوزلی تالی تمکینی دور   که دوران تارتاریغ بولایمدی یوقتور اهمالیتم

دیمه دیر فنا ایچره اوذ یلمیش دور جل ذیری
نوایی جان بریب اول جامی نجکا دور ار قالیم

سرو اوزره تیتم نالاسی باشیم کویالی تینماسی دمبدم   کیم تفقد وصلینک بیعوغ کوزلادیم سینا بیر اوردرم
عشقیدا بولغاچ خاک ره بولودم بلاکش لالارغ ۔۔۔   ہم خیلی دین تاریب سیغه آه اوتی چکتی علم
برقانلاری کورسا انک ان بیسی طعنه اتماکی ابر دنیک یوکی   عشقیدا بزنه نرغسی ایکی قیلولارینی مبهم
امانرو قدلیغ مه لقا تنک کی تجان کورکاینی روا   معذی وفا اوزره وفاسین دین ستم اذره ستم
یوق فکری بو دیوانه نینک تیترار ایچی خم خانه نینک   ہم سقفی بو ویرانه نینک اشکیم سویوین بولدی نم
دیر حرم دین کر سرا اول بیودینی استارلارغه جز   کوب ہم فنا یه اتنه کر اول دیر حمد بود یو حکیم

مطرب نوایی کام توت جم دیر یوا ادام توت
ساقی لبالب جام توت کیم قعد جان قیلدین یوتم

مکرکه کوزیولدین اقتیم قانی بولوب بوزیکم   که تاغ ایتاکی لاریدا لاله کونکور ور ایتیاکیم
ناتوشکه بحری پله سینی کوراردا سنغا انسام   دو کولدا مالی بیله قوشلاری اوینغا توریوردیکم
غمنینک بوغوچ بوغونومنی ایردی ایردی خوشنتور   اتیکیکا تاشلامافی اوجولاجریغی سونغانیکم
ایماسی بوخالی کوزنکا عارضینکا غ تیرطا بولده   قالیب دوریا فیتیب عینی سوقیدین بیلاکیم

که حسرت ایلکی اوچ قاتیغای دردیدور کزاکیم   سنه بزمی ایرورمن هجری نیک سوو میورکیم هیهات بیلالیم

دیبانک قاشلاری مهرابیدا تیلاگان تیلاکیل   منگا کیم قاشلاری مهراب اوقیدور تیلاکیم

چمن ده موسن رعنا قدینغه مایل من   که سوسن توت ارا جلوه کوب قیلور مراکیم

تندین اوقونکنی چکسه لالار اغزیدین ایرماس سیتوینم

اندین قیلور نوحه کیم ایردو توشتار جانیدین تنیم

کلمخ کلی اچره نهان جسم جنونم دیبان دور نیشان   تا تلبه لیک برقی عیان بولغاج کویار یوز خرمنیم

تا عشق ایله افسانه من اوت اچره خوابیم یانیمنی   اول شمع اوچون پروانه من اورتانغالیم بولمیش صنم

ادلتوخی سکریتی سمند ایرماس نصیحت سود مند   هر دوست ایوی بر سپند اولور اولوغ فراق دوشمنیم

میا یجیب لی اول نوشی لب ظاهر قیلور هر دم طرب   بونوعی اچلماق نی عجب انوانه سوایجب کلشنیم

جون آدمیدا یوق وفا کور ادلیری عشق ارا   جولانکه کیم دشت فنا ویرانه‌نیم مسکنیم

غم تیغیدین قالغمای قاپوسی قیلماغانک نوای برتنی

اول تیغ نیک دفعیدین یوز پاره خرد جوشنیم

لعلنک غمیدین دیده گریان بیله باردیم   کونگلدا سنی یوز ناله افغان بیله باردیم

وصلیگه تیباعی دیدیم هجر یغیدا قالوقتیم   امیدا بیله کلدیم ولی ارمان بیله باردیم

وصلیکنو نشتاب ایلاب اوتوسی غم بیله یانیم   اوقنیک کلماسه برجج پیکان بیله یانیم

هالمغ

عالمنی وداع ایتیم اچ اول یوزنی دمیکیم / زاهدنی نتای خوبیوزنی یالغانی بیله باردیم

ویلدیم کی نوای دیک اول آی بهرا ایلیبوق / یوز شکر کی اول وعدهٔ فیمان بیله باردیم

تون اهتمام بولدی کی کلماس مینک شمعی شبستانیم / بو اندوه اوتیدین یاندیم کویا پروانه دیک جانیم

غمنکدین درمکنونیدیک سرشکیم اقتی مجنون دیک / فریب ظلال گردونیلک تهدانی اشباغ غلطانیم

فلکنک تولوی کوکب دیک قویاشی هم توشتی اشهب دیک / کلیب توشتی سموم مرکب دین مینکلا هر تند کتتانیم

تهمانیک ظلمت اتتی بو ظلمت اهر دا دلکوم ده / منکا بولدی خفره ییتب آی الحیوانیم

دیبکوکیوی قویاشی کیتیشی فلک کا تیره لیک یتمیشی / اول هجر یلداسی اتیمیشی فلکنی دور افقانیم

قویاشی تا جیب یوزینی اوبدی شفق اوتینی تهلتوب کویدی / فلکنی داغلاری قویوی غمیکدین شور افقانیم

نوای کیم هجر بکلدین بو اهتمام اولدی افغانیم / غمیم یوق بیله یوز جان دین بناکی کلسه جانانیم

یو دونک غمیدین ابر دربر نو بهار کوزدوم / نه عیب بیر یوزی نی قیلسه لاله زار کوزدوم

سواد قانی بیله بر غریب لاله ایردر / کی لاله زار قیلدی اشکار کوزدوم

ذقانی لاله ایر وریندا سواد داغی انیک / کیم قویوی هجری اوتیدین داغ اشکار کوزدوم

ذکاته هجری ایکین کیم لب تشنه غم ده / گل سمن غ قیلور لعل در نثار کوزدوم

اگرچه قیلدی منی خار زار کونکلوم بس / ولیک ایلادی کونکلومنی خار زار کوزدوم

بو کیم قراری جوتر ادی ایردی تمامی — فراقینگ ایلا دور تیره روزگار کوردوم

نوای ایلا نغل ترکنی دیاریکا جوینکیم
من اختیار اتیبان انی اختیار کوردوم

باردور ایکی اورو لعلی کیسوی عنبر شمیم — یا ایتیالی سالمینی محمد دا یا ذیلنی ای ایکا هیم

چند چند ابروی سرچشمهٔ آب حیات — چند لعلی اهره بری سرحلوهٔ اهلی نعیم

اول بریینی روحی پرور تا فتح انفاس مسیح — بو بری سیوینی عصای اژدها کوردی کلیم

جملی ارا اولکه کونگلی لارگا دمی عیسی بولوب — جون الیب تن لار قبوریغه ریاض دین نسیم

کور عصه بولسه آیا معنی انکا بو بولدیکیم — سن کبی جمای نبوت بهر یوج در یتیم

طرف بو کیم بو البشر کلدی آتالار غا آتا — لیک ابو القاسم دیدی فرزنده نی دوم بیم

قدمت اهره بارچه دین بولوروک مقدم اق ولیک — اولکه سعدین دور مقدم راق ایرور حتی قدیم

یا نبی الله سلامت بولومن منحرف — بر عنایت بالجوالیم نی تلفیل مستقیم

تا انکا ای بو رکر نوا بو مشانیدا تا فوق مقام — جون نوای اوزنه نعتینگ سویدا ایلوی معتم

جفاء قیلا دیک کوز هر بخه حسنونک الداوردوم — قیا هم باقمادیک هر بخ کم الدا ینکدا تلموردوم

وصیت قیلدی قبری باشینه فرهاد ایلا مجنون — جنون حیراتی اول تاشلاریم کوکسو دا اوردوم

برالار انجم اولوی قاتیغ شفق اولای فراقیدا — خدنگی آه کیم اوتسه نجه کردون غا باغوردوم

لبنگ

لبنگ یادی حبیب جان رشته سالوب تن غه / کودونگ پیراهن دیبینی جان بجه اغریغنی بیکور دودم

قفا غراضی اولکیم غصه وقتی قیلادی بی نسود / بجه کوکت مهریم قیلادیم کردونی یلغدور دودم

خماریدین صداغه سر ذنیتی دیر ایلادین هر دم / حقیب میخانه دین مو بجه بلا باشمونی کلتوردوم

حواله قیلیب ایما دیر بیب تا بیخه ذنار / نی چاره چون قیوب سجده فنا دیر یغه یوز ادردوم

نوایدیک یار مخلوق اول زمان تا قیتیم کم اوزلوکدین
فنا او تیغی او تیب کوللی داغ کول کیم سادر دودم

انجه کوکب تابافته شام غم خیالیکدین کوردوم / کیم یار روی عاقبت هر صبح وصالیکدین کوردوم

وصلیک کا یتیم بجد انده کیم ضایع بولادیم / او دلکه قانی یغلار ایدی هر دم فراقیکدین کوردوم

بو سبب دینی کیم نغودین سن هر قالیب کوز اغلادی / باقی الماید ورید و مکه انغا لیکدین کوردوم

بانگ ای کوره بجه خلایق کوزنی توتماق رسیم ایردی / لیکین اجلوی کوروب مشکین هلالیکدین کوردوم

شکر الله کیم نوایی دیک منور دور بینه
خالی یا حکید کوردوم شمع جمالیکدین کوردوم

عشق ترکین قیلویم حقیقت کونکل دین یادی هم / بزم وصلیک نشاطی هر نیک یادی دم هم

ذار ایدیم شاد ایماس عشق ایره کونکلوم خاطری / ایدی کونکلوم قالمادی بو خاطری ناشاد هم

عشق یوز سولادیب کونکلوم ملکینی اباد ایلادیم / بیرقوی ایدی ایک ویرانه هم اباد هم

کوریسف لیلی ابر یشمری روی دردیم رحیم   کویدیمای ایننک خسته مجنونی نیک موینک فریادیم
منی وفا کمدی تاپای بولشویع مخون تاقادیم   افرینتی دا برجنتی سیرا ولادی
دهر با غدایث کونکل نقتی وفا کوز توتمکیم   بجشمر دسرو هم سسرکشی یورد رشمتاد لیم
یا رسز لبتوین نوای نه شنیع توزر قاتیم   کیم بو جعب انی هاکو نکل باشی یورا توجنادیم

نه رفیقی کیم دواخر درد حال ملنی دیسام   نه شفغتی کیم نهایت هجر ملا لمنی دیسام
یتی چرخی اوراق بولقی بتی بحراد مداد   اولغو باشی وصلیویردم لیق ملا لمنی دیسام
سهتما التشریح دشیدای اونی نشم   ولی فنجر بیا سودا عجالمنی دیسام
جون کاوبدع رمخم اول مهری لبار دور   اوترا سیدا تضروی فرخذه قالمنی دیسام
دیم طلوب دین کیم اول اسکی دراغت اد   ناهای شنبت اگر نورسس نهالم نع دیسام
رنده ایی سرور دیر ارا جام هم دین دیستور   لی کدالیق قیلغات سینفات مسغالمنی دیسام
ای نوای طوبلار اهره مینک یار بیگا دور

طبعی نه موذنی دیسام یاریم نه سالمنی دیسام

کمک قیلیم بپو فاکیم یوز جوانسن کورمادیم   کورکو ذوب نور جهر منیک دروی بیلکسن کورمادیم
کمک نشینیع فدا قیلدیم کربشیم فقد دیو   هر طرق دین دیوز نقن تیغ جوانسین کورمادیم
کمک کوبکنم ایلای مهری مجبت باشکیم   بروفاء یوز جوا اننک جلا سین کورمادیم
کمک

كيم كه جانمنى اسراتيم كه جانم قيلىغه   غيرى سارى خلق لطفنى جانا نه سين كوردم
سن وفا حسن اهلى نى قيلاى توقع اى رفيق   كيم اوشبو خيلى نيك حسنى وفا سين كوردم

مهر كوب كوكو دردم اماهريانا نا فنا ديم   جان نى بسى قيلديم ندا ارام جان نا فنا ديم
غم يلا نجفه شيم غم كسارم كوريا ديم   هجرى ايله دلخسته بولدوم دلستان نا فنا ديم
عشق ارا يوز مك ملامت اوقنو بولدوم نشانه   بركان ابرودا توز لوكدن نشان نا فنا ديم
كونكلوم اجرا سهردا ونجه پيكان كل تيكان   دهر باغى ابجرا موندا غ گلستان نا فنا ديم
حسن ملكى اجرا سمندك نخ ظالم كوريا ديم   عشق كوييدا اودم ديك نا توان نا فنا ديم
كوب اودوقدم والهق فزياد محبت فقسين   اوز انهلاى ابو الحب باقا دلستان نا فنا ديم
طلع گنج دين دعاى طره سين يوز قاتلا جبين   كيم نثار اتمال كاش به خرده دان نا فنا ديم

اول امانه ايكه ابو السعود اى نوان كوهن   پر وفا عشقيد محبت دين امان نا فنا وم
اولقى يشى يوز لولى نزردم ياد قيلا قدور شيم   اوز اودمكى ابر دمنا پيدا دقيلا قدور شيم
بس كرى فغان و اى ماكويى يردم اودديدين باد پا   چالب كلكلا جبينه فرياد قيلا قدور شيم
تلبه لار ديك يردم اتيب اولگرى افسانه سين   تا فنا مين مقطع سنا بياد قيلا قدور شيم
اشك ابيت جريم اودين ديراندم اه ايله   اول بو دوج نيك نغواعين برباد قيلا قدور شيم
نخلى قدم جون خيال ايلاب قيوب تغرا قو يا   سجده اول اسرو جور كدا د قيلا قدور شيم

هجران شوقی جرجی مهلکی ظالم ایره هرنفس اوزه یوز بیداد ایل مقتدا قیلا قدر کشم
غم دینی ادکمنیک باعث دورمان اندیشه کم وصلی امید برلا اوزره شاد قیلا قدر کشم
دیکه یترتون نجه هرلحظ شدید کونکلوم صبری طاقت شویسین ارشا دقیلا قدر کشم
نیهایت تسکین قیلار کونکلوم نوال وایکم اول یوزوغنی سبیلی ایله ایاد قیلا قدر کشم

هم صبح عارضنک دردیله النسایم هم شام سنبلوکدر مسکینة الختایم
و هنه اول اخو بلو قدردیکم نهری جای مسور یونجه قرفنا هلایم انینج کلور هلایم
بر بکه توسی داکوردم اول دلنی بریویزه بجیتم کر متبلامن بولسا همیته نایم
هرکون خیال دایم بودورم ادیم ادیکم بولسا مکشید هرکون باقسا م یوزیکه دایم
کونکلومدین الوی اولکوز ارام درنغوین برترل دیک دک الغایی تارج ایل غنا
صوفی کوز کونک بالی اتیم اندبیع بادتج وقسی قایم کربولکوزوذا هایم

یوزه اه آن نوال کراوا قویشو تمیاس کرجه نیاز محمدین کرد نذ آه دایج

بچهاراند منی بودوغ کونکلومو ابوتوا دمبوم غم اوذره مغ درد اوزه دردالم اذره الم
یارجم راه وطن نیله نم الغربت منقدته جرغی یه وادی دوران جنتی ایل عوری الم
جراغذین غواب انفوده کوبیدن اطراب شنکلیج سبیلی بلا آه او تینن مره علم
صبح ایطال کوبیدین کونکلومو برمک توزیلا شام تاصبح ادتوید جانم ادبر مبلا کشم

بارجه

بارچه بر ساری منکا یار ضعیفی بر ساری‌یا
کاشکی انکا محبت بولوب بولغای ایدی یوز موجغم

صدقه ایلارگا انکا لایق نیمه یوق تحفه
خسته جانیم نقد بار دور ایلیت ای جانیک سوام

ای نوای شرحی حالیم نی دیدیم ارسال ایتمای
سوزدین هم محو غه اوت توتاشتی کویدی قلم

صبحدم گل یافتی شمع لاله ظاهر قیلدی جام
یعنی یا قیب شمع اول جام صبوحی بر له کام

کام گلگون خوشتور دربر سرو قد شوخ ایلکیدیک
اول نفس کیم تانکه بیلدین گلگون سرو ایلا سلام

صبح کیم بلبل صفاسی بر له کامی تا مغنای
کیمکه کیم عمر یوق توترا اعتماد اولغوچه شام

ساقیا خوشتور صباحت لیغ صبوحی وقتیدا
لیک اندین خوشراق اولدیم دعیش الغای مدام

گل اوریسیغ بورور زینت جمع مشتاقلی
سوا ایله هر صبح تا بولمیشی زلال آینه جام

سن دلا نجی بر گل آسی بر له دماغیکنی قریت
وصل صبوم سنی خوشتور کریم ایرور سودای خام

فی خود اول سرو خرامانی دیدیم عمر عزیز
ده که اول سرو خرامانی بس اطینک ایلار حرام

ای نوایی عمر اشید اوزود گذران همال ایلادینک
قیلماسانگ دنیا اشیکا هم بولور کوب اهتمام

خال خطینک ادوزه ای طرفی چشم
ایلادینک قطع خط اوستیدا رقم

توشی کوزدلوغ ایله اغز میکنی تانکه
ایلامیش عشق وجودومنی عدم

اوت سالیب باشیمه عشق اوتی ارا شمع تیک رشته‌سی ذیک هیچ ایله خم

اوق ذخم اوذره کویدوردوم داغ قاره‌سی ذخم اوذره بولوب مرهم

اوذیکه قیلماغان اوذلوکی نه حرام حرمی عشق ارا بولماس محرم

ساقیا آینه کون جام بیله بردم اکتیل منی اسکندر جام

که نه جم قالوری نه اسکندر اوتتی اول جام ایله اول کوذکه هم

شاد بولگیم ایچ عالم کامی اذریماسی کیم بیلکاسین ذرّه غم

ای نوای سنکا ضعف اون خرد

تیلبه لیک سلسله‌سی نه محکم

یاریم تیکاچ الیم تیغی کونکل خلیقه غم شه غم چون رنجی بیتار رنجور ایرور ملکی اهلی هم

یا اویدین چتماسه عالم کوذوم ملکا تیره دور چون قویاشی چیقماسی جهان اوینی مرتفع بولماس ظلم

نه حرارت دور سنکا کم کویدوری اوتی مایلی ایلاکیم اوتار جهانینی مهر اوتی اوزغاچ علم

نه عروجدور کیم ایچینده اغرق دور نازوکی تنینک برکی کلدیکیم کلاب ایچره جوجه سر تا قدم

سن سنز ایچیمی ایلی بیله دوریم مرک ایچره ذیره ابحیوان بر لهکر بولسه لبالب جام جم

سرو غ باغ ایچره هر یانه جلوه قیلاق خوش شور دور سایه دیک بیخود یا یتیب سرو کلزار ارادم

ای نوای حضرته بولغیل الم دیع اوذره بسن اولوب کراول سلامتلیق بولیتیچ ارحم الراحمین

توتقالی

تونتونالی بادۀ گلگون قدی سوسن مایم سوسنی خانه دوران هربجه منزل کاهیم

ده وصفیدا تیلیم لاله دوردور سوسن دیک سوسن تون بیله تا جلوه گر اولمیشی مایم

کورگالی قدی نی سوسن ساری توز بالیم تسمن اوشبو سوز توزلوکیگا تنگری ایردی آگاهیم

منگا دلخواه انیک قدی یوز یور گرچه سوسن کلا سری کوب میل قیلور دلخواهیم

قامتینگ خجلتیدین سوسن اولوب بور نجه رنگ یاره بونوی التمیشی ای شعله دودی آهیم

بوچمن سوسنی سرو ینی بتا جون یوقتور بولسه کلا کشتریب انیک نی عجب الکاهیم

ای نوای نتابین سرو ایله سوسن که ایور

سوسنی تون بیله اول جلوه گر اولمیشی مایم

مجانانگ کورسام اول آی نی کوبوروب جانیم اقغانیم اگر کورمالی میتر بولمس مسکین منیک جانیم

کوزدوم یاشی تنیم ذخمی بیله کوینونگ یولینی توتوم که هر ساری بار دور نشکیم یینه ساری بار دور قانیم

تنیمدا بوکه هر یاده واغ لار بیور لاله فنهانی تنیمدا هر طرف دین بولک داغی پنهانیم

قوبونلیک دشت سرگشته دور نحال تنیم لا خود لباسی ایتمتی قوبونینگ پرده سی بی جیم عریانیم

تنیمغه کلمادی آواره کونکلوم کوییدین گویا اونوتمیش خانمانیم اول الا ف الا مانیم

یانیغ کلدی اول مهوشی دم اوردی لیک نیلایکم کونکلنی نیکا اضطرابتوین تسکو دیک دوریانیم

ایاقچی مهوشی می دلکشی اهلی طرف سرخوش قدح کلتور که قیلماق پارسالیق یوقتور ایمانیم

ذمان امجایب نیک تشنه‌دا وصلینگ کیم ایرور خوشراق کم شراقدور وها ملدین اولار الیدا هجرانیم

نگارم عشق ارا زنّار باغلاب کیردی دیر ایچره
مغانه برقدح برماسمو هنوز اول نامسلمانیم

نه غم کورکونکلومکه کسوم پاره سی جاک کریبانم کوروبنماس بولکه کونکلوم پاره سیدین داغ پنهانم

باغریم اودکا یوقدور چاره کوکسوم جاک کیدین یری ایچیمکا ایشکی تا سالیب اتینک کربولب بیمانم

بولوب دور غصه‌م اول پایکه کیم یاسام جور اطفال ولی جسمیم اوذره جعبه سه ردیدین جیار کانم

تنیمده موی نجه ضعف اولوب کی رنکین ایشیک اطرافی نه نانک ضعیفم جوانلا دیمیندین تورنمابدور روقانم

صباح وصلینگ اسبابین اول ای تنکری تاپماسی که شام هجر کوب کرد فنا یاغوردی دیرانیم

چمندین بیل روان ایسا کلور هر دم عجب ایرماس که کلکشت چمن ایلار بو کون سرو خرامانیم

بتارکیم آه اشکیم اولوس پیدا دین یوقسه اولور دردیم اولوردین اولیشوم هم برله طوفانیم

منی مقصود ونی محروم ایتیبسن ایکو نکل هر دم جفا داغی بیله کویدورمایکم بس داغی حرمانیم

قیلیب دور وعده وصل ای نوایی وه خوشی بونوای
سیویب بیرقاتلا یالوان قیلیب اول وعده یالغانیم

سودا کونکلوم بالای یودوز نکه دیشوار ایرور ای جمن ارامم خصوصا کیم انکا تیکه برجای آهم

نه بیلکای اول خویش کوبیکا یالغوز عزم قیلاین که بولمای استامان اولیان باده غوسعابه هجرانیم

کونکلی نه

کونکلم نه استا اول اینکه کونکلوم استادین یوزنتکر　که جالا وشت برمیش هر نیکم بار ایردین دنجوایم

برون کور کو ذوب کونکلوم اسیر اولغانی نه یانشو رسام　که انکیم الله ادی داشی اتیار کا آه ناکاهیم

اکر اوسلام اتیلاری همه اهباب طوق اتماکنه　اولار که آهی کر بوقتو منیک خرد قایو ارکام

نچه واغ استار رم کونکلوم دارا تنکری اوجون اوریار　که سایلی من بوایکی اوچ درم دورشی الکهم

فراکب کردی اولیا نذینی بوی انذین خلق نظاره　مکر بو لیند امن اولکه تماشا غه کلور شاهم

عجب یوق پری لار نینک نکته سدین بولماغم ناله　خدا یولی سلوکی اهره بولسه بر کا اکاهیم

تنیم نه اول نوای هر طرف کو یید اه ایلتور

تیلاب اول خرمنی کلی نه اوجار هر یانه برکاهیم

جنونین ایله نوا غ اولدی جسمیم زنجی پروردیم　که هر تلمش اوروسلار اطفالی جسمیم جوبار کردیم

نچه هجر تیکیدا اوکیم آه اشکمدین سالیب طوفان　ولی قویباینکه کیم آرکا کلستان نادی پروردیم

یو لیدا ابیسکه قویوم جبرا اسانجلونی ضنی خاشاکیم　ساما انلار بلکه جکاکی کمر باد نینک جهره زردیم

قیبونینک کر طلب دیشتکید ایوقیکم یتماکله وادی　نه تانک سر کشته یکلدین اوجرا اسمائی جهانکردیم

وفا بستانینین اشلم برله سیرت ایلادیم عمری　ایرور غم نادکی سیری فهم باغیر لالان فردیم

بیابانه ایکیقن ابر بهاری یینه جاقین توشما کی　بولوب اوزره راوجقون سالدی کو یا شعله دردیم

جمیق دوری نوای اول پری هندنین ملولا وقتی　سنطایکم کو یید دیوانه یلیغه بیدینی اوتقالدیم

کومارکه

ای یوز و قدینک عشقی کلی سرو روانیم هم
تونینک ایجیدا اوق اینک ایجیدا قاشی هم

اغزینک بیله لعلینک غمی تیلار جان کونکلیم
غنچه غه کونکل صدق قد لعلینکا جان هم

کونکلوم کبی دور غنچه ایسه لاله کبی بار دور
ییلا ایجیدا قاش تاشیدا داغی نهان هم

که بو الیجب ایحو الیمه که دردیمه بولمیشی
اول کهو ایدا ایجه که غوغا و فاق هم

من تلبه که کونکلکا انی فریاد ایتیب اولوم
کیم نخشی ایماس ایردی ایماس ایردی یمانی هم

غم خیلی هجوم ایتسه یوزینکه ساری
تیگوه جوبایکیم ایرور حصن حصین دار الامان هم

توت مغتنم اولوونک ایسه خوشحال دعا می
بخونک اماق چا بسعد ایرور در اهل دعا هم

بریاد یار در اولتوح نوایینیکه هم امید
کیم مو ایلیشیا یوکیم میل ایتسه بو یاران هم

عشق او تیدین تنیدا منداق ضعف اولوبدور کویماکیم
کیم شررلار تابدی کویا قوتولمیش کونکلالیم

باغریمه کونکلوم ایتیکا طمه لیقی غو وشوار ایدی
شکر ایکیم چاکی اولوی عشقینک تیغ بیله کوکراکیم

ضعف دین کونکلوم یاردیم سوی جانیب اطفال دیک
رحم قیلغیل کیم بو یولدا اچدی ای اشک ایاغیم

دیمه اوییغوسیز کوز دوزلک هجر تینک توتتی اجلا دی
نی قیلالغای اجل او ییغوسیز دیر سرتاکیم

برقوم ویرانه تویکیم غم ایلکیدین توتتی کیچون
یوزتا ایلکیم دور ستون تغ و افغو یاتیب تبریکیم

ورد کوریکیم دیو سعیرت لار سالغانی دور اولری
کرده یار انذین هیلک خلیفه دایم تریکیم

ای نوائی

توغان عمر بای اخون نینگ
اوغلی تورسون اخون
تورحی اخون

نوای
ای تجربدین یلی الارکور دب اول بیوفا | جان اتیلار اول عشاق ابجدی ابرجایم

هجر نیکد اقان عنقه دور الجالی یماکی لارم | عشرت سرودی نالهٔ زار ایلیلاعالی لارم

مخفی غمنیک یادارد یغلقان فتیکی جیبار | مغویج ذبون ذار راق اولمغی کو مالی لارم

ادیالی اذیکنی یوق هجریم اما خیال ایله | یغلیک نی یالقتوریو متعاقب موجلی لارم

کرو بلابا شیمغه یغار انجه کیم بکرکما | جنبرلار یدین ایلادی کردون ایلالی لارم

یوز پاره با غریم نیشی لورا من یوتار داقاتی | بو بولمی منتانک اولار اولماق کرکی لارم

جان کو نکلی فراق هجو منی اتیقی لار | دردمنیک توتاره نهانویه اقار غان سونلالارم

اغزینیک کمان ایردی نوای غم شکرکیم
تعلقونیک یقینغه قیلدی بول پاره شللادیم

کشتی هم ایرماس ایمش عشق سرتیغه محرم | متخیلی غه کونکلا هم جو تشی غه یتیلا هم

نسیم غنچه الجیدین جویا بوی کل عطرینی | دیماغ لاریغه یتاردین نی جاره ای هلام

یا شوروی آدمی اکر تنکری سترینی کورانیز | که خلق سترینی توتماس نهان بنی ادم

تعشق سوزینی ای رفیق کوب سورما | که بو فسانه نینک کم فروز اول ماغی مبهم

اکر کناهیم ایسه درد عشق اظهار لما | بو سوزدا ایلخشی دیمان فلقیدامن علم

حیات بولیب قیلولای تلافی ما فات | فغان کی عمری بنا س ایلتور دور حکم

خوش اولکیم مست اولوب ادنوای خطاغ عالم دیه　　　که کلال عالم بیهوشی لوغ عجب عالیم

مست اولمادیم ایسکه هر سر و می غم ایر عاشتور　　　که غم هجوم ایتیبار اونوانی دماغی دمی خرم

نه تانک نوای اولموسی دیه کر اولوی آذرده

که کوردی کوب الیم ذره الم غم او سعدانغم

فوقیلی ضعیف اتان یاشی اجره تاپقیشی بیکریم　　　کلعذاریم دیک قزیل اطلسی دونی اولمیشی بستریم

یوز بیله ایشکیم ارتیه یار شاد اولسام نیتانکه　　　کیم طلوعی ایتی سعادت مطلعیدا اختریم

انتشی لعلینک غمی قانلیغ تنمیز سا اوت اوی　　　اوچقو نیوم کلبرکی اولوب لعل اولغو سیو اخگریم

اه شاید کوی سارا ایلتمای دیب بشاد من　　　گرچه کرد اولدی یولیدا جسم محنت پروریم

ایلا هجران برله خویکم کر دلار ایرور　　　یار کی بر وصل تاپمیشی تورای تنور یاوریم

ایلار نینک سینغان سنوال اجره بولودم دردکشی　　　بولماسون هر گز تهی اول باده دین بوسماغریم

ای نوای هجر اوتیدین پر حجارقاقه نه سیغ　　　جون پری رویوم نوتیماغی یراجی بویریم

سو بیکلوم جانیم فدا اغزیغ کنغاریغ هم　　　کونگدوم دینیم داغی دلغیوز خماریغ هم

ایتی قانلیغ کوز نکلوم اونکلی بیجه لار ای صبا　　　کیم انکا کوزلانی ایتی ملک نمودار یغ هم

دار کونکلوم تا الر باقیب انه دار ایلادینک　　　جان بیماریم غم هم باقی جسم افکاریغ هم

باغچه اولکر وروان جسمم دانی قانی بوجکم　　　قوتیبوغ جان رشته سی باغلانوی رفتاریغ هم

من

منگا کم دیدی ای مسلمانلار کیم برگانی کوروب   جان فدا قیلسام جیل یا شیوه‌دن تاریقیب هم
دهر باغی نینک گلی اوتدور بیک اشجاری دور   بیل که بر اول هم اولاس نیغیل اشجاریغه هم

ای نوایی دهر یوق باری تیلماس لیق دور دور
تینفیسی کر قیلماسانک پروا یوق باریغه هم

ایماسی جنون نیت اگر تاغلار دا بولسه قراریم   که قالدی هجری سرکشلیم توبیدا ملک دیاریم
جمالینک آینه سین خطی جو تیره ایلادی اولدم   نه عیب قیلسه قوبیتش کوزکوسین تیره غباریم
جو ایتلارینک یلادی قان لاریغنی ذخم لاریم   غریب مرهمی ایدی بوله تاقتی جسم فگاریم
سرشک قانی جو نقشی ایلادی سنکا یتشتی   بهشت قیلدی بو دوزخ منزلیمنی نقشی نگاریم
هلاکیم اول قدی یوزدین جو بولدی تنگ اغیم اوذره   بولور جو سرو اوذه گل ایکیلسه شیخ فراریم
قدح الیب ایب جان بخششی که فداغریمغه ساقی   که جان نی ایلاکودیک دور یلاهالی رنج خماریم
نوایی یا سوار قیلیب تخته نه ایغ   نگار کونکلوکا قیلیس اثر جو ناله زاریم

فراق اوتیدین انینکدیک قرین دورو بلانیم   که آنی سما کیمین ایتار رجان اورتاغلیمه توکانیم
فرشته لیقی تیلابان استارام انینک بو سلام   اگر بولور ای ذلفونک کمندیغه رسنیم
غمیکدین ایلا اولولاری جاب اولمیشی حق   که سوگتشی سیدیک اولمسی تنکر اراو طینیم
اگرچه یوز تنکه اول غمزه تکتی باغریمغه   یوزا جسا تکا جعوسی یوز گل باغ داستیگلیم

خورشید اوکلکه یغلار ایدیم ذار زار ویریدامت — صنم غمی دین اولوب جا کجا کی پیرا اینیم

نوای یاقاته اول فیض خانقاهیده

غنیمت ایت که امروز خوشراق انذا ایلکا کاین

عشق سرکین قیلوم حقیقی کونکل وینیادی هم — سیز کا وصلی نیک نشاطی بحر نیک بیدادی هم

عشق بو سوز دیب کونکل ملکنی اباد ایلادم — یرقوی ایلادی انیک ویرانه ابادی هم

ذار ایلایکم شاد ایماس عشق ایره کونکلوم خاطری — ایلدی کونکلوم قالمادی بو خاطری ناشادی هم

کورسه لیلی بر تو شیرین روحی جورینی رحم اتیب — کویلای آنینک خسته مجنونی خونیک فرهادی هم

دهر باغیدین کونکل تقعی وفا کوز توتمه کیم — بی شمر دور سرو هم سرکشی دور شمشادی هم

من وفا کملدیم تنفای بو شیوه نی جون تا نجادی — افرینشی ده فرقما جنس بشری اولادی هم

یار سیز لقیده نوائی نه نیه قور قاتما نیکر

بو صفت انکلایورکی یا بستی کونکل ایادی هم

کلدی نی ترک ورکالی ضعفیم کوروب اول عیسی دم — کلکلانیم او ز آتشین قیلدی ولی کلمکالم هم

کلماکی جان بر بیابانی فا یتوری اولتوردی نیه — کوییا قتل اتماکالی اول یا شتو بیکوردی قدم

یا زیب اولتورمادی جان نقدی نثار اتتی کونکل — ایلادیم خلق سجاریته ایاغیغه درم

شام هجر انیکه غایت هم امروز تیره لیک — عوم اقلیمغه اول کلدی سواد اعظم

کورکنه نه

کوزلکانه سور توب کر اتنک بکزه تیپانیغ اسی اسلام	سرو پا بو قبتور انکا بر ریسدین مو لایم

ای نوای سرو برله گل نه بیلای چو بکه من

واله برکلعذاری سرو رفتار اولمغام

قاریغان جاغدا بر مهوشی یکت کا مبتلا بولدوم	اوذوم اوز جانیمه پیدا قیلا قوین بلا بولدوم
منکا هم آشنا بیکانه هم بیکانه خصم اولدی	هم اول جاغدین کیم اول بیکانه وش آشنا بولدوم
جنون هجر سیدا دیبانک تجاذین بولدونکا آواره	انینک عشقیده تا کیم عقلی ملکدین جدا بولدوم
بو دوه مکه جر خضدینی بوزنکا ج اول ای الیلا مردود	قوارغان ج روده کماریده یک عجب بوزنلی قولا بولدوم
خدایا تفعان کجی جبیم مریم نه سوادیده یک	کده شیدین تا الیاغ هجری اوتلار برلنی یا بولدوم
منکا دار الفنا عشق اراقان دعوی ای شوق	ایک خونریز کوز برله بو دعوای کدا بولدوم
مغانه نغمه برله منجی تو تی الیهما	جو بیر ارشادی برله ساکینی دیر فنا بولدوم
مرقع بس منکا بوزدا غلیق تن جونکا دیر اره	سفال ایلکدا دردبار ستاردین کدا بولدوم

نوای باده ایلا بریاده مه بریاده بیماه ایرماس

کر اهل عشق تا پتلار نوای بینوا بولدوم

کونکلی جراحتیغه وصلیدین دوا کوریسام	نظر مرادین انینک حسن دین روا کوریسام
بو نامرادی بوزینی یوز نظر کوروب یردم	مرادیم اوشبو دور ریکم انی بنا کوریسام

سنه نوعی ایلا کوزنی الیدا کورماکیدا جدای — ایرور جوهر دکوزنی رشک کوزنا ارا کورسام

قراکوروب سنه بلا قوزغالورلارا ایل فتنه‌لاغا هم — نی عیب ایل خطنی دیف کیم قرا بلا کورسام

اولوسی سوچ سعدین ایتمان شکایت اوزگه کونکور — نی شکو اول اولوسی آشوبدین جدا کورسام

تماشه‌یغا جام جم سلطنت چه بار اوزینی — سوال ایلمه‌دا جوابت ارا کدا کورسام

بو کاریکه داخستا قیلمادی کیم بر سر موی — خطامینک نظریمده دور خطا کورسام

تحجا نتیجه بولالای اوزلوکا مفتی اجره نوانینک — خوشی اولکه جلوه کیم وادی فنا کورسام

نوایینی نی سر یاب نوا قیلسه

کوب ارتوق انی نیکیم غیردین نوا کورسام

جانغه کوکسوم جاکیدین جانانه مهمان ایلادیم — کوهری تافتیم انی کونکلومدا پنهان ایلادیم

کوکب ایریکاسی پخته‌لار تغمیشی قولاقیغه کهر — اولقو باشی هر بیر اتونلار سبی که افغان ایلادیم

جانغه ایلکلی خار کوب اوردونک ایت ایمدی کم — هر بیری برتا وک آهو نیکان ایلادیم

کوکسوم اوزره هر بیر مرهم ایردی اشک اقرودی وای — کیم سلامت طرحین اول سوبرله ویران ایلادیم

فتنه‌لار تک سلامت ساحلی تاپانکا دور منطا — کیم حباب اشکدین لیک باشیغه قالقان ایلادیم

باعث مقصود زاهد زهدی قیلدی منغه فنا — فقری بولیدین کیم اول مشکل نی آسان ایلادیم

ای نوایی باغلاب ایردی کعبه احرامین کونکول — کوی دیر بر کنه شرحی ایلاب پشیمان ایلادیم

باده دیر

باده دین جان اسیب کسب ایتی مشام   کوییا لعلینک غا تیکتشی ایولی جام

کور مقام خضر سوی بیک بارشین   کیمکا کور اب حیات تیموغ حرام

تولون آی نیدین ایل وصف قیلور   که مشابه ددور اول یوزکا تمام

هر کیم کرد ون جفتی دهر دد روز   کیم ایرور کوزکا یوزونکدین تافتی کلتام

قدم ای روح روان بابشیم قوی   نیلتایکیم روحی بیک تافتی مقام

خال ذلفینکو کونکل بیر جانکیم   قوشنی بیلدروا بتیار اول دانه دام

انوی وصفیدا نوای سوزدیر
مختصر سوزنکا ایرور خیر کلام

لحظه لحظه کونکلون آنینک ظلمینی یاد ایلارام   کیجه اوزجانیمغه بیداد اوزره بیداد ایلارام

عقل یاد ایلاب بیلیکه هجر اندین ابولسام خوش   جون جنون طفیلیکا قیلور نیچه سهت فریاد ایلارام

بوینی باغلیق قل قیلور کونکلکا اگر هجر بیلدا   اودینی نیوزتاء کیدایله عشقدین آزاد ایلارام

عشق سیلی جونکه اوزیار تا خماق تیلاب اشتاری رنج   هر بنجی کونکلوم مکه طرح صبر بنیاد ایلارام

کونکلوم قاجار قنیاد دامیدین بجب قوش مکهمن   ذلفینی آزروی دام هیات ایلارام

عقل هوشی اجراسین جنون آهی سیل   دیو باد اتعلان کیبی بار یین بر باد ایلارام

ساقیا مهلک دورور قایغو هم اول امید ایله   که دمی جانبخشینک توتوبانکا خاطرم شاد ایلارام

فقر دینی یوز یلچیلیق یول من براق اول دلیلی بوکه فقر آیینه اوددوم که اوستاد ایلمارام

ای نوایی ظلم کم نا مهربان یاریم قیلور
مهربان شاهنی کورگاچ نه تجویز داد ایلارام

دردا کیم لخط لخط وزدو دردیلالیتیم هجران ملالتیدین ایرور صعب حالیتیم

باشیمغه تیغ کشترتیتیلغابه توتسار قولی الطاف ادیر وسیدا بو ایرکین نجالیتیم

دیسام که ای جمال اهلی نیکه رنج قیلدی ظلم ورشایلیغ طرحیدا بو دور عدالیتیم

مند امقال قوت یوق ضعفودین ولیک هر انجمن ارسیدا یوق جز مقالیتیم

کونکلوم اوتین که شرحی قیلور من بلورسیموم اول کل کاکاتانکه مشمی کر ایلتار سابیم

دشت جنونغه یرمایکز ای اهل عشق کیم کیم ایلار انکا خلق نه دور ضلالیتیم

یار اتنغت نوایی غه بولسه یکشنی نه غم جو قتل وعده سی بار استمالیتیم

بولغانده ایری توب لاری مهوشی لوقومیشیم کوز هر دمی دور دریوزه ماسوادار کیشیم

دیما نکه که یار اجسا عذار ایله جان نثار نه حاجت اتمالی ایردی اول خود فیکیر یشیم

هجریدین ایله تلبه بولوبمن که تلبه رار هر ایت یار کوییدا که ذخم ایتار کیشیم

کوب بسوردی تیغ قتل فراق ایلا سنکی داغی بر قتلی تیغ سور تیتیب دور جود ردنیشیم

جانان هرا دقیلیم اولوب قان جان ابا جانیمغه قار غیشیم دیدی جانانغه الغیشیم

اول

اول چمن یمی گلستینده بر گیاه ایدیم نوعی قوتقاردی هجری کا قالمادی قرتنیم

دیمانکه نوای سرو تریک قالدی هجر ادا وصل امیدی بر له دوروره موجی قالمیشیم

کویا هجر بیلکا جسم ناتوانیم نه جسم ناتوانیم جنبته جانیم

کرا اولتوریسانکز منی قیل تیغ ایله قتل که بولسون کوزیکا اغنته قانیم

ز آتنینک سوزیدین یوق شعله اوت من اوت اول ایبینک سوز فغانیم

منی قادوها اشیکیدین جون اتینک من عجب کیم یوق ایرور کویونک هیکانیم

یارم کوکسوم سینی جانم تارتای ترحم قیل کوروب داغی نهانیم

اما خرابی ایدی دوران جفاسی خرابات اولماسا دار الامانیم

انینک کوییدا قیل قربیم نوای
دیر ایرسانک کیم یتیشسون هجریکا پایانیم

قد نیهالی وقتیدا لبو طفلی غنچه سیده بولدوم کیم غم دینی قاری طفل ار ایسیدا بولدوم

خیل اطفال اراتاشی یاغدوردی تنیم هر قیا ندیو کیم انینک کوییدا پیدا بولدوم

قیس مجنون صاغینور کوروب منی تلبه بلور تلبه لار خیلینه سرمایهٔ السودا بولدوم

آیتیلاری سلسلهٔ والی بجه لار ناله جکیب خیل احبابغه سرحلقهٔ غوغا بولدوم

گاه انینک اوزره تیم کوردونوز کوزیا نشیم عشق باغی ارا شاخی گلی رعنا بولدوم

ساقی گلرخ می شیفته سی تا بولدوم   دیمه کیم توبه تقوی نی تجان تریک ایتک

نبی وصفیدا نوای نیچه ترکوزدی اولول
فیض قدسی چو مدد قیلدی مسیحا بولدوم

فراق دشتیدا قفراق اولوب ایدی کاباشیم   کوتاریکی ایدی تواغیدی ایی یاشیم

باشیم نی کوی قلیب مین یولوبکدا ای جابک   اتینک ایاغی قیان بولسا ایدی دور یباشیم

یولینغ قطع ایتمادیم اول قویشی هواسیدا   که سایه تیلفودیک اردیکی اوزی نی یولداشیم

حیات تقوی نی ینلایکه میعروشی الماکی   اوشانجه جی ته اجاغی خومار قولاشیم

یودونک خیالیدا آهیم شرارسی جاری ریان   سموم هجری دور بو نسیم کلباشیم

کتور فیاله که هجریم کیم وفا قیلدیم   جهانیدا اوزگا اولوسی دین یوق ایدی اولکیشیم

نوایا اگر ایکنچی ادم ایرماس سین
شودین جهان ایوذی نی توتی بزسر باشیم

ای پری رحم ایت که کونکلوم زار ایرور بیچاره هم   عشق سوداسیدا مجنون ایرور آواره هم

نقد داغ سبطانلار آتشم یار روتیکسی آتشم   دود آهیدین قرار یمش ثابت سیاره هم

زخمی کوب باغریمنی تیلکا کا بمکین ایرماس ای رفیق   کیم ایرور یوز پاره مجروح ایرور یاره هم

وصل اقبال منی هیهات کیم رخساری نی   طاقتیم یوق دور براقیدین قیلغالی نظاره هم

ایلاسو

ایلاسو قیلدی بلا خسارنی آهم اوتی   کیم ایلیب کوکسوملکا ادر غونچه تا قلماس نظاره هم

جرخی مکر و فتنه هیلیدین غافل اولماق دنهار   جونکه بو شاهد سبب فتان ایرور عیاره هم

ترکوش التون لای تریالتون لای
عمردی جاقمن لای

تلبه راب اتیم نوای دیک جنون صحراسیدا
قیلمادی یاد ایکینی هرگز اول پری رخساره هم

هجر ارا کیم اوتنی هر لحظه فسانه ایلارام   ییغلاماقنی باده ایچماککا بهانه ایلارام

لعل گون هر می که ایچتیم اول لب میگون بی   کوزدین اشک لعل گون تیکماکنی بهانه ایلارام

می ایچار دامن قدح دیک ییغلارام بیخود بوب   تا قیامت هردم افغان بیخودانه ایلارام

زورق می بولماسه کیم من اولارمن ای رفیق   غرقه بحر یدیج انیک برله کرانه ایلارام

تاتولا توتسون دیبان ساقی مهکا تیکماکه قدح   تاشقی دوریده خطینی انیک نشانه ایلارام

ساقیا توت باده کیم کوبرالامنی مهوش اثبار   بجه کیم اندیشه بولکارخانه ایلارام

نه سهیغ جون یار کونکلی ایلاماس بویان کتشنی
ای نوای تنجه کیم دلکش ترانه ایلارام

کونکلوم ایجره عشق اوتی یاقماقنی انکیز ایلادم   کوییدوروب اولوکان انیک شعله سین تیز ایلادم

اولپری عشقیدا کوییدوروم حلالیکیغ تقنات   دودیدیم آنینکه هردم آتشی انکیز ایلادم

تون رخساری اوجون آهیم اوتی تیک شعله سین   شعام غم هایی هوای هایی کلریز ایلادم

كلبی قدینو ایلی كونكلی ایشلمیش غنچه دیک . موندین اول نخل بلا وصفین والا دیر ایلادیم
ساقیا چاقوتیکم اول ایام نینک عذری غولای کیم قدحه نی زاهد رنجی برله خونریز ایلادیم

ای نوای بر پری وش ترکا نینک محبوب من
یوق عجب هر قایدا رخشی سوزدی من خونریز ایلادیم

بینک حیات سویدین زلال ایمشی بلدیم ذلال نقطه سی اوستیدا نهال ایمشی بلدیم
اوچوق لبینکدا ایماسی ریزه انجو لعل او ذره که بری کمال او ذره بر قطره زلال ایمشی بلدیم
قدینک که زخم بولوب اغزینک خیالدین اوتتی عدم ایچیدا هما نجاد الی ایمشی بلدیم
قاشینک ذا انقال نینک آوذ حبیبی شتیمیش ایدیم بو کعبه طاق دا اول بر بلا ایمشی بلدیم
یوزونک نینک هیکلی ایدیم ذلیق ارا جو قیلدی طلوع غریب اختری فرخنده فال ایمشی بلدیم
دنی تجملی ارا دنیانینک فلک کتدین دعا نه طبیعتینک اعتدال ایمشی بلدیم

فراق شامیدا سوزدوم نوای احوالین
ساچینک خیالی اشفته حال ایمشی بلدیم

یا غلتیق نینک ایلکیمدا اشکیم نی روانه ایلارام کوزلاما سورتوب اشک ارتیماقینی بهانه ایلارام
اول کوزدمک چون یتیب یتکیی تا فینب بیا تلف کوزدین القاج بینه اشکیمنی روانه ایلارام
یانه تیکاچ کوزدا اشکیم سورتیا الورمن انی یانه یاره سا چاره بو نوعی یانه ایلارام

کوز

کونکول گرفتیک لاری نی تیللار ایلابان هر تاریغه
ضعف حالیم کوزنیتلی برله فسانه ایلارام

بیلیکیمکه تاریغه جانیم رشته سین جرمانشتوروب
جانیمه کسب حیات جاودانه ایلارام

بر قدح برسانکه توتسه مغبچه برلی دیری
نقد دینی سرمایهٔ جام مغانه ایلارام

ای نوای تاکی بولمیش من فنا دین برداشت
عقل ایله تشویش دین فارغ ترانه ایلارام

ای هلالی که یانکون قد بیله پیوسته لغیم
دلکشا غنچهٔ خندانیغا وابسته لغیم

توشیکا جانیم بیمار کوزدوزنی هجران
اولکو دیک من کی سبی صعب دوروز رخسته لغیم

چون فنا اهلیغه قید اولدی ساچینک سلسله
قیلادی نفعی تجرد بیله وابسته لغیم

یوز شکلفت اولدی جنون تاشلاریدین جسمم ارا
گرچه کونکلوم دا ایردور انجه یوز شکسته لغیم

عشق عهد ایکیم بوی اوروب سکر برمن
بوایکیش ذمزمهٔ عشاق ارا رجسته لغیم

استقامت جوذعانه طغیدا یوقتور عجب
بر زمان تیز لیکیم بر نفس آهسته لغیم

یوز بلیت غه نوای دیک اولوب شایسته
نه بلا دوریم انکا بولمادی شایسته لغیم

نامه یازدیم یارا چون لیکین جوابی تاپمادیم
جسمم اولا نامه دیک یوز پیچ و تاب تاپقیم

هر کینکه جانیم بریب قیلدیم طمع مهر و وفا
بوکونه یا دالی تیجز بادی عتابی تاپمادیم

درو کلدی قصدیمه ایتمش ایدی ویرانه کونکل قوینغانی بو کنجنی وه کیم خراب تاپغا یدیم

جرعادیم جان رشته سین ناوک لاریکنک بکی ایلاقوشلار قیدیغ موندغ طناب تاپغادیم

جون خیالینک کوزده ایچمان ادلوک یاش اولوب باغلاغانلار فیکدا قاچ لار ویک کباب تاپغادیم

بخیه کیم مطلوب رخسارین دیبیم ایلای نظر اوزلوکونکی مین اونکا اول یوزی حجاب تاپغادیم

خلوتی تافیب سنی جسمیم ارا جان ایلکام

یلکه جان خلوت سرای ایجره مهمان ایلکام

خلوتی ایلادین اهی شوروش ارا اتقون یا شوروش تنها جانانی نیلمغ سن جان ایجره فنهان ایلکام

انداهم جانانی پرده سین هر ساری جاب سر اوچون وصلینغ اخفا سین بخکم بو نوای ایمکان ایلکام

جون بو خلوت ایجره نی اوزلوکی ایر محرم هر نه نا محرم دور اوزدین فرشتانی ایلکام

دفع اولوب اغیار تا فسام بار اول خلوت میز بابلنیغ برله شرحی درد هجران ایلکام

عمری باقی تافقا من هر لحظه او شوجان اله اوزنی منغود کوزینه رخسار نکو جران ایلکام

ای نوای دیمه اقرار ایلا عشق تنزکی نی

کیم انیا نغای کرا اوزدومی ایلا بهتان ایلکام

سا جنک سوادیغ هر کز نظاره ایلامادیم که دود آه عالمنی قاره ایلامادیم

یولونکدا اکیب باشیم سور مادیم کی غیرت دیغ باشیمنی یر که اوروب ایاره پاره ایلادیم

باغرن

باغ غنچه‌لاری لاله‌ایتکاندین ایلاماس انکار   من ایت تیغ ایله خود موجه پاره ایلادیم ما

مونکا غمینک ارا پچاره لیکن دور چاره   نه غم اکر منی بیچاره چاره ایلامادیم

یارام حسابی نی کثرت دین انکلاماس ای عشق   سنان توکان غادی یوقکیم شماره ایلامادیم

توکل ایلاویکیم عشق یولیغه ای شیخ   که من قیلوردا بو عزم استخاره ایلامادیم

نوای انی افشای عشق اوچون یاد غور
که کن او تنی من آشکارا ایلامادیم

آرزو تیغیغه بیرجان ایلکان نیلادیم   وصل تیغیغه تیغ هجران ایلکان نیلادیم

هجری واوسیغه کیم جان غه ابلادیم طوی‌ بار   لیک موجه هجه پایان ایلکان نیلادیم

ایکلادیم کیم صعب ایمیش بیمار فرقت رنجی لیک   شربت ذهری غذا اسی قان ایلکان نیلادیم

بستر هجر ایچرا ایلادیم سمانچیلوری خار فراق   هر سری موشتری پیکان ایلکان نیلادیم

جرخی افسون ایلادیکیم فات اولغوس هجر ینکو وصل   موجه انینک وعده سی یالغان ایلکان نیلادیم

غم تون نیلادیم بو لورسی عشق انینک آه اشک لیک   اولبری صرصر بو بیر طوفان ایلکان نیلادیم

ای نوای وصل اکر یا فسانک غنیمت بیلکه من
روزی کار وصل خوشی دوران ایلکان نیلادیم

مسیح دینی لبینک افصح نو ایشیوغ عارضینک روشن مسکین   تو ایشکیغه فلک هجران مسیحیکیغه نو ایشقی

کوزوم دا ل و میدانیک تیغیم وا نقد بیکانیک　انینکا کوز مردمی خاذن مونینکا جانی کلبه مخزنی

یاسارمنی یوز عقوبات اکر کوراج بولسور فاکه　کوزوم حیرانی تیغیم کردان ایشیم وا دبیل لیکن

شکیب صبری ادیسن بو دونکه رخسار ینکا کورکوزوی　خطیدین یورادوزه ظلمت یوزینی اودی الکلکن

توکارسین قانی کوزونک بیرله بورسین جانی سوزونک بیرله　عجایب ذو فنونسن که هر فن اچره یکانه سن

ملامت تاشی ننک یاغیدین یارو وی عشرتیم شمعی　عجب کورکو کوردی اوتیدین ایلادیم بو شمعی روشن

یاسار دا ضایع تماری فلک نعمی نه بس کویا　کم قیلدی دردو غم کرمالی هر کوکب بر روزن

سنی سیتیا بخفری عمری طرفه بوکم کیلدی خضرا　یوذینکا توتی قراسینی سور توبانینی سنکا ایلار نیتون

نوای سهر پان تمکین کیشیدین استاد تحسین
جوشه کورکوزنی استحسانی کوروب نظم نکینی تحسین

اول نقاش طرحی ایلاردا کلبرکی نمودارین　عکس بهر کاری قیلدی بلبل سرگشته منقارینی

قفا مشاط پروانه لار جسمی کویلی یرله　هماینکم یاروتی شمعی نی صر آت رخسارینی

دیکیلی مجنونی قراجانلرین اوودکار رشته سیلاب دور　که ضعفی ایلکری مضطر قیلدی لیکن دلنی دیداری

مکر فرهاد جانیدین سرینی قانیدین اتته رنکی　قدر صورتکری شیرین لبی لعل شکر باری

تراذو برک کلی ایکی رشته جانی ناک لعلی اتتی　جبکار دا خاذن حکمت لبی یاقوت مقداری

قراغلاریم ایکی ستو بیلکه تافغاج زاغ قاچیشی　ایتاردین دیم اییب رضیتینکی تیاکین یلکه قمجاری

مرحوم اکم ابراهیم بیسم نیک صبوحی　ایاغینیک صبوحی ایسم

ایاغینک ترک قیلمدیم اغزینغاه بولسه باریب کوکسوم اسیغ قانیغه قویی کیم اول چیاقی چیکسون ادارینی

خرابات اهلی داغ اوردیم کوییده روسا تقی دوا یوق سپهر شاننی قابجا قدینی اوده کاریخ دستارینی

اوت

مگر بولدی قیون نیغراغ ایل ایلی می سوبرله یا اسار دامت سرگرداح نوای خلقی قادیق

خیالینگ کلست کو تکلومکه بولورا اذاده مثرکانینی

اگر ساع عزم قیلغانلا ایلیکیم خاری مغیلانینی

اوتیلک کو تکلومکه تکماسی دینی غباری ایروی کو تکلومدا غباری اولتور ور شمشتی یا یا عنق شمشتی آنوا سیلانینی

خطینک نقشی بو دوغ کونکلومدا ایلار قعد جانان ده کیم بولورنیشی بلا یا ریبتره کیم بوتنای بو دیوانینی

جنون نغراغیتی ای احباب ارتیمانک دار جسمیم دینی لباسیغ سویما یکتر برل ایلابی مجنون عریانینی

لبینک وصفی دا جان بخشی اد انفاسینگ تانگ ایر مکیم دعیم اد لوم سیجی دو ترکه اوتنای ابحیوانینی

لبینک سر رشته سعدینی هر گره کونکلوم جمع اولوی بو جمعیت ایر دور کو تکلومکه اوماد لونی فریشانینی

بو یوردی شیخ فیماتشاهیدینی مغ توبه فیمانی رضا بولیدان بیمانینی قاجیم نه فیمانینی

نه ممکین باده کلکوت نه کلزنک ساقی موجود
مجت بو دور نوای کر تیلار کتمال خراسانینی

مذهب ایلا صحنه پیکانه لار نیک جسم اهل ریانی دیکه باشی جکتی کیم جکتی ذبانه شوله هجرانی

تنی پیکانه کورونتای بحری اوت نیک شعله تول انه تار تیب جیقار ماق ذخم اجلاینی بار موذ در المانی

نه تانسی ایتیب تنمینی ذخم قلیبان کیم غم قالورمن   مونکا نی یاغلای ان قایدا یاغلای دیب تنی عریان

بلاد شتید الکوریکنه وحشی مجنون منی دانغی   خرد اهلی قاشیدا تلبه کورگینه دیک قالیب حیران

سونکالاردین تنمدین بیر یرلا ایردی نجمی بیر نیک   محل و ولایت لار تکنی ایکلام کلبم ارا مهمان

نه من تا الغوم منسن بقی زمانه ککیل ای ساقی   قدح دورنی خوش توتیکیم وفا کرد دوریب دوران

وفا کرد دور زمانه اهلی زمانه ده وفا بولغای   وفا اهلی بولاردین کیم وفا استاب ایرور نادان

خوش دیر اهره میخانه تولا ایلکمید فیغان   منکا اهلی فنا اغزیدا کل من علیها فان

فنا دیر یوا سا ایلیق نه سلطانلیقینی ارتوقی بیله   کرا ولما کیسه دا یانکه دیر تار ارا کرسی ایل و گر سلطان

جهان اهره بکرست نیا جوان یوق باری یکسان دور   نه فرقی کیم دورسه کورسکنه جهان یار و یوقین یکسان

نوای اوذنه خوش توتیکیم کیم دهر اشی بار دور
دکر مشکل توتار مشکل ار ار اسان توتار اسان

فروغ حسنیم اوتونوبکی ور بلاد شتید قاقیناغان   انکا اوشنکاد اهره ان کاروان اهلی ادت سالغان

ایماس غم شامی بونیکلغ قرا انکفو بیلکه هجی غم   کولیو و ربلکه هجران تمه بادلی برله قوزغالغان

کونکلنی برله قرا هجر و یوشی عقلیم الیمیش سن   جو و یونکعبای تشلیم ایلایین کیم بو دور قالغان

بلا دریاسی ایرور کسکور جهانا بو غرق دیک موجی   ایرور اشکم سوییه آه ایم بیلی اوسطاندا یاتغان

فراقینک زنجیدین اولنواجه خلاص اولمای عجب ایرور کیم   اغیرا ویقو بارغانی ینکه قیتی ایملای اکا تا اتیغان

ایره

ایرور بربرینی جان کونکلومنی که رحیم ایلاب   بر ورمین جانمنی هم الفیل که سن دوست کونکل الفاف

قیل اوزلوک وشتیغ طی امتحانک هقصودا اشتباهیتی   نه تانک اقتسه حرم ایره بیابان قطعیدا قالای

کرامانتی دیوی شیخ نوای ترک عشق اتی

انیک دانغی سوزی جیبن کوبب ایماس کیم منی دیم یمانی

یار پیغامی نه سمیغ اوزونکا لار تحریر بین   جان تجی ان بر سوسون مسیح الفاظ ایلی تقریر بین

رقیب کیم یار جفا قیلیم حکمید ور خوش کر یار   قتل حکمی بر فعان عیسی دمیم تحریر بین

کمک کور سه ده که مخفی عشقیم اوتین فهم ایتار   رقیب سین اجب اوقوردا هیاتیم تقریر بین

زاهد سین اجبی ندا ایوز دیوانه لیق قیلدینک دیمه   کیم خبر یوقتور منکا بالله اولارنینک بر یوین

نه فسون قلمیش ایکی سیلا نکه یوقتور عشق هوشی   ناتوان کونکلوم ار الفاظ ایل مانشردی

رقیب کیم جرجی جرما شلیغ که مجنون صورتین   هیچ کیم فهم اتما دی عنوان انیک تصویرینی

هر نه یاد مشی الشیکا کلک قضا کونکل الکری

ای نوای تقاجاق اوکما تا نکر نیک تقدیرین

رشک دین دیر منکه مهر اشتون سپهر ایوانیدین   بار ایقتکا سمایه نیکلیغ ایره آتیک یانیدین

کوکسومه اورما قوز الفان ناوک تیغ غادین تکوتی ولیک   تیلدی کونکل صبحی اوت کیم سکر یوتن پیکانی دین

آقتی نیز اجلی ایجیکاچ باغ نیداق کل لاری   اشکی ایله هر قطره کیم یاردی کونکلوم قانیدین

ایچیم ایرماس کیم فلک مرآت ایچره توشتی عکسی — سببکه دور سما جلدی یر اودوره کوزدوم اولتیدینی
دیمه تا ایلکیدین یوموق ماس کوزلاریم کیم تانکا ایماس — کلماس ایسه بیچاره لارغه اویقو آیت افغانینی
مهر ینک ایرماس کیم شفق ایچره شعاعی خط الاری — جرخ ظلمی قانی توکار هر شام دونیک عمرکا فدینی

نجات الور لعلیم حدیث دیب منی قورقا تمغیلی
کیم بو سوز دیر کیم ایتورسن نوای جالیدینی

خراب ایردیم اگر یار وستیم کاریم جفاسیدینی — اولارمن بو دهان یار و وفاریم غوغاسیدینی
بری جوری قفادیده جانیم یرکا قنغای ینغ — خلاص ایرماس کشی یر جانی ایلاتنکری قفاسیدین
جفاسیدین منونیک جرخی ایتماسون یارمنی عددم — اگرچه ایلادی مجبور اولا بریلانیک وفاسیدین
انیک هجری که اولتوردی بو بر ینک وصلی تیرکوزدی — تیریک بولسام جتو الماس انیک منت اداسیدین
تیریک لیک عالمی بو ایکی ایشلایین بر یلا بولدی — اجل قوتقاری منی موندین تیریک لیکینک بلاسیدین
کینیک بولماوه بولونوبی ایکی یاریکیم اولماوی — بر ایکینک ایشتیاقیدین بری نینک ابتلاسیدین
منونیک جوری جبالرود کاریمنی قرا قیلدی — بو حجر دلنی جیقارجای رود کارینیک قراسیدین

نوای عشق طوریغه ابتدا قیلغانیدا دور یوز جیق
که بریم قیلادنیک انونینکه بو ایشی ابتداسیدین

جمالینک شوقیدین غم رنج کوریمادی ابتداسیدین — کوزدوم شمعی کونکل ایلاب دور بهیا قاینلیغ قراسیدین

فراقنکدین

فراقنکدین توکون اوذره تونکم قویدوم حاصلیکیم / منکا اول بولمادی حاصل بو ایکی تخمی تاکلکانیدین

کویاشتین نی بوشتوم شوخ بچه یار جانا بار ایتماکیمین / دیسام بیلمیم نجک پیمانه دور ناهید بوکسیدین

جفا عشقینک بو کیمی دیب خسته کونکلوم تاقتی یوقدیم / بری قوت کسب ایتیا الوقی بو شربت اول عذابیدین

جنون سیرکوزدرایلنی من بو عیش دین محروم / مسلمانلار بیلنکیم اوکلوم اول کافر جنونیدین

ایرور مجنون آکو نکلادین یوز کره کیم نه سبب دین دور / مسلسل فقه لار ایل ایرور ذلفینک ماجراسیدین

نجاری هجر دین دور تیره کوز کونکلوم ای ساقی / یاروتغیل هم جمالینک شمعی دین هم می صفاسیدین

اگر اوسام دیر پرتاو تمک بیلبین دین ذنار ایلیه محکم / منکا تاب بولکسی ایلاب فناد یر فلک سیدین

نجوم رشید آتا قویدی فنا تاشی اوزه یاکشین
نوای عار تیار کوکی نطعی کوکی صنکا سیدین

بلا دشتی ارا مجنون منکدیک کورمامیش دوران / قیونوپ هر ذمان برکو منکا وادی آسرکردان

تونوم مجبور اوددوم رنجور ایجیم غمناک باغریم چاک / تنیم لاله تنیم بهال اشیم افغان سر اشکیم قان

فغانیم دیب فلک غمکینی سر یکم دین جهان رنکین / نه دردیم اوتیغیدین تسکین نه هجریم دردینی درمان

بولتیم غم تغدیدین فارغ تنیم هجری اوتیدین یاره / کونکلی بو یاره غه چاره تغاری غه نافی یین ماهم

فلک ریزن ذمانه دشمنی بدن روزی دون اوذه رود / نه سودای جنون تاپمه ملامت بحری دین پایان

نه انوی وهلا ملوک بلقیسه تغدیک غایتا / قالیب جانانه خسرو دیبی تون جفی کتوریدیم جان

ضعیفی دردیغم فتنه بیغمی صحبت اتویشه ذلیلی یه سرو سناه قتیل خنجری هجران

کوزوم نمی بیغ بو یوم خم لیق ابجیم انونه ماتم لیق نه همدلیق نه محرم لیق تا فیب بو محنت فنهان

منکا نه یاری نه همدم منکا دوست نه محرم منکا نه چاره نه مرهم منکا نه چوری نه مسلمان

هم احوال تبا همدین هم آیاغ عمر کا همدین هم اوتلوغ دودیم اهدین قرا ریب کلبه احزان

نوای بولسه محنت کوب ایجار کوب جام عشرت کوب

بجز بولسه صعوبت کوب قیلور وحدت می اسان

اکر عشقینک بو سیدی یا غایر ذاله تشا اولسون نتغانه ربریکه دیر منا او شبو خته یاتشی اولسون

یو دونک نیک مهر یوب بر ذره سایمان کر فلک تواب تولا بولسون فلوری هر قیلوری بر تو یاتشی اولسون

ستم رنکین تموره دیک کونکلی دین وه کیم قرا الماس تجه کیم لاله دار همدا سو یا نو یلک قرلشی اولسون

قو یاتشی بو کمسی ای کردون اول آی نو ایلای کی تشبه اغیو کر ذره جونوا مکوز یا تکای انسا قاتشی اولسون

اکر بیکانه لار نیکه کور ستهایای تا قتی کونکلی نم یوق کلیب تیغلار تحلی اول قطره سوه لار کوز کا یاتشی اولسون

سیبای هجنو نیکا کون مهجه ر رخشا علم بولتوا قو یاتشی کوز کو کمسیکا آیم توتورب کر تو یاتشی اولسون

کونکل ده بستری عشقینک سهرای اکر ای اولدوم ای قوه توتیکم خرابات ابلیو فوستی اولسون

جو هدق عشق امر و آفت کسار که کلتور و رقا لتوان اکر بلبل او جو نه یار بر ذره تکتشی اولسون

کونکل کا جان جدبر داغینک آذو دور نه قو یون بریم بجه ایا کو ایه بردرم اوذره قلتشی اولسون

اولاردا

اولاره تابانک دوروشلاری ایلکاسون کلشن کلبن مغزینی   دیک کلخن کلی اوزره کلاه حباب نینک اوشنداق ایلسون

نوای تنک درتی دیک یلاریم کوزغا بیرکای
ار عشقینک هوسیدا نیچه بیر داله تاشی اولسون

شهیدا اولسام لباس لاله کون سرو روانیدین   یا سانک قبری اوزه حیلی بویانک کلرسانک قانیدین

کوروب طوبی ماروینک جرمانیمنی بحری وار جهیم ایتی   کم غافل ددرالجیم دا هر طرف داغی نهانیدین

قورقماغیدین صد اقلیمانکه سراسر ناله تارمی تار   نی تننک وجدا اولسا ایلیکا دعدوم بونینک فغانیدین

الغی هرجانکمی یوق اولیری دین اوزکا موجودی   هرنی جانیم داغی هجر اوت خدنک جغتی جانیدین

کوزونور دلینی نینک تاری کوردی نی سی ضعف لیغ جسیم   نیدیکم اول تولار قوور بونا قوامیدین

کونکل اوزره اوت سیلی دین کلیب جانیم سوزالکاس   ملایک روز نیدین بیل خلایق استعانیدین

ایرور قاتلی دین اتمالی آرزو جانبخشی لبیتقا رسیم   امید مهربانلیق ایلاماکنا مهربانیدین

منی اویقوغه سالمیشتی دیر باغی نینک نسیمی ده   نه کلا تر کابیمن اوتشو توشنی داکورکم بوستانیدین

نوای یلکه یانغمیش من نشانا مقصود دیدی بیرشک
اوشول کون کیم نشانه یانغی سالکه اعتاب نشانیدین

وصلینک نیتیابان ساغنور من خیال ایکین   حالیمنی انکلاباغ منکا یارب نه حال ایکین

عشاق اولتکوینی سو الجیب بر خطا بر دور   یارب که قامتینک نه عجایب نهال ایکین

ذولفونکه خال جیم ارا سعید انقطه دیک — یوزونکه اذلغی درد ایاغیده دال ایکین

درسینی نسوتی قاسیسی یری قلبیدا ایلامیش — ای باغری تاشلیغ سینی بو یره سوا ایکین

هر بخیه کیم کوپارمه انینک ذرّی مهری یوق — ایا که طالعیم کونلاری ذوال ایکین

ذنبوریتک ادی کبی کونکلوم توتشوا توتشوا — لعلینک خیالی هر توتشوادا بجید ابال ایکین

مسکین نوائی جانبو کوکولکدا قیلمیا قصد

صید ایلامای حرم توشیب اخروبال ایکین

برگا اولماای هجریدین بر ایلچه درهر تیره توبا — کونونوزیدین انگا بوتوقادین هم قرانکغوم اوددون

بلکه بو قصور بو توتون کونده تفاوت لیله بار — هر صبریدین بر غمی همداک بو هجرودین جان اوچون

گر اوتار یوز منک صعوبت بر مو کونکول غمی — وای یوز منک وای من یکسیکا بو نواع هجرودین

عشق نخلی نیک بر هجران المیشی ای دوستلار — بو نصیحت تیغ تهیتینا عاشق ادلماغیدین برون

نیچه تون هجران ارا الدی نوائی جانینی — کیمکه تینه وصل توتسون مغتنم ربخجه کون

نهان عشقینک که کونکلوم اچره پیدا دور شرارادین — نهان داغلاریقا قالمیش الحمد یادکارادین

مغو بیس فاشلار نیک نقشی نی کوردوم کریان بولمیش — بولوتدیک کیم بولور قوسی قوزح کار اشکارادین

بو لبو بوسرو نادیم حسنی شمعی یانکین اینک — بلک فرشته س ادکیم نیاز هر بیخ تارادین

بو ذوق کونکلوم بیکا اطرافیدا اول یوز نشوقینی — اوبردن دیولمینه کیم لاله لار یوتفای بهارادین

نه کرفیک

هجری شامیدین قرانکغوراق تونی اولغایمو ایکین
یا رب اول توندین خلاصی اولغان کونی اولغایمو ایکین

بر تونی یکلیغ عالم اوزرا بارلیغ شام فراق
دوزخی هجران شبستانی اوچون اولغایمو ایکین

کوییدا ایبطالارادی رخساریدا بولوی بها
مونینک ایا قیمتی رازق التون اولغایمو ایکین

صبح فرقت بر بلادر کیم سیوندی خلق نه
شام هجرانیمدا یا قفان بشوروردن اولغایمو ایکین

کلا متلیک تا ذوق حالیمغ داغلار بر تنیم
دهری باغیدا اچلغان کلبن اولغایمو ایکین

تیره باراینغ فراق احباب جانیدین اوتار
هجر یاغمورمونیدین ایا اویکون اولغایمو ایکین

باغ ارا کلها لارغه اوت سالغوی نوای ناله سی
بیوفا بلبل غم وه مونداغ اوت اولغایمو ایکین

کونکلوم اچکاسی دری بو بوی فاردین
ایلا کیم حکم توکون اچکاکارال تاردین

هجری ارا دردیمغه رحیم قیلماس اول کوزی ناتوان
کیم بو بیمارلیغه علاج تاپمادی بیماردین

عارضیدا تا بلیغ ذلفی سی کور کیلیکه بار
مصحفی شیرازه سی رشته زنّاردین

توبکون اول کوی ارا جیمی بیلی اولتوریاش
بیک حنی سوری مستی سایه دیواردین

صومعه بار مکام عیب یوق ای شیخ کیم
هیچ کلیم بو قتور کلبه خماردین

عالم ارا یارلیق قالمادی کور کیلیکه بار
یار غه یوز توتی الیم هر نفسی یاردین

بس فنکا ویران میغ نسین قوان ای چرخ دون
طاق معزینسی بیله شمسه زنکاردین

تیغ جفا تستیم تا تیغای اهل وفا دهر جفا پیشه‌دین چرخی ستمکاردین

تن بیلانک بغیلی اوچوق تیلبه‌دی غم باقا سیم غ بولوبدور خلاص جبه دستاردین

استارم بوزمنزل اوتکاییں علوم هجر الهی‌بیا تا زمانی تینغایین عالم اهلی غوغاسیدین

عمر تعویذی حرف ابتدای دیرمین فنا بازاریدا تا قوتولغای خاطرم سود و زیان سوداسیدین

خوشتور در ویرانه تسکین اوچون لیکین فراق یوزمینک ایلیق یول ایرور طاق فلک میناسیدین

جمع ایلین بو دهر دین ممکین ایماس تا فمی‌قا خلاص هر کیم یوز مینک بتی سیمین بوتی یغماسیدین

هر سونکاکی یانغدا عمری قعد تعارده عیونشه بار مو ایمکانکیم قوتولغای موج محنت دریاسیدین

ذعوانی بوزدا کلکون اشک توکمالکی نی اسیع عشق کوز کیم دهر باغی نینک کلی رعناسیدین

غرق ایلی وفق اوچون سرداب دور هر حباب عشق وادی سیدا ایشیم یسیلی نینک دریاسیدین

عشق کرلار ولیغ دین جان پرده‌سیغ کور آه کیم بو هجر بر اسکر دی ظالم ستم‌لار تمغاسیدین

ای نوای دهر باغیدین قوتولماق استایکم

بلبل اوچقان بیختراق واده‌غ دعن جاهو و سیدی

ایرور سرگشته خاکی تن آرا مجنون کونکل هر یان تون اتکا ندیکی قیونیوق جسم مجنون سرکردان

بیلانک جسمیم کوروب اچه بلا تیغینی باغر دونک که زخمیم باغلاما قوینی ایغوی ایر کتوریم عریان

جنونوم هر تیکه وحشی دری اوروب حلقه مشعبد لعبتی نیکلاهه اهلا دیکیم بولوب حیران

توز

نه کرکنک لار ایکن اوکیم تخیل ایلاب الا بله بولور جسم اجره انوی هردم انداقی غظار اینن
قوی تخلدین اولسا م دوستلار بود م تکیم اینه اوزره ایکی سرو قدنک حلی غزا اینن
جان دین یوم کویه تسکین توفار کونلوم ایت کویا قراری یوق کوزی مردم الور صبری قرار اینن
جهان نجری امیش جم ملک تو ما ننک شکر کم ده کول اورد م دست پا توتوم ولی اخر کباب اینن

نواییگلنک اولمش خاننا ایلیی سربل جنون
هلاکم سرخوشی ادمیش اول پری دیوانه دار امویت

سر زنک قا نین ایا نیک اوجون جفا قلاین قبول تو تتق قراغیم ایز نیب جفا قلاین
عقیق لعلنک جاه مور ی منار ایلای سواد خالنا کوز مردمن قرا قلاین
قراه کنک بله قدنک خیال قلدی وطن مونکا کوز اجره پیمای انکا جای اراقلاین
قونک کرت یسا لیغیه انکا اولای یعنی کرشق علمیین الودین اپتدا قلاین
لبی نه فصل دیم نیلاریوز بیلا تلم و رسام با فیب توروب نجه اوز عانیم جفا قلاین
کونکل توبت کیم ایرور جلوه کا کلنی قدس بوه م لاغ ندین انی مبتلا قیلاین

نواییا غم ایلی ورنعدین او لما دیکم توی ایدی میکده سرکا غذ التجا اعلاین
تب یک قا لبسام که دونه نیم و صلیا عرفه ستا ن فاین قرا قینک شد نون الها خودیفلا ان اینن
غبار با تنا وی خلو پوتدین منی ای نیک قبا فاین جذ بر آته دنینو اولا ای نیک قبا فاین

چنون تا تشنه باشینکنو یاغدی دیب طعن اتمه ای ناصح　　تصور قیلمه کیم بو سرزنیشلاردین اوّیالغایمن

نگارنینک کر باره بات کلکونی اوریمه غم در سر　　همانا ساغینور سر کیم من اول گلگونه قالتغایمن

منی دوران بوزدی بو دوریستر یاساغار ای احباب　　منکا نه جرم اوزلوک چون بو دوره موند اغیار یا ساغالغایمن

اگر احباب توزادین قیلور سیز بولماغوم سانده　　منکا بس بو شرف کیم ایتلار ایچره سنا الغایمن

صبوحی وصل اراتوب برقدح ای ساقی دوران　　بجه هجران تون مخمورلیغی برله قنا لغایمن

اولارمن باتریز [illegible] تیماقا امکان یوق　　بدن ضعیف بیله بولا شفا تیدی تا لغایمن

کونکل اوده دوم نوای کر طوفیدین تیا نکا ایدی
یارانشه ایتلار ای اول کوی ارا کونکلومنی سا لغایمن

کونکلی قالیغور کیم دشت فناغه یارغودیک دورمن　　هم اوزینم سنی هجری ایلکیدین قوتقارغودیک دورمن

سنیا ستملای عشق ایچره فنا جلادی جلاده تیغ　　الا یغیز توشوب تجلی اوچون یالغارغودیک دورمن

بلا بزمیدا ای ساقی اجل جامی فنا بوتته　　شوار اولیو یکنا غزیمنو توتوب سنجارغودیک دورمن

مونکلیک فنا دیوید انوقتی مینجه سالغر　　کونکل حالینی واقیفی بولکه اوزدین یارغودیک دورمن

بو یکلیغ کیم ازار ایم شامی اغتر عیدین شفق کوزدک　　سپهر نترفوهجه هجری دیک سمارغو تغودیک دورمن

فراق انوده دود ادیتوین کونکلوم اوت بولمیشی　　انینک دفعی اوچون کوکسومنی هر یان یارغودیک دورمن

نوای چون فنا وشتیغ یوزلاندیم توتوب جانونین　　مسیحا بولسه بولوشیم انی تاتیغورغودیک دورمن

هجری

توز اولوی نوحی نینک طوفاندین سونک دهر شرر آهیم   قیامت آخیرغه بولون اول طوفاندین طوفان

عجب کرد دیجون اغزیاشی اندین چخود اولسام یم   ایکی صور دیم بولماغای اوینماغیم ایمیش

جهانی اسماییشی ایلکیندا مشکل قیلیم یار دور   توتای مشکل وسیاسینگ مشکل اگر اسمای وسیاسی اسمای

کوب ایکی گل غنچه بلبل پیدا دیکیم خاریم   سن منداک گل بلبلی کوب اوتکاردی بوستان

نوایی قیل عجب افغان فریادیم که دوراندین

نه بر فریاد اوندا بتقاسی که منینک فریادیم افغان

ای کیم تینیم کاهی ابن برسعی پر طریقه دین   اولسام ایور توتشکوچه سنغایلک رفیق دین

بلیکیک موجود که انگا قیزیل یوت باغلادینک   تارشته اوتکای ذیب دور عقیق دین

هر دم دیمانگکه کوز یاشی دین سرکنوزته ایت   دریا فساته سینی نه سوراسین غریق دین

آهیم کونگلی کونگلارا ایسالته عجب   کلزارا خلیل توتار منجنیق دین

زاهد ایلی عجب تفرقه سیدین خلاص ایماس   شرط فنا فراق دورور اول رفیق دین

دیمه محنت تاغی نینگ فرهاد سرگردانی من   تاغ یوز منینک داغ ایلیه اول قتلینینگ قلابی من

لمعه رخساریغی کوریسام منتا نگه پروانه دیک   چمک توزلار اول ملاحت شمعی سرگردانی من

جنونینگ کاهی حیران ایسام کلماس اوز لوبس حیرانلیغی   کمک حیرانینگ ای استور من انینگ حیرانی من

من او لار حالت نجایم قصد ایلالار اولبری   آدملیق کورکوزور کیم من انینگ مهمانی من

کر کونکلی بوزوقی منی یار ابروسی باعث شکایم   جعد نینک یوق بر ملاحت بیچه نینک ویرانه من

دیر پری تقوی تسبیحی بوزنش اشتهام ابروسی عیب کیم   ذیرا کرا ایچه دیر نینک کی بنده زمانه من

تلبه لیک دین عقل ساری استامیش زاهد منی

ای نوای موبچه نادان بیلماس ایردیم آنی من

شوعی خط لاری ایرینلارنی کبی خورشید رخشانین   کونکلی لار یول لاری ایمیشی جمالینک سرتی کرلانونی

ویه ای خضر جان برله بقا السه بابیدا کوب کون   فنا اهلی ارا جانانه بار نیدالیم دیسنونی جاندونی

سر اشکیم یا مغفوری ات مهجر انجمع رحم ایت کیم   بو برنه توجی نینک عمری دین ال برنه طوفانونی

بو دوغ ارا کونکلوم خط عذار نینک ای بهار حسن   ابردر انواغیک قوتلای سبزه برله ویرانوینی

تو لادر کونکلوم الجرن لاد کونک سورتوب ایلکه فهم ایت   شیخ شیرین ساری مو اوریتو بر توبی یقالانینی

جو دور اهلی جفاسیدین ایچار من باده ای ساقی   اونوتماید بو دور اهل غمدین ولی یاد ایتمه دورانینی

تجلای ای کهکشانونین سما یر اوین بولغای اون نیکلنیغ   کیم اول خورشید سیما سیر ادوبون اوتلای عالم نیغ

جو کلده یوق وفا رنگی خزان اوتکه بیچه ای بلبل   صبا دیبر بر کل نیکلنیغ ادوبوب هیچ بوکلستانینی

نوای غنچه دا اهلی بولوی کرینه قاتیب

مقام ایتماس عراق الویدا یاد ایتمالی خراساندین

یوق فرقت ایله بهرم غ تندین نجات ذوق   یا الله تو بو بو درجم هم موندین هم ایوت

نجات

جان دوشمنی جانان خود اندین منکا دوشمن ارق　　تا منکا یوق کوب ایسه دردیم جان دین ایسه جانان دین

کوکسوم ایچرا اورار تا شعله رنکلیک اوقونکنی سود　　کویدورور هایم چو بخت اودی سرزندی پیکانونی

من خسته نی رشک اوتار ایلارکا ملک سریده　　کردیکا تا چقاریب کوک که جولانیدا میدانونی

ولی دین اکر کونکلوم جمع اولمادی عیب ایرمکا　　کیم تا فقوب جمعیت اول ایچی قرستانونی

ایل ذوق قریدین داغ کبی مجنوندیک　　نی عیب کونکل اوزماسکا کر غول بیابانونی

ذیرا یچکیلی قی ایکمه دیرا هره نوای دیک

کیم تیغ غمارا دقیدور بوساغو دوراندی

آی یوزونک اوستیدا کوز انداکی عارض اوزره بیق　　نون بیله ایکی قاشینک ارا تفاوت یوق بیق

کیم منی تقوی مسلمانلار که هر ساعت سالور　　کونکلوم اول ایلکا کوز خیالم شور شین

انجم استار چرخی ظلسیونو نکانلار شقیقین　　تا کورو بور مقا فروشی قولیدین کبعتی

ساقیا کوب وعده قیلمیشینک راح ایله راحت یتور　　یوق قیلیه ماه یوسی الکیاس اچوی اراحتین

ای نوای نیکا مایوس اولغای اولکیم شاهی دور　　خسروی غازی حسینی شاهی دور سلطانی

حسینی

بیلماین چکمال اشی درد بلا انداغله من　　کیم برو که مبتلا بولسا انکسیز انداغله من

عشق درد سوز دواکیم وصل دیب سنکا ای حکیم　　بو بلالار نکم امرا کی مبتلا انداغله من

ایلاکیم یوق سنکا کبی حسن اهلی ارا ای پری　　یوقتور دربر تلبه اهلی عشق را انداغله من

ایت لارکیم تو جانیکم ایلای اریک   ایمکه توبعای سین شینی نمع لعم قیلغای ایت لاریک
اینا عنی من
تا فنا عنکاو بر دهرارا ایلی وفا اینا عنی من   کرچہ اول توودنک جفا برله منی لیکین بیلاب
تو تماس لمکہ حنا بکبچہ اولجا اینا عنی من   یو قتور و در دوران جوانہدی قوت لماقا ای رفیق

ای نوای کر بر دوار حسنک ذلک تن یوق کشی   خسه وار غریب بینو اینا عنی من

سیجہ لارسو بہویں انا عنی ذلفی تار من   یا رب انگلانیع ایکیں اول ای آی کا آیک دار من
ناتوان یم بولسام آنک کوزلارک بیمار من   حجتم بو دم نا ایک لعلی یا دیوین شفا
ایتلا بیفو چنم ہر کته یار اول کته نی یاری من   یو قتور و چنم دعا کی یار من یا خود افتی
ہر ری یوز لا مشقی اھلی جفا ایلا ساری من   خو بلا رعشق قیظ جان برلا اول قلبی مبل
بو لیوز جانم جام منی بادی من بر و من یار من   استحا ایلا جانن میخاسی بر در بر کاس لارین
دیری ایتلا ری الوہ خدمت کاری من   جلوہ ایلاجست تا کو نکلو فنی آدی بنجہ

بچری دین تا توان کو نکلو فنی قو تو ارزا لیلی
ای نوای انگلایم جان برله منت دار من

کیم منگا یم یوز الیم دو اول بغا لا ایلکین   دیما ینگز کالمنی ادم حجت کیب برا ایلکین
سور تابان یوز نع مرق بولو، طوعار ایلکین   تا ایلک بو نیو متی یوز دعا و جر ایلہ
دور ادا ری کیب اتح کا اذر ایلکین   ذار کیو نکلوم ایلکیدا آدرم ایکلدا دور
کاش

ایرىت جانىمنى ایتىک ایلەگىمعا قىلدىم فدا جانە بېرى بولوب بولنای یاره لدار ایلکگین

درویخمت توتوب جانمغا ایلانغو بولوپ بردە اذار ایلکگین اخلاص ایک بولوپ بردە اذار ایلکگین

باده الغاج تتراتور برجى ایلکگنى غمار ایمسام دیچا لیطالیب جام غمآر ایلکگین

اى نوائ کو نکلوم ایلکگدین جک رىو ز مىک جغا تهمت ایلادیکم ما خصار ایلکگىن ایلکگدىت

اى کلیکم مىنبر ىگک اوجى پاى مىلدسدرو ىسىنى سىن جوانا اوتوب اردم بولوبىسدرو مىتىن

اول صفرا اکم یسسنى سدور سار کیم عزم ایلاب مبرکىک رو جى روانت مىکىلى ىورده جى اللامىن

سدور یم منبر اتىب نکتە دىسانگه امر وى ریت جمى بو لنا امو ى شىنوالى ایاتمىىن

ایلاکم مسدره کمیس اوده الحدیث ىغلىو بېر سار احاسەرىسالە آىین

در کەکک عرىنە داوارادا علماکى ىچب ذکم ستىب دىبان سورت سمىر سار جىنى

سىوه عرىنە ادو رە جقىب جرجى سنار ىنکو نىاب بو توتو ر جواپ ایچىد لاحم ایلە در میش

جرمى عدو اک کو پرق بولو ى نوائ چخوا برىغل ایلانگ اىک سارى امرى در آره قرى ى

اى مسلمانلار غول ىى اسکرو ىن آه و او بىلا لىغ فرغتى خون ىرىدىن

فایدا فرا دىم ستحى اول کوىکم آنىس خلق افعال ىىلە غوغاى ىستاخرودىنى

کلى بو ذىرىن خوى توشوپ بعلیق کو لگمو قلدى ضفق ایلاکم ضغف ایلامىش قنە کلاباى مرو ىن

سو لگلوم ایرول کلمسا خ جسمى د سراى ىاغىان کمل کى اىم فرغى بوقتور ىرى گلىر ىدى

ایلدیں قیلیم غمومغا دجع مستی ای منجہ   صاف قبای بیر کیم تقوی فریزدین
عشق اوت مظلوم کنے دور میں آق اہل ظلم   انگلا غیل بولکنہ قویا داہل بویزدین

ای نوای اقتلا ریب کوجالکم یارسانک یاغراوت
کیم کریز نیک بو قتو رور بونوعی دشت آویز دین

ہر کنے بدام صباحی نا دهن غمنال من   عیدهارا اجره ایلاغ استیداق غائب ال من
کربه ایلا بردام صباحی نا دعا نوزولار ویلک   ساعتیورمن باردہ غم کین دورجومن غمن ال من
آه ده رے برلہ تاج یشکل قانلدین لبکسہ   اول قراروا ق اول نیطالع کیم اولا پاک من
قاوس لکا الوئنک نیاروا دہی کیها کاہل منی   قوی عنا بکند یوکوچاق کورکی نہ جال ال من
بار مہ موشی لار نکاسیو دیرسی من کی   دایہ فیدینک کهان کیم موجوب ادرال من
تارك قیلدیم درسوی بو ترکی موشی ای غنی   غم بولوب قول ہرطرف سا نغان نجوم کم نال من

ای نوای قیفی دین اتوابیم اولمیش ردہی بخشی
نامیوا دیک علایق ظلمتدین پاک من

قرینوالا جانغہ ا برموشی یکت شیدای بولمیشی من   کہ عشق دین فرہاد لیکت رسوا بولمیش
قیول دیک یویہ میدان منلم کیم تاغ ایدور   مگر فرہاد جنو نا دیک هنگامه سلمیش من
باغرویں ایتلار یکیہ طلوقلاغ یشیم کم قیلدیم   جنون بری ارا اول ضیا برمی ارا بولمیشی من
                    من

منی کورک چه عشق بولور اهلی مجنون ایرمه بغدائی قتل   جومن دیوانه لارسه عاینه سوداسی بولمیش می
بولور عشق اهلی تعلیم السلایه دیوام لیغ مغزی   سندین کیم بونادان خجل ایکی داسه بولمیشی می
دیوانه لک اهل و فرقه عشق مجنون سود کشویم چوکیم   منی شیدا غمان بو وشت نیک لاسنه بولمیشی می

نوای دیک قرینوانا یکت بولسام تانک اوبکایم
قرینوان جاغذا برمهوشی یکت بغیداسی بولمیشی می

تون کونه بر بو دیاه یوز یوز مسلسل ولفی تاریوی   غشاء نه ده لار سراسیمه ور خیلی نیک قطاری یوی
یوزنک کلاسجی سنبل اغزی غنچه قامتی سویی   نزاکت واوی اتلیغ ده بهشت اینک بهاری یوی
چها دشت شامی سا لوده ها اجزه فیغانی   شنان جلی فلغیدا کونلکوم پریشان روزه گار یوی
ای کون کاج بخ غمیم یتشور م خلق انطماری لار   کونکلی نیک بون نیکا ضطرابوی
منا فیر نغولع اولوم ای معسا رحم ایتبارنی   قاروشتو گوی نیک تغراغیغ جسم غباریوی
منی عشق ایله سو انیلدیکیم کلاش دینک ستاری   نشمی کلنا که عافیت ملکی و یاریوی
بو دیه ا گر قنا رحمین بروکیم اختیار اتلای   کشا د اعلایم یوقتور بجمانی اوراختیاریوی

نوای صبر متقدین اولای فارغ دربعنی
خبر بوقتور انکا بوسوزانک گریوق باریوی

سپهی کج دیس ری یوز لایب شا قلای بی بشر نهادی نزا لجد ایله او قتلای

خط قلم دین ایرور یاک کاتب ایلکیدین   کوزدوم یوموب بنجه کوه وردرینا قیلماین

قرا کوزدوم ساری ایکیم قرای دیبان با قسه   وان ییکادوا ادقوب کوزین قرا قیلماین

میسیحی وار نزاکت ده سور پر لار یبوغ   بو لاله یفراغنی یوبدی صبا قیلماین

پیاله لاله بولور عشق توم شراب اچیسه   شراب لشا بوی لب قیغو اقتدا قیلماین

نوای کل بولوبان سیراغای ایاغنیکدا
ایاغ سو ییای که کوردوم یاتب یتو قیلماین

کونکل الور دا عجب دلربا ایمشی دوکی سن   نه دلربای خدایه بلا ایمشی دوکی سن

کونکل بر وردا سنی یکیمسی ایردیم ای بیداد   که خسته جانیمه مونغا نه بلا ایمیشی دوکاسنی

طبیب عاجز ایرور عاقبت دیدم بلدیم   که عشق دردی بیله مبتلا ایمشی دوکاسن

کلا الیق ایتیم ایب سوسه اجتیغ لا ینیانی   دیولیکی سرو اوبات سز کلوا ایمشی دوکاسن

کونکلنی کوبیدوریان جانی الوردای جابک   نه غائب زبولی کونکلی قرا ایمشی دوکاسن

جریک وجوش سنکا تخت قلدای مجنون   خدا نما لکی دا یادن ایمشی دوکاسن

دیدم یکمینه اتیغ کی مین کولوب سنکا ایتور
نوایی یانه بلا خودنما ایمشی دوکاسن

کنت یا معه دینی کوزی نغواسی هودینی   کونکلو میه ایرنیک دردبلاک هوه مین

عشق

عشق دردی مودور هجری بلاسی مودور		هر قیغو دردی ارا وصلی دواسین مودور

کوزی قهرینی مودور زلفی زهری مودور		هر کدورت ابره رخساری صفاسی مودور

زلفی دامینی مودور تیلی کلامینی مودور		بری نینک قیدی بیله بر نینک اداسین مودور

طرفی چالینی مودور قدی نهالی مودور		هاروی کوز نیکلاکی اوزره کلالکی قباسی مودور

جرخی رنجینی مودور دهر سکنجینی مودور		جانیم هر بری نینک جوری جفاسین مودور

ای نوایی دیولار قاشی کوزی نینک وصفین ایت
قاشی یایسی مودور کوزی قراسین مودور

بهشتی بهرام رفیع اتتی روزه قایغوسینی		هلال مصقلی یاروتتی باده کوزکوسینی

سپهر جام هلالی نی جلوه بردی مگر		که باده ضبط ایتا الماس نشا اولکوسینی

مگر که قیلدی ستنبتا نو عزم شاهد عید		که توکتی قوزخی ایاغینه اختر انجوسینی

دلیل راح شفق رنگی جام مینایه		شفق هیجایه کور جرخی جام مینوسینی

سحر که خلق مصلاغه یوز قویار خوش توت		بار ورغه دیو فنا ساریغا تا لکه قرا انکغوسینی

نوایی ایچ قدح فانی اولکه تا فتح بقا
برو که تا فتح بقا ایل سوزغه بیلکوسینی

کوزی تغزا غیغو دفن ایلا لک تنیم قیلای کفن		تا کیم اول تفرانی مرحله تاپقای آمرزیشی بوق

جاک لیک کونکلوم ارا خطینک خیالی نی عجب — مور خیلی یوشتکانی دا قیلور کوپراک وطن

یوز ذلیغی هجریدین کللا اوت دودور سنبل توتون — اینفعل ای باغبان نی نوع کشت ایلای چمن

تا که عشق اولدی دیب شرعی ایلاب قتلیمغه حکم — دیر دور پیدا ذنبیمنی اوق ایلای رسن

خانقه دا تقوی ابرقینو کی سالدیم نهان — ایلادیم بیت النشاته اوی نیکم بیت الحزن

ای نوائی تمیز سال منی میخانه دا
تا فراغت بیرله اول خلوت دا تاپای دورومن

قرداق جسمیم اوتونیدیک دور بلا دشتیدا قاقشالوغان — انکا اوتقا مونهجران کاروانی اهلی اوت سالوغان

ایلیمی غم اشناسی بونیلیغ قرانکغو بیلک صبحی غم — کولوبو دریلکیم هجران تنی بادی بیرله بادلی تونغان

کونکلی بیرله قرار صبر بوشی عقلیم المیشی سنی — جو دیبونیک جانی نی تسلیم ایلامین بودورد شکوغان

بلا دریاسی ایرکان بوره جهانی بوز غویدیک موجی — ایرور اشکیم سوی آهیم یلی اسکاندا جایقالوغان

فراقینک رنجی دین اولغایه خلاص اولسام عجب اودکی — ایمن او بیغوی نازی نوینک قیتیغ ایملاکی دا داد پیشالوغان

ایجادیمه بیر بوییغ وبا کونکلوم نی قارچیم ایلاب — بیرو دمن جانیمنی هم الغیل که سنی دودسی کونکل القان

قیلل اوز کوکی دشتینی حلی هیتا سانک هقصود اسیلیق — نیتانک منی جرمه ایجره بیابانی قطع ایدا القان

کرا ماتیین دیوانی غنچه نوائی ترک عشق اتتی
انیک دانقی سوزنی جیین کوب ایجاسی کرمی دیدیم یالقان

سویدوم

کوینودوم نی عشقینکنی عیان ایلاکنمادین　　جبهای ایلدا اتلارکا تشی تلمیغه کوچکمادین

برلاله دیک یوزیم ایچیدا داغی نهان توور　　هر قانکا اقتار داغی نهانی یوراکمادین

عشق ایچره تیریکلیکدا پریشانلیغیم انکلار　　کورکالی کتسه هجر اوا اسا جلوه لاسو نیکلامکیدی

حیرت ایلیکی نی تیلاب ایچا من غمدین قانی　　عشقیمنی خیال بوی ادایی کز اکمادین

هجر ایچرا نوایی کبی مظلوم ایماس عمر　　هر کیمنی تیلار من خوبراق من مراکمادین

کونکل کاتشلار قوسین داغلاریکیم قویوی غم بریان　　جنون اطرافیدین دیوانه ساچقاین ینکلیک دورم بریان

من اشک ایچره جو موج هر تون قلیب دیوانه لیغ اشوب　　هیکنجا لیمو نیق اوتسه ادویه اوتلار هر بریان

ایبر دور هر سیاری عشق ایچره منیدیک ایماس بوکیم　　بولور تخلی قدیمی جلوه ایلار ج اغدا ایچره بریان

بولوشقه جمری ایرماسی مهر یوزین بیلکیم بو تاکیتیب دور　　هامو قوینک بسکه جقتی آیم اوتیدین علم بریان

بولور وانتسکی عشقیم منکنی قانی اتی کیم بولمشی　　فراقیدین شکیرق جا ایلیم یادیغلی قویسام قلم بریان

ایت دور تلبه کونکلیم هر طرف ای عشق درد السانکنا　　سور اریق اوپریوش کویدین من تلبه بیم بریان

نوادی قطع قیلا دور فنا دیر یوا ساکی بول　　که کورغی نقطه قویسانک کوز بولور مرغ بریان

دمی او کسوتا کیل یا رب خرابات اهلی غوغاسین　　که اوتونین هر کدورت قوشلار بیغ بولوی دم بریان

نوای دیک خام میخانه دا ارکیت ستونی تیکلیغ

دیسانکز انکیکو نیوزیم کلما کاهی قویسانکز قوم بریان

منینگ اوتوم بار ایدی اول کامیمین عیانی منگلوینی برینچ   هجری کوییدا ظاهر ایسام تا کیم آنی منگلوینی برینچ

منینگ توکه جسمیمدا کورسانگ کوب تعجب قیلمه کیم   هجریدا کیدین ظاهر ایلاب من عیانی منگلوینی برینچ

دیده و روینکینی نهان توتقیل کم یوز منینگ دردی نی   مخفی ایسام قیلمیش اول نهانی منگلوینی برینچ

ایله یوز منینگ پاره کونگلومنی پریشان ایتی هجر   کیم تاپا آلمای تیلاب ناتوانی منگلوینی برینچ

کر جه قیلدی هجری اوت اورتاتیغ اکینی برکا منینگ   عالم اورتانغای اگر قیلسام عیانی منگلوینی برینچ

آه کیم احباب دین یتی کمک ایلاب منینگ ونا   تا فنا دیم بخشی اودو مینگ منی یمان منگلوینی برینچ

ای نوایی دهر ایلی کم بیر کرمنینگ تا توبه

کیم وفالیغ ایل ایلا کامیمین تمام منگلوینی برینچ

ده نی خوش تور شه سوارم کلیسه میدان سعاریدین   کر قیلیم بر ساپسوار سام کردینی رخساریدین

ایلکیم تیمیشی فلک طاقینه قویسام طاق اوده   دود آهیدیک قرا بیرتا الیب دستاریدین

شبستان ورینچ کمر نازوک بلیمی قیلسام خلاصی   تار تیبانی کلکونی قبا سرو کهی رفتاریدین

بر ایاغ یو اوتوکی تارتیب ارتسام یوز بیله   تر کلابینی اول حنا یاقیغ کلگی کلناریدین

نچه سعاغری بر سر خوشی بولسه لیکین جرعه   لطفی ایتیب تی خوشتی تا قیلی ایلانی سماداریدین

مست اولوب ایل یاتسه منی یوز ایاغی قیبوب   اودی قوتقا رسام ذماته خضر عمری عاریدین

ای نوایی دهر فانی توتقی موجود یا خود خیال   دولتی باقی تیلار بولسانگ که نجیلی باریدین

مصوریکه

مصوّریک قیلور کوی کوزونک رنگین / قیون کیم کوز چکیلای سرمه میلی دین قلمین

تیلای تحریر ایتین ار قوتیش توتار دا کوز سنی / کونکلی الوری غنچه کوزینده ذلون تیغ تخمین

نهان تین الی ججره توبی نمای دین اولوی مونکلوغ بنا / گدا که تعیب قیلورای لباس اردا درمین

سونکل آغم سپهری کوزدی جکتی شعله اه / بروکیبی اتیکلار رموز خلیفه علمین

خرامین ایسرو سوارمین ولی کونکلی اجره / ایاغ جو قویدی تیلار من کوتارمای قدمین

خمار ملک ایلدی دیریری توتتی قدح / او نتوماغوم اکر او لسام داغی انیک کرمین

نوایی یا عدم اسقار فلک وجود دونکنی

تنکل انکلادی که انیک وجود ایله عدمین

منی تین قلیمه مرمر تاش برله تنغ اتیم یاشیمین / که کونکلوم دوری مشهد تاشی ایلار مشهدیم تاشیمین

بولوت برله یاغیم ابر مکا اول تجری هردم وا / تیکا المان دمیم دود دین یغالمان کوزوم یاشیمین

اذل نقاش کیم جکتی یانکزای شکلی نکو با / قلم صاف ایلار ایردی سر غالی اول دلربا قاشیمین

تواندی ریشخ ذکری حلقه سعدی نیلاکسون مسکین / عملالار اچره کوزمایور حلامت کونکل اوباشیمین

خلایق اولماس نیمی بخیم اودیقوس لا غمجی لار / بجنوبکیم تا نیمسی ایلا قواحال انیک کوزلماق داوسین

باجنیک فکری کا نانتوم مسلسل بولوی اول اسودا / تعجب بلدیم من اول سرکشته نیک بوتوعی جرعا شین

جهان کوید و درور ای منفچه پیمانه لعلینک / که کونکلوم نیک اوت برله قیز تمقتی لار انکیله داشین

عجب مهر سپهر ایرورمی مسعود دوریم تا فادی هرگز   خرد بو طاق مقارین نظر بولشمس نقعاشتین

نوای خاتمه دا ترقه سجادینک اولمیش قید   بولادین بهشتاننک مخلص فنا دیرسار تکبین

کتی ایر سابر بولان یار دلپذیر بوینی   امید اولکیم ایر یغالی تنگری آنی ماکوبولینی

اگرچه من اسیری بولودم اول بدمهر نینگ یادنت   جدا قیلالی کسیمنا اندین آنی کمینه چین

وبیرمیشیکم خمیر بیدا انکا ظلم ایلاماغ ال یوقتور   هجوانی نیل یا رب اولتقو ظالم نانک خیر بوینی

دیماغیم تا نماسو ع مقصود اگر کوی تفرا غینی   تا فیب ان معطر استمام جنت عنبر بویینی

من واتی یوتماق مینیانه تفراغینی دیما نکا دنهار   هنکا جمشید جامی بر لحاف بولوب سربر بوینی

اجلدین چون بهشتیکیا ر دیر سارینی همت   ایجمای اولوم ینجو کیم اہل جنت بهشتیکی حریر بوینی

نوای تشاد عانزو ر سرچه کیم اولتقو رمای اولات

قیلیبدور یاد اهلی عشق ارا اولتقو تفراوینی

نیتب طمع قیلامین بو نیغوم ساچینک رسنغینی   کیم اول قوتیش یوزینکا سالوی چین ایلا شکلینی

بوذوغ کوننکل ارا عشقینک چوکردی قاچی خرد   بو اژدهانی کوروب بوم قو یوبی اوزو طلغینی

تریلدی خضا بوذو نکدینی کوننکل علم ایتینک   خضر سو بیچه بو باغ سبزه سمینی

قتیل عشقینک اگر یسه روضه طوفینغ   کیتور سه حله الا الماغای اینک کفنینی

کوننکل دا افغار غمنکید ور اولار من ای مریم   مسیح اینکه که یره جیطای دیسانک تیطانینی

جهانی

جهاندارینگ قیزی نینگ لعلدین اغیز الما دیسانگ که کور مکاسن زال چرخ حرافنینگ

نوای او سروکی اگر دیر انجیدا اورتادی داغ

مگر کی سوز کوچ ایله یتمب یاغلاغای توکلمانینگ

کونکلوم ایلادی یوز چاک عشقینکدین منی محزون — که حسنونک وصفی یازغانمی کتاب کاغذ کملگون

کونکلومدا فرده کیم تا کیکدین بولدی یوز خرمن — باشدا قاترالی اوچون کلمانی مکر قیلادا ایله مجنون

قاباب هرتون جگیم یوز ناوک مینک سنانی انجم تشوعلای — مگر چون سپاهیغ شبخون کلتوروور گردون

بنیاد شوقیدا تا کیم هر نه باریم باشینی قویدی — منی اسباب زهد مفلسی ایلادی دستار مرهون

کونکلوم کا شوغلاری تا دیدی آهیم هر نفسی اورتار — نیار اوت شوخ اطفال اوت کا شورلار دود اولور افزون

می لعلیک اوچون بیخود لوغوم انداغ دور ای ساقی — که قاتسانک تانک ایماسی چاغیغ کیپ بیهوشی اوچون افیون

ایلیک ذلفونک غه آلتور ارزو دینی یاده ایتور من — برو دیکیم یلانی توتماق اوچون اغزیدور افسون

نوکوب فیروزه کون کوکی غا تیم غه گوهرلار انجم — سنی فیروزه گوهر خیالی ایلابان مفتون

نوای نظملار افین قویکوز بر کونگلوکی ایرماس

اگر بوز بها حاصل طبع بحری دین در مکنون

اگرچه اول پریوش جفا ایلار تا تحمل قیلماین — چو تنگه عشق منی نیدور چاره تحمل قیلماین

اجری همین انقلاب ایلار کونکل وصلیدا تیکشت — قتل اوچون ایلتار ایلی بارماس تعلق قیلماین

انجمنی الفلارو ابلیس کونکلومدا ایلار خیال منی / خورده وان بولماکرتنا ذوقی تخیل قیلماین

عشق سرّینی کر بیاده ایلار ابهام ای بری عقل / اعتراض اتیه حد شناسی تعقل قیلماین

وه نجه قان یوتقامیکیم ساقی دوران دین آلا / جون تغافل بردورار ایاغی تغافل قیلماین

فانی اول فقر استارا یرسانک کیم ایرور مقصد محال / یولغه جون قویماقدم دهر توکل قیلماین

ای نوای شرط قیلدیم کیم ار بولسام خلاص

عشق دینی اوذکا بو امیشی ذکری یا الکل قیلماین

دیکه عشق اوتیدا قالمادی اثر مندین / نمونه بولغوسی اوجا کته توشرر مندین

پری یوشتیم غمدین تلبلایت دیکا اولمتی من / سلامت اهلی یوکون ایلانیکز حذر مندین

انکیکه اشک ایله آه ساحلی دور طوفان / که یاردور یرکوکی و صفید اخطر مندین

انکل که اولدی فنا عشق ارا وجودیم کیم / عدم دیاریدا هم تاپغای خبر مندین

اندکا تیارکا شغلی منع ایتار کرده / خدنکی کثرتیدین جقتی یال پر مندین

تعینات ایجیده عشق بر حقیقت ایرور / کر اولسه بلبل پروانه دیق کر مندین

نوای ایلاده توت کوت بنشاه منقیم ال

شبانه آه بیله ناله سحر مندین

جلوه قیلدین کور و بسرو روانینی کیم دیسون / جوهری لعلینک یاریدا نقد جانی نیم دیسون

دست

دوست کوییدا وطن چون توتتی اهل وصال　　منی کبی آواره ینی غانیدیغیم دیسون

کوب دیمه واعظ که اول قد لب یوز الدیدا　　طوبی کوثر بیله حور جنانیدیغیم دیسون

سر زمانیدیغ شکوه که اهل زمان جوریدین دیمه　　باده ایچ اهل زمان برله زمانیدیغیم دیسون

کر نوایی دیسه اول یوز کلشنیده قیلمه عیب

دیماسین بلبل حکایت کلشنیدیغیم دیسون

یار جمالیدین منکا ده کیم خبر یوقتور بوکون　　بو جهتدین عقل و هوشومدین اثر یوقتور بوکون

صبح سیلابی سرشکیم اقتی کوب [illegible]　　[illegible] چون کلانکیم اول سودین اثر یوقتور بوکون

کیجه کر یا غیم بولوب قان اقتی کوزومدین [illegible]　　[illegible] لاریدین جگر یوقتور بوکون

منی بوکون اولماج اتیک کویدا تولوی خلق کیم　　اشک ایله سیل برقیدین ضرر یوقتور بوکون

وعده وصلی بله تانکلا دیدایکیان عمرغه　　اعتمادیم چرخ کیشافتی تا سحر یوقتور بوکون

ایجا کوییم ای پری دیریکا جاجی اول صنم　　می توتاریغه بوزحی عیش اهل ده اکر یوقتور بوکون

اوزلوکین جوق سالدی اولماغان کون نوایی باشیدین

بو جهتدین دور انکا هیچ درد سر یوقتور بوکون

بر دور منکا مطلوب دلربا لاردین　　که انی جانیمه یا انطلاب منی اول بلالاردین

ایشطنک تراق امر ایله بکلیدی یا غیم　　منکا بو فایده یتتی کوزغوا لاردین

کونکلوم فراقیدا کونکلوم یارالاری بیحد دور — که قان تیرشحه سی ابتیار تیمای اول یارالاردین

سوراغینکه منی داغ اواره تلبه کونکلومنی — کیتی جز ذیب کویدا مبتلا لاردین

قاریب عناصر افلاک توغمادی فرزند — بیر انینک یکیت کیبی انداغ اتا انالاردین

اگر خاتون الور ایرسانک انینک اوذ ای بیثبار — حذر فلکنینک لایکت لاسقولی مجالاردین

زمانه اهلی وفاسیز دور ای وفا اهلی — زمانه خوشی توتونکیا دقیلمانک آه لاردین

علاجی ضعیفیم ایرور بر قدح دحی ای ساقی — که نا امید بولوبمن باری دوالاردین

سدالیغ ایتی نوای انینک وصالتی لیک
شاید عادینه تانیکه بی نوا کیدالاردیقی

ظلم تیغی قالمادی گردون نا شیوه اور مغفای — هر توکی سانی جفا تاشی بیله سینور مغفای

یوز اولوم مجه بار دور اغیار ایله اولتور ملکی — جور تیغی دیک یا نموز ابردمان اولتور مغفای

کوره کاج انی ناتوان کونکلوم اوردی اضطراب — دوست لار موندا که کونکلی نیکم الیور مغفای

بار سیمه کیم برقیوری نچه جا ایله کشتای انی — من کوزدو معدا اسیر بالموندا که وطن تبور مغفای

بر بری عشقیدا منه یک بول رسوا تا انک لیلاسی — بستری نه دیوانه لیغ دین کونکلودا یاتور مغفای

کتشدین کورسام جفا نیم بو تیکی بوتوسی کهر — هیچ کیم جانیم ابری کسی جوریکیسی قور مغفای

جانیتی جانانه بیستار بکیل نوای اکیلکه — عاشق صادق بولغیم جانان تیلار تافتور مغفای

عشق

عشق اهلی ساقیتون آلوی ایرنیک طوطیلیکیدین   قلقل ترا دوا ایا کوزوم نینک قرسیدین

قاشینک که جزو جزویدا بار قوسی هیئاتی   اوق یاغدوروغ جانو آتار زیار جبیکیدین

کورماکی تیلار بوزونکنی کونکل کا حش ایسطه لارینک   باشینی طعمه قیلیسه سونکاکی لار زار ایسدین

املا یار شیمی کا کونکلونک ایرماسکه دود ایرور   کیم ظاهر اولوی شعله جنونینک قیاسیدین

کر اولتورور طبیب مرادیمغو بیتما ایسن   بستان دیسام حیات مسیحی دوا کسیدین

مندیک قتل اوتوغان ایل کا قیوب تنکری قتل توعینی   منیکدین برایماسی ایلا کا کیم اینیک سرا بیدین

دم اورمه بو چمن دا نوای که هر کلی   نیماسی زغن قفاسی بلبل نوا سیدین

بیکوزوب ایریم فراغینک قون لاری کزدون قالدی

بتکوریم وصلینک تونی ایملی نه اول اونوبورنه تون

یوز یا پیب قیلدینک اودون تا می غمیم ای تونیا بشی   تا قوریشی عنبرغ ما یکل ساری کوبرالی اودون

دیده دولغوم بتدقی باشی جگر بوینونک توتغاما   تیغ ازسور سانکا کی من باشی قویدوم بو تینوم تونی

تیره آهیم ایلکا ظاهر قیلدی کونکلوم کویکین   کرده اوت یانشونسا آن ایلکا ایطار تونی

اورتانیب جسمیم بلا دشتیدا سرکردان کذار   شعله دین ترکیب تا قیلغیلکیم کورمیش قیون

ساقیا توت جام سالما تانکلامی وعده نسیه نی   تانکلا جون معلوم ایماس یاری غنیمت تون بوکون

ای نوای قول صراحی دیک بوینی قوجقالی   تیعلسا باری صراحی بوینیو ایلکنی سون

قاشی اوزه کیم کوزدوم کوزلاری جمالی عالم آرایی — کوزوم کنکه سوزتمال قلیام هوسی بو نقاش کفت یایی

منی موفداغ کرکذین هجری اینیک تلخ کام ایرمیش — ایماسی انعطاف اوچال انتقام لعل شکر خایین

مینک وصلیم کوینی جیب هجری شامی ایلادی تیره — نه ار سودا یا عارضی دیک الوزلنی سیمین بنابین

چمن نشمه طربکیم بو نظاره ایلادی بونونه — که سنی کوردوم قوانکغو هجری شامی هجرت افزایین

کلوز صوب رزق چون انجی ایمسئوز اکرذاهد — ردا بیله نشته دیر هجری باده پالایین

بولکیم انوشته خم یا معغوری مینی نه دینی او تماسسی — سوار کویا کیم پری دیوه تامی اوذره کوتلایین

نوایی دیونیک هجر اندا برادق ما نکول ایفوم دور

تربک قیل السلام انی دیک انی جابیم انیره بیراین

عشق دشتیده پنج غربت کشتی مسافر کورماسون — من غریب ولا دشت ارا کوز نمانی کافر کورماسون

یا رمانیز فرهاد مجنون اندیدا کوکسوم نه کیم — باطنیم نینک دردداغین اهل ظاهر کورماسون

دهر نی قیل تیره یارب کیم انینک تعز اغنین — هر نینک کوز تمکین ایسه بولماقونا فر کورماسون

برباقیشی دین قتل عام ایلار کیموز نکلکیم هر ایل — هیچکیم نه سنی کی بو فن دا ماهر کورماسون

واعظا کوب وصف قیلدینک ساحر نکی سحرین — جاهز اولغیل کیم سنی اول کوزنی ساحر کورماسون

کیمکه عاشقلیق اسیر ودر تسخیقی بر له کیم — عشق کوییدا اوذینی آسوده خاطر کورماسون

کیم نوایی دیک فنا دشتیدا بهیات حضور — جسون اوذینی پیک خود اوذلوکن حاضر کورماسون

غونچه

غنچه خالینک اوزه خندان مو دورای مه جبین   یا مگر شبنمه سیچتی اول گلبرگ اوزه توشمیش چین

دشت اوزه مجنون کبی سرگشته دوریا ایرور   اول مسافر مهوشی لیلی کبی صحرا نشین

چین بچین زلفونک توتیشارایلی بو ینونیوز وای کیم   برنه کوردونک نه توتار رقلشینک اوزه چین اوزره چین

یوز اوتیدین اورتادینک بلبل کبی کونکلوم نی لیک   گر توکلماس غنچه دیک اول گل اچلماس ایتین

ایله محزون دور نوائی بلکه بحر انیدا کیم

کیم جهان عشرت سرودی کونکلی نی ایلار حزین

یوز جفا یوق قاتینگ کم اول نا مهربانیدین کورکامن   کیم وفا کوزومیش بر ودین کیم جفا انیدین کورکامن

تکمه اتبای زمانیدین کورمادی هرگز وفا   من کبی اول خونریز آشوب زمانیدین کورکامن

تو یکه ایت دیک تلبه کونکلوم نجه محنت آی رفیق   هردم اول آواره سیجانغ خانیدین کورکامن

اودلار لغطین نتای کیم جانمه ارام ایرور   جوری سیدادی کیم اول ارام جانیدین کورکامن

نادینین لار جلوه کاهی ابره هر یان تکلمور دور   کوز لادیم کیم اول سمن برقایانیدین کورکامن

هر کونکل نه شکنی آه سیل دردی قیلادی کیم   بجه رنجی محنت اول ابلی یمانیدین کورکامن

دیما اول ای عارضین کورسا کلما اول ای تیغ تینکلینیغ   هر بلا کلبه بشعبه امانیدین کورکامن

خرقه ستجادی قیلسام فنا دیر بوارهن   ایلی عالم سودی نه موند ذیانیدین کورکامن

ای نوائی سود ماغیل کیم قیلما غوم دور شعار   یوز نهانی درد محنت کیم فلانیدین کورکامن

察合台文　納瓦依詩集

خضر و بښ خط ابرو جوبا جشنوگل سعدی نگ بولگای   بون شکنده عیسوی ایلیب سویز اولتورگای

اوریانودی غیر ایلیه برلخط الجبسا نکده نجا   شمع بزی لیکنی یارو تفاق منی کویدورگاسن

بویوده سکوردوک ایککیڭ نیع اورا یا کبه   من خود ایرمایم ایکیم بویدو نیکوکورگاسن

یوکک کو مایدو رکورویت بزاً نظر سلگای بری   برما قیغی امید یوی ای کوز نخ قلی رسن

اول جمال اوجید اکسن هو نگلوغ نه مکین ایکو نگل   فسون برلو تویا شغه چری دیغ ادورگاسن

ایشک ایله کو نگلو میه او دیدت ه قدح نوت سا قیا کیم   بعود المگر بوشوله رنسینده واسن

تلمیح ایلار نواای ای صبا چالین مکر
اول بری غزل نی تعریبی بله بیلدورگاسن

لبیکدا ایلا کون خالکه دورای جانی   نغمه یک مشربت الجه فتم پیجان

قزیل ارک لار کو دو موا مبر کا اوتدین   بلا بحری دا فوتحه شاخ مرجان

یو زو نگل یم عیدنی اولمیش گل اوه گل   کو نگل باعلا غیتنی انو قان اوده قان

سنی با جاغ ملک کورسم تسی ایلا یم   یلیب اولالک عرج ایلار لارا ایمان

کو نگل صید کورنکلوین کیم توتولماسی   مونده توزه یلاره ایلا خیال هترکه

وفا ایلی دیمبانک ایجه دورایا غی   سه سرو وفا دور ایلی ووران

سنح کلدنک کم ای بلبل کرتارماس   نوای گل دین رغنی دیه ایمرا وفا ناش

فهم یکرا

عینیکدا بوزدی کوزلر خانی اتنی بحران   ترصیع ایلا ما ذینک فا نما نیم ابادان

کوزنک کل شکنی ایماسی کیم یوتاسین ایلاد بی   تیغالاره توکه لا اورشید ا برطرفی پیکان

نه عیب آتیم اوتی کوملانی اچره قیله اثر   که بریه باشید نیه تک قالور اندا سنان

قلجنک ایچکا کتیب رشک لورد من اوتا یوم   که لعب ایوکه سواییغه قلیجسا اود
                                                                                                                  قایم

فراق دغفیدا اچت منکان ممکین کیم   غذا یوریدا یا عین بولای شربت اوریدا

فی ایچک عنبو لاچنی غمت دور   نراج کوینک بو دنیا دا بولغ ک مهمان

نوایی ایکنه خال عالم بشید امثل ل است

دیسانک کو قیلوانچاپ ه اوذ وبک کو توت است

قزل یا خود قرا یا کوی تو نونک یریب ایو   مخلوکیم ای البسه بم عشقی بم بک کرده
                                                                                                                 مودن

جو من کو ر ج چا جسنی مهو شش ایلوب بشفقت مطلب   غریبا یچ قولومد نغلایه فزا دایلب
                                                                                                            بغون

غیم خیل توذات تاغنی بلاع اتی جوان   یوبا مون هر لت تاع ایوره بوبلبش باع الله
                                                                                                                  فامیو

بو ذوک شو قیبا عجد یغ بولوست لاخ تو ز ناتش آف   سجاع رمیتی و بشس نیک مر یوتید یغ راع
                                                                                                                کبکوبی

سر ایروه سی نقی فا طع قتل او بو لاوز بلد یا تیک   بخون ظاهرا تیمفی عربی حتا ویک توت
                                                                                                                  قایم

بلوب لعلیک خیالی اقرز کوزنت حسین   ایکلانک کیم تو کولای باده بولا بطرف افنوید

ست میخانه اچره ویر مریدی چق سرا یوین   کر واعظقا خانقا اولای ویرا فضا کرامن

ساغنما باده که معشوق بیله ای مبغچه باقه　　که او سروک کوزلاری نینک فتنه سی قلمیشی می مفتون

نوای عالمی دور کر وفا سز گلدی بی می ایچکیل

انکا جون چاره یوق باری اوده کینی توتما غیل مخزون

کوییدا اکر اتیلاری که تیره مابانی که تیشلابان　　ضعفدین اولدی ندیر بریبین اونلار تا رقیبان

منکیم قیلماق هوسی او یمک قولیدین کیم مهانی　　کوییدا ابسی یا تسام ایلکمنی بشیمه یاستابان

نی جنون دوروه بوکیم بر توتوق تیغانی نچاک ایب　　اشیکم اتغاندا اکولوب تورغان دمایه تیغلابان

ایلنی غافل ایلابان اوذی ساقور مینی کوبونای　　هر طرف دین اوسرلاره تاشی ایسع عقلیک تاقلابان

طفل مکتب دیی بارغو بیلدور اویان سارتی　　تلبه کونکلو مینی بو یان قایتی کتور سانک الوابان

هم او توب بر او چرابانی حالمنی سور سانک دا ایکم　　ایبا الماسمن جواب اشفته کونکلوم توقتابان

ساقیا هملک خماریم عذری غه سالمه قولاق　　برقدح نی اغزیمه قویغیل قولاقینی تولغابان

عمری تاریخ جون کسار دوران جفا تیغی بیله　　جزم بیلکیل کیم انکا بولماس کونکلی باغلابان

ای نوای جون زمان اهلیدا یوق اصلا وفا

تا غاغونک هرکز وفا اصلا اولاردین ایستابان

مکنا هر بجه کیم یوق ذهر دم او زماق وصالیکدین　　ولیکیغ کام اولورمن اینجه تمکیغ دور خیالیکدین

دنیا بعید تغرلق اولوم اما ایکم تو شماس　　که هم بر کل بو تغراق اوستیکه تر کلیمها لیکدیج

وصال کلیکیان

وصالنکدین کونکلی نومید ایت درونینک چاکی پرخون — که اندین داغ کوب نومیدراق دور چون وصالنکدین

منجوکیم نقطه دال لفظیغه قویدی ول لب لولو جاهل — منزلت ایکی ایریلغان کونکل کیم بیتی خیالنکدین

لطافت سوی اول لب نور جسم ایله لام ایکی قاتیدین زلفی — بو سوده فهم ایلار سهر دور بو لفظ ایکی کا ینکدین

طمع ایلادی وفا قیلادیک سوه دین اوت بهتاونیکه حقیقت — اگر تاقیسانکی و اغی نکیل بو سودانی مجالنکدین

نوای کر پریشنیک کون ایت اول جانیک جمالی ایرکینگ

یماه بو دور که ایرماس واقف اول سرگشته حالنکدین

هر قطره قان کی تامدی کونکلی تازه داغیدین — هر پاره لاله آچتی غمینک هجری باغیدین

وی ماکنگ ایچیدا خود نهان غنچه قیلدی کیم — لعلینک غمیدا اوت چقاره ایکی دیماغیدین

تنکدور شه کلا خطلی کیم دود هر دور — تیتیشه بزمی شمعی دین داغی گلخن چراغیدین

کملی وفا الیوقین فایو قوشی که اوچلادی — هرگز وفا کلی تیلاماس دهر باغیدین

دایم یوزونک خیالی نوای کوزیندا دور

غایب ایماس دوردور بری اینک قراغیدین

یو قتورور مجلس عیشی فوقتینک بیدادی — یوزنقان کی قیلیب اوز سندی دهلینک یادی

تنجه کیم توشام یراق بو مصلحت تنجکیم — تیغاسی هر نجه کونکلوم ناله فریاد دیدی

زلف قدینک فرقتیدین نجه قیلغام گشت باغ — اودتا الکی جمع نینک سنبلی شمشاد دیدی

بنده ایله جرمیم اوبیین ای عقل معمور ستاهه   کیم قونکلارمیش سینکلی آنینک هجری ایله بنیادینی

حیف ایرور کیم جانانی نهر اولسا انکه جانیم الغوم ای اجل   جان فدا انک اذ وعده او تکان دنیانینک عقبادینی

صومعدین کو نکلوم توشیغ میل اتتی سود دالغه   لیکین اغریغ قیلمادیم قورقوب اجل فیاد دینی

ای نوائی کیم دوردور بودیرا اهل نجات
اولکه حبلاش دین بیلی امری ارشادینی

وصلی اتتی یار وعده لی جانانی فراسیدینی   کویا بو سوزنی فهم ایتب جانیم ارا سیلادینی

کور کوز زمادینک شفق اوده خورشید ایکو نکل   اوختناشی قیل ان بو نور کلکون قیاسیدینی

عشق اهجره اولدوم آه کم قوتقاذ مدی منی   دور آفتی اول آفت دوران جفاسیدینی

کونکلوغ کونکل بیک آهدین اتماس رقیب دیدیم   یوق ایطاغ پاک عشق کدای عصاسیدینی

عالم اهجر آفتی توتقای سادر میل   کوبکان فیتلانی یانکی دلغیم ارا سیلادینی

جرخ دنیده باده نجم بولمیشی ای رفیق   جرخ هجری قیلمه دور کاسیدینی

بنبت اوماسی نوائی اتتی نظم ذیلی دا
فهم ایلار اهل درد کلامی اولسدینی

مهری کورسه هر کشت اوذ دلربا دینیا سیدینی   اورتانور موی نکلوغ کونکل بی مهریم استغناسیدینی

ای مسلمانلار نیت سوزماق تمناسین قیلماک   جونکه برسوزماق بیله تاغماق لبی کویاسیدینی

قوی

مفتای

قدّی رعناسیدین ایلکا جلوہ مہ جلوہ سی   عیون منگا یوقدیر بوقامت دلبر کا رعنا سیدین

ایتیب روبا ملعا لبی جانبختدین ایچیتیغ   جرا دلوم حکمی منگا یوق روحی ابل افزا سیدین

تانک بیلہ تنقد سی ننی ایدا ایلکم ادیو هایو دیرکیح   ایطلاری فریاد عشاق یینگ غوغا سیدین

قان یوتادن دوسر غم شوقیدین ابی بر دیه   ساغری بر مینو لعل قدح سیما سیدین

ای نوای شکر قیل ظلم اتسا اول سلطان حسین
کیم قایو قل سین جها فتی تربیت مرد السیدین

نیه یه جهره اوت سالوی می که جوان همن   بنیاتہ طرہ نیل اچتی کم پریشان همن

اوجور کہ ای قیون اول ای بی نوا دلایین   بودم کہ بولید اتفراق برلہ یکسان همن

برل افسوں بری کیما غمل ایتار ایلای   جو ضعیفیدین کلیبان کوزلار که فشان همن

وحشتی را منی دشت اچرہ کوردہ مون جنون   تنفور اتی کا اول ضیاغ تہمن همن

بوجلق دین قاچیب د یر سارب یوزلانیم   رفیقلار پلکیز و چشی بیابان من

بویلہ ایلکاوفا ایلادیم جفا کوردم   نسوہ اید لار برینی فتیما من

نوای امدی قیلور مین جهاد آهنکی
ساسنی غیل یی کہ غاذم خراسانین

غمنک ابر کیجہ ای کلعذار یغلارمن   سپهرہ کرد و جقیب انقلار یغلارمن

دم قرا کیجه تونداستیم سنکا ای صبح که سن کولارسن دم نوبهار یغلار من

بلبل رونق نی مه و وفا سوینکتی جور ظلم ونکنی بر بری سا غیب ذار ذار یغلار من

کولار لار اهلی هر نفس بی اختیار کیم هردم اشتیاق اتینی بی اختیار یغلار من

مونکا ایدی کونکلوم انیک کیم غنچه نی سیدین که ایلکا کونکلوم ایتار اشکار یغلار من

کولار سپهر ولی اضطرابیغه کونکلوم ولی اوذومدا کوروب اضطراب یغلار من

نوای اشکیم اقزغای غمیم تونی موندغ

که چرخ دیک تینمای بیقرار یغلار من

بزمی حبیب دا اندغ اول مهوش خیالی بر له من کیم خیال اندغ قیلورمن کیم وصال بر له من

سوز شوق اوذ اوذوم بر له جنون اهلی کبی اول پری یوشی بر له اغزی قیل قالی بر له من

سن کولوب کاهیکه یغلارمن خیال ایلاب انی وصل امید بر له هجر آنی هلالی بر له من

دیماکیل می دین نیوذدم رنکی تولا قیدور قونیتقا کیم بو نیکلیغ هجری کاهی کوشمالی بر له من

انموی ذلفی غمیدین کیم ابر دور نالیم دا اهد پیل هم تار تارها انیک هیم دالی بر له من

ساقیا بر جام می بر له منی دیوانه قیل کیم مشوش عقل سوداسی محال بر له من

ای نوای عقل ساری ایمدی یولماینمون

کیم یولوب دیوانه عقل لااوبالی بر له من

کوروب

کوروب زلفونگ ارا اوتلوغ کونکلی لاردین ایرو پریشان   تون انجم دیک بیلکیل بوتون ایچره شرر پریشان

غرض بو اول که عشقینگدین غلط غه سالغومن ایل نی   بو کیم آشفته بسیملارغه سالورمن نظر پریشان

پری رخسارلار باشی منی دیوانه دور دیدیلار   ساچیلغانلارینگ دور دور انجمن ملامت دین شهر پریشان

دیمه کونگلوم ایل کیتسون که بغداتیمیش جنینگ بیلکیلیم   اولوسنی سوز و العشقینگ بولشیدین اچی نامنتظر پریشان

منی معشوق اوچون بویلیم کولماکنگ ای صلاح اهلی   یوکورماتینگلاغامین مجلسه قفارله قدر پریشان

اول آی حسنی عشقینگنی یاشورغیلی دیمه ای ناصح   که توتیمیش عالم اهلی ایچره بو شهرت بو خبر پریشان

منی سهتاره دا ممکین بار نوای ملتفت بولماق
نچه کیم جلوه قیلسه نازدا ایله بو سیمبر پریشان

اوبیکا کیلمیشی دیب خبرلار ایتیبان جانانه دین   مست ایلتورلار بو نوع آداب منی میخانه دین

بو مهام لایعقل موبدی لیب الب اولماس   توشماکیم ایرورمن ممکین ساغر و پیمانه دین

عشق ملکیدا اول نه حکام توزدی اهل درد   ایلادی بیرو استغناه طاهر بیرینگ افسانه دین

استامانگ فرهاد مجنون طوریغه منی بیلگه خلق   قیلماییش اهل خرد رسمیغه طلب دیوانه دین

بولمیشی اول بیگانه وشی بیگانه لارغه آشنا   آشنالیق لار آتیسی تاقیمانگیز تامنگ بیگانه دین

عارضی بخالینگ گرفتار اتی کونگلوم منی عجب   کیم گذاری یوقتور اول قوشینینگ بو دانه دین

بوکهن دیر ایچره کیم تا قیلسه رفیق سن ای نوای   آدم ایرماسی لا تنگتاری قویب قدم ویرانه دین

سر وقتلار صدقوسي بولغاند اوزیاکندور سنی روشنی ایت بو ماجرانی شیخی ایده فرونده دین
خوالیقوی دار دا تا فیب حوادث تشی یه دهقویش بردم جوالمای بوذوق کاشدا یمنا
هیتنیک یالا ریسی دنیا شغلدین اواد بول سفا ایده ملار هیلی خوب ایس فرقه الده دین

کیم نوای نه قیلور تربتی حینی ادین

کاه درد اچ کای نعره مستانه دین

لبیک می بوسیلا مدام یغلارمن خیال دیک بولوبان تلخی کام یغلارمن
غمنیک توبیذا کورشی دیک کره دیمی اوزومک اوبقویه ایلاب حرام یغلارمن
اوزوم نه یریک کونوزا ایلارم هیتغول غریب چالیم جون بولای شام یغلارمن
قاری یتی جری غمدین هلاک بولنی ایدا که درد یاجری ذمانیش تمام یغلارمن
خیال ایله انگلایی دمبدم سلامینی بهیب اوز اوذمه اندین غیام یغلارمن
بولوب الجیم تولا خانور ایل نوافیدین سماربق عذارا یده امدیکم جام یغلارمن

نوابیا بیدبرله رخ فراقیدا
کوذوم یشیق قلیبا ده لاله فام یغلار من

بریوزی اوقلوغ شرای غنقدین جدودمن دوست لارد یاشام اغلط غیب کیم معذورمن
عشتی بسود فسانه توت دیماکه ای رفیق ایمدی کم عشقا اجره رسوالیغ بلا مشهورمن

منكم اوبقوه كوز بوما قدى يوقوت طاقتم عارض كفدبت كوزيوموب ابجوبجه كرم جودن

الحيوان الجمال من أبت بو دنى غمار كيم من ميكوبد لبى جان بجشى دين خورمن

كبكه جون يوقدور ويوكار ده اختيار يوق خطا كيم هركيز مست ارمستورمن

اى نوائى كيم بومى دين باقى غيل تهمت فكا

كيم اول موشهد غيركووك بلاهسور من

عشقى شيديت كوزومكا بولمادى اوقد جهان شاد بوبكم قانى آنى وقتيده ايرده نهانى

وه كه كريم بوجها ياغيد مخلصى تا فى ديم لحظه بوز فاق جد روسيستيد امن ناتوانى

قاق تالع ستيدا آق لغى اولوكه توقاز الغانى جهان ته قدر عنى عنادين قوتقاز الغاى جهان

دوشمنم دين بلالار جهاندا كوبا ديم جز فقد جان شمت دين منى جهاندا اوتقا جانمه

ستانقا باره فداك ادلسون توتوب جرجاى يوتمن انوده دين جابنى قوتقاز برجمان

يابريان ابج من غفلت سيربعلا غليق ايلا ادريم ايط اولوب قالوى كوبى مارو

اى نوابى اينو فبلا آلور جاىخىك اقبال دينك

جون فريدنك نه اسمع حسرت بلاه فوانى

آى پاكىت منفعل بولوى اول جمال دى شايد كه حقوف بنه بوا نفعال دى

دولوىك كوكلوه اديه ايره بولوالى خالى ايكساور نفسى اول خيال دى

كيم كوردى حسن باغيله سروقدنيك كبى / هركيز يتماوز ايلا عالمى اعتدال ديج
جريم اوبة بنغشته قزنيك ييلى تالكه ايماس / هركيمو يى كيم ايلادى نورسى مثال ديج
ديواكى اولدوم سنكاد ديمنى ايتما ديم / كونكلوم مكدر ايلا عالمنين بوحال ديى
يوزيجانى بريب وفا مينى ادم تاما يى دنيك / بيچ ايمدى ايكونكلى بوخيال جمالدين

خريدنده بليغ نوا ميفه دور بولامدى ايله

كيم وصلى تكتقاره خود واى سى احتمال دى

آه واد بلا كه عالم اهلى نيك بدحال من / هر نفسى بر اوذ لاجنت خيلى نيك باعمال من
تاكه كونكلوم ايتيا دور فارغ بولوبن درويى / عشق ارا كونكلى ايتور كه خيلى نا غ بال من
بسك بيدادى بيك بوكينى تاريب / قوم بوليش بكونه / كوى اول بيداد نيك بستيدانا لواندان من
روحى مجنون نيك ملك جسيم ارا قلميش فرونل / بلك يم ضعفى جبون برله انيك تمثال من

يار ايله عشاق منى جهور رجالين سورمم
اى مولاى بو جماعت نيك خراب احوال من

عشقينك ايتاكين جان ايلكى برله توتوبمن / سنى كيم كالى يا ديمفه اوذمى ادنوتكبن
كونكلوم كالو برسركا اوق بستا كافدى / وبا بشير سيدا ناغزنج ايبك جوجو توبمن
يارينينك ديدار غير بلا يا داه ايجتى دور / تحققى بلكو جى قاذلارك بو توبمن
كرم اولا سكى احباب تيلو وصل لغين / مكيم بور كيم كويون جاغلتى يار وتوبمن

يا غفر نيك

هجرنينك توني آلمنينه محبتكه يا و شوندي وصليك كويه يا دينكدا اودو فنى او نتو بمن

خلوت اقتر ىحبيب ايلماقين اخلاق دم اى شيخ   نى عيب فنا ديريد اكر كلبه تو تو بمن

ىنك ايله نوای کسو بر ور حری نہا لنین

بلمس کرانہ ام او نو نی نتر توی ىش بنی

مسکيم ميرا ندآ بول ايم دل هر دلش من   بيرکا يى اغروهى جريدن او لسام ستمبو شاى نى

ريشکين خان کو نكل مبرک دشمن بوبيلار   اى وصلى کو نكل کو نكلا ليار تمنا ستاى جان

نام مبت ايلار دلحقتى جانه ولى کويد کو نكلى   کیم قتشنك نام رله باهواى همرا ى جان

جان بيله کو نكلو مني اسرارمن فدا ايلا ديما نه   يو ق امر ماسام کو نكل مطلوب هم د خواه جان

غيردين خالى خيال کينى تيلاموم رود شب   کورمه کوز بو لماغ واقع کو نكل اه جان

فر کنگ بين بلده تو يسه او لغا لى کيم قايشا دور   حقفا لى غريم سارى مسئلى ايلا نا ى جان

اى نوای ايد جان اغريمو قىمتى کيم حقيار

فر قدن ح هريه لم ىشه حکدام احىلاد

يا نيد ابولسام نغيه فنا كى ىند   کورسام يا عيد اغرى ح اولوم هلا کى من

جا نيدا يو نجم ايکنه مکتى اول مسيح   تا بلديم که قويش کنج عشقىد پاکى من

وصلىك نتخيلى منى انفاق دين المس   کیم روحى پاك سنى سنى من نيره خالى من

وہم ایلاں سہر بولکوں آہم اوتدیں کم آہ بیری منشدیں میں وہم نالمن
حجر وصالی شربتی منطا سودای اکیم کیم من فراق محنتدیں درد نالمن
دایمدا جولمع اڈیل جانفتنی یار ہر بہاری محنت قول سایب اندا غا نالمن

آہم نوایا منجوک اسرای کونگل ارا
جون من فراق یقینی میلہ سینہ وال من

یا سیانک آل جانمنی سن سہرمکا جان قالمسون طاقت قالیب یار اہر نالہ داغ ہجران قالمسون
جوں اولادں جیں دین عشق بودوع کو لکہ دلدور من اولوب اوکینچہ بو ویرانہ فنہن قالمسون
ایکونگل دی کنودکا بودم کم ترک دنی کلی یار عار ضدیں بہری السون ایروحران قالمسون
جریدا انچہ بلا ییکور غلای جرحی کم اوزکا لا عشقیں ہوس ایلانچہ اہجہ قالمسون
مترددہ و صلین دیبان ایم تیاری حجریں تار کسی وہ انچہ داقی بویک سجان قالمسون
صبرایا اندا غ معشی ایکیلا کہ سنیں قالما طاعت اندا نغلی کرگ دوں بارل عصین قالمسون

ای نوای نلا جمع اولیوق نشا یا دی دولتی
العوبا قول بولغانت عالمی اسلطانک قالمسون

کونگلا ای ہر بہاری جاک اولدی شمع جرا ہیں مرا ویا دور جو نافغای شکیب ہریا دیمہ
سر نگیم ایلاد افغان جوفنی مملو کشت نہ رسو دویشی لی نیک تشنید طوفانین
خیال

خیالینگ کونکلوم ارا ساکن فریشتان عشق   که غیری کیردی فنا یاغماسی اوبتوب اندین

بلا ادیمی کوزی یاغدوردی ای حسیانلار   نیلار کیلور منکا اول ایکی نا هسیلا نیدین

بتور کونکل کا نیچه دورا یاغی یول اوزره شط   نیچه ملال کیلور سنکا ایلی دوراندین

نوایی اوتیده اگر جان بیرکوره اندین اوت

نیدین اوتسام بو جاندین اوتماکوم اندین

رشته جانیم سنکا باغلیق دور اولتور بر دهان   کیم ایرور قیماق قهیالی رشته اوزماق محال

فهم ایتیار بیخشی بیمان وصلینک هنکامی کیم   بیخشی لاردین بیخشی سوزلی کسی من بیمانلاردین

وصلی نوبتی لذتین سوردوم جوابین زه دین   منکا حجران تشدیدین بر لحظه تاغماس کین

ایمدی اولمیش من رسیده آن رام ایلای دیبان   لیکین اول بار ایل کا دام الیم بردور هنر

بو فنا دیرید ایر دم کیم اوتار توت مغتنم   کیم بیار دم نیچه ممکین ایماس بولغای همان

ای نوایی دور اگر بو دور هنی مست اتکالی

سن تولا توبکیم من آنیک ها فادردینی تاالنی

کرد ولیسام ذره ذره اول تو باشی تیغ جفا سیدین   هیجر و ذ قلمی یمین ذره آنیک هوا سیدین

خدنکینک تاکره فانلیغ کوزدور ای اغره توت   ایردور هیل کا جفای لاله نیک دلنی ار سیدین

بار ورخسال خیال لیکدین اقا غمانلیغ کوزلاریم کویا   قیبو بو کلکی صنعی اول نقطه کوزلار قرا سیدین

تېشىنلۇمای تىشىم دېك فرياد نىڭ باغرى انكلاشته   اوچىغ جها نىڭ زور تاغ ایچىدا فغان صدقىلون
بىكىلادر قراڭلاغنىڭ یاپىلغا ندەرا را اندا ق   سىخر ستپىدا ایلا ادا ایس ایچل بلمىلاقى
قفاخچە قوپاشی كندور ساكم قوس فلك جونى   اىلىس بود دىویرى برنى یوسفغ عذارىم یىڭل بهالى آدىن
ارتىغ اور سە اول قاتلى بویون نوىلا نىكا لاخ   بىلىم مىشم اوقى اوىبىم د ر ایلکا قاش یاسىدىن
سغاىم اورە ه بولە در فحعالم بىاعتىنلا ر وىا   نەپىلاخ كىپ یوبىڭ تونلایى چوقنىڭ قفاسىدىن
سركاك اپىس بول كماك الحگام شاى كىم   قوىاشى برفى بالتون دشت در جاى كە تگسدىن
نواى یشىوا لېغ بر لە جان برسى جب ابو سى
ھم اول ارام جان الحگاه اىسى بوبنو اسىدىن
تبارك لایموت الله ھوا قلبرقى شہر سون   مشجب كور كى بوتوش نىڭ باشى سلطان فكر دىن
ياپشىدا كل جنشىد الحجىد انجىل فرقانی   دمىدە توركت يوز اڭ درهم الماس كو د ىن
یاپىدا قوق شہزاده ھم روحى سكود ىر دار   ىل طاوسى صفات ایلاخ قاخجر دىن
نواى حفمسر وە فتح اولبون كال كبى سما
قوشغو ز دقى اولوب روى اولوب در خم شود ىن
نلك دين كر ممنار لخطا خ قایغو كلود اورە   دكرى قایغو دنى سىمنى برسوىىال بارىاس قاىغو تغو
دلر برترن لىك ھبر يار وصلوقى اىلىكىدا   یىغ كوز حشدىن برىغاى ولاخ ىىد دى كولاكو
كمال

کمال ایتهیب ایماس که حضرت اهلدین قیل کومل ترہ   هکذر ایلاحکای خوریند بیچ انقا مدین کورلو
صفا ایلبو کارخ لار خیال دینی تغیر یوق   فیح گلکوب توشبا ملک سپه گلنگ بوتقاشو
نیلار سن غفولت کنی رفع ایتب ایحا لا تعلیم   کو نگا فیخ ایل کا اول افسا نه لا ردین کیم به لو او پقو
بقا نقد صبا تیکو جوایب ست بردغ علام   قسم تقویم غم رومان هم فنا کیل اکسرو
جون دنجرسوات نقی یانبه ایحلیم زاهد   کنچ کور ستقور ایلاسی یشرالدیوا توکلو
کونگلی عراق اچره جلوه کور بارسن غافل   تاریقای جریون کوب کم ایسک یادبن ایمو
فنا پک نم فنا لمسین هتا کیلا وصا اوکلی   بویلدا وا صل ادملاتینگ طریقی اد نبو اوشو
کتور باده ایساخی که احبیام قالغا باقی   فنا دین مل قا دین هم ضیم لوحیدا پکو

نواب دیوا راهت اولیده بشاه دین فنا انبی
او ترد ا لو تغوجی البته بسماغ کلب او ترو

غنیم مودیسین یا بیغم ایل نینگ ها جر سین مو   کونگل جا لین مودک یا کو کلوم القا حبدا سین مو
قانع غنیم یا با و شد دین موا ایلاسن تقدیر   یوق ایر شنهایت شاق ابتلا کسین مو
عدم سیر در دیرجم طلب کان این موقعا میشرح   صفت کرامت کل انو قهم انو بکسین مو
کونگل وا صل یا غی آرزو کسن محو بیا ایلای   یا غیغ اظهار جبران یو کینگ ملک یوکسن مو

وفاسز یاری فزه الیقی مینگ موکینی ایتای مطا جو رحمی تغین اہ روب ایلکا وفا کسی مو

فلک ظلمی ادلوسی بیدای یایبر سرور عنایک مینگ آسیم ایلاب بے مولا ریان ہوکسین مو

نوای التفات انغا دقیلدی یاری بیلما ینگ

فراقدین شکایت مو قیلای وصل الیاسی مو

نے بلگای اوکہ قیلور جلوہ خوردی اوزہ سیلاق مینک اوتوح باشمد اوستیدا یا نودور لاولاق

بلاءا جومنا ولوم بلا قبل لا یدین نے تک اتہالی لوجی منزادم اولملکو

قولومدا بند حبیبون رشمی شکلی اتہای پری یوستیگ مینب ویوہ تولو البخلاق

فواق اوتید اقرادیم مکر بوا وت نے یارب تعالی منی دوران ایلگکی قلدی کسلاق

ستقالی شیخ ریا یای غذره قیلدی داح ولی کولاکجا اشیک بوینو اال غرغو

یوزا وزہ خوبکل اوزہ انجمنی یوککلای بیاضی شب بتینکا دزہ نے فرو

نوای ایلاب ایدکرجہ دزقرینے طلاق

حلال بول بحول فیزہ الغوس بوکیاق

آمنی والتمسی ثنی رشید عدا ریدی اوقو سورہ والتین خطی مستکبارین اوقو

فاہدک لتوقی شہید اتمانلار ارجامفیح لکر سیلیں انکہ ہر رفیع ینکہ میلی عذاجی اوقو

اولی قویشی

اول قویاشں حصاری سایہ یعی یوزوعک شرحی   چهره خورشید خطی زنگاریدین اوقو
اوت توتلیغان کوکلوم اچولعین دیمانگ کیم انگلاین   اول خط اوحط کیم بولور بیدا مگر اریوی
سبزه خطی بر لہ بو کلشن و فاسد ایکی نی نینگ   کلک قدرت یازدی ایجاد نمادبدین اوقو
باده نم دفعین قیلور کیفیتی دیمانگ کیلانی   آل ایلکا گا جام ارقام کنار دین ادا قو

استمعانگ در صفوف اجیب نوای فقرہی
تلذ بلک بشرحین تاقیب جالن بدین اوقو

سجودہ ایتا قویشی الدید ایلا کم ہندو   یوزونگ گا ئید قویشی لا الہا یسو
قویشی یوزگ یا قارین نظر ایرور عاجز   یوزونگدا ایتی ہنر عکسی مراد الکوزکو
یوزونگک نتا نغویرزرہ کیاستی بلا لب   توبیشی جمالنیو ذرات پنجون اتی غلو
مظہر تجلی حسنوک کل معظم اول و قویشی   کہ ظاہرایا وی باده جلابدین اوقو

نوای بہتا وصالین بہتت سنا عا کبل
کنم بہت بار بید اتموع نا بیتا رمو   رقم دبو

خطنگگہ برمکسی کل ادرہ سبزہ باغ اردبو   نہ سبزہ کوئ یوزیدی قوی سواد دین
کراہم شود ستقی قویشی دین تاگک مہوشی   ایلی حبیب ارات لیتا ادبوی جہم علم اوقو
لطافت سویدی نو ملیشی و نخدان بیکم کو یا   سرپیج ایلا صل کون چتہ سیدین باد دکو

عملاجه دیب بلوب عاجز دیدیلار اهل حکمت کیم غریب خسته بولوبکیم عشق دیوانه‌سی در بو

بتی کیم کوچه بیله باشمنی جکدی سجده قیلمادی وفادین باشینی چکماک گورکیلی کهنه نشترین ضم بو

الیب دینی تقدیری دیریکیم قیلدی حنی سرخوشنی کم اول توتواجه وجود البته بیلکیم کالعدم در بو

قدح دوریده خوشی توت جرخی جوردین باقی ای ساقی کورونک آخر انیک اوتراسیدا بیلکیم دردم در بو

نوایی غافل اولما صنمنینک قهرین ایلسانک

محمد ذکری نی موکور ایلاکیم لطفی جرحه در بو

قیاسی قیلیب هوا اول طرفه قوشی اویقوم الوقانیغو وکرکیلمیده ابرتوین تونب جوزنکو زدین اوجار اویقو

فراقینک شامیدا هجر وصالینک یادیکیم کاجه کلوریر لحظه تنهای یقلاماقا هجره منکا کولکو

قویاشیم سرو دیک قدبیلکیم پریان قیلوب جلوه ایلاغ استیدا اول سایه دور یا سنبلی گیسو

رایکانی جانیم تا فدا بمن بول اینکه الجه یا تیدیب اولاردا اغریمه جوب تا جزو زلار تخت بیرلا نسو

لبنینک نیک فدا لیدین جانیم هستادیم اول الدی کمنه هلاغی دوراندین یوق بوایش عکسی اثبار

قیل اولدوم خالی زلفی قدینکا کرجوردین فاسلام ابرور گو کسوم پریان داغ ایله نقل الوانکو

قدح هر آت قوت ای ساقی مخمور لیق دفعی هنی اولتوردی باور قیلماسانک قون اغریمه کوزگو

جو دوران بیوفادور بنجه صاحب استیا سنک ای شه کدلار خاطریج اسرو مغرور اولما غیلا اسرو

ایجاریمیشنی اول ایلی عشاق یادی بی ساغرلار سنی اول ای طفلی ای نوایی یاد قیلغایمو

طرتق

دیم هجران توننی هر دم تیار اول آی خوز یادم

اول ای فریاد کیم تیمیسی نوای نی قتاندور بو

ساقیا من یوتماغانی خوناب هجران قالدیمو
بر مساکنی اییدی قانی یوتماقوم امکانی قالدیمو

ایکه درسن هستانک وصلینغ جانی قیلغیلی فدا
بو نی سوز اول که هجر تیکوین منکا جانی قالدیمو

عشق مخفی قالماس اثر کونکلی کوب جکیم جانی
من هم اول کوب تا تشوردوم کونکا فنهانی قالدیمو

جکتی ای مجروحی کوکسومیدین خدنک کنک کونکلم
باردی ای جان مژده هر کیلکی بیلکانی قالدیمو

کورکاچ اول ای جنونیدین کیم ایلدوم ای رفیق
تنکری اوجونی ایت کیم حالیمغه حیران قالدیمو

ای کونکلی بو کلشن اطرافیغه باقکیم غنجه
کیم کونکلی جمعی ایلادی بولمادی فریشانی قالدیمو

ای نوای جا قیماغیل مهد لیقیدین کورکه یار

کیم سنکا مهردین کیم با یتیم نثر کا یکسانی قالدیمو

لعلینک ذلفو بکنه ضالیمنی شربتی ایتمار من مومو
تشنه دور من لعلینک کا تا قار دور اغزیم دا سو

آرزو ایلار لبنک الیدا جان بر قالی نی خضر
خضری سویدین اولوسی عمری ایلالیک دیک آرزو

شربتی لعلینی قیوب نوشی ایلاسه حیوان سویی
بولغای انداغ کیم قیوب حیوان سوین ایچکای اغو

سنبلو یکنی تیلغالی اشفته بولا نام بسی نسیم
بلکه اطرافیدا دور شید کونکل لار دی غلو

ترلا کینه یوز قطره اسیدی کیم یوزدوم قانیغ یوز دونک
وه نه دی کیم عشق ارا تا قیتم بو نیلوفر رنک بو

کونکلیکا کینک بو بیدین اولدوم عطریدین تا قیامت حیات   قیبی کل بر کیدا یار ایرکینی بو کونکلنینک رنکی بو

ای نوایی یار سیز دفتیکو تیمالا مشتاقانک

آه اشکیدین سپور وقتی چرمین یلکه بو

کل سا جاردا باغ ارا سرو روانیم کلدیمو   جانی ایسی کلدی کلور آرام جانیم کلدیمو

سیخود ایردیم ارتیکالی کونکلوم جو کلدی حالیم   ایتینک اول آوراه سیخانیمانیم کلدیمو

قالمیش ایردی خسته جان کیم که دامن منجانو   انکلاما قیم اول ضعیف ناتوانیم کلدیمو

دیمانیکیم کلدی ممنوش کیلار سینی اولتور کالی   موی دیک کیم قاتل نامهربانیم کلدیمو

هجریدین اولدونک دیما کیم باشیمه کلمیشتی مسیحی   اتینک اول اسایشی روح روانیم کلدیمو

کویونکا عشق کلکاندین خبر توتوکی وینیک   دیما نیکیم اول دار بی نام نشانیم کلدیمو

زاهد کوینکو کونکل بر کا دیو نیک کیلما دینیک

ای نوایی نجه ایتیب اول ایمانیم کلدیمو

جانانه توشو بور منی فیمانه دی ایرو   جان ایلا که توشکا بلان داردی ایرو

کوز الما کوزدومی دین که اولار اکر العانک   بر کوزیو موب اچقو نجه بو یعادی ایرو

اولارنک بری کوبیدا باشمو یاغار یا تاش   اطفال دیبی ایرو دردیواریدی ایرو

جانا کیمکا قیلامو بو تیغلیغ که اولارسی   کفتاردین ابر وقد رفتاریدین ایرو

ظلمو نکنی

طریق عشق ارا ایراو ذی فرد قیلیب براو — طریقی ایماس اشول یر کوک بنجه ایرورلار ایکو

کونکلادین ایله مولیده میل کیم قیل — بولور نی فرد مواتیغ دورورلار او شبو اوچاو

دیسانکیز فلک کا جتقالی فانی اول عناصردین — بیلدین کیم روحی نتکان دور چقار میمن بو تورتاو

حواس خمس ایله معقود بولمادی هرکز — کونکل نی تاب ایکی اوچ عفو یشی ایماس بو بشاو

فنانی محض نثار رشته ضروریه — بیلدین کیم بو قاغ ضرورت ایماس بو توقوز التاو

خلاف شرعی ایله کریتی کوکی کا جقو یکوور — یقین کیم یتی تموغ یخ بتر دور اول یتاو

نوایی سکز اوجماق هوسیدین کیچکیم

بولار حوالیغ اولور بار ستار اول براو

اوت یالین دیکیسن تجسیم جا بسا فلک سمندبرق رو — بر علم اول اوت غیاثینک او استه کلکون یالاو

تار تیبان تیغی جفا باغری تیغی بوزجاک ایلادی — باری او کیم دیرا بویلار ایلا جنگ باغری بوتاو

خطی کا قورقون اول حلقه خفا اوذا — سبزه خط اغیکوی یا کیم توشتی رحمت دین قرو

ایل عنان اختیاری توشتی یکسر المکیدین — بویه دا اول ساری اولما چابک کا قتا ساردی جلاو

خوبلار چهره ایرور کو بکلوفی المشی ایکیم — عنبری اوز تکلک برله قیلما غیل یا رب ایکاو

تیره لار طعن ایلاما توسی صفا اهلی یوق — یاروغان برله اوجی شمع اورغان توتمکی کیساو

کر نوای کملکی دیک ایل کملکی شکرین ایماس — عیب قیلما بر دیک اوملکی نی شکر برله عرو

سرچه کوب سرکشی اتی بلندی ار ابنیاد سرو　　قاقیغه بنده بولمای بولمادی ازاد سرو

دهرده تا نیغه بویونینک سرو قیلدی جلوه کر　　گلشن دوران ارا ایریکاس قدینک دیک یاد سرو

بکشیو تا قامتینک دعوی سیغه توشتی هوا　　کوردی کوب قوشلارکی کوی بیله بیداد سرو

تا خمیشی ایلدین صدا برله تحریکیم کوروب　　تا مینکینی اضطراب ایلاب قیلور فریاد سرو

نخل قدینک شوقیدین بیتاب ارا جون توشتی اوت　　شعله تیز ایلاب اوتوغیدین ایلایم شمشاد سرو

دایما ازادلارنینک سبزه خرم بولماغیل　　باغ ارا بلبل بیله کلکونه قیلور ارشاد سرو

ای نوایی دهر بستانیدا بلبل سن بکی

بولماغای تا قدینک یوروب برکلی چین بیله ازاد سرو

دور بو

یوزدو منکد اچی کلی یا کل اچلغانی بوستان دور بو　　کونکلی ده قطره قونی یا بوستاندا قی نشان

کوزدومدا قطره قانلار یغلاغانی ایرماس بیجا کیم　　نسطر باغیدا شوقوینکدین اچلغانی ارغوان دور بو

ایماسی وصلینکا تیلاب اوچقانی کوزدوم اطرافیدا کرفیک　　کیم اول دریانه قوشلارغه تمیشی دینا اشیان دور بو

کونکلی دین چیقغانی آهیم ایلار افزوده خلق سوداسینی　　که سودا الیغ دیاریدین تیشقانی کاروان دور بو

قرنلی رکلار کوزدومدا کیم کورونکا شک سنبل دینک　　علاجی یوز سینکدیکی دین توقاشی تانوان دور بو

قیبوندیک دشت ارا کو بیابانگ غمی کوب چاقماغیلا هر دم　　بکشینکه کرا اولور سرگشته بیغانما فودور بو

کونکلی صفحه سنه رام خاطریم خوشتی می رطی دین کیم　　منکا روحی الامین اول نیناوار الاغان دور بو

دیکه

ظلمو بنسنی کیم ایتکیل که وفا اهلی تافلماس   اول دلنی خمیده بو کرفتاریدین ایرو

مطلوب دین ایرو کله قیلمه طلبکیدین   مطلوبنی کیم کوردی طلبکاریدین ایرو

رنجو دور دکوزکی فراقیدا نوای

بلبل نی عجب غنچه ده کلزاردین ایروه

سا جیتی ترودین کل او ذره اول سرو کل رخسار سو   کویمه کیم دفعینه قیلدی اوت اودن اظهار سو

یو ده اخوی طفیلیدین اکر کولسه اغزی عجب   غنچه غه بولمیشی اجلاق اچمایین کلزار سو

تیغ یات پیچ دهم اورار دین دار جسیم قیلدی ضعف   ذم زم اولسو کیم کوب ابحیسنکه رور اذار سو

یار ایاغی مقعو اغذدین اوزه کا کورسه داروی   ای جعاکیچ کونکلانیدین کیم کلور بسیار سو

مهر کاسیم اول بهری عکسی دور کر بولما دیش   او تلوغ آهیم شعله سیدین کنبذ بر دوار سو

غم او تیدین ای حکیم اولماس تیلار من جانیمه   ذهری قوتسا انکا قوتش ولیکن تونمغیلی دم اظهار سو

خسته کونکلوم زخمی اغزی بیخت تیغ پیکانه دین   بار ایکندیکیم ماموق برله ایجار بیمار سو

سر عیدینی ایرور ریاضت دین صفا کسب ایلماک   ایلادوریم صاف الور تسکین ایلا غردار سو

تورت یاندین اوق یول قیلمیشی نوای کونکلی نی

عشق سوداسی اوچون کویا یاسا بدور جاریسو

دور ایلمیودور اتوی نیار جور جفا سرو   جفاسیدین اینک آذوده دور اهلی وفا اکرو

بو کیم اهل وفا نایاب ایرورلار مونی ایرکینیم کیم   بو سکسکی طاق لارغه یاغدورور گرد بیلا گرد

فلک دردی علاجینی چیقمای انونی تک تاپقاییودر   مگر نایاب ایرور اول چوای بار بودور گرد

کرانی جانیلیق نه قوی کریز تیلار بولسانگ دری مقصود   که عالمدا ایمرور اولشو جوهر نهان گرد

خدا جانیمنی ایلاب عالم اهلیدین طمع قیلدیم   وفا استغفر الله قیلغانی ایرمش منی خطا گرد

رضا اهلین سیاستتین قوتیماغیل ای شه   که تقلیدینی سنینگ قورقارغه اولماییدور گرد

طبیعت کامیدین ایرو جوکینی قوتقاریم خوش ایرمکتور   قفسی قیلدین ار ایلیکیغ بولماق مبتلا گرد

بو کیم دشتم جام دیکری قیلدی رفعی او دلوکوم قدحی   بورنجیم غم هم انا دفعی ایتیا به جام فنا گرد

هوای گلشن قدسی ایست نوای کیم خوشنی ایرمکتور
دغن برله بو کیم گلشن دا بولماق بی نوا گرد

جرید اگر تکلوم گا باراول لعل سیراب آرزو   نی عجب مخمور قلب باده نایاب آرزو

اول پری مجنونت بولودم بو سبب کیم ایرور دینی   زلفی نینک زنجیریدین بو بیتو مو قلاب بیمار آرزو

هم طلب ایرور بیهوشی بولماغلیق بوسنی دور اوسهانیم   سمکلی وه کیم بولماغای هو ناغش حجاب آرزو

کوردوم اول بت قاشلارینی قاقومین ایکلادی لار   کعبه اهلی قیلیب بونونی محراب آرزو

ایتیم اغزی هستیانه من یوق تمنا لیغنه وای   کیم عدم بولیدا کیم قیلدی بو نایاب آرزو

فقر کوینیک فرا اشال بیله کلکین کوبلی   تاپقالی بالله قیلان کنج وسنجاب آرزو

کر نوای

گر نوایی ترک عشق ایتتی هوسی اولتورمیکیم

جین ایکی ستور ایلامیش نوایی‌غه اوتلاب دقو

تا توتتی دایو دین کوردوم بولمیش مین‌گه کام اوقیغو — لیکین بخت‌دین بولمیش کوزوم گا حرام اوقیغو

کوزیکیلگوم نه اوجون بیگانه ذلغونک بولور بیخود — موجود ایماس ایل گا چون اول شام اوقیغو

ایل کوزلاریدین اول کوز اوقیغو تمام الچیش — بوانقدین انگا آخر کیم بولدی تمام اوقیغو

جون سیلی سر اشکیم دین کوزینک قراسی بارمیش — نه نوعی توتا الغای اول یرده مقام اوقیغو

تا توتتی داکو آی انه تاغیری نه کوزهای دیب — کوز اچماسین هجر ایکید کوزوم گا حرام اوقیغو

بو مرحله‌دین سالک کوز یومسه قالور یولدین — یول اهلی قیچاج ایلاردا اوجرام اوقیغو

اوقیغو سی نوایی‌نینگ گر اوچ تیجب ایرماس

یاد انه سر نینگ اوملاسی بولماسی منکا رام اوقیغو

سنبل زلفونگ ایردور المه بینی تب اسرو — کوز کیل شکنجه سیبوز سالماغیل طناب اسرو

بهشت تجوصل ارا ماوی کیم دین تنعیم اتیابی — که هجری دوزخیده چکمتام عذاب اسرو

که یوزی باغیز اوداشو رابه توکی کوب ایکی کوز — که قاچغای ایوی شور اول بعه کباب اسرو

رقیب لار غه توتوب جام عشقی منی مردود — اولار نه مست هنی ایلادینگ خراب اسرو

ایاغ سالا ایکی کوندوم حلقه سیبوز ایچا بک — که اوپماسون ایاغینک اول ایکی رکاب اسرو

وصال چهره سیدین پرده اچ بولوب فانی   که اوزلوکونک یوزی بولمیش انکا حجاب اکرد

نوای بلبلکو سوزیده عزم ایلات نکد ای صبح

تیلاب هلاکینی اینک قیلما غیل شتاب اکرد

بلبلی روحوم قیلور باغی وصالین آرزو   سووانه اورتنیو رخسار جمالین آرزو

هم کونکل کلذا رید الکلری رخساری بوسی   هم نظر بوستانیدا قد وصالین آرزو

لعل سیرابنی کراتم آرزو وه کیم دوور   اولکه قیلماس چشمه حیوان زلالین آرزو

من کیم تانماق ولیکین بر براق امید اوچون   دایم ایلارمن وصال احتمالین آرزو

عشق ارا احوالیم انداغ صعب ودوکم تیون کیون   ایلارم مجنونلغ ایله فرهاد حالین آرزو

منتقل دور جان عدم ملککه بسی کیم یارینک   قیلدی غربتده وطن ء انتقالین آرزو

شمع کلر بوم فرقتیدا قیلورمن اوجفالی   جسم بلبل پرین پروانه بالین آرزو

شاه دردی عشق اگر قیلسه بوسی بار ایلایم   سایل اتمای سلطنت جاه جلالین آرزو

ای نوای کو بیا اول یوز کوزدوم الوبیا دور

سکه ایلادم تماشای جمالین آرزو

لعلی نه دیسام چشمه حیوان ایرور اولتشو   دیر نکته جان پروریکم جان ایرور اولتشو

جسمم اجل دیری جنون دشتیدا کویلا   صحرای قیامت داغی عریان ایرور اولتشو

بیلمالکه

بیلی یکتا ایرور غنچهء تا فتنه‌نینک کونکلی ایچره تا حجری او قیدین قان ارا پیکان ایرور اوشبو
غم دشتی ارا آه سموم‌مین کی تا غیب‌مین کیم کورسه دیدهای شعلهء هجران ایرور اوشبو
کوز حیرتی نه تانکلا ماکیم تاتشی کورمیش یا جیبنو نیکا یا حالیم حیران ایرور اوشبو
غم شامی ایرور تیره کر الحیبا و می روشن عیب ایتمه منکا شمعی شبستان ایرور اوشبو

عشقینی نوای قیلادور ترک دیمیشنی سین
جان ترکی نی کیم تیلب امکان ایرور اوشبو

بولدی یکه آشفته قاشلار بوکا عشق نکو بولدیلار هر قیب بر دیوانه جولیده مو
بوکا دیوانه بشی و جهدینی زنجیر ایتیب کلتوروب دوریش ایاغی ساری ذلفی مشکبو
اول عرفا کی اتشین رخسار یکا میل ایتتیلار تلبه لار حایل بولور کر کورسالار ادتار کا سو
یلکه تلبه اریکا سی ایرکان هندوی ساحر دوردر باشی قیوب افسون ادیوب کویا قیلورلار کفتکو
یا تماشا قیلغالی یا سیحر تعلیم الغالی ذولفی نینک هندولاری هر ساریوین قیلمیش غلو
شوخ لار نینک قاشلاریغه ایکو کونکل میل ایتمکیم عافیت کو سیغو حاجب لار دور ایکی رو برو

قاشینغه توتقالی لار بیله کونکلین باغلامیش
ای نوای عشق نه ترک ایلادیم دیب بولدی مو

اول آی نه کورکه ایل دیرلار کیم مهری خاردور بو منی جون ایلادی دیوانه دیر منی کیم بو دیر بو

قولاغی دُر لعلی کیم قوتی یشتو یانده انشب دیلار شرف اوجیدا اول کوکب سعادت اختریدور بو

یوزی خوی تازه قیلوانی نی نظاره ایلادیم سیمویا ارم گلزاریدا سیراب گلبرگی تریدور بو

قدینیک نیک جلوه سینی یوز ناز ایلا کتعانی آرا کوردیم کیم دیگای طاوس رعنا یا مگر کبک دریدور بو

کونگل آتشین لعلی خیالی برله چکسام آه بو اوت نیک شعله سی دور اول ملیکن آخرنده

منکا دیوانه لیک بردی مینگه پری کیم جانی تافتیم بو بخت نیک هماناهو دیدور اول کوتردور بو اخکریدور بو

ساوورما دیر تغافل بر خارجی نفسی برله کیم جان برچه مسیحا انفاسلاری نیک بیکریدور بو

خیاباندا نوای صبری نی کو خوبلاردا آلدی
او دینی واقف اولسون بیتلاکیم اول شهریدور بو

دیمه یوزیکیم ختن گلزاریدور بو دیمه خط نافه تاتاریدور بو

کوزی اولتورسه لعلی جان باغیشلار عجایب مدعی اظهاریدور بو

دیسام زلفونک کونکلوم ایلادی بند دراز مسکین انینک یاریدور بو

سوزی کیم لعل و شیرین دور تانک ایرماس حدیث لعل شکر باریدور بو

اغوز لاجین زنخدانینک ارا خال که بابل جاهی نیک عیاریدور بو

کونگل اوزولوکی نی بر ساغر ساقی مگر دیر کی فنا خماریدور بو

نوایی نی دیسام قیل ای یکت رحم که لوب دیر نی جیانسز قاریدور بو

ہمد

حمدی خدای اکبر بی چون بی بدایه　　خورشی عالم الجبری یوق آخر انتهایه

معبود جمله عالم مقصود کل آدم　　مخلوق ما تقدم محبوب اصل دایه

منتهای سیر دولت ارکانی عین عزت　　ارباب فضل بخت بالا وفایه فایه

کان ملاحت حق شاه شجاع مطلق　　شرعی نبی مخلوق هم ضابط روایه

ای شاه فخری عالم اصل طفیلی آدم　　برهان دلیل هردم بولوبی تمن حکایه

طالع شهاب انجم روشن ضیای مردم　　شمس الضحی محکوم فخرنی جهانغه مایه

با دام آهو وحشی شهبازی عرش فرش　　ساد الله قریشی نقشی بلا نهایه

طوبی قدی نهالین جاندا الیغ ملکلغ　　موجود نور جسمین یوقتور ایکی دا سایه

ای کوکب هدایت قطاب زمان وحدت　　صبرا جمیل ایت عاشق لا غیدایه

مظهر صفات اشیا موصوف هم مسمی سوراکی　　عارف کرکی هویدا هر آینده وقایه

دولتغه تک قرانکغه سیدی ای یوز ذوقنکی　　مغربده ار قلندر آینه تو تمیشی ایه

مقصود محل منزل بوی الماذیم جاهیل　　یلدا قوتیندا جاهیل کفر ظلام وایه

ای همنشین بدرشی جانیم ارا سی یوزنیشی　　نیخشی یمان بد اندیشی اغیار دین شکایه

هر قیل کیم سهانی یادینک کونکلکا ای جان　　بولغان قدح فریشان هر حرفیدن کنایه

هجری فراق فصلی هم حب فرعی اصلی　　مهر ایل لطف وصل طالب للاه کفایه

فرهاد عشق مجنون وامق خسته محزون ذوقی شراب گلگونی قیلدی منی سرایه

کوثر شراب انجام نقل کباب دور غم لعلی مسیح هردم روحی فزا استغایه

شیخ نظامی گنج خسرو دور شیرینجه جامی قیلور محبت هردم قیلور رعایه

همراهی من رفیقی بولسه تیار خریقی مقصودینی حقیقی ای صاحب ولایه

میر علی شیر نوایی بولدی لقب نوایی

هر مجلسم دوایی خون جگر غذایه

حمایلیک بوسه مصحف ور حدیثینک حق کلامی هم دی الور مصحف ناطق سینی بر کیم اگر ایدور

حدیثی یا نقطی جان فزا ایکاین تاپیب عیسی که انفاسی قلیب احیا ار ایرجها اگر

سر او لسه تخت جاهینک عرش فرشی اوذره رسل خیلی تا انک ایرماسی کیم اولار باری جلاوم کلدیلار سینکا

خصیصی ارضی اگر بولدی مکانینک فقرا یوردینک عرشی اگرچه لامکان اوجی ایدی رخشینکه جولانگه

رسل دین هیچ ره رو هر ره انینک بولماقی امکانی ممکن هلا سینکا دین چو سر ینکدانی ره رو کلدی نیمه

قاشینکه قاب قوسین آیتی دینی یوق قاینه الیق سا چینکه یوق سوادی لیلة المعراج شبینی

ونخدان چاهی گیسو مکیدی کر بونینک دور ایر دور ضعیف بر سام طولی کونکی قهر کوته

سینک عشقینک نوایی غه ایکی عالم ارا بیشی دور

حبیب الله غه عاشقلیق اتنکا کرچه ایرماس وه

یوزدو

یوزونک کوزوکونده معین کمال صنع الله نه یوز دورور بونه کوز لا اله الا الله

جمالینک آیینه و الشمس کوزکوزنکیا دلی کوزونکه فرازینه ما زاغ سرمه‌سی همراه

تلینک همیشه لذت علومیدین ناطق مدام کونکلونکا الهی رموزدین آگاه

قمر برآه نباتی معجز نمای ایکندین قاچیب نباتی اغوزلار بولور ایلدو تباه

حبوس سپهردین اوتونک شهاب جلوه بدر ایماس که چرخی جکار یردی فراقینک آه

سنینک شفاعتینکا ایدی چو ایمدور ممکین گناهی نوایی هرودور که انداق یوقتور گناه

نوایی کلمتی نینک ترک نجوم اولغای
کوندا اوچدین اتکا تیلسانک حساب وقت نیکاه

سپهر مستغفیه التون ستون بولورای ماه دمی که چرخی غه چکسام غمینکدا شعله آه

دیدیم که اول لتولکسی عشق ارابیدور آگهم دیدی که عشق دین ارتوق نیمه بولور مو گناه

دیدیم که تاده‌نی ترک لار کواهی عشقینک ایرور یوزی قرالیغی یانکان بولوردی اولکی گناه

کوزوم مکر دی خیالینک سرشتینک کستردی یوزی قرالیغی یانکان بولوردی اولکی گناه

کوزوم مکر دی خیالینک سرشتینک کستردی تجی نیا غنید آقالیب دورکش بولوت نه فناه

جو کوزیدین غیر خیالی کونکلا تونتی خطرنینک که سبزه حوتی کونکا دردشت ارا جو کوزیدی گیاه

فنا یولیده اگر یانه راه روینه عجب که یول مخوف دورور انداق یوقتور همراه

نوای اول دیوه خبر صدق وجودی یوقتور شیخ
نه یاد غورمسی ان لا اله الا الله

باده تا بردی قزیللار کلا رعذارینک یاغیده | اب کش لارینک مثالی کلدی کل یافراغیده

فرقتینکدین داغ ایله قانیم امیکسور لاله دیک | کیم یوق اولتورماک ان قانیده کویمک داغیده

لطف کورکیم بر صراحی دیک کیم اول کورکیم بولور | باده کیم نوشی انکا ظاهر دور انینک قورساغیده

کورمینک جانیم نی کیم اول تاغ نینک ستیدا من | عشق ار فرهاد ار قالمیش بیت تاغیده

نافتی جان عشق اهلی کیم اول کوی ارا دفن اتتیلار | کر بیا حیوان سوبی دور کوی نینک تفراغیده

قاریدیم عصیان ایله ایدی فیما یلیغ نه سود | کی ننکی قیلغالی ایدیم تقوی یکیت لیکی چاغیده

باردی تیشلاب بارماغین کوردکاج نوای جانی نه
هم حیات هم اولوم کوردوم انینک بارماغیده

یوزونی کوریب قیلماغیل مرتضی خیال خطادین ناله | کیم بو لاله نینک غبار سیزکل دور ونی اوت داغی سیز لاله

جنون دورتیشلار یکه چرخی دینی اولدوم شیغ لمر جرخه | نجوم اشکینی یاغدورسه بیشیم ایلاکیم ذالسه

ایاسی سیر اربیتیم قالان کوز مردمی سالور | ایتینک الدیدا یاغیر یمنی اودوب پرکاله

لبینک ایچیا قیننی خضر خطینک یونتی اتیار عشت | حباب اولمیشی اوت قیرا ایکی آنه دیمه بتی حاله

یودونکدو ورایلادور کیم حرخ ارای خوبلار شاهی | کیم بو ملایدور قرح دور یلا هرکز ایلامه بر حاله

یوزینکه

یوز بیلا ای فلک نینگ زیب بیرگن حسن سالغیل کیم   قویاش حسنینه مشاطه باعث دور ولاله

پیاله بیرمی لاغر یمونی قوییب کوبوینی ای ساقی   که اول جوهرنی کوبا کیم مناسبکلی ایرور لاله

بسی مشتاق فیلیکا ایردوک ویرا ایچ کلدینک ای مطرب   نه سازنینک بر تحلیلنی بولوی یا لحن ای پرناله

بو بزمنه اهلی جو یکیم عاقبت جز بی والیق دور

نوائی خواهی بزمی عیسی توز خواه ایلاکیل ناله

باشیمنی شعلهٔ هجران توتشقانینی ایلسکی که   وصال اوجی یکیتیو التون تاجی قوینونی رشه

بروکیم یوز پری ویرانه وار ایتحای انکا قل لوق   بلا خاهی گرفتاری هکاکین ده قحجی بلسون

نه بیلماکیم انیک حالینی پری دیوانه ایتمیشی ده   سیتیت کاهی وا توتقونلار بیوز اولکی قمار غای ج

نه اکر اولکنی حشمت دین قویاشی ذره جی کورمس   قویاش هجرانیدین سرکشته بول ذره ناکه

نه واقیف وصل مصری هجره منزل ایلاکای ت   کلادی یکیم انکا دیوانه هجری اولوی فرزلکه

منی کیم قتل اوچون خاجی ایتی ز قت قایله منکر   بر اوکیم قتل عام اتیشی کونکلوه حشر

منکا دور بیری مطلوب زاهد حوری غه طالب   تجی نی محبت حقیقتقای جونکا من تکدا اون اید

توت ای ساقی فنا جامی کیم عشق الینه ایکساندور   ذوقی فیتق وکر زاهد اکر بولسون کونکلوده

نوائی غه اول آی کیم روحی قوتی کلدی انفاس

دیب مسیحا تیلورمن نی دیمای اول غیر بسم الله

جان الیک کونکلوم نشان غنچه خندانیده — موندا تازه داغ بیلنیغ خالی انینک یانیده

یوقتور ایسه لار کاسانی کوییدا اولتورکالی — کیم اول آی کوییدا من هم یوق من ایتیلار رسوا ییده

کونکل بولوب یا عزیم آقار بولسه تیلاسانک تاپیلور — لاله هجره سبزه دیک پیکان نی سر ایشیم قانیده

ایلادور رعنا غزالیم لاجوردی طاق ارا — کیم ایماس هوندیغ غزالی در سپهر ایوانیده

سهره ناف ماندور اول کل کیم لبکیدور قزیل — بارچه کل رخ لار ایرور باری انینک قهانیده

هجر یمدا یارجه غمدالی ایتیلار ساغیندا دور — بارچه رحمت آتی دیک نازل انینک یانیده

دور ایاغیدین وفا اهلیغ اونتما ساقیا — کیم وفا یوق خبر اونتوماغلیق فلک دورانیده

دانیشی اهلی نیک توبشید کلتور ورنادانی هجر — فکری یوق کیم راست کلکی بو خرد میزانیده

ای نوای بلبل ایرور خوش الحان کورهی هجر
نوحه رنکی کورکوزور هردم انینک الحانیده

نی عجب عشاق اگر بولسالار منی دار اوزکاچه — هم ایرور معشوق لاردین اول ستمکار اوزکاچه

باغ نسیمه احباب بولمیش جمعی یعنی ایتیلار نیک — کوییا کیم ضعف دین بولمیشی بو بیماره اوزکاچه

دهر آشوبه دور دیر کیم بولمیشی اول بی باک مست — انکیدا توتون اوزکاچه باشیدا دستار اوزکاچه

اوزکاچه بولور اوتوم بیکانلار نیکدین ایلاکوم — قطره تر لاردین دور اول کل رنگ رخسار اوزکاچه

جانیم اولمیشی اوزکاچه هردم که اول آی کوییدا — لب دا کفتار اوزکاچه قامت دا رفتار اوزکاچه

قیلی

國家圖書館藏民族文字古籍叢書

قیل رعایت ساقیا کیم بزمیده بردم بولای
کیم منکا هردم بولور حالی پریشان اوزگاچه

جاندین ایریلماق ایماس ممکین انینگدین کیم
جرماشیب دور رشته جانیمغه هر تار اوزگاچه

عالم اهلی ایچره آدم دیمک اولماس انی کیم
هیچ ایله توتقای انینگ قانون اطوار اوزگاچه

ای نوائی دهر گلزاریده اوتکن هر گلی
کورگوزور یوز خار هر جاریغه اطوار اوزگاچه

هجوم خال ابرو را اول گل جمال اوزره
نچوک که مشک ساچلغای هلال اوزره

جنون سلاسل بوینوم غه ضعف ایلیکتین ایل
هزور ایلاکه دنج ارا خلال اوزره

قدینینگ تجلی یوق خوبلار ارا آنینگ کیم
طیور قلیسه وطن تاغ نینگ نهال اوزره

بلینگ خیال تینیم برله تا کی جرم مشتی
خیال دور نی دیوانه خیال اوزره

من فراق یوکی چکی اوزگا قوم دردور
که بزم عیش تو ذار سیند ورو وصال اوزره

سالور فتور صفا ایغ کونکل غه خار جم
بیل اول صفت که تموج سالور زلال ایچره

نوائی ایلادی جانینی فدا و وصل سوزی
ایماس یقین اوتار و بارچه احتمال اوزره

بروبکیم رشک ایلیتور منی بجور مالک کا خیال ایچره
نه کیم کجا کو منکلوم که ایل ایله کورسام وصال ایچره

باغیر دا یوز بلا نشتی کونکل ده مینکک فراق اوتی
کشی نه سان غیل عشق اهلی نی یا رب بو حال ایچره

کونکل هر لحظه ایلی بیداد اتیاردین یوز صعوبت دا
ذمانه دین یاریب قوتالغوی دیمینک ملال ایچره

تنیمدا اکثر بت پیکان تا تیغینی یاغدوردی
هم اولدوم دیمی ایرور تیغ یودهیچ اشتغال ایچره

تا قیلمس کام ایله کونکلوم یوزدیوینی اولوی انواعیم
سکندر ایچیو اندین تمنای محال ایچره

تون اقتشام ایلادیم یوتنا شفق ایچره قویاشی فهم اتیب
کیرار هر شام اولا کهربا رنک دوران ال ایچره

بیل اغزینینک خیالیدین اگرچه لا من لیکین
جدل اهلی مثلیک اوتتی عمرم قیل قال ایچره

نوای تاپتی مهلک نالدین اول ضعف کیم سیغغای
قلم دانال انداغکیم سیغار اول دانی تال ایچره

یولیده اتراق اولدوم ای صبا اوتسانک غبار ایچره
قیون بولغیل داغ ایلیب صدقه قیلغیل کل غدار ایچره

کر اولسام اول ملک سیما پری هجریدا ایلانغای
پری برله ملک فروانه دیک شمعی عذار ایچره

فراقی تیره بار انکلا چکتیم یوشتو اوخشتقای
که بولغیلار توکیم یا قفان کوزیم حبیبی غبار ایچره

قویاشی نیکلیغ یوزونینک هجریدا ایرماکسی یار وحیا تمکیم
کر اول یوز قویاشی طالع قرار غان تر ورد کمار ایچره

یکته لار عشقی نی کر اختیار اتمای عیبام قویماکسی
یکته لیک برله عشق بیشوه لیک اوز اختیار ایچره

جنون وادیسیدا صبا یوز دشت بولوم دین
مگر تیمام نی ایلادام سر ایکینچی جا بیکس او ایچره

سنی ای غنچه مخمورلوقدینی اسرا کسوه تنگرینی
اگر بر جام می برله علاجی اتسانک خمار ایچره

فنا میخانه سی نینک مغرو شیغ فدا جانم
که می احسانی قیلور دوقیدا باتمی یوق بار ایچره

دفا

تعجب رشته سی اوزنه کین هر بیر شرار ایرمه | دنا او تیغه عین کوییدوم ولی تیغمای نوای دیک

استیغ نازنین جسمینگ کا تردین توشتی تاب ایره

ایرور بیر آتشین گلبرگیم یا توغای گلاب ایره

ایشیم نم جیدیغی ای گل بولوب تی غنچه اندا غکیم | حریر جلهلیغ جسمینگ توشوبدور پیچ تاب ایره

اسیغلیغیدین تننگ اوت بولدی تا انگا یوق تیگما ملایمشنکیم | حرارت دین قلیب دوری شعله اولوم اضطراب ایره

قریلی جادیرشتباه دی توشتکالار ایره تیر آرسین | انیکدیک اه کیم کردون ارا کلکون سحاب ایره

لبینگ یاقوت ایره قطره قطره ترموده یا خود | توشوبدور دانه دانه انجو ایکا لعل ناب ایره

دیوییلا ایکیم خراب اولمیش استما تا ایرله جانانینگ | خاوت لادیم بو سعدین توشملادی جان خراب ایره

نگون بولغای یا آی تنینک بولغای تولون آی کیم | تولا ساغر ایچیبان بزم توسا انگعا آفتاب ایره

اودوم ساقی بهاء هستیم توتغیلی تولا ساغر | که چرخ منقلب دوران هستی انقلاب ایره

نوایی یار تا قیسانگ سلامت خیر یاد ایتکیم

ینا تا قیسانگ غیرقیلمادی جانینگ عذاب ایره

ملرکیم سنا نغمای عین ایناشی اوزره یرلاریغه | کلیکیم یار بیرکای عین کیبی عنبرین تولالاریغه

سنمدی یولیدین ترجیح ایلار طوطیلاریغه | نکلی توزلیغ کلتورب صبا کوزلاریغه تارتلار من

نیره مه التفاتیم یوق کوزی عینکتی قولاریغه | کوزدوق تشکیدا چراغ انور کوزدوم تاکوزدوم

جو اول بیگانه وحشی آشنالیغ کوردوم ایلاب چین — اوذودین بربولی بیگانه ایلاب آشنالارغه
جو یوسین کرچه کوب تارتیب وفا قیلوم تلامی دور — که اتیب وفا اوتکاذ دمان قیلغای جفالارغه
بنجه حسن اهلینی باغیب بلا عشقا تارتار من — بلاکشی ایل تحمل ایلامای تیغای بلالارغه
من می غلغلی شوخی ساقی حکمی احزاسی — بیتا الماس قولاق دور اهلی ایلار ماجرالارغه
دماغ شعله طوحی لغتین سالغای توتولون تاردی — عجب یوکینه اوذینی توتقار دیلار یوز رجی الارغه

نوایی نافتی نوایی بر که کلکیم یاردین کلدی
اینک الطافی یتکوردی مونی بر کسی نوالارغه

تیتیب اوذومنی تصور قیلای وصال اچره — دلیرا دجون باقالمان انکا خیال اچره
قدی لطافتی یارا اعتدال دین ارتوق — ولیک جلوه سیدور حد اعتدال اچره
نهال قدین ایکه ذلفی سنبلی داکورونکذ — الیف کیبی که قفا کلی یاذدی دال اچره
جمن ارا قیزوردرسا رعارذی کلی رعنا — مکر که قالوی جماعتکیدین انفعال اچره
دیکلی که خالی داقی نقطه سی بولور ظاهر — توتار غیر رنکی قویار نقطه جونکه خال اچره
قویاشی چیاتی سویلا کورونوی ایلی ساقی — جمال عکسینی سالوی جو ذلال اچره
دمانه اهلیدا یوق قوروفا انی تیلامه — که قالماغای کسی ای نا فسانکه ملال اچره
جو صرف ایلا توجیه سرودی نمکین ایاکسی — نه اکه اهل جدل موبحث قیلی و قال اچره

نوایی

نوای ایلکنی توتیغیل که وصل امیدی
سایه‌دور بوداودینی اندیشه مجال ایچره

ای جمالینگ لاله‌زاری کوزلاریم ایچره   تا دیک قانا باغلادی هجرینگدا باغریم قابیغه
یا مرگا کل موی دور آهیم توتونیدیک قرا   یا او تلغا تملار ایچیدین سیلاب الوفتافه قره
عارضینگ کلدا ریبوغ باردوق تماشا قیلغالی   جیمیتی لاله اچلغانیدا توغار آه ایچره
یار اوچون ایوان سالیب مین کوز اوی نقاشیدیک   کرفکمدین توتوب آیینی تکر اسیاب پنجره

ای نوای قل لاریدا یوقدور سینینگدیک برحقیر
خسروی لشکرشکن سلطان بایقره

خلق مهریدین بنه یارب غنی دار ایلامه   ایلاسانک هم مهری یوق لارغه گرفتار ایلامه
مهرو بانلارغه داغی اوچرا تماکایل نیک مهری غه   تا کیمان خاطرلاری ایچره پدیدار ایلامه
ای پری قیلغیغه میل ایتما اینگ فدا جانیم ولیک   اوزگه سارین خاطرینگ میلین اخلال ایلامه
لعلیدین کیم قیلیشه مرسوز تعلیم جانیم ایکوینکلا   الدیدا جانی جوهرینی اوزکا اشیار ایلامه
بولسه وصلی توتشی دایم خود یار ایچره سوینکانیم اولیغه   ای خضر حیوان سوین ایچماکنی پیدار ایلامه
جلوه کیز ایچره جهان توبید اوم قدم ای پیر دیر   صبحه ذوقی خمیدین اوزکا دیندار ایلامه
ای نوای دم‌بدم انکار کونکلونکدین سایب   ایتینگ اتینک اون بیلا ایل کونکلیدین افکار ایلامه

وه که کلتوردونک فراقنکدین بلالار باشیمه   اول بلالاردین کوفا جیم کلدیلار هم باشیمه

رحم اگر بولسه باشیم نیک هر توکی سامانی نی تانک   موبموی تاشی کیم یاغدوردیلار دلبرلار باشیمه

سرو قدلار نینک تیمناسی بیلکیدین چقماغای   قهر اتیب ای شیخ سندورسانک عصالار باشیمه

کورماین کوزلارنی چیقان کلدی باشیغه یوزبلار   کورنیلار کلتوردی بو یوزی قرالار باشیمه

عشقی ایلا کیم که اهل بغض یغه باشی ایندورمادیم   کلدی تورلوک تورلوک انیدین ماجرالار باشیمه

موعالار باشیمه یوشلونجه هردم عقلی دینی   کلسه حوش اراق عشق تنغدین بیرالار باشیمه

کوییدا اولوی نوای تاجی اغوین ایتلاری

یوق ایوی اولتورالار بلادین تاشلار باشیمه

گر وصال توبین باره بیلیه یا تقونچه   جمال شمیسی قیلسون نظر تا انکا تقونچه

میسر اولمادی بجا هر ماکی لبین ایچالی   تنعدین کر قالمادی نجا یغی انی اونا تقونچه

منی یوق اتکم ایورده هجری سنکبارانی   تنعدین کر یاغدی تینیم تاشی ایجیلیا تقونچه

کونکل جراحتینه باق وصال مرهمی   فراق خاره سی برله باشیم اوداتا تقونچه

صلاحی توبه نی بجا کله اتقه تشنه استغراق ای شیخ   ریا یوردی برله خرقه نی یما تقونچه

نوای دیرفنا هری جلوتسین خوشی بوت   اوذو نکی ذهاب ریا جهو عیوقا تقونچه

کونکونک غم قتلی که بیلا بلا جلادی قیلسه   جنون تغبیری بوبدوعه اسیات تیغ باشخده

اینجم نیک

الحکم نیک قان داغیدیغ باشیم‌ده اخترمتی نشانه دور لاله دیک اول کلی غمدین ایچی تاشیمده

ایرور اول کل غمدین سر کوزنشیم دین عیان خط لار حباب موجی کیم ظاهر بولور کوز یاشیمده

نبود مدارانکلی سمین بر لیم توزدی معاشیمنی نی حالیم بار ایمان ظاهر دور دور و دیبه خاشیمده

کونکلم ایچری تیک ایلیکی تیر یاغیدین باغری خراشی اوکناکی تولقا سالسا ناک ایرور ظاهر فغان ایره خراشیمده

غمکیدین ایچ تالاشیم قوراشیم جانانه بیلای من مدد قیلسا ایکه لیکیدین بر تحلیم توبلاشیمده

کونکلم کا باده زهره و داشی بیلان سالدا او یت لیکین بو شور غیلا جز قدح سود ایکی قور او داشیمده

جفالار تیشی مینی کر ایلادی تولنی تاپ سالار نظاره قیل سنک الا ارحرف وفادین اوکه تاشیمده

نوایی سحر ایماس کویا کلام الله عجائب سیدور

بو معجزه لار که ظاهر بولدی کلک نکته تاشیمده

هلاک ایتکیل مینی جکیب تیغ جفا اولکانه اولتورمه که عشقینک اوتی تاپ ایچری اوتیدین کویکانین کویدورمه

مینی دیوانه جون تور اغیناک اولوم ای پری پیکری جفالار تشی مجنون دیب بو تفراغ اوده یا عیلدورمه

الجیب قانیم تیلار کونکلوم شکسته کوزلار یدین کم جو مینی توشی قیلدینک شکسته سین ای شوخ جی سیندورمه

مین ازکالمو یکدین اولدوم بعلی اتیارکه عشقینک کمبدور اولار برله اودو عشکی نیشاقوت حالیمنی دانغورمه

سنی کورکاچ کیم فریاد ایلادیم بی اختیار اولدوم یارو غوی اجرا ایلاب مینی بوشیدا یاد غورمه

جو مین توزلی بولدوم کوییدا ای صرصر هجران حبیب اولیان و مناد تغراغنی یاری ساورمه

فتنهٔ دور عشق اول شوخ اینسه جلوه با قوردی عاقیل کونکلانی کرویسا نکا الوورمه ای کیم کوزینی الوورمه

می لعلکدین اهلی بزم ارا سروکه دورای ساقی چو ایچیبسانک باده منکا اونکه ساغرنی الوورمه

نوای تیکوروب سن بیلورسن تینمدوروب ایلنی

نوای نی جفا جور اوتیدین باری تینمدورمه

فلک دون بختلیغی تیکادیب کونکلونک نشاد ایتمه یمانلیق کیم تیبار جاها اونتوت اوتکانی یاد ایتمه

زمانه اهلیغه یوز قویاسنکه کوروب کوردوب سینی مهر وفا دیب نهار کیم برذره جاغلیق اعتماد ایتمه

نجوم چرخ چیکیدا انوما کوا آنیک بینجه تیکن شابین توتون نی چرخی اوجقونلاری انجم اعتقاد ایتمه

فنا اهلی ایلایی توراغنیق شرحین یا وار بولسانک قرا ایم نی جل ایلا ای رفیق اوزکا عنوا ایتمه

مو داتنکه قرا ایم نی قیلبان کرفکر خامه کوزونک نیلیبر ده سیمینی اوزکا کاغذ سواد ایتمه

قیلیب صالح عمل کسب شعار ینکی صلاح ایکیل ولی کهند خیالینک برله هردم بر فساد ایتمه

جو بیلدینک رزق اوزوق مقسوم حکمیدا دهمت دنیا همت قناعت دین خارج ایتماس اشی عمدوغ انقیاد ایتمه

تیلاکاسینی نقود شمتین قطع قیلغاسن ای انلار که باغیر موتیلی یوراک پرکاله سیدین اوزکا زاد ایتمه

نوای استسانک عقبی مراد نامراد اولغیل

اکر دنیا مرادی یوقتور اوزونی نامراد ایتمه

تا نکوسا له وعده وصلینک بار بو کیجه کیم منی اولتورکوسی وصل انتظار بو کیجه

جون

چون یاشوردی اول قویاشی اوتلوغ جمالین ده کورونک کیم اوتماره دومیدین آهینینک شراری بو کیچه

چرخنی اوده هر یان شهاب ایرماس توتون مینینگ جانیمه یاشین توکار هر لحظه جسم ناتوان اشکباری بو کیچه

صبح اگر اورماس نفسی اول کیم دور ریا اول مسیح بر نفس کیلماس منی دلخسته بیمار بو کیچه

انگلاتور بر میدای شمع قدح یغلاب کیلور وه کیم اولتوردی مینی کیم اضطراری بو کیچه

ساقیا وصلینگ شغلی کون جامدین تیر کور منی کیم قلیب دور قهر هجرانی و وصلینگ خماری بو کیچه

ای نوایی سن اگر کوندوز کا یتماینک نیچم اول

کیم غمیدین قالمغای جان بیر گه یاری بو کیچه

کیچه ایل آسوده کونکلوم دور بر وقت قایغوغه سیده اوکیم منی قایغو سیده آسوده ناز اوتیغو سیده

اوتلوغ بولدون صبح هر کوز حالی معنی ظاهر دود در شامی یینک اگر یاغلیغی دور صبحینک کونکلو سیده

آه کیم یوق شامی هجری آه غم یوق صبح وصال گر یوق ایشتا مکی یوقتور صبح نیکلا توو سیده

مهر یا عدو سیده ذره بولماغانینک بیکاه یوز تعنی معینک مهر نهان نوری یوزونینک یا غی کیده

اویقو دارام یوق توتون کوزکی عکسینی تا خادیم یوق قحمر آتیده کوزون قویاشی اورتر و سیده

کیمک چون اوتغله کیم تیماس جان اتغوت مغتنم عمری ز اوتکان دمه اوتغله هیچ ایلا افسوس سیده

نغل کسمایه یدر نوایی قل لو غلدین در نیتانه

عشق بیمدین علامت یار نینک یکلو سیده

بیه ذلفونک بودوع علموق سالدی کویلگلوم خانما نیده بیلان الله اعلم صانعا تذرغالی قوض استا نیده
یودودنک کیم بولدی امیدینح لعلی کویا بویلعیشی ایگا ذلفونک اول ایک لام و بیک کیم لعلی نیک یارا گا یا نده
یا ذولفونه ایلوک ایک کیم البوسر نغد اسرا وملکی ایروم خال قد ننک نغشی یوذ ر خشم بینده
و عمانه جنبدی حبون بولا ولارسم وفا کرکز و فارس مین نعمت انطلا غیل چشونک و غیا
نه جنبوتک وصفو غانسرین لعلی صندا حمکین نه عشقیم جزوی غزویاد عجنونف دستا نیده
مرو دی گی انصاف ایش کوز توهما غیل الیقین بورنکی بویلوق کلی لوق بو عالم کلستا نیده

فیلو دکو یبدا ایت قتل نوای نلمو روب مجروم
شوبیع کیم ایرماس اول یارا لیده ابو خیل سما نیده

یقا دیک قرب اکر قاندم سینک ستغا غلگو اتیا کو یک بی بی ایرماس توتشام ایاعگکو
مو جوک لوکیبنی هو یا کو یو د رکن ذیبه قلی یا منی اور بلیم کم تاقت لعل اتنین نیلغع دودغنگکو
کونگل منرضه نیلا ایمرن کر یکمد بی قطره قانی لاذر بو یکلی رشته بیرو تا اسیر ولیشی قولاعگکو
نا کوشوتکنی اوبال کیم و دیکم خلق دمه وین دی المانا و سیا ایک استطاعا ایتا توبلگکو
لنیک ادیما لاک چبحه یوق ولی لطفی ایکلن کج که مو نلعویم کوز لالریم ستا قشی ستا غکو
سنگای یا د شفی نهیت فاعقیم یا ایم اولو اوف صده دین هر طرف توبانیکا مبر را صدا عنگکو
جب ای یا سودرای صنف همدی کوتارماسی یا کسی اولو بی رشته لب نیک با هبر زبمن ایتلن عکگو

قنا نیکنه

جنون دین

جنونوم تاغی مجرا اجره عیب ایتمه فغانیمنی   بو دوریشی ایری تاکیم توتوبدور منی سر اغیکه

نوایی کونکلی قانین توکاکالی سه ابا سین ای قاتل

امیدیم یوق ایدی کونکلونی مونجه سرا عیکه

خوش اول کیم یار ایوی ایلکیم دیب نا سنبلونک که که   توتوبلار جرعه شور بینوا جون سنا غنام

یوزونک کوردم پاکی تیک مهر کوزوم دور بالی لیک عینی   اینکیک یوز یکه مونداغ کوزدین اوزکا کوز معاد ایله

کونکلی بر کاسه بر طرق عشقکیمنی اوز تالنمان   شرر لاریم غبار آهم اوت دودی بیله هم

توشوم دا لعلی ضیا بیدور اوی غاتیمانک فتنی کرخود   مسیحا بر بیر توشوم باشیم اوذوره کلک لاری هم

اوجوب روحوم قوشوم یر دم هوا ایلار دنجه دانین   اینکیلیک قوشی عشقیکیم نشیمن قیلغاج اولتوغی

محبت کوییدا بولیکیم کوادشه نه قیلور عاشق   بعینه بابا بنکیدیک کیم کوادشغ عشق التطایی

قفا ما میر جوبیکم فوت حال ایلار ذهی حسرت   موقعی اولکه اول دین بولور اوز جالیدین اکه

قلم یادغانی بلا دین محبت بولغای ذهی نادان   مغریر بولمغای روذی طلب قیلغای ذهی ایله

نوایی دفتری اجرا یا ذیب کوز توکتی خونابین

جو اجیبانک محبوجه جونکور نالیسین قانی قامونینی تیرته

کونکلکیم وصلی غ سهتاب هر طرف داغ ستیزه بیله   ایرور یوسنغی خریداری تجه اسکی دم بیله

قنانیغ کونکلوم اوت لوغ دمیم سهل توتمانکا   الیب منی عشق اقلیم بوطبل علم بیله

ایتیور دود آه ایله اغیارنی اول یوز همو سیدی / ایلیکدین یاکیم کیم کیسه سو دینی کوتارکای تیشنی دم بیرله

تردق جسمیدا قانلیغ فرخم ایکیتور قطع جون یاپی / که بیو ندا ایلامیش سن اوکی عطالی لانی بیوقیم بیرله

توبکه بیربرا لیغی دنیای هنجیم جا الیتیم کورکیم / که کوکسوم تحته رحلی اولدی ایریانی بو رقیم بیرله

کوبکلی مهوشی لاربیزبولوں وصیل بولکیم بولسون / اکر قایلی حمد بیرله وکر فدا کر صنم بیرله

تعینی خرمانینی کوبیو درکه آمابر قور رقتاری / که کوکدین یر جه منزل قطع قیلغای قدم بیرله

دیمه کوکسو نکه اسکرکه نوای نلای کیم کوذم بریانی / جو بوکینی قطره واغی اولوی بو زینی هم بیرله

قوں اغزینیک بیلا ذلفونیک بیلاب کوزیو عدی عالم دینه

نوایینی ترحیم ایلاکیلی باردی الیم بیرله

منی کدا یه جهانی بیتسام ایرورشاهمغه / باشیمنی یرده تو بیوب شکر ایتای آلهمغه

کمینه یراغلیقم ایردی جو لطف مظهری سین / عنایت ایلاکیلی باقما غیلی آلهمغه

دیدی سغوده بیستون بیرله بار حاهمدوریه / کیشی کا باقیتی فلک بیرله دود آهمغه

بهها توبکه لادیم اولمیشی حال اوجو بهاهبت / کیشی بو بیحوتینه ساتقا یمو اول دراهمغه

نوایییا بیدکر لار بیوذینی کورسام

مطبع قیل یولا بینی بجت بیکیخواهمغه

ذلفی قانلیغ بیر یمنی جکتی بینج خم بیله / اول صفت کیم تاریقتای اتزور بیر اوتی دم بیله

تال

تا کیم جکما گوی کیم قیلدینک صنع ای لعلینک نگین   بر بولی اغزیمنی قلقیل مهر اول خاتم بیله

مرهمیم صلین کونکل چاکیدین الماکای رفیق   کیم جیقار جانیم داغی ایریلمای اول مرهم بیله

تا غمینک و اسیدا اواره بولودوم آه کیم   اوزنی هرگز تانمادیم بر خاطری خرم بیله

رشکدین عشقینک توتار من و جانلو نکلوم دیمکیمنی   بولماس سیرین و شیمالی ایکی ناجرم بیله

نی طلب بعق قا عشق من طالب ولیکیا مجبور من   تا المثنام در جانده اد شبو نکته مبهم بیله

ای نوایی خلق دین توت گوشه کیم من تینادیم
تا کی بولادوم آشنا خیلی بنی آدم بیله

٥٥
جمنده سرو یا گل چون صبا دین تیره انوار تاکه   ساغینیب سرو و گل‌ره یوم کلو افغان جهان دین

تا شمنی المغایین سجده شکر ایلایا بیر دین   اگر سرو خرامانمیغه بولسام سایه دیک هر ه

اوزدوم یم ایرمان اون جانیم دین اکه تا ان کور سام   یوق اوکیم ایرماس هجرالمیدین نا امید

ونجد ایکیدا خوی ایرماس کیم انی دنده کاییدور   که حیوان جشمه سی نینک آشیدا دفیق

یوز المانسرو دیر له گل ایا غندین کیره یو قتور   انینک قد یوزینک بایه ار ابواحدی قسیم

یوزدین کا صفیه ورته صفحه یا دسم تمام اولماکای   که بولغای صفحه خورشید جواول صحو نیره

جنونوم منع قیلدینک اولیری عشقیدا ای ناصح   کیم دیوانه بولسیم تیراق یونقاندیم ابد

تجملی رحقتدین ای انشه گداغه قیلما استغنا   جو باغلار رخت بودیر فنا کر گدا اگر شه

نوای کوب ویمیم غم خیلی دین میخانه ما کوی دور عزیمت قیلسانک وار الامان غم خیل دان الله

تیره لیک خط لبینک سوادیدین لبی خندان اوده خضر سالای سایه گویا چشمهٔ حیوان اوده

تا چیقیب کونکلوم نی لعلینک حسرتی قان ایلای منیکی اندا خالینک نقشی اولتورغان جبین دور خوان اوده

چاک کونکلوم ناله سیدین ای حق کو قوتش کیبی کیم اول ای کو بیدا افغان ایرور افغان اوده

طایر محنت بو دوزخ کونکلوم اوتینی آشیان جغد اندا کیم نشیمین ایلاکای ویران اوده

ای مسلمانلار تینیک فریاد کیم کافری جان کونکلوم الدی ایدی سوز ایرور ایمان اوده

چرخی طاق دین تا پارکون چشمه سی هر کون روان ذره رقیدین شمسه چکمالنه هیچ ابدان اوده

ای نوای یاد دین دردیم یوکین کونکلوم قوی
کونکلوم اوده قویدوم اول اول یوکی نی منت جانی اوده

باده توت ساقی که ایام وصال اولدی بیله دست بردی شادلیق غم پایمال اولدی بیله

می مدام ایچه اول می کون صنم دوریدا کیم زهد ایله تقوی حرام می حلال اولدی بیله

خوبلار کوینی سیر ایلاب ایدی یا رب کونکلم کیم کلور آیا انکا بیلمان نی حال اولدی بیله

غمزه بر له کوزلاری عین بلا بولغان اوچون اول شوخ معنی نی قریشان ذلفی دال اولدی بیله

طالبی جان نجیب دین تا فتیی نوای تمام دل
ای اجل اولما کی انکا امر محال اولدی بیله

اللکبر

رنگسیز خالینگ ایرور اول عارض دلجو اوزه		وه کیم اول تیکلیغ کیلگور کوزمای ایش کوزکو اوزه

نشأ یاقوت مفرح‌دین کرا ایرکاس دمبدم		دربه لعلینگدا ایچیم کولگو دردر کولگو اوزه

فاده حکمت مگر کیم جان برلیقیلدی مهر		لعل دین جون ساغلوی قفل اول حقه الجو اوزه

عنبرین زلفونگ ملایکه شهپریدین سایه دور		کیم عیان بولوی تجلی افتابی یا عدو اوزه

ساقیا عشرت مبین بنیاد ایله ساغر قوی		باده جو یکیم دهر بنیادی دین کوراس سو اوزه

کوی تغراغیده قان یوتسه نوای تخراق

بادهٔ کوثر جرعه‌دین روضهٔ مینو اوزه

ای خوش اول کیم گاه گاهی تینه یاری قاشیغه		اول هیتس بولماس اورولسه کویی باشیغه

عشق بیماری‌غه هم شربت بیابودور هم غذا		هجری ار قوشوب بغیری کالسن قانی باشیغه

بس عجایب صورت اول تیغ‌چی‌نی ایلای فدا		صورتینگ نقشیغه باس اول صورت نقاشیغه

من اولاغ کوبیدا برکیتیم جفادین قاچاین		گرچه باشیمغه بلا یاغدی انینگ پاداشیغه

بر سری موی هوند قالمابودور سلامت‌دین نشانی		تا سنوق باشیم نشانی بولمیش ملامت تاشیغه

پرده درکلدی بنجو هوینگ ای قویاشی گجون دار		یوق انینگا اول جمال کیم دیرفنا خوشیغه

تولدا ادایودی ساقی اولوم کیم نوای بولمست

لعلنی ایتب در ایلی انی یکورونک قولداشیغه

تون کونی کیم اورولور منی هجری بیمار باشیغه
سوورلاب ایورسه کاشکی منی یار باشیغه

نقطه‌ای منی هوادین اگر اشک درلاریم
ساچسام بارین بولوت کبی دلدار باشیغه

اول نخل نازی باشیغه کیلدورور بوینی ایرسه چرخ
پیوند قیلدی کلنی سپیدار باشیغه

باشیم آغاردی عشقیدا بیل عشق تیغیدین
ما موغ یا پوشتور ورلول بو افکار باشیغه

بر هم ایت که عشق جرمی بیله جکتی لار منی
باغلاب طناب بو بینوعه بازار باشیغه

تون کون اولوی قوش نیک تماموسی
جون جرمادی الا بولا دستار باشیغه

باشیدا هم اوتاغ هم باده هم عتاب
تا فتنه نیلار بول اول تهی عیار باشیغه

مهلک دور رخماری منی کاشکی ای رفیق
بیکور بساینک ایردی کوده خمار باشیغه

فقل ایطار ایلی عزری ایلار دون نوایا
تعزاب ساچ اولشوقاتل غدار باشیغه

نی بر یاری وصلی سعی نامرادلیق قیلسه
بی بزار یکه هجرم دردی داغ دردلیق قیلسه

غم بله ایکی یک جنت معیم اولگوم ایرالیسام
نجه کیم سرد او آدم قولدین فردلیق قیلسه

مینک دیک عقل و دینیم ییل کا برگنه تا مغانی هرگز
صبا هر نجه کیم سیر ایکره عالم گردلیق قیلسه

فلک اول آی کیم مندین ییراق ساقی بلا اوردم
تیرلیلاک مشکل ایرماس ایمدی بازآورده لیق قیلسه

اگر کوبونکدا اولتورماق تیلار جانیم بو زحمت
اگر ییل لار نوای بو هوا گردلیق قیلسه

نشاه

نشئه‌سی تیلسی باده‌ء گلگون برمی گلنداراییه　　گر کونکل ایچره نزادونینک خمار خماری بار ایسه

بزمی ارا گر خاطری گر غایب اولسون بالی ایماس　　نیتکی یاری قایدا بولسه بزمغه یار ایماسی

وصلی نوشیدین اگر امید هم دور نی غم　　هجری نیشیدین دیبا غیرجال کونکل افگار ایسه

هم کیچه حالت ایما تور شمعی هم کوندوز قویاشی　　مونسیم گر صبح شام اول سرو گل رخسار ایسه

نقد ایمانیم نی اول کافر چو تاراج ایلادی　　نی عجب الهه ابات بوینومدا هم زنار ایسه

کیچه‌لار هر کوچه‌دا ایت دیک یوگورسه تانک ایماس　　کیمکه انینک دلبری بر شب رو عیار ایسه

اول خرابات اهلی بزدین جرعه‌ء توتما دریغ　　کیم ایرور می رهنی گر جبه دستار ایسه

توت قدح دوری نی خوشکیم بیخبر سرگشته‌لیغ　　دهری دوری‌دا بو توقوز گنبذ دوار ایسه

ای نوائی هجر بیله دفع ایلار اول آی هجری دین

خسته کونکلونک زار جسمینکدا یوز آزار ایسه

ایرور کونکل‌دا صفا عشق تازه داغی بیله　　نیچوک کی کوزدا یاروغلوقی ایرور قراغی بیله

فراقی تونی یانکلکی اوقوننک یولین نیچه　　که یار و اول ساری بیطاقوینی چراغی بیله

ایرور سکوت فنا عشق لافی بلبل　　نی واقف ایجه فغان اولوغ دماغی بیله

اول اوت که اورتادی فرزانه‌نی اول اوقات (دینی)　　کورونک که قاره‌لادور شمعی داغی یاغی بیله

نه اولوسی غمیدا جام جم خوشا اوکیم　　سنوق سفال ایله دردا ایچالی ایل فراغی بیله

خمار ارا ایتلادیم ساقی قدح یوزنشلر — نی اولکه من ایتلادیم کلدی اوزایاغی بیله

قوجا دغ سرو نیلا بری قدیکیدیک ایکاسی

که کتورسا ئکدانی باغبان قوجاقی بیله

نصیحت اهلی منکا دیر که ترک لب ده — ایلکینک الیب کلور اغزیم ایچاره منکانی کنه

منکانی ایچاکی ایپاسی اوذلوکو مدین ای ناصح — بو انغیو جنک قدی ول شاهد اولوری کوه

قیلو جنون قدح منی غنه منکا داید — دیکا ایمو تلبه کا بو سوزنی بولماسا ابله

قدح چراغی نی آلیمغه توتغیل ای ساقی — که ذهد ظلمتده اسرو بولمشام مکره

بوشمعی برله خرابات اریا تشلامنی — که تیره ذهد تویغ اچره اولمالیینی ناکه

بلشمنی مری خرابات درکهدید اقویای — که بار شکیده نشا کلا کدا بیله شه

نوای ایتور ایمشی دیرا اصنم ذکرنی

بو بسیم ذاری غه کیم قیلسه ملی بسم الله

بو عمروم رایکانی اوتی کوروبکلار و تتبو غربتده — زمانه بولمالیینی فارغ غم انده وه محنتده

یوروب شهر هجران کزیب بار مصاحب سز — بولاروینی ایریلیب قالوی بو عالم بارچه ظلمتده

بو فانی دهر دین کچنه قلیب دور کوتنه منزل — بو چالانی اوزلاری پیلمای هم یغلادلا فرقتده

سلیمان اوشبو عالم ملک باریغو پادشه ایردی — که اخر دنیا دینی باردی دفا یوق تخت دولتده

قلیب

قلب بو بولغانی نه چیک لار ملک املاکی   بار بیر جوی نقد قیدیغ هیچ یوق عالم مملکت ته

تبر قیلماغیل دنیانی اوزونکنی بارچه دین کیم توت   قلب شیطان تبرکی نی گرفتار طوق لعنت ته

نوائی تبرک قیلماغیل دنیانی باعث خرقه کیم فنادر

تمنا قیلماغیل دنیانی بو آدم جوی که حسرت ته

ده که بیهوده بارچه ضایع بولوری ایل کامی بیله   باده ناب اورنیدا خوناب اشامی بیله

کیم بو زبیل کام الیق قیلیسه بیلکیم اردیماس   دهر ارا هر لحظه بولماغلیق بزو کامی بیله

ایکو نکل ایلی صبحی عیش سارکه باقمه قیل   خوده لیق ویرانه دین جهنت قرانشامی بیله

تو تشو یو تنگ لوق مسکنی خوشتراقدور ازادلیق   بولغاندین دام ارا صیاد ایپاکی دامی بیله

بولماق ایت لار منعمی دین طمع ایلاب بیختراق   تننی قیلغوچه بسمین ناکس لار انعامی بیله

حاجی مرکب برلکیم بارماو بنگه مقصود یولیدین   قطع قیل بی توشه لیک زاد فنا گامی بیله

ای نوائی حزن ایله اوتکان تریلیق محنتی

جون بیکتیلک یاد قیلغ عیش عشرت ایام بیله

نی حوشم یاد ماقا بتیک اول که هر عالم تاب غ   جون یاد الما جناسین ذره احباب غ

نامه سیغه رشته کیم جرما ب ایپاردم رشک دین   تاب جسمم رشته نیتکلیغ توتتی پیچ و تاب غ

باردی قاصد بولدی شام کلمادی انینی جواب   تانکیغه تان لار اوتکای دیده بیخواب غ

کیمکه ایتار زنانه چبر سلمات باقماسون　　　خوبلار خالی خطی غه جان نقطه دا اعرابیغه

جان دا یاتسون غوم الینی دیک ای نوائی نام سین

تغایدا نیین صعب دفعی اولنون تین به تابیغه

وه که چندین ینه سهتی شمال اوزکاچه　　　هر دم الور عطری دین کوکونکلوم حالی اوزکاچه

بلبل قمری حکیب لحن نوا اوزکا نوع　　　کور کوزده دور سرو کلی غنچه ذلال اوزکاچه

سوسن اولوب سر بلند غنچه قلیب نوشخند　　　ایل کا اولار دین یتیب دفعی ملال اوزکاچه

سنبلی تر تاب هم لاله سیراب هم　　　دود ایله او تعدین تا قیب شبنه مثال اوزکاچه

کردی مکر دلبرم حوری پری پیکرم　　　کلشن ارا کونکلیده فکری محال اوزکاچه

بولمنکا داغی اول اندا که عشق ایلار اول　　　قیلسام ایوی مست اولوب قیلی مقال اوزکاچه

عمری ابد تا فنا من توتته منظار رقیح　　　تنشا می دین منظا حسن جمال اوزکاچه

دیر ارا یوقتور کرم دیر نیک اهلینی هم　　　قیلمغای سن ایکو نکل فکری محال اوزکاچه

زاهد نوائی سنطا بر ها وانی هیسجد دا قفقی

ایدی کریب دیر ارا طرحی نه نسال اوزکاچه

نی بوییه اوردوم یو لیدا نه باشیم اولوی خاکره　　　اولتسون عشق سیحی دا باشین ایاغیمدا دور کینه

تما بادا ایچته اول صنم تا هی غه جو مدی لعل هم　　　جانیمدا اوت دور دمبدم باغریمدا قانو دور تبه

جونا

١

چون جنون بولدی یانغه عیشی اولدی جان داغه   کیم اول قد رفتارغه جان کلمشیدور جلوه که

جان قصدیغه قیلسه کمین خطی ابرو رمیک ناوکنین   خورشید حکیمه تیغ کین انجمنه تا انک بولماقی سیه

یوز عشو برله باقیبان جانیمغه اوت نی یاقیبان   لب تیشلابان کوز قاقیبان اولتوروری نرگس کوزدی ده

اججاج یوزی اول نوش لب قیلدیم فغان برله تعب   بلبل غه توتتی نی عجب آشوب افغان جیچکه

بیری اوتماکیچ اندیشه قیلی دوراندا یوقتور بیرمیل   ای شه کدانی کوزکا ایل کیم کدا قالور شه

ساقی تولا جامی کتور جانیمغه آرامی یتور   جالیمغه انجا حیم کتور غم منی قیلمیش تبه

هر یان نوایی سوزیغه قول نی کلمشمیدین راضی بول

سن عاجز جاهیم دور انجه لک الحکم که

ینه نی اوت ایدیکیم توشتی جانیمانیمغه   ینه نه شعله ایدیکیم توتاشتی جانیمغه

ینه نه برق ایدیکیم توشا ج اورتادی هوش و یک   براوت شرارسیدین جسم ناتوانیمغه

ینه نه ناوک هجران ایدیکیم قیلیم اوجون   تکیلدی کونکلوم یعنی کم کردی قانیمغه

ینه الحجاک که هر کوز اوچقنه ساله عشق ینه   شررلار قالیب آه ایله فغانیمغه

بلا اوتی یانادو توشی توتشوم دیدی ای ناصح   نصیحت ایتمه دشمن بار کلمه یانیمغه

ساریغ یوزو منی قرتیلی قیلمه ای وصال هجی   بو کلشن ایچره بهار اولمادی خزانیمغه

نوایی کتیه توبه یاد کار خسته کونکل   دیدیکیم تیکورونکه البته دلستانیمغه

مینکا بولمادی یار بیگانه ناکه
منی قیلمادی زار دیوانه ناکه

سنی اشک اقیزدی کیمای کوز ایمتیم
یقیلمیسون اوستونکما ویرانه ناکه

دیدینک چیکما آه فغان آی تیلای
چیقیب کلسه اول شوخ مستانه ناکه

مصلا یوکین زین ایتارکه چیکارمن
اگر مست کیم بولسه میخانه ناکه

کوب اسرو کونکلو کدین ای پیر دیر اوتویا تور
قولومدین توشوب سینسا فیجانه ناکه

زمانه اهلیدین ایکو نیکل کرقوتولسانک
اولار ساری میل اتما کیل یانه ناکه

قیامت نجه یا قسه اوسرو کیم عجب
نوای غمی توتسه جانانه ناکه

بت الدیدا چو سجود ایلاکوم انجب بادی
درم یوق ایدی که وخرقا برلا سجاده

او چوز کیم عقلیم اوتیب بلکی یغیم دیم
نه انکلادیمکه سیل ایلادی منی اشبو باده

اگرچه دیر ایدیم اول سرو کی تقلیدیم اما شکر
که باره بغچه کوی ایدا بولدوم افتاده

نیتسماک کیم وحدت فروغی بولماغو ج
ضمیر نینک سی ساقی عذاری یک ساده

چو دهر کلبه ضیا هر یوق ایمی دا وفا
نه بولدی توتشه منکا باده بر پری زاده

قیلور مبالغه کوب عشق باده ترکیدا شیخ
منی هم استار اوزی نیکلیغ ایلاکای لاده

نوای اول غیلی ایکی کون میلدین آزاد
کیم دوست غریبی بولماس هیچ زاده

اجیب

ایکی پاره

اجب کوکسوم شگافین ایلابین کونکلومنی نظاره   ایرور یوز پاره غم تیغیدین مینک یاره

نه تاتشی عربانی تنیمغه اوردی کوکسوم بالیکا سالدیم   منی بیدل کونکل کسب ایتیم ایک کونکلوم نیک چاره

تنیم چون عشق سیر بیلا دیبک منیع اتمه آهنمی   جو قیل اوت اوزره توشتی دود کیبی ایماکیم سحاره

اوتار سین اوینا اوینامن کلا ای خسته یوز اوزره   تالور مین رقیبا باقیق اوجور یالباره یا لباره

اولومدین هجری و شیوار اولماوردا اهلیغ مجنون   اجل مجنون نه سهراب ایلاماکای لیلی غ آواره

کتاب می تو تبسی کونکلوم آیین فانی یوتون کمانتی ایلار   سوابجا می الیجان سا غنوریکیم بول ییغاره

کونکلی سرکشته لیکین بولدی یوق اغزینک کیبی کویا   ان حرخی ایلاکه دور بنجه بولماغلوق بجه انظاره

ملک تسلیمی شیطان گر دیکور بوکه عقل اوتیس   تیلیب ماء مواهر استتار اهارت نفس اماره

نوای کوکسینی جاک اتتی هجری اندا غیم فهم اتمای
تخیل بیحایتی کوتکار ادراکیم قلیسه نظاره

مشکین خطینکا دل ایور کیبی ککلکون ورق ابجره   تون عنبری کویا که سماجلدی شفق ابجره

جان سبزه خطینکا فدا ایکم کوروبون خوشی   ذ نگار ایله خط بیهانات ککلکون ورقا ابجره

باغ ابجره ککلکونی و سیب بر در منتظر آنینک   ککلارسا لیبان نقدی نه مصری بلبیق ابجره

خجلت دان تراب که کو اکبی دیناقزدی   ای کوردی جو خورشید جمالینک عرق ابجره

امید که حق اتکای اینک سعی باطل   هر کمک نهان ایلادی باطل نی حق ابجره

عشق اوتیدا ار علمی نه ضیق دیوان نوای   یوق کیم که سوز مسئله تحقیق ابجره

خطینک سوادیغه صنع ایلکی یوندی چون خامه   هم اول رقم بیله قیلدی منی سیه نامه

تیلدی وه کیم خطینک خیل دود سیغی تیب   تجه قیزیتی جمالینک تو یاشینی نیلگامه

کوزونک خیال کونکلی محزنینی تفرقه قیل   مگر که حفظ اوچون باشی مهری یاد نامه

کونکل خرابه سیدا سالدی طره مهرینی عشق   که اوی هوالیغ الور بولوی خودوا ستامه

مینک کبی کیجا را ایل کونکلی کامدین ناکام   بو قال علمیده هم منیدین ایروی جاهل راق

قیلیک توتتی اوزین عالم اجره علامه
نوای اولسه کی پردیر بزمیدا خامه

تاکوروباتی یوزونی قویاشنی قاتوتالی اشتیاقیم   کماه باشیم اورلادی کهای تولتای ایاغیم

قاتیغیدا خیال یوزوی کافر ابرو کیم ایلدی   قتل اوچون چیقیب دیع زور کوریسا لیبا هیلا کیم

دردیبلا و غم نقد کونکلوم ایا کتوردی عشق   دوستلاری نیز بروکی کیم تیلاکانی ایا قیم

وصلی منی جو اولتوردور بار شنا اوملالی عرفی   رحم ایتیب ای اجل مینی سالما تنک اینک فراقیم

پوریه قیلور اوبکوم او جحی رنگ بیلد پری   نقشی سانغنی ذیبا اوچون سیز غانتی اینک جویاقیم

طالب نقو یار ایسانک بار جهتیک معیا ایتق اول   سین کیم اعتراف کیم ایل ذمانه ناقیم

ثولش لیک زلالیدین خضر نوای ایچالی   جکیبه حیات چشمه سینی ذیر کلور فراقیم

یارب اول یوزنی دمی کوزونککا فهمان ایلام
یا کوزوم ننی انونی اوزی لیودا حیران ایلام

جهر سیو

جهره سینی حیرتیدین بولسون کوزوم یاپغاچ جهره — کوز آلاریم اوزدین اوزکا کوزنی مهمان ایلاماس

اجابین ذولفونینک پریشانی کوبکلومه جکسو تنکراه — یتماسین آهیم لیلی ذولفین پریشان ایلاماس

جانیمه لعلینکدین اوزکه لعلیدین بیرمه حیات — لعلینک جانیمدین اوزکانی قربان ایلاماس

باشیمه کوکدین اوزکاکوی غم قیلمه وطن — کوییدا باشیم دین اوزکا باش غلطان ایلاماس

ایکو تکلی دد اهلیدین میکه یالقوز بولسا کوشه بوق — یا اولاردین تیغ زمینکه غصه افغان ایلاماس

ای نواسان ایلکل نوا بیدیک خوش الحان بلبل
غنچه دیک کونکلونک ملامت خاریدین قان ایلاماس

یا نیدا ایلکی کور سایم اوق سانجلیغنی جانیمه — منکا عشق دین روا کورجانان اوزدیانیمه

زخملیق جانیمه عشقینک اوتیدین کر کشنده ایرور — اوت ایماس اول عرعری و دکیم باقیب دور جانیمه

وصلی کوزنمهمی اریکتور نیت محرم بولور — ای نوا من کیم تا بوغلوق بردرلار قانیمه

جون تیارا اول آی غم فریاد ایرور بو مبدم — کیم جقیب جانیم داغی کاهی بولغوسی فغانیمه

عقلی جانیدین عشقید ایلکانه بولور نک ایکو کال — کیل خدا اوجون بو کوکونی سوینکه یکیم یانیمه

تن اودین دردا اوقی کوب فخم اتتی اما شرالیم — کر قدی تا شکرلوق سیلاب بو ویرانیمه

ای نوای کولوبی اول کل اسکی بولمای خلاص
نیلا ما قدیغیم اگر بو درد کلی خندانیمه

غنچه کللار ایچره کیم پیدا بولور کللذار ایرده بولمادی اغزی نینک عیان ایرز سنینک رخسار ایرده

ضعف دین کلکیم غه یوق قوت اشتسام ایلادار عنکبوت رشته استخوانیم بولوب پرده دیوار ایرده

کر جنونوم غه یاد ار تعویذی اشکی دیوری پیلکیم کا شنکرف بیله زعفران طومار ایرده

هر بری سن انکلا هر جو نه بندینی حساب بو کره لار کیم توکوبمین رشته زنار ایرده

سینه سیم ابریق وضو اندین غنچا ایکیش هر سفال می کدا الیق ایلامالیک کا کلبه خمار ایرده

چرخی ایوان صنعتی دوری نی نقاش صنع چکمادی نقش وفا بو طاق مینا رنکار ایرده

ای نوائی پیر بو دین اغیار توتیم بیله

هر سری مو کر سنینک فکر نینک یار ایرسه یار ایرده

کونکلی قوشی دور اینینک زلفی تا بداری بیله جبینی کی باغلیق ابرو عنکبوت تاری بیله

نهال وصلی اکیلدیک قوری بو ورکه انی کوکارته المادی کوز ابی جویباری بیله

سپهر اسینی ایاسی منجنیق آتام دین اوزن ایکا برجی لیق اوشبو پیک حصاری بیله

موافیق اولکای توفیق ایله ای همکین اوزن اختیاری قویماس اوزن اختیاری بیله

سینده آفت اسی لاله زار آفت اوددور بوز پیدا ابساری خال اتشینی عذاری بیله

ملکی زلفیدا عشق اهلی نینک کونکلی لا یواکدور نه دوودیکم نفس ایمی حنجار شراری بیله

جور کی سونکالیک لا ییم او لمیش قیغو ارانی نهال با پشنکبوه اورالا دور غمانی تینیم غباری بیله

توشتی

توشتی آفت کونکلومکا اویلا آه و درد الود ایله　　کوزوما کرفیک دیمه بو روزن قرارمیش دود ایله

تلبه ایت دیب هر طرف یوگوریدین قاچار لار اهل هوش　　ادت ساچیب اغزیم یوکورسام جسم گرد آلود ایله

یوسنغیم هجر ید ایتغو بو نوای مطربا　　ینکلا بین کیم خوش اولغوم یوق نغمهٔ داود ایله

دیمه هر دردینکنی ایلا بر دوا قویکیم اولای　　کیم ملول اولغوم نکا دورد نامعدود ایله

چرخ سر اتماسی نیچوکیم ایستاکایمن ایم توینی　　جوق جوبان مدردسی ایردر بو شتام قراندود ایله

شه تیلار دولت نواسی من گدا یار اغزینی　　رنجه دور منتا گدا بر کام یا موجود ایله

ای نوای قیلدینکلار دنیارda اهلی قبول
گر دیسانک مقبول اولای یار الکا بو ردود ایله

نه سود گلشن ارا ایچماک نهانی باده　　که یوزدا اکل لالار اچاردین بولور عیانی باده

یودونکک خیالی کلیب کونکلوم ارا خوش تول من　　بعینه ایلاکه دلخواه مهمانی باده

بنی کا باده الیب قیلدی نوشی جانیم تا فیتم　　اول ایچتی لیک منکا بولدی نوشی جان باده

اگرچه توبه بو بوردونک منکا بیل ای زاهد　　که سینغوسی یه چون توتسه دوستانی باده

کوزونکنی قایم ایچار میل قیلدی مست اولوی　　که فاتراق اوسردوک الور ایچه یوتیسه قانی باده

ذمانه محتسبی هر ذمانی دیسانک قتوللای　　تولا تولا قویا بار ایچه ذمان ذمان باده

بروکه بخشی یمانه رنجیدین فراغ استار　　ایچار دا تمام الغامغای بخشی کریمان باده

نوای ایلادی وار الامانی هکیدین
که بردی دین بیر غمیدین انکلا امان باده

عارضی تا سنبل گل سنجالی جمال اظهار ایتو | انکلا تور چینین انی یا نداشتوروب خمار ایتو
ادیرولور باشتیو جانلاره که هر بار رشته سی | جو شیلو کرو بیتو در معجز هر تاری غ
ساجباغ ایو باشتو رکراول کافر غلاق ایلا تتوبدور | عالم اهر تعظیم اچون انیک ذنار ایتو
کوز دعاسی چون هر سیز صدقه سی ایلاب منی | تار جانیم رشته سیدین تار تیکز طوماریتو
ننک بیله پیخون تیدار اغزینی تنکلم چالیدا | لب لاریم نی شهد الیب یول اچماس گفتار ایتو
بر که نابود دولغاج اوق کوب کالی تو کالیزنی خزان | باغدا ما کوزنکلو کمنگی ای بلبل جهانی کلزار ایتو

کعبه کوبین ادیرولورگا کور نوای ضعفی بار
بغش دوردر توز قلیبا ایلکی قققه نیک دیواریتو

کونکلوم نینک آهی قطره قون جگر بیله | دود دیورکه ایر بلور او تدین شرر بیله
لعلی اوذره خال خط که یوزدنک کوزکو دیدور | طوطی که هندما درکلا تور توز شکر بیله
اولشوخ کونکلوم الوی سالیب جسمیم شکست | بر طفل دیککا شاخی نه اوشتغای ثمر بیله
ناذوکی کوکیلانی ایرکین یا بنی جسود هم | بویکیم انیک بلیین کور الانکمر بیله
وردا که عالم اهلیدا بر یار تاپمادیم | توتون کون نیاز مشام و عای سیم زر بیله

بوغفقه دین

بو غصه دین دیدیکیم تا پای عمروم آخری شهای سپهر قدری محمد عمر بیله

ایل حالینغ اولسه نوبت نوایی کیبی کیم

مجنون بولوب عدم یولی سارای سفر بیله

وه کیم اول شوخ بار ایب جانیغا اوت سالوری ینه تلموروب ایکی کوزوم یولیغا باقیب قالوری ینه

تنجوک اولطای هنی سیپارادکه عیسی نفسیم کوردی جانیمنی کوزوم ساسکا اودین سالوری ینه

مطرب خوش لحن نوحه کولکین خالوری ینه ذخم ایتبا رایلاری کونکلوم قلیجدین کو یاه

ایکلیکا تیغ الیب کونکلوم ادجوبا سالوری ینه قولدا ای خفره شیم خسته نوای قولینی

کیم بو یول پوپه سیدین باغری اینک تالوری ینه

ای سپهر ابکیم هر دو غمیدین دا زمن ینه فریادکیم بلاغه گرفتار من ینه

ایمدی غمی کیلکانیدیم ایدی وطن سیزوکنکا کیلک فارغ دیکیل که هر ینه دیبا انکبار من ینه

دفعی اولمیشی ایردی نوبتی بیکده من علالتیم لطفی ایلا ای طبیب که بیمار من ینه

هر کیچه بزم یوباشی غمیدین غنقه تا تشدینی باشیدین ای باغ سپهر دیکیا فکار من ینه

صوفی عقل صومعه سیندین نشه کیم بوذوب دار الغنالی عشقیدا خماری من ینه

اغزیم تورب دعیم توتولوب سکرسیام نعانک اول تلبه جانکونغه جلوه دار من ینه

عقل هوش کیتیب کونکلی کوییدی حقیقت جانی شکر ایت نوایا که سبکبار من ینه

کونکلنی قیلدی مینک قاتلیغ پاره جفا تیغیدین اول شوخ صد هزاره

سمندی اوت جفا لغاندیک جو سکریم اول اوت نی مسکری تور لعل شراره

آتینینکغه ظلمینک بولوری اسان بوکیم باغریمنی قیلدینک پاره پاره

کورونکلاج کوزونکا اول یوز خشته بولدوم اولارمین نچه کیم قیلسام نظاره

کونکل عالم ادیکا باغلاما کوب کیم بتیبی دورسنکا اول استعاره

نی یهتمار چاره دردی عشق ادجون ایلی جو یوق بیبی اره لتقدیر اوذکا چاره

فنا یولی نوای بس قتیغ دور

ملکلسا فراق اولغایی پاره پاره

بسی تیره ایردی شام غمیم صبحدم غنچه تا شام غمده بیلا کامن صبحدم غنچه

اغنزی خیال ایرلکه بو قلوق سیاری تتیار بو قلوقی بولور موکیم کلکا ملک عدم غنچه

ایل رشکیدین نیکیم منی اول قیلادی قبول مهر و وفا لطیفی ظلم ستم غنچه

کوینی کورسانک ایردی بو یونک قیتار روز ایلی بر عمری که پوچه واتوردینک حرم غنچه

نی ت اونکا اولکه وصل تیلاب منیکا اورسه کام ایلای جهان نی قطع قدمیدین قدم غنچه

بر سرو قامتینک بر کل یوزونک کبی یوق کرز خلد روضه ی باغ ارم غنچه

بولمیشی انینک صفای نوایی جام جم کوب فرق اوتشو ظرف بیله جام جم غنچه

منکا

منگا رشک اولور عالم جمالینگ آشکار اولسه	یاروق ایتماسی قورقونگ کیچه آنی آشکار اولسه

اولوسی فم ایتماکالی دیب کیم بار الی چمن اینکه ساری	کوروب بلبل فغان ایلار چمن لالازار اولسه

عجب ملکی بیابان عشق وشتیکم تفاوت یوق	که تا اینک ایرماس دور رو پلپلیل گدا شاهنشه دار اولسه

منینگ ناشمه هجران بیله ذره رحم ایماس	یولوقسه اولتورور عادت انطا عاشق دوچار اولسه

کوینگ ایلیتیب هم اولتورسه گر یوزنی قاتلانا یتقوم	شکایت قیلغوم یر او ذره قانیم لالازار اولسه

کونگل اوز اسرغیل جا بینگ قوم ادرماقینغ ترک ایلا	یا رب بولماس کیبی یار الیوا اغیار اعتبار اولسه

رقیبلار هجوم ایلاب قوغلاسا یار تغلکین ایتا دیک	ایماس عیب عشق کوییدا اگر هر قانچه خار اولسه

که لطفی ایلا خلیل غه آتشین نمرود ایتب مواج	همه معراج اولمیشی هجری وقتی وصل یار اولسه

کیتیب یانه دولت التون بولغوسی تغراق	کونگل بولغوسی نقره شرتی نیکبختی یار اولسه

کشی غم غصه برله تیق اتکا نونه حاجت دور	قناعت کوشه سی بهراف کونگل هم برقرار اولسه

نوای سیغ تیلینگ آدم که بر تورلوکی بلا قیلدین
اولوم بهراف تیریک لیکدین کیمکا بشر حساد اولسه

ذهی هلا کینگ اولتوب آی باشینغه تیغ علا	بر الکانیز ایکی یارغان قویاشی کیبی هشلا

توتوب سنکا جو موی لطف ساقی دور چمن	شفاعت ایلا اوروب تیغ تهان ایلیکا صلا

رسالتینک مهی دینی شرعی کوزکوکیدا جلاکه   سیینینک اوتیدین کفری ایلکا بولوبی جلاکه

هم ایل روضه فردوسی سنی سیزین جه دیبیل   هم ایل دین ایشی هجرینک اوتیدا واه ویلا

تلیم دا دار نیک کونکلوم ادو رخیالینک شکر   که بار سیماهز ایکاسی چیچیتیم خلا صلا

خمار دافعی بولغایمو ساقی کوثر   بو دیوانه جیبدا اچیع عشقینک ایچیکا تولا

نوایی اولوبی الر غاریبت خمس نیکلیغ
سنینک یولونکدا ایسه بسی انکا بو غوغا

یرتوتار کونکلوم اگر دوندین جدا بولغان بلا   جانم دور دیوانه کونکلومدین خطا بولغان بلا

امتامینکم عشق منذین اوذکا نیقیلغای بسیر   هیچ کیم کا بولمکون یارب منکا بولغان بلا

شادیون لانماکی بلالار سیز تاکیم بولماس خجی   بو کونکلی دندانه هجره مبتلا بولغان بلا

وصلیدا رشک اولتوروو هجریدا اعوده کیم فرکا   وصل ار بولغان بلا و هجرلی ار بولغان بلا

اولتوردر لا عهد منیک بولسام اولا رمو بو تمام   بولمغای جانانه سنینک بیرله بلا بولغان بلا

ناصحا عاشقلیغ میلا دنیک منع ایلا دنیک   کیم نصیحت بیرله دفعی اولکاس قضا بولغان بلا

جون بلکباهر کامی یوق تاپماسی بقا کاهینی هکر   کمکه ان اورتاماسی انی فنا بولغان بلا

ای نوایی تا که بلدیم یار بارهی هجرلی ایمش
شدت هجره هر بلیت دین سوا بولغان بلا

ضغطی

خط و زلفونک نی شکلاریدین ای دلی بایکا بلا   اول انی یوز دور کیم ایرور دور ایوز تورلوک بلا

عاشق اولتورماکی که اول یوزونک بلا نی کورمادوک   بو قشقه عاشق بولنالیجو عالمدا کوب کوردوک بلا

اول انی کوردوک کیم ابرو نازدوک کرشمه جا میدین   بولسه مجنون آفت اما بولمقی اوسروک بلا

عشق ارا کوردوک نهایتسیز بلیت ایکو نکلی   هجری دین دشوار لیکین کورمامیش کوردوک بلا

عشق دشتیدا اولوم دین جنما غیل کیم اندا   منینک بلادین موندا بار دور بارچه دین اوترو بلا

اول بلادین کیم چیقارغا عافیت دین کیم سنی   عاشق غافل لیکین می ایرور کوجلوک بلا

ای نوایی تشلاب اوزلوکی فنا بولغیل کیم
کیم یور دور اول بیلا ایکینک کیم ایرور یوکلوک جلا

مونس جانیم دیبان آفتی جان بولدیلا   جانیمه بیداد دین شیوه و فغان بولدیلا

دیوک کوزونک قاشیدین وصلیم ایله تورغو دای   و آیکه باغریمدا قی هجری ایله قان قیلدیلا

کر بوری می تابدین کل کل اوده وقتی یاتیشیم   یوزنا اوزه تیم تیم تامیلالیم بهشت بولدیلا

کوزونکونکل قانغه یکشوران ایلوبدی دییم   هر بری دین یوز ساری بار چنان بولدیلا

ذهنیدا هر مشکلیم بار ایدیکیم ای فقیه   جام فی قوتیناج اوق بارچه عیان بولدیلا

کیمکه ذمانه اهلیدین ایلادای اجتناب   هر کون کیسن دیکونکدا اهلی ذمان بولدیلا

نیچه لار ایجره وطن توتتی نوایی نه تانک . کیمکه جانلار ایله بولدی یجان بولدیلا .

بنی فکریمنی فانی قیلدیلا — جوقان قیلدی کوزومنی روان قیلدیلا
یوزومنی دیدایکیم یار بیر یوزینی — هم اول قان الجیدا نهان قیلدیلا
دیدی کونکلونک ایتیم نشان وصل اوچون — فراق اوقیغه نشان قیلدیلا
کونکلکیم بوزولدی تیلاب گنج وصل — ای جغد هجری آشیان قیلدیلا
کونکل بیرله کوز سیرتین ای رفیق — نباه اه اشکیم عیان قیلدیلا
وفا اهلینی هجری بی کام ایتیب — جفا خیلینی کامران قیلدیلا

نوای غزل قویب بخشی ایدی
انیکا ترکی بر اول بیان قیلدیلا

دیده که بولدوم عشق ارا هر بیوفاغه مبتلا — بولماسون اهلی وفا موندا غه بلاغه مبتلا
انکلاغای مجنونلوغی شیدا القیم نه رشک — کیم بولوبمن بر پری یوزلی دلرباغه مبتلا
پادشا بیرله گدا حالمغه کولسه عجب — بولسه من نیکلیغ گدایی پادشاغه مبتلا
زاهد سو الغیم طعن ایلادینک جهد ییله اکلانکیم — بولماغای سن اول کوزو قاش قراغه مبتلا
بو بلادین آشنا بیکانه غه جون چاره یوق — خواه بول بیکانه و خواه آشناغه مبتلا
بولمیش اول کافرغه دیوانه کونکلوم دیب ملول — هیچ کافر بولماسون من مبتلا دیک مبتلا
ساقیا می توتسانکه دردیم نینک دواسی باده دور — هجری دیک کام بولسه دردی بی دواغه مبتلا

کر خرابات

کر خرابات اهلی بولغیل رندلار دا ابتدا / خانقه ده بولغوچه اهل ریاغه مبتلا

ای نوائی یار اول بدعهد اوچون ایلامه خلاص

بو کونکل زنداندین قوتولشی نه بلاغه مبتلا

آشنا یاریم منکا بیگانه لیغ نی قیلدیلا / اونداغوم یار کیم غیر برله دشمن قیلدیلا

وعده صبحی نه لیغ ایلار ایدی اول بولمادی / خانه ویرانلار سری کونکلینی مسکین قیلدیلا

دیدی لعلیدین قیلالی جانینک علاجی قیلمادی / غمزه سی جانیمنی آخر ناوک افکن قیلدیلا

کلتیشین وصلین منکا زندان هجران ایلابان / ملتقی غنچه‌ی زندانیغه کلشن قیلدیلا

عشق اوتی اورتابتی منی فروان هجران تونی / بلبل اول ماتم ارا تا صبح شیون قیلدیلا

ایکو نکل اول طرف قوشی مایل بزنیک ساری بلوب / غیر باغی کلشنی آخر نشیمن قیلدیلا

کونکلکانین ایتب نوائی یاد آتیکسن ایردی خلق

یار توب هجران اوتین اول عودی روشن قیلدیلا

یار دردیم سورماسین کونکلومنی محزون قیلدیلا / جانیم اشوبیغه کیم قیلالیمین افزون قیلدیلا

برماسین زخمیغه قانین روحی پرور دور بسی / لعلی کولمالی برله هم جکرکون قیلدیلا

وفی سودا اهتمام لعلی مجادینی بر تونی / اولیری سودا زده کونکلومنی مجنون قیلدیلا

ایکو نکل کیم صبری تاغین هسکین اتینک فرقت / تندا سیلی عشق تاغی برله هامون قیلدیلا

بی ستون خو کیم ستون فرهاد بولوی تاق عشق　　اول ستونانی بی ستون استیداق نون قیلدیلا

نیدورا اوجاق جای ایلا اخر فلک نمرودلک　　اسماندا تخت جهانینک کجی قارون قیلدیلا

قطره خو بلوقیای رخینک وصفین نوای قیلغانی　　لعلی طبع ابیاتنی نظمینک در مکنون قیلدیلا

وفا وعده ایلاب جفا ایلادینک لا

جفا وعده سیغه وفا ایلادینک لا

دیدینک کیم خطاکار آنای کونکلوکا اوق　　دیب اوق الماغینکنی خطا ایلادینک لا

مینک برله یوز تیره لیک ظاهر ایلاب　　ادکوشنی تیره لارغه صفا ایلادینک لا

وصالینکغه بیگانه ایلاب کونکلانی　　فراقینک بیله آشنا ایلادینک لا

بر ونی ای فلک کور کوزدوب مهر سوینگرا

خطا قسمی درد بلا ایلادینک لا

جو عشق دردی بلاسی جهانی اوردی صلا　　تحت راق منی بنی نمانی اوردی صلا

منی الیوم اول اولوشنی توقوز رایم اوکوشنی　　یرم کا قالوی انی انسی جانی اوردی صلا

اینک داغی یارینی الدی اغریشی ایلی　　یاری یحیی بیه بوناتوانی اوردی صلا

بوناتوان انی هم جان بیله قبول اتتی　　جوقا جیلار انی هم سرقیانی اوردی صلا

کونکلی جو دردی بلا طالبی دورور کرده　　اریتیشتی خنیک آفتاب هم آنی اوردی صلا

فعاتکه

فغانکه ایلمکا توتوب باده ساقی دوران جو دوریتی منکا بارچه قانو اوردی صلا

نوای سنکا نیچه لیق کیم کین دور

کم یار محنت اوتیغ من یمانغه اوردی صلا

ساقی عشق چونکه اوردی صلا توتمادی ایل غیر جام بلا

ایلکا گر جرعه توتتی گر قطره منکا تیکانده دور قویوی تولا

جاله ایرمه دور انیک بو می که بزنیک کونکلومیزکا بروی جلا

ایمدی جامی تولادور خالی بز انکا بندمیز خلا و ملا

سونکرا توت مدام ساغر می پیری میخانه دام عز و علا

می بیله کونکلوم اولدی ایلا مشغل که تا فلک اسی انیک بیکی هشلا

سو نوای غم اول ایردی لطف دلبری سونکرا ظلم ایلادی لا

نیکاریمغه پیدا دفع بولدیلا دلارا دیدیم کشکه بولدی لا

یوزی لاله سی هجری دین کونکلوم سرشک اهجره قانلیغ کفن بولدیلا

خدنکی که هر کیمکه اتتی سپهر نشان بزنیک جان تن بولدی لا

یا شم انجمن ساجیب اتغم توتمی یوزی شمعی بر انجمن بولدی لا

فلک بیکه یانکه نجم لاریغه مقام بزنیک اسکی بیت الحزن بولدی لا

نوای هم اول من دیکان بولدی لا

وفا وعده قیلدی دیدیم قیلماغونک

زهی هر لحن بلبل صوتنینک ذاتینگ اثباتی جهان باغیدا هر گل یفراغی حسنونینک مرآتی

وجودی ذره نینک ممکین ایماس تا ثابت ایرماس کیم نه واجب ذره خیلی دین قویاشی ذاتینگ اثباتی

بولوب ذاتینکده عاجز هر صفت ایجیدا موصوفی اینکدیک کیم قیلا الماس صفاتینک شرحی ذاتی

خرد ذاتینکده تشنه اتمالی هر کیم فلکیم ایلاب تنطلیم اندا یول تافی ای مکر هیهات هیهاتی

نه مهدینک ذاتیدین ساکن بولوب هر ساکنی مسجد نه لطفونینک باده سیدین نا امید اهل خراباتی

نه ذره بول مقبولونکه قویاشدین ذره تیلوانکه قویاشی اول ذره دین ایلابشری برله مباهاتی

نوای ذکرا طلعکه دو را امید ادیکه قوتو تا زبانکه
انداق حاصل ما کی بیلکه دنیوی کیم بولورا تی

ای جمالی استاری جاغدا لعل جانفزانین تیشلادی تول ذنخدینه قول سو ذدم تولاسین اتیلادی

ثشت بیله موینکلو غ کونکل دین موی حکتی اوقین ملامت ایت نیلغ کی سایلی دیکه عشقین تیشلادی

کوردی جون لیلی یوزیده نیل قیلول نیلکون بسکه مجنون جسیم زاری مبتلاکین تیشلادی

اغزی قیلی لیقی نشته بزی اهرن اوت تقاجه محتسب قافی آنی کوردی قابیت مجلسین تیشلادی

دردیونی بانغ ممونبشیل دردی بر کیتی تشنی توت اوجون بیمار مطلع کیم غوامین تیشلادی

دونکه مجروح اتقی اوذ یاری خشونت بیله ایت که نامردوم لغیدین انشکین تیشلادی

ای نوای اوران لوم مودیکه ای اوکیم اجیب یا لایقی جام لعلی جانفزاین تیشلادی

سحر خاور

سپهر خاور شهی چرخی اوذره کیم خیالی صنم چکتی　　شعاعی خط بیله کوهسار اوذره آلتون علم چکتی

قضا فراشی چکتی چرخ نیلی سمین سپهر کوک سین　　مذهب ترلارین اندا غکه طاوس حرم چکتی

مؤذنی کعبه طاق اوذره کلبانگ حمد تاریب　　برهمن دهر ایوانیده آهنگی صنم چکتی

کتاب کلک صنع سوره والشمس تفسیرین　　فلک طاقی بیوه تشیید افضل وین رقم چکتی

یتا التی جاکی کاهی صبح اول خاتم کیم عاشقا　　بوم ملک ساقی حجر ادان اجرد کیم خوناب غم چکتی

ذمانی قلدی اول غافل کیم اول دوران ستم تیغین　　انکا اوماغنی انکلاکه اوزی کا تیغ ستم چکتی

خوش اولکیم موبکیدیک جاغ وفا عمری غم انکلاب　　صبوحی جامی نی احباب بیرله دمبدم چکتی

معانی اهل کاهی نکته اوذره قیل قال ایلاب　　مغنی خیل کاهی نغمه اوذره زیر و بم چکتی

بولوب مطلوب رخساری مهوجامی دین سرمست　　یوزین تفراقیغ قویوب ایاسین الیوم چکتی

اگر خود وصلی اقبالی میسر بولسه هر ساعت　　فریدون تخت اوذره بزم توزدی و جام جم چکتی

نوای شاید اول درد و غه بو مقصد نصیب اولغای
کیم اول دشت فنا قطع ایتکالی یول لار قوم چکتی

اوت سالور ایل جانیغه دردم سیاه و غلیق بیرله دی　　ساقیا سینه‌کسی یپوا دهری کتور تریاکی می

بوز بشبستان اهری حجت کیم ایشارت حی غه دور　　شمعی کافور کبی استیع شوشه موذلار بیرله دی

آتنشین می بیرله ای ساقی قیزیتغیل بزمی نی　　مطربا اول اوت نی تیز ایتمالی که آل اغزیکنی نی

دیر مشکین چون هوا کافور فشان ایلادی　　　باده مشکین نی کافور مزاج ایچمای نیتای

ایچکالی اخفا او چون یوق مشک ساتارم کیم　　　شکر بو کافور ایام قطار ایر ابراهیم هیچ تشویش

اول تویاش قاره او ذره جقاج یوددم او ذره انکلامای　　　کشتک یا کوزاقتی کل بولوب اقار موی توقی

ایلکیدا میل لیغ سغال اوسروک نوایی قاراوده

ای فلک قیل جام جم برله تماشا تخت کی

ایکو بلکل کیل کیم بلا بزمیدا جام جم توتای　　　اوز غرمت جا لیمنه او کمیدین بروین حاتم توتای

یغلابان بشمیغه آه دود دیوی حرماب قرا　　　ماتم اهلی سو بکل اتو تقو تجه اوذدم ماتم توتای

ایمدی کیم عشرت سر دیدیغه توتولما ایکو بلکل　　　توچی اهلیکیدین بولوب بردم سینی خرم توتای

مست لیغی اوزکا دردیمیغه علاجی ایت ساقیا　　　می کتو کیم هم ایچای هر لحظه آنی هم توتای

تو یغیلی ای ناصح که منع دیدیا اوزا جوالیم　　　مست لایعقل بقام سر دو دیدیم غم توتای

عالم اهلیغه وفا قیلدیم دغا تاپتیم جفا　　　ایکو بلکل کلکیلی ترکی جمله عالم توتای

چون جهان برله جهان اهلیغه یوق ایرمیشی دفا

ای فنای من فنا سر رشته سینی جهلم توتای

ساقیا توت باده کیم هر لحظه اوذمدین بارای　　　شرط بولکیم هر بچه بو تسانکا لعالب سبقارای

بو غزوجه جام قیوب تو تو ازکا التعداد فی منی　　　و نه جه بو غزوه و جکیب بر جرعه ادجو یا لبارای

بردوج

برقدحکیم یز برلاره وه غایت افلاکدینی — نیجه لعلی قیمتی تا فغان کرادیک الدارای
تارتای اودوم نی عوض کیم تیلیبه احسان بر قدح — بو بها برله اذن لوکدین اودومنی قوتقوزای
وجه می جان نقدی تین داغیدورای صبحه — خلقیم کنجیه سین یوند قاتلاکر خود اختیار ای
جانو بیتیم عقلی سوداسی بیله تنکری اوجون — ساقیا جامیم غه افیون ایرکی یا تراق تیلبه رای

ایکم دیرسن غیر دین ایر کیل جام جام وصل
کیم بو خلوت دا نوای محرم ایرماس قاتیارای

جو اول حور پریوش جلوه ایلاب وقت ناز ایتکای — ملک خیلی کوروب انداغ بلانی احتراز ایتکای
تعالی الله مانع استغنا دور اول حسن ایچره کیم نازینی — یوز انچه ایلاکای عاشق نیچه عرض نیاز ایتکای
یارو تغای ایل کوزی برق جمالینک لمعه سی بردم — ولی من خسته نینک کونکلی شمعین سوز کداز ایتکای
کوب آدم فدا دیسه آنینک بغی کیم شوق صبر — اگرچه اول صنم کوب جور قیلغای رحم ادا ایتکای
کوب ایر میش بو العجب لیکن عشق ارا اول جلادینی — کیم شاهی غزنوی محکوم بولغای حکم ایاز ایتکای
جو حق نوری یوز دونکدا ظاهر اولور بصر اوکیم — حقیقت رسمی بار ایرسه دا عشقینی مجاز ایتکای
ناتعیم خانقه دین جو شور میخانه کیم انداغ — ایاقچی جام می توتغای مغنی نغمه ساز ایتکای

ایرور ایر حصن حصین مطلوب ذکری بو نوعی الیمی
نوای خیلی سالک کونکلی حجوب تیری فانه تبهای

یوق که بعفوردین منینک حالیمنی دوران یغلاغای
کوز کوروب کلکون بولوت اشکار عکر قان یغلاغای

انجه ایریلسم ایردیسا فلاک اشکیم دانه سی
هر توناچو المغه بسیم جرخی کردان یغلاغای

جاک باغریم قانداغین کوز یاشیمه دفع ایتمادی
لاله نفعی دد رنجه کیم ابر نیسان یغلاغای

کوز قویوب بورستکلیدین اول آی هوای عشقیدا
بس قیلورلار دیم بولوت نی اولجه امطار یغلاغای

پرده ایچره یغلاب اشکیم وه که پنهان قالمادی
شمعی فانوسی ایچره ایلدین قاید اپنهان یغلاغای

معتبر ایرمس ای اکر ذوق اهلی کوب توککای سرشک
کیم مشعبد ارذوم اشتاب فراوان یغلاغای

هجری تغیدین نهم یرروم نوای یغلاسه
کمکه بولوس پاره پاره باغری یغلاغای

کر المیم غمخاره یوق بولماسا بولماسون نتای
وذ غمیم شماره یوق بولماسا بولماسون نتای

رنجیم یوق ایسه عیدده خوشت بولمایه یلایین
دردیمه کر غمخاره یوق بولماسا بولماسون نتای

جمع ایماسی خاطریم جمع اولارغه ذا ابدا
حاجت استخاره یوق بولماسا بولماسون نتای

یاردین ایل امام لار بوکه منینک ساری کهی
کوز اوچیدین نظاره یوق بولماسا بولماسون نتای

منتظل وصل ایلا اولوسی کام متواتر منینک
بخیتیم برشراره یوق بولماسا بولماسون نتای

قسم اولی کا شادمن بوکه فلک عاتیقی
حالیمه اشکارا یوق بولماسا بولماسون نتای

دیدیم ایردی نوای اوذ دردیمه چاره دیب دیدی
کر المیم غمخاره یوق بولماسا بولماسون نتای

ينجي

7

نی می خوش بولغوسیدور گلی گر گلکیدور گلعذاری   گر کیمی گلها افغانیم یاریک گلعذاری رخساری
نی جان یمغه گر حیوان سوی بلکیم خرامی هم   گر چوب اول جیبایتیم گلشن یمک سرو رفتاری
جنون طومارین باشتین کف دنکار ایلای ضایع   که دفعی ایلایر ان اول لعل خطی شکر فشار گفتاری
نه سودا یلدی اباغیمدین تیکانلار چکمای لیک ای مشفق   که تاشلار بیرله کوکسوم تا قیلیش چکری بیماری
مینینک خود روده کاریم تیره بولماس دم هجراندین   قلینینک صبحی وصال اشکاری نه عشق اهلی نیز باری
نهانی بوزییرام بارهجری تیغیدین کیم شرحی ایتسیم   تیلیم آذرده بر عالم ایلیدین بریم ینیک ازاری

ایچکو یک هستت لیک او یتقوسیدین ایجای نوای کونز
صباحی حشر هم اولدی یار اولسه بخت بیداری

کیمکه بر کونکلی بوزوغ نینک خاطرین شاد ایلاگای   انچه باریم کعبه ویران بولسه آباد ایلاگای
گر ده خلق آزاده شیخ یار اگر نیچم ویب   اندین ارتوق انکلاکیم بر بنده آزاد ایلاگای
یاردین هر کیمکه بر سوزنی توکانماس برون   استادیم کیم اول یوریب یاره بنیاد ایلاگای
یار هجرانیدین اولکوم دور بو نوع ایرکینی بسرا   هر کیشیم بار اولوگا اوذنی لوذنی معتاد ایلاگای
بیجه جلوه راق یاوغای کونکلوم بیراه ایله   صرصری عشقینینک تیب باریمنی برباد ایلاگای
آدم اولادیغه کلمور آدمیلیقی بیشیوه‌سی   آدم ایرماس اولکی میلی آدمی زاد ایلاگای
نی بلا دوریم فلک هر کیمکه چکسه تیغ کین   یا نکلیب اول مینینک جانیمغه بیداد ایلاگای

بیتی شمع‌نی یل ریاعی کیم ایلابدور قالغی دیر مریکیم فنا رسمی‌غه ارشاد ایلاگای

سنبه الحره دیولار مقبول بولسون الهی

کیم نوای یانه غزلی استمداد ایلاه ایلاگای

جونی وادی سینه مایل کوزامین تاخ دارینی — تیلارمین بر یولی بوغماقی بو زولفین تار دوه کاریمنی

فلک فیدا اویدین گرد منی خاکی غبار اولتوروغ — تیلاب هم تا تمغای لار طوطیا الیقتو غبارکینی

شک ایرماس پرتوی توشنا به اوییم ریحی نیم — حو کوز سیتانی کدای سوبیلهای شمع مزارینی سوبها نا

دیمانکنه فای ارک عزم ایلکوم یوق اختیار حر — قفا ایلکی کا بریش من عنانی اختیاریمنی

توکانمیش اشک کلکو ایمدی قالمیش خون زبون — فلک ظلمی بیول قیلدی خزان برله بهاریمنی

دیاریم اهلی بر له یاردین کیم تو شتوبوز محنت — نه بانک باشیم الیب کیتسام سالیب یار دیاریمنی

یماندین جا الیمغه یاغری اغریغانی هم کیم کورگای — یاغمی برکاله سعدین قالمو بولغانی مو زاریمنی

حیاتیم باد سعدین سر کران منی سرو اساقی — قدح عه ذیر قاتل تو، داغ دفع ایب خماریمنی

جهان نی ترک قیلای جوبکا تینغم ممکین ایرماستور

نوای قیلغنی اذا داورتاب یوق یاریمنی

جرخی اگر یوز بیل بیراق سما الله صالیکدین غنی — ایرور الفاجو کیم برساعت خیالکدین غمنی

یلا اغونیک فکری بر له دایم اولسام نه عجب — شوقی بروم غافل ایتماس قیلی قالغاندین منی

یانا

سېنىڭ آن قدىمى سودايې مېن ديوانه مېن   تانگلا سالدىڭ جدا هش كيمىن بىلا كېيدى مېنى

ايلكى ايوز اچيقىپ كۇنگو فايع العنى منكا   تىره قالمە فلكنى ندر رشمى بىا كېيدى مېنى

جانبا غېمبله* ايلىگ لكعليىن مېن اولدوروم تشنى لب   وه كه قىلدىڭىڭ قتلگا پروره لاله كېيدى مېنى

ببته عذ تاى قېل بر رشته غا ى پرو ديو   هر سارى ت تارى جو بولغا اشك ت لكگىڭ مېنى

اى نوا يار بخ عشق ايلاپ مغننى دم ىار

قىلىم ہردم رنجى بونگا سىد ط ايتكدى ى مېنى

جانونه چون ديرمن ىلايرده اولما كيم كىعتى   دبر كه تاعت بولوں حبىم ازده مرضى ىى بشوتة

صبحدى ن سىو سىما كم وتغفكنه تىه* پورو يستى   ديا ىطا بولى سىب اوتلوع بايغلا افتى

چون باغىروى سوسلام ايتور اىوى نوش مىلا   كيم كوكلگا ست لوگا عشق برقى آفتى

كوگلو قىلىماع عفبى ايتور كه كوه دىن دور كه   كو ياىى ن اوت تو شما دى ببروں پوشى ىك قىعتى

كوز جون دىر منگا اى ترو منى ىوز ى قوا   سندىن اوليستى تلبە كوگلو نىك بلاو جنت

يلاب اىتوركور كايوق ايرد ى م اختىار   كيم كورونى نا كمان اولتوع هو ش طلق

اى نوا ى بار م اوز غذ رىں دىوى اولك و بخ كوى

دم سنكا عشق اوت اوق اىر مشى اول يكا قسمتى

بر كون مېنى اولى قاتل مجنوں شعار اد لتور كور   اوسروا حقىقى جو لىا د ارا ى ترو كور

گر ایله ضعف و عجز لقیم کونکلی کار رحمی سالسه هم ‏ باشیمغه تیککاج بیکر تیب بی اختیار اولتور کوب
وصلی ادا کر اولتور ور جانیمغه یوز منیک شکر ایرور ‏ قالسام اندین بر دم هجران ذار اولتور کوب
عاشق بولوب ایملادیم من ناتوان خسته کیم ‏ هجری اولسه غم کوپ ادرکوب وصلی اول یار اولتور کوب
میدان ارا ای اهل دین کر یانکیز تیغ نی کیم ‏ یوز کوزهایین جانبکسوار اولتور کوب
لعلینک ذکاتی می توتوب ترکونه سالمک ایمنجه ‏ دیرا یره من ولخسته نی رنجی خمار اولتور کوب

دیر لار نوائی خسته غمگین کل احبیب دور عارضین
کورکو نیجه آن وائی کیم بو نجار نگار اولتور کوب

کونکلی اوت پرتوی هجر یوزی کوکسوم داغ ادر تاپای ‏ فتیله جراحت آی دور بچه سایلیب اچیغ یاغ ادر تاپای
ایماس مشکین غذالیم ملتفت من ایلاکیم لاله ‏ نچه باغریمنی قان ایلاب نچه کوکسوم داغلار ادر تاپای
اینکلدیک تیره دور شامی غمیم کیم بولغای روشن ‏ اگر خورشید شمعی بیلکلنغ انلا یوز چراغ ادر تاپای
جفنیک فرهاد مجنون عشق اوت لانی دن دم ادرمادیک ‏ که هجران سوقیدین براه تاریک عشق ایاغ ادر تاپای
ایماس تور اد لغو باشی کلیم یارو تماق هر کیرای کوروش ‏ ادودومی شمعی دیک هر توی نی باشینی ایاغ ادر تاپای
منی دوقدخ لساری باشلاب بیک لاب سر بکنوتاکیم ‏ بو بیکلغ هجری اوت پیدا دیوی بیهتاب افراغ ادر تاپای
نچه اولتوغ ایلکا نوشخند لا به قیلما قرین ‏ یفغی باکمال ایلاب اچمنی لاغ لاغ ادر تاپای
بو کلکنغ کل لا ریدا جونکه یوق بوی وفا مجنون ‏ تیلاباسانی تمتتا اوتیدنی هر دم دماغ ادر تاپای

دماه

ذمانه اهلی دفع هنر ویب کیم قیلدیم دستانلار

نوایی برکشیدالی نغمات نغمه سولاغ اردتکانی

ایکو نگار کلکلیم ایکو بولوب نیک‌لیگ کوز لاله / سرو قدی اشتبابا سمین عذاری کوز لالی

جون غباری مرکبیدین روشن ایلاب کوزگوزنی / تلمودوب تور غونچه یاریب هسواری کوز لالی

یا ریق کوز توتقانیمز کوز لاد جون اورکالیار / بردا هم کوز یار یاریب بیر بردا یار کوز لالی

سیر دشت بلاغ ایتار نیم بیر نیه بریاد جون / باغ سیاری کوز لالی و دشت سیاری کوز لالی

کربینسکدیک شوخی شهرآشوب عالیم تانیما صاق / برفیق هر یان همکساری کوز لالی

سر جنا فید ابرو مقصود ارمغان فالکیم سون / خاص عام انجره قیلیا القانجه یاری کوز لالی

ای نوایی بولاغونگ انوتیف بولار بیرله خلاص

کیل کیم وصلین تیلاب هجری قراری کوز لالی

یار یانغای جانغدا یار جشی بیدلیمن اولتور گالی / کلدی کلکیم ایمش اولتور کانین کوبردر گالی

الله الله ای حیاتیم اول یار یشی غم بو کلمیشی / کیم بری کویوور گالی بولغای بو بنی کویوور گالی

خواه اولتور خواه کویدور کیم سنکا بردیم رضا / راضی این کیمن ولی جانان اشکیدین سور گالی

ایت لار شیکده اطلم ایا . قیلسه سن باشیمنی طعمه هم / عشق یوز تورلو بلیت باشیمه کلتور گالی

نوانه وصلگرین اولگوسی غم بهد بتکور کیل کیم منی / بخشی من سایل کبی حسرت بیان تلمور گالی

دیر ایلادین احتراز اتمای کونکل کیم منی داغی　مجمر ذرد دور من و فاسق لیق لاری بیلا دور قالی

ای نوایی برنیکه جبا یار رسوا ایلادی
اول نه قیلیه برده کتمانو آنی جوقالی

جوننکه ایلادینک جهونی مسکه ادبهام اول ستمکار ایلکنی　بر کشی ایلکین او بکای اول یار ایلکنی

جون ایالی تیغ آغینی او بکونجه تا ایتمای اعتبار　سونیکیم نامه اوپارکانه جدیم یار ایلکنی

جون گلستان خاکی پایی غه بیدین کیم اهل بیع　تو تقور لار بسا تعوج برله خریدار ایلکنی

دلنی دیق بایانک یوق کلیم الله دیک آتیغه اژدها　کیم ید بیضا ایلابور نمودار ایلکنی

سوز عالمی کلیه مسیحیم باشیده دامن کیشتان　اول ایتماکدی کیم الا بونون بو بیمار ایلکنی

داغی قاندین بار دور اوکیم اجلمشی لاله وار　هجری آیا میدا چکسانک عشق زار ایلکنی

ای نوایی بیلکه هجران دشتیدین توکماس قداسی
بیسر آرا مطلوب کر توتماس طلبکار ایلکنی

قیلدیم اول ای آلیدا عاشق لیغم اظهارینی　منی انیکا سیرتیمنی بیلمایکم انیک اسرارینی

کونکلوم قیلیسین جل قلیب آیو یادیم نامه　تا کی بو تدبیر ایله کورکای اینک خسارینی

کونکلوم دیگی تا جانم [illegible] لعلی [illegible]　اول [illegible] اولدوم [illegible] ایر کو دور بیمارینی

حیف دوریم رشته بتیم قیلونای ذاهدا　کونکلنی [illegible] اولسانک خلق نیک ذنارینی

عارضیک

عارضینگ دورین جهاندا کوییا نقاش صنع
مهری دوری برله تا بکنداو چیختی ایوی پرگارینی

تولمه جامین کیم ملایمیل جهانانی بوزماکوسون
مست کورسانک ذاهدا دیرینی فنا خماری نی

ای نوایی شوقیدین اولسام عمارت قیلغانی
تولغانیم برله محبت کویی نینگ دیواری نی

خوش شور گلگونی قدح کردیدا گلبرگ تری
خاصه بیرام اولی بولغای ولی گل اخضری

هر ورق ابر نامهٔ عشرت دورور فهم ایلا کیم
تا انگ بیلمین ایرو ادمی یکسین برون گل دفتری

نجه خورد برله گل قالغانی غنچه نی شکست
بولغالی بیدار سرینغ سوسن نینگ التون شپری

گل عدم شاهینی بوزلادی اوچون تیکلی
بار کموشی مشعل داولنی خوردن لار دور اخگری

لاله قانی اوذره بو یالیب اوت اوذه عمر توتیب
یا پری خواجه کو سکه غایب بجک لار دور پری

نیلوفر توتمیش سپهر لاجوردی هیاتی
لاله لار یانیدا انداغ کیم نجومی اختری

اول لعلکیدین نوایی سنکا خوش کلکیسی ولیک
خوش شور گلگون قدح کردیدا گلبرگ تری

عشق ارا بسی باغریمه اورسم جبکار من قاندلیغ
بیل جبکار منجری اوقیدین برکیما بیلگان داغ

بیل اغزدین نشان سور ماتکه ذهنی دیولیوق
هرسری مو نینگ بر ذره بیلگان داغی

بو ینوعه ذنجیر تاریت جسمیم یا غدو ردونگه اوق
انکا دینک کوپالی مجنون اولمشام عریان داغی

یغلامای چالیغیم ینیلایکیم اینکه وصلی منکا ایلایکیم امید یوقتور یوقتور سا امکان داغی

نیچه کون عالمدا سن مهمان سنی ایچکیل بادهء سیم مزه بان قیلماس بو فانی دهر ایدا مهمان داغی

ای نوایی چون الیق نیکلیغ اوتی بجا یکیدا دور

قتل کا تاینک یوق که برکون باعث اولنوای چاندا غی

کونکل چون سندین اوزدی تا شادلیق ایمدی اولغای محال اچلماقلیق اوزده کلان غنچه دیک ای احتمال اولغای

قدینک بیم کل بیسا چار بیم سایه لیسالور بیم خرام ایلاب عجب کر گلشن فردوس ارا مونداغ نهال اولغای

کونکل بر پای بوس امیدی بیرن زلفونک بلا غلاندی که تا فرقا غم چون زلفونک یوزدور پایمال اولغای

جنونوم کوییدا بر باش قزیجی جبر ایتیب ایریماکسی نچه فرهاد سودا تا غیدا مجنون مثال اولغای

کونکل بر که خیالینک ایلا جرما نیمشی کیچلایکیم خیالینک کونکلوم اولغای یوق کونکلوم اول خیال

لب لعلینکنی دیدیم شیخ تا ثمینی فرق مساری دیدیم کیم رنکی میکون لطافت برله بال اولغای

ای سن میخانه نیلک سنیغنی مستعال دردیک الحسام اگر جام اچره بولسا خضر سوییدین زلال اولغای

توت ای ساقی منکا رحمی کیم آنینک غمزه سی تیغ آچ کونکلنی چال بولغای جان نوبرده م اوزوها حال اولغای

نی خوش رندکه کیم بولغای گلیبه دیمی گلشن نحو باغچه دیک بقا ملکی کا چون دار الفنادین انتقال اولغای

نوایی تیره سنق اهل نظر خالی رهی کوز توت

سنکا بو سرمه دینی شاید یاروغلوق احتمال اولغای

عجب

國家圖書館藏民族文字古籍叢書

عجب ایمس تورا کر بولسم دردیم اکاهی　　مینکشیم که ایرور دردمندلار شاهی

کونکل دا اوقلاری نی آق ادی کیم عجب ایلکام　　که کونکلومدا اکر وطن قیلدی ماه خرکاهی

خیال کونکلومه کیرکاچ تیریلدیم انکلا ماغیم　　مونینکه جانیم ایلکاندور خیالی همراهی

مسیح خضر حیاتی ابدکو الیق دا　　لیک غم هر بیری بیک ایرور ینکی تکری

کونکل کما امتا رایدیم وصلی بحمدالله　　که ایلاکیم تیلار ایردی بیتیشتی دلخواهی

بوکیم حیات بهاریم خزان غه یوزلانمیشتی　　ایرور دلیلی ساوق اه جهری کاهی

غرور حسنه ایلا جانیکغه باتمیه کیم قالماس　　جمال عالمی عالم اهلی بیک تجاهی

ذمانه ظلمی نوایی بیشندیشی ایلکان وقتی

انیک باشی دیر شاهی ذمانه درگاهی

اولتوریاشمس اق اوییدا منی مضطرب هرساری　　ایلاکیم فانوس ایچا پروانه قالغای تاشقاری

صدقه بولماق ایرور مقصودمنی سرکشته غه　　اق اوی دوزیوا بوکیم ایلانور من هرساری

ایجکاری اول کل دودایم نی کوردکسلار نتا　　ای صبا فراق بر لطفی ایلا بان اول یانغا داری

کرفلک خرکاهی بولسون نی پیشی خوانینک اسیغ　　عمری ضایع جوپکا کوتونی کوتلا کلماس ایلاری

ای نوایی اول ممر حرکز نیتی ضعفلی ادجون

کربکینک اوماسکه هرسماری ککلیتی هرساری

کرنیه تر قاتلا اوز وصلینکو تیکوریکنک منی — هجرتساننک خنجری بیجلی دور من کرا ولتوریانکا منی

اول کیشیلیکدین اگر کوم ای باشینی ایت دیکلایلا بیتلین — بو کیشیلیک بی نشانی ایلیبوز قاتلاک سوریانکا منی

آرزو دور تنها نینک تفراغیدا اولماکیم — تا ذه جانانا فغوم کرا ولا تفراقیدا تافتوریانکا منی

قالغوسیدور داغ کوبولنکد اکونکلادین یاد نگار — یاد غوروب هجران کنابی برلا کویدوریانکا منی

سر کوب بشام خوش ب اول جرم کیم تحقیق اوچو — سو نهالی کرکی دا اوز قاشینکو کلتوریانکا منی

ترک جان ایتیم لابانکنیم بولغوسی اول استان — سن چیلوریسن لطف قیلماینک فوا یا زغوریانکا منی

کیچه کوینکنی یوزی قوییدم بو یولدین یانماغوم
ای نوایی ریخیکیم یولدین اوزغوریانکا منی

منظر ایلیبو کلدی میل سرو بیل باری — نی روشی سروای کوزنو تماشانینک نظاره قیل یاری

مجنونینی انکلاماسی هر نیکیم دیر اوپریلر — نی دیوو من رسنکا ای تلبه کونکلوم انکلاغیل باری

اگر حیفا بیلا تغراغ ارا اغشته دور کونکلوم — کوزدوب کورمکسنا ایب اوتجه ای نیچه کوزنکا ایل یاری

کونکل بیلمای کمال حسن نیلایاب خیال ایلای — معقیر دور جمال وصفی نی ایلاردا تیلی باری

سنینک سرو کلونکنک یاغود بیکنسر و کلی انداممیم — ملایم راق ایکین ای باغبان بر سوز دیکیل باری

نی حال ایرکین قوزیل سماریغ لب یادر کلی رعنا — کوروبوز ایلی کوزی کا جهد سا ریغ قریلی باری

بجذ مینکا ساقی بنر نیزمی بولا همت اتسو کی — فنا بولیدا قیل اوزنی بویولا اردین یانکنی باری

دیمیم

دیمه کیم عقل علم زهد ایله مقصدغه یتکوردوم غرور جهل ایچیدا است لیقدین بر آمیلی یا ربی

نوایی فقر آیینه دا انصاف ایلاری توتسانک

ادذو نکنی بیل یکا ایرمس لیکین بو سوزنی یخشی بیل یا ربی

شبستان لارنی تانک یوق گلستان ایتسه کوزدوم قانی ایرور چون مهوشیم هر تون بیرو شمعی شبستانی

نتانک کیم انجمن اهلی نتانی کورکوزور انجمدین چو بولسه ماه بزم اول چهره یک خورشید رخشانی

نتای ایل قصرینی قیلسه منور چونکم اول یوزدین بو دولت ایوان تیره کلبم ییلادی بو شام نورانی

اوتوب ایلار که بر کلبم غه میل اوتمای سرین جغتای قوینکیز یوق انکار هر لحظه تسکین توتماق ایمکانی

بو افغانم یار هجریدین فلکا واقف بول ای همدم که کوکسوم تیغیکا ییتن قیلمش وانی هجرانی

قویاشی یوزنی یاشوروب ایو یاشی شفق کیم یانه بو افغانم سپهر ایوانیغه تا باش چکیک تشتو توم اته طغیانی

منینک بو تشنه لبغه ساقینینک کیفیت بر گاهی بو بیکانغه کیم نیغار او سیتکه اشکیم سیل طوفانی

نه کل عهد و وفا دور اهلیدین کوز توتیم هرگیز هنوز یخ بولمیش موندا نیچک دینی دهر بستانی

نوایی ادیبی نزهیدا کر دیوانه لیق قیلسه

ایرور بیهمت تانک یوق نزهیدینی سوز ترتیلارانی

یباردی یار نزمی دیو منکا بر بسته قندی الیب اوپتوم که یار ایردی لبی اغزی مانندی

منی بیمار اولوم چالیدا قیلمای مو سوسکیم یاره مسیح خضر اینکدیک جان تاپتی ابرزمی ارزومندی

کونکلی هم اندا جان اندا عقل هوش هم اندا — نی سودا اتکای بو جان اغره منکا اهلی خرد مندی

وصال اقبال تاپقونلار منی عشرت بیله خوت — نیتیب بولمای فراق ادباریدین نخوت بیک جر سنندلی

ایماس بزمی انه کلبه هم بوتی پاره کونکلوم مینی — جو اول لیلی اوزولوب تینمای توتوشوب بزور برکونلا

جهان باغیدا نرکس ذهری جمشید دروبک رودیم — خورشی او کیم صبحی یعنی غنچه اغزی بیک نشتر اخندی

تیلوبان جان رشته سینی سررشته مقصود بیله بوبوند — تعلوق تاریدین هر کیم قطع اولدی یونولا

منی ایدی بریره دادی تاپیب ایمدی کونکلی برسام — وفا جون کمند قیلماسی جیلور منی کمند فراق توتی

ذلاله وصل ایلای سود کرایل قاتیلیبه جان تاپسه

نوای شعله هجران ارا جون کوردی اورتانوی

مهندسی تاپای ایکیکم قنات یساتای — اوجوب هوی کیدا قوشی لار ساریا اوزوم قنای

متیس ادمکا بو بوتورت ایاغ علاینب کیجه لار — تینیم نی ایسطه دیکابتیب ایت لاری سار اوزدتای

یوق ایریه اوتا نیدکه کورکمانی دیبان بوری — کواخشته نجی کوی تنغ اغیدا یاتای

جهان ایرور تمنا وصال کیم من کیم — تیجه فیل ایکره بو سودا ایله اوزومنی ستای

تنیمنی عشق دا ایردیم شکسته یعنی اوت اول — یارونی او نسبو قرق هم یی دییم اموت تاتی

بو فقری کوییدا وصلیغه هیچ ادلتور ماس — فجانوز قم او ذرارق وصل تینی یاماتای

نوای ایلا اولوسی بجانیتو ایرور عاشق — کهتری قیلی لارکا جوجی دوری بیله تاتای

بو کون

بوکون افشا مونکر دمکه کوزلارین قویاشیمنی — نی تانک بو کیم شام فلک دیک بجه انتقونجه یاشیمنی

بلمیت تا تشویشی یوز پاره بولغانی هم ابرو خورشید شراق — اتیناک کیم تیمالای ذخمت قیلور طعمه یاشیمنی

اولوکی جسمی کوزر که تا ذه قانلیغ داغلار برله — قرا قیلغای ساغینغای لار علاماغ عوعلک باشیمنی

و خلیفه کونکلوم هر کون ایرور بر داغ عشقیکدین — قناعت دیب توزوب من بر درم برله هواشیمنی

قضا تقونیا مامسی جوبکه روضه ذارلیغ برله — ادذوب من دهر خلقدین اوروشی برله تلاشیمنی

نوایی دیکالسن غم تاغی قاذمیغی نتیشه فرهاد

کوروب کوکسومده الکی تیرتاغی ایله قیغاج شیمنی

ینواغی

ابر دور سیراب امداغ اتیش کلارین بوذونک باغی — که قلمیش جلوه اوت برله سودین هر تاذون

تخیل برله تازه گل ساعدین کر تولغانسه تامنغای — حل اولغای سیم اندا کیم اوذولغای انجو تولجای

کسا کی کویدیا نجیب سرارم کوز پرده سی اجره — کنتور قانیک براو غاغنده جر حباب کبعه تغزاغی

ایماسی کلبنی دا نورسی غنچه یا خم لیک تیلماهریان — که بلبل نیک قالیب دور اندا تومعتوق برله تیرتاغی

خوی رخساری یادی برله بولمیش مضطرب کونکلوم — صدف تیلکلیغ که کوهر نیک معکانی بولغای قور ساغی

اجل آلوردا جانمنی ایرور حجر نیک شریک اتما — الرادول هم کور کوذنب بولماغای راحی اورتاغی

نتاکه گردون شبنتاسیدا انجمی شفق اجره — شفق کون جی نی سورغای ایچکوم اول تیره کوب حاغی

نوایی اجل اید جنت فنا قیلغیم او ایام فوت تو — هوا قیلغاندا مقصد بیر نی ماتم دشت تفراغی

چون ذلفونك كوڭلى حكمى اوردى ايكيم   كيم كچك دين سايفىڭ ك قلاپلاپ مبارك
تاپ ينىج اريسى بجكدا كيم عجب يوق ينج تاپ   كيم يوزىڭ بىڭ دا اوتنو نوتمىش برڭ نىڭ ج چولو
اوتنو برنا خوش برور امىشى معقر اپلامشى   چهرىڭ ساوتج تابىن قاتا ديلار يوز برمارك
كويا ايرسى چبكلار اوبوپگلقه تاپ   سالولار كويا كچك اول چشم ىڭ اودك لارك
اوغز يد اولولى واقىن بوكم جدلى پار   چون قلا بيه نو تسقىلا نىڭ كوهرى
كرنواى تبله بوتسى يوق عجب بونوڭ كيم
دلن ىك فجىرى نه قىلدى مونىش اولدى

خاشى بولا ايرتو كا جسمىد جوشن بنوعى   كيم اوق كو بكلوم كتاج اوتى شلقوتى
عشق ايواننىڭ جكار دفترلار ىوى اهل درد   شكل مشكر فكون بولدى شبه نىڭ قوتى
سنبلو سكو نر خطا ه بود دو مشكىن ختى   كردلىلى اشار ايسانك پار دراى بلغ مى
كويا اولسو خىڭ كولكى الب اودكوى   كر ايسى بدل عدر ايلدىن كو كلانك الاىج
وعده قىلد يىك وفاح قتل برواقلا اويىد   قىل وفا وعد سكو يا نود بوز ماغى چكراج
اى ا تافعل يكت كسا برنهار نىك ماغى پاپ   كلم ا يلكنو ىن حى اىجكىا بود دو عشرت چاغى
وها نكو مج بوق جكرى بج محنت افزاى   كه روشن راق ادرولا ا نك قوشنا يموىلى اى
مناحب كو د بسو ىو ت وكشام كركم بلى   متشا ى اوتا ىك حرقت ىن كم كفى چاى

کیچه کلبه‌غم کلماسانک موهی تفندین اشک آبه　　قولون ای اسیر اتیاردا ایت هوارینی فایدا فروای

نه تانکلکیم صبحی عیشیم تیره دوریم تانکیلی اینکاچ　　سیجار کانوراوذه مثلی خفتق زلفی سمن ساقی

شیمال ایرکین دیدوم رخشین ساجلغاچ برقوم گویوم　　سیموم ایرمیشی هالا باده تاب جرخی بیمایه

یمانی عالمدا ایدیم شام هجریدین بحمد الله　　یار و شیم تیره کلبه‌غم ها ال عالیم ارایی

فراق اهجران ایریک لیک ایکو نکیل مهلاکی دردیلیکیل　　که عشق اهلی نیک اول سوبانکلیب دوری عمر خوساب

شمار یوشوم تختی بانی اسلارمین اول ابیت قصر دیواریی　　مسکیم یوغر ولوبودر باده برله دیر نیک لایی

نوای بر مقام هجرانیه کورکوز دستلیل دیک

عجب ای ریکاس تنبیهیکیم بر دیک اولمیشی یاز بیهالی

سونوکیل ایکو نکیل آخر که صبحینک هجران کیلدی　　قوان ای جانا محزونکیم حیاتی جاودان کیلدی

سنفو دیا او لیریشی تینی محزون نه شاداتی　　کونکل دیا اکی غم کیتی تن اهجر تاذه جان کیلدی

دمیکم انیتی ایریلدیم کو نکلنی هر کی قیلدیم　　بو کون کلدی کو نکل بیلدیم که اول نا مهربان کیلدی

کلیب دوری یکی شورون اولسه غنی مجنون نه اتمایکیم　　پری ای عکس ایدیم کیم بجولکو ذینی نیهان کیلدی

فلک باقیب غغانیم غه اجل رحم اتی جانیم غه　　خزانلیغ بوستانیم غه کلی باغی جنان کیلدی

غریبیغ بوی کامیکنی تحمل توی کونکلینی　　ورع ترک ایلا لامیکنی که آشوب جهان کیلدی

معنی یوز نوای توز نوای نیچه کورکوز　　ایلاچی یلمیت تو زتوقوز که دورانیده زمان کیلدی

بو شبه سوارایم یر کوکی اوینا نما قوا چمبشی قی   سنمدی سوریسه لوبان باشیم الدیدا اوینای

مکر کر رخشی ایاغ ادادور صباحدوغم   که جانفشا عالم عالم مسافت ایلدای طی

دمادم اوسام ایلیک رشکیدین باشیم کونی تانک   تیار جو کوی غم جانی ذخی بی در بی

جکیب امیدنا لطفی ایله مرهم رخشینک عنانی کیم   قیلیب دور آینه کون بر بودنی غم جرم دو بی

بو فصلی ارا خوش امیوراق اودی اغرن باده اوی   بو دوت یار دور خفقی اغرنینو الماقانی

نجه کا ایلیک بولغا انبلار شه اطلاقی   کونی دولتنکه ایلامه بغدین کیم جهانی ایرورلار شی

نوائی ایلیک سلطانلیغی وشیم عزیمت وبخت

نه سبب اولوس اولوسی اروسیغا وولوسیونچی

توشندا اسروغ کیلدیم ایسلاسا بریغ قوچتوم برنی   ایلا حیل ای اسرو کالرغ بو توشوم تعبیری نی

ایلادینکیا و تیلوم کوزنکو بکلوهنی بیکلغ قیلدول نسو   حوم ایکیم کوزمیشی دو شعله ملک تا هیزنی

دوسته ال ار دفع جنونیم کر تیلار زنیاغلا سنکیز   اولیری کو بعد ابر دیوانه میکند نیزی نی

صور تینکدین عجا جز اوساجونه ایرمکتو ریجب   قایدا نقاشی ایلیا حای کلک قفا تصویرینی

وصل ایلا قلیغیل بو دوغ کو بکلوم علاجین کیم قیلور   نه عدل اتماک بیله دیوانه لار تدبیرینی

عشقی پیری اولدیغی بسر نوشیدا ایروش منکا ای   ونیت خورش کو مینامن عشق نینک تقدیرینی

ای نوائی و یرسینی اولا ای عشقی ایلدین یا شور   اته مو کوراول نیلای جالیتم تغییرینی

میکد

مینینک بختیم یوزی غم کا جدین اولدوم قرا بولدی — که کونکلوم اول کوزی قاشی فراقیدا قبلا بولدی

قونولمشی ایردی عشق بلکه دین کونکل کیمتیش — اول آن کو سیز بیلمان یانی انقطاع بیلا بولدی

فلکشمالر فیلک لار بیلک قیلدی کونکل اویین کمان جانانا — الیقی دیکا ادق هر بر نعل انکا ای حلقه یا بولدی

بو دولتغا خسته کونکلوم نی اوقین دونمار جکماکدیم — اول اوی کا بوستون اول نا توانو بو عشقا بولدی

بلینک قیبی تیلی بر له فدا ای خسته جانیم نی — انکا جانیم فدا کیم جانا لعلینکی فدا بولدی

فنا کیمیا ر ایسانک توت دیر پیری ایلیکی نی جامی — منی کیم جام توشتی اشی زرق ریا بولدی

عجب ایماس عشق دشتی ای مسلمانلار — که هر مو ریشه کونکلی طعمه ایکا اژدها بولدی

وجودوم فنا ایلا الدیدی بر منجه تا نیک یوق — اگر ذاتاریا غلاب مسکینم دیر فنا بولدی

نوای غصه دین مخلص تیلار سن مست بیخود بول

که دوران دردی نی بیخبر دو بولدی تا بولدی

اول آی که مهر ایلا عالمنی محترم قیلدی — بو تلبه کا نه دین ایا نظر کیم تیلدی

یقین دورینه کوزدوم مونی داغ یوزنشر — اگر چه بولسا کردون قدینی خم قیلدی

نصیحت ایستسه اولوسی تیزارا بولور عشقیم — بلی ایتیک دارالکی اتمار اوت نی اولکم دم قیلدی

فراق شرحی هر کر فیکیم یازار کویا — فلک شرحنی تنکرا جره کیم قلم قیلدی

اول آی که غربت ایتب بوزنغم بلا تغین — نصیبم اتق یمان یا ذماده رقیم قیلدی

مسیحا عشقیدا مجنونغه یاد اوکوبیک تیغی
مقابلیده زمانه منی رقیم قیلدی

کوزونکه قان اراغ بولدی نهان تجنب ایسیاس
که عینی نخه جو دوم اولوی قربنی عالم قیلدی

شکوفه سیمی چو باغ آچا بو گلشن آچره خزان
هوا خه برکی نه سنا چاق بیله بستم قیلدی

نوایی جسمینی اوتونک ذخمی اتنی دام بلا
وصال توشلاریغی انونی هجر گه رم قیلدی

اولوس که آچار بر و جون نکته ایتور لعل کوبک
مسیحا جسمیدین گویا چقار جانی بخشی افغان

خماری هجر آچنده صعب الدی اول باده
که ایچکانی انونی ایرو مجانس شونیغه باده غیابی

قدی نخلی خیال ایتمه دور مگر باغ نی سواد اسود
دمی عیسی بیله حیوان سوینی سرد رعنا

تیلام بو سنگلوغ کونکل بر لخت عشقینک ربایی داغی
کوانیکلنوغ که بر کمی درم بولغا تمنا

ایرور اجیا بز عیدا منی هردو نیتیم
یوا قدین هم عیتیر بولماغای بکر تماشا

دیمه چیمیکند ایتینج ناب خیالنک تیره بخونور
بو حالیم با سنا توشمنی منی باکمه ذلو سودا

مو سرمی اتماس اگر فنا آتی دیب اوتلا کیم
جهانی بار و بو قیدین بر سری مو بول پروا

کونکل ملکی ادا سالکه جمعیت تاپا الماس
اگر بر دم انکا ایتیه خواطر خیل یغما

منی صنع دیرای جام رقتار بیدا اهو غم بیق
اجیب کونکل سوینی باغ جنت بول ما و وا

نوایی ضعف غالب ایتی دی بو کویی آچره اول اقدام
اگر او لمایو درنک ایتلار لیلی شوق غالب

نادولی

نازوک چیریڭ اگر تینکا چایل اولماغای کورسه جمالینگ ایماسی مایل اولماغای

چون تار بود لعلینگ خطی رشته دُر دور تا تینگ یوق ترور اگر تینکا چایل اولماغای

اشنا ایڭ اگر بود دُر و وز دار کیم کونگلی دوزخ علامتی بو صفت مایل اولماغای

لعلینگ خیال جان ارا بر نقش توز کیم آب حیات ایلا بو کیم قایل اولماغای

قیلدیم کوزومشی بیلگیلاری بیز بوسه کیم سوال هندی یک جهان ارا قام طمع سایل اولماغای

اسباب جزو لاری تیغ تجرید بی قلب خرد انغز نینگ وجود نکته سیغه قایل اولماغای

ییل لیق عبادت ایریغی ایا جنیب سجاده

باشینی نوای الماغوسی تا بیل اولماغای

گر دونکه دی محرم سعید ماشینک ای کورگالی آی بار اغیکلیک کیم کورونگای کرد الجیدا یانگی آی

دور سیمه اول مهوش اوده یا خود ظهر اوت کورونگ الدی بو جزیا کونگل صدیق غمینا ریگ یانی

کرگمان سه جیبی تار ار مستا ط کلیسون کیم ایرور کم قیلیم دی نژ نه اشکم دین سو کور خلوت سرای

دلبر بالالار ابجره هر دم کوز کونگلی با تیغ قانیدور وه که چیلمان ای بیری خود بین خوش یا خوب نمای

آستین کل که دیکونگلا اکوب دور لسنی و لیک دیبان انگ اوت لسا المای جهانو خمی غیل کونکلام دای

کر بولسه اجلسه کونگلوم ایماسی عیب کیم بنلوک دلبز جندان خمخانه اولتی کنمای

ای نوایی در شوق عشق بولوب کز و لیکن بیل که کیم بین عقد جان دور کر بولور سن کو خدای

یار ایله بر خلوت استارمن که اغیار اولماغای — بلکه اول خلوت بیک اطرافیدا دیّار اولماغای

ایلوین انداغ یالتورت استارمن اول خلوتگه کیم — کوز کلوم انوین واقف جانیم خبردار اولماغای

کوزنکا کونکلوم دردینی بیلدارغا امکان قالمادی — بلکه دردیم شرحی اینتورغا گفتار اولماغای

تاره بوده هجر تا بود اولفا عین کیم اوی بادا — اوزنکا لیک دینی دیدیکیم اوزلوکونی انتار اولماغای

محنتی بسیار ایدی ابو تقی یار لطفیدین ادا — یار دین ایر دور و بیلکسن صاحب اسرار اولماغای

ای نوائی قیلما بیدار ایلوبولسترنکی فاشی
یار موردو داغ ایلیکم اوی ایلیغ یار اولماغای

ذی ید لو بکه بر افتاده اوجی خاکی — هوای عشقنکا سرگشته مهر افلاکی

عروج شامی جو باب داتینک ابو رحمانوین — ملک اهتزازنکی الور صبح جیبی بیلان پاکی

فلک تنور وینیکا شاه سدره طوبی — بو مرتبه ابا نعیم حسن اول بولیدا اوزنشاکی

مدینه اهلی عتبر بیله کیم عزم اتیار حجاج — کتب قصیه شوقی زهد متقی پاکی

نی بولوی شربت بطحی را الوقوبام کیم — ایا ها ذل مسلما فاین سیلما کی

بو توریت دفتریدا احمد و نعت ابا خللی — گر ایتمیش اول عیانن طبع کلکونی پاکی

ولی شعاعینک املجانی کونیلمکا گرچه — امید اول سیونور پانی طبع غمناکی

تیور انگا کرمینک بحر بوینی پیاپی ففی — که نعتیکا ... ودرافشا اشونی ادراک

سننیک

سیننگ مداحی نعتینگدا یا رسول الله

تمام بولدی نوای نعتکمی پاکی

تیلادین مضطرب اتی آفتیبی اوذره جانیمنی سماوسیلا عاقبت برله توزاتقای خانمانیمنی

جقیب سر خورشی تا بیابیر شی قلیبی جولان لیب میدان وجود اقلیمیدا مجموع ایکان نام نشانیمنی

اوذوب جانیمغه نیشی غم توذوب قیلیم اوجون پیرام چنا قیلیب بلالارنی بدلاریما ایلیکدا قانیمنی

فراقانجره الفدیک قدیم غم تاغنی بو کلاب احد سیدانی دال ایتب جیم تاتوانیمنی

جنون کوییدا اوسروکی سعودلیب رطب اللسانیکنسا فنااو بیاتینو ویرانه‌ن بوذار تیمانیمنی

نوای نغمه‌ی ایر دیکم اجب عالمنی تاغ اتی

اولوسی دیب یاشوره ایلارکو کملو اسرا غیمنی

یوزنگ اوچه هر طرف ای شوخی عیار قیلمه منی قرار توتت نفسنی بیقرار قیلمه منی

کوزدمی منشمعی جمالینک فروعی برله یا رب تاالنک اتقو کیبی لار اشکبار قیلمه منی

خدا اوچون بنه بر ساری تیغی هجر یار منه فغان ناله وبی اختیار قیلمه منی

ترحم ایلا کیل ای اختیار سیز ناله دعا دم ایلا ابجید اسیر مسمار قیلمه منی

حیات بخی اولوم یاد ایرمیشی ای ساقی بودیوانه ابجید آدمی هوشیار قیلمه منی

منن اوذکه دامق فرهاد اوذکه دود ای عشق تنعم ایلا ارا بی اعتبار قیلمه منی

قبالغه یار سانک اولارمتی نوای نیکلیغه دار
یونداوزمه یر طرف ای شوخ دار قیلمه منی

نه عشق ایدیکیم عدم ایلادی وجودومنی　　جو اوروی صاعقه کوردی نتونجکتی دودومنی

نه نکته بود نمود معنی ایتابین کیم اول　　نبود قیلادی فنا اوتی برله دودمنی

اگر شکلاف ایتکو کیسو تعاکبی نه عجب　　که هجری بربر یوتیفا اوزدی تار بودومنی

بو یولدا سوز ریاضتین تعطیل اتماککیم　　تونکات عقید اسود اوزبان سودومنی

جو عشق کوزی ارا ایلیکنا باغلادیم زنار　　تب ایلیوابنه عیب ایلاماک سجودومنی

یوزونک مشاهده سی قلبینی ایردل مستغراق　　که هجری سلب قیلالمس اول شهودومنی

نوای اوزدی اگر تا جهان اوتوالی عشق

نه عشق ایدیکیم عدم ایلادی وجودومنی

الفغنی

نه غم لار ایکینه بو کونکلوغه متوشتی لار بیلانه نبتی　　کام انلار نینک بلاکشی لاریغه قایوتی

اول که قهر اتیشه تیغ دین دمادم قان یاتامار　　کیم یونا دوری قاتلی برله قانی فرقتی

در بیر قیلغاندین بلانک باشمی تنک تغراغ ایله　　نه جزاده کیم تیار کردون تاج رفعتی

مور ایاغ وصلینغه تیکابنی تجابت اتفاقی وقوف　　ارسلان نینک کوکسه جراحتلاغی عزتی

بر بجه تانک اتغوجهر اث اوتیوزکویمه کنه　　قایدا بلسویکیم تیدین جر دوجه کونکلوم حالتی

ایکونکلی

ای کونکل عشق ایچره بو قت کونکلوم نی اقتیان   اوت ارا یکنه دور و قوقی یا هول ایلغاچ یکنکه رحمتی

کونکلوم   کونکلوم کونکلوم کونکلوم

عشق جامین ای نوای توبه قیلماق صعب ایرور

خاصه کیم یوق زهد تقوی برله کونکلوم رغبتی

کونکلوم حرمی ایچره قیلور جلوه اول پری   انداغکه کعبه ایچره حرم نینک کبوتری

کلکون یوزیدا خال لاری کوییا ایرور   هریان شفق دا عشق اهل ینا تیره اختری

مجنون عشق شاه ایرور تاج تخت انکا   قوشی آشیانی سیه اتی بشیدا افسری

تا کلاغی حور روضه سارا میلی قیلماغیم   مینی نه ایچره بار ایسه بر حور پیکری

کر دیشله [illegible] بجب [illegible]

بیجون که دلشکن هم ایرور شوخی دلبری

دار کونکلوم نی تهمان ایلار که جانا دیموسینی   یوق ایسه شیفته جان ایچره نهان ایتا دیموسینی

سرو دین جلوه دا ار توق سن کلدین تازه   تازه کل دیموسینی یوق غنچه نهان ایتا دیموسینی

بخت لیق پایانی یلتیق بیله جانیم الدینک   ایلا دینک بخت بولار برله یمانا دیموسینی

حسن مراتی سن نی تاز لطافت شمعی   سیاه دل دیموسینی جرب زبانا دیموسینی

فتنه عالمغه دیب ایلیو سا النکا آشوب   فتنه عالم آشوب زمانی دیموسینی

اولتورور ایردی خمار ایلاماغ دیبک هی نه دفع   قوت جانیم بو سنی نقد روانیم بو سنی

قوی فنا لانغی نوادیکه سوزونک توبتی جهان

بو یقین بیلکم که بی نام و نشان نیم بو سنی

مهوشیم کیم نه دیدین بولدوم جمالی آوارهسی   رحم ایتیب بر چاره قیلماس اول ایکی بیچارهگه

زخم لار قیلدینک سینه غم تیغیدین ای بیوفا   یوتمشی ایردی وصل نوشی ایله کونکلوم پارهسی

یوزدیکی یا قفا ج عجب یوق کوزلاریم الوی یاشی   ایل کوزدیکی یاشی تولار قیل قوتماسی نظاره

بیوفالار کونکلی تا انکه یوق بیلالاریکه بولدیم صید   فالالایکیم لعلی اول اطرافیدا بولغای چاره

دردی هجر یکدین نوانی کونکلی کوکسی باغریدور

هر بری یوز پاره لیک پاره هر بیری بیر لالهدور

دیمه کیم قتلی عشق نا توان بخشی   که بلا جوریدا بر جان کتسه یمان بخشی

خوش اولکه قتل غم عشقیدین یمان بلالاردین   اول ای منی رقیب دیدیکم فلان بخشی

کیشی که وصل تیلار غربت اختیار ایتسون   اول آرزو غه یردین تر کی خانمان بخشی

انینک وصال ایدانک کونکلوم امیدی محرم   که اول مقیم الور غم دین نهان بخشی

قدح نه بلا کیم بوسنی تیغه لب ای ساقی   میک سمع دیکیم بحری بیکران بخشی

نه مبغچه غه دیر تاسی ادوره خرام   پریکه قیلسه قویاشی جلوه اسمان بخشی

عجب

عجب ملاحت ایماس معه یوز بیله ایم کوردونور سینکا انسکا چوبان تارمن ذمانه یختی
اگرچه کیلمادی بی مهر یار جوریدین یمان نه بختی باقساینک ایرور یار مهربانه یختی

نوایی بیایان ایلتور چو نالهدین اول گل
نه سود بلبل اگر ایلسه فغانه یختی

آه کم عشق ایلادی شیدا منی عالمی مجنون کبی سودا منی عشق ایله سودا بولوبان متفق
ایلادی لیلی دیک ارا رسوا منی دشت ارا مجنون دیبان کیم چوشتی کلدیلار ایلای تماشا منی
کیمنی که عشق استادی قتل ایتماکلی هجر روانی ایلادی پیدا منی کیمکه منی اولتوردی ترک کوزدور
یوقلیبه جان کورسه مسیحا منی دیر ایرماس ایردی کیم یارم یاد عالمی بویانه تربت توسا منی
وایکه اولتوردی کالی قیلماس سپند عشق پینا کیم غم الا منی ساقی که گلچهره دیک مستونه منی
دیمادی هست ایلادی صهبا منی یار نوایی نیتیکا ایکو نکلی یاسنی اولتوروکو تیلدریا منی

نی بقا علیق تاشیکم فرهاد داستانی فلک بابدین یغیب باشیمغه آتی
هیکیا فسانه ایردی بوالعجب راق نچه مجنون کوزینه راوی اوفاقی
تحرلی قیلمادی هجر اقتشامی جرجی سرشکیمدین هلال الجیقا فاقی
اولوم سیراب ایردیکیکرد ولینا هلکا آرام اوجوب مسکینی یا ساقی
فراق الیدا ایردی شهد نیکلیغ مذاقیم کیم اولوم زهرلی‌نه تاتی

کوب ایردی عشق بازاریدا سودا   منی کردون ولی عالموز ساتتی

نوای لعل سیرابینک غمیدین

یوراکی قان کوزی یشیغه تاتتی

هر نه جبر قیلسانک ای اهلی   تا رحمای تیلاکای نیلانک اهلی   اغزی رمزی نطلق وقیدا

غنچه غه قایل اولدی رازی اهلی   کوییدور ریلاب نوا عشاق   طوطی ارا ایلاکیم حجاز اهلی

بوزدی حسن اهلی کونکلوم انداغکیم   تا هملکی تراتانا اهلی   رشته جانیم اودی مطرب بزم

اودی نغمه لا تحاریغ سازاهلی   منی عشق مجازی ایلقوراییه   بول حقیقت سارکی مجاد اهلی

شمعی نیکلیغ نوای اوتانیه

تا انک ایمیسی ملهدورکداف اهلی

فلک بیکورماسا یانیمغه النی   نه غم جون جاکمتام جانیمغه النی

صبا هم لالادین قانلیغ کفن قیل   جویانقینک جسیم عریانیمغه النی

جو غو غنجه نینک شوخی قتهانا دور کوتکلدا   دواقیل دردنیهانیمغه النی

پسند ایماس جو حب تغرینی اول حور   فلک سالغایمو ویرانیمغه النی

توتر بیلغو ییم بیله کونکلوم کا یوزرشکا   تفا بیکورس هر یانیمغه النی

جو عقلنینک نقدیم غارت ایلی عشق   نیکور کیل نا مسلمانیمغه النی

ناسود

نی سودا اولماق انینگ یاقوت سیراب   جو ایلاب سو بسنی قانیغه الی

طرب وصلی اهلیغه میل ایتی ای عشق   یا وتیم بیت الاحزانیمغه الی

اولار حالیغه نوائی ایلادی نظم

یازینک البته دیوانیمغه الی

یوزی خورشیدین کوزلار تماشتی   ولیکین تابیدین اوت لار توتاشتی

بو خورشید اوزره میدین کل لار اوتکای   کلی اوزره قطره لار نیلیغه یراشتی

ساچی سوداسیدا آشفته قیلدیم   تسلسل برله زنجیرلار اولاشتی

اجل نی جان الورده یکدی هجر نیکا   ینجکیم اول بوینیک برله تلاشتی

قولینی تولغادی عشقینک خردینک   اگرچه اول هو بیکدیک وه تولاشتی

یلکدین ناله نی تانک یوق اشورماقی   فلک ظلمی جو بو نانک حدیدین آشتی

شفقدین کل یوزی کلکون ایماکم

نوائی نینک دا انوان قانی آشتی

سیل لاریم توکار کوزدوم یاشی   مساری نیک تشنه لار دریا لاشتی

دعوی ایتکالی جو ایردی وفا نینک ایله   توکماسکا یاری نینک ایکی یاتشی

قهردین جبینیغه کو توشتی قانکلامی غم   جبینی نیک کسبیدا انون ایرورقاشتی

رنگ اوزماکیمکا سالیبتور آب جیهیت — چهره‌ی اچقاندا صفی نقاشی

قاره‌یغانی چاغدا ایلادی رسوا — مینی گرچه بچیک دوروره یاشی

نی رفیق اولدی دیر طاقتی باره — مهر یانه‌نگا شمس کوکی اتماکاشی

گر نوائی تجار فنا یولیدا

نی عجب جوب یوق اشنا یولداشی

سینه‌م حجرانی اوتیدا یانغیز توتاشتی — که اینیک تاب دین جانیم قوروشتی

خمار هجر بوتیب ای ساقی بزمی

قدح کیم جقغالی جانیم یاروشتی

ایلیک بر کونگلی سوزرقانی پو تشماس ای شوخ — کونی ایا یکنی کیم اوپتوم بر یوشتی

مینک جانیمغه افغانی چکتی احباب — که کونکلی الم ایتلار اولیوشتی

اذلده رند و خوشحال اولدی می دین — ولی خلوت ارادا پر توموشتی

گر سغر رنجی کونکلی دین چیقتی کیم بار — مینی گوردکاج روان استاب سورشتی

نوائی هجری اوتی قلبی ندا طغیانی

جو اولوم باده دین بیهوا اولتوروشتی

نه کلشن‌دین عطر دماغیمغه تیتشتی — نه غنچه‌ها دین نکهت قولاقیمغه تیتشتی

بار

باریردی ملامت تاشیدین جنونیم   هجران داغیم یاشینغ ایاغمزه تیتیشتی

قالدی لاله استانی ایللادی جسمیم بسر بسر   هر نشتری غمیم یاکیم داغمزه تیتیشتی

آهلاریم تیره دور کونکلوم ایماس علاجی عیب   نی طعنه لار اندین بو چراغمزه تیتیشتی

ممکین ایماس انوین کلی عشرت بینه توهمالک   تاراج خزان مثلی که باغمزه تیتیشتی

جمعیت اگر تاپمادی نی عیب نوای

بو تفرقه کیم بیلگی فراغمزه تیتیشتی

سو کلمادی یار بیمار جانی نه   بو ایش قیلدی بیمار راق ذارلیانی

کونکلوم ساری لیق اندوه هادین دیده غم   کیم کورسه یانیدا دلدارنی

نه خط کونکلوم کیلکه استماملیک بولغای   برام نیکیم کا بیر انینک تارلینی

اینیکیم قدی طوبی ایتی خدای   بهشت ایچره گلزارین رخسارینی

معورغه جانیم فدا ایلای م   اینریب لعل اول لب نمودارینی

بوزدنیک کوییدا کویی نقاشی صنع   قویاشنی بر له تامنک توتی پرکارینی

خمار اولدی جان ایکو نکلم عشق اوتی   جو کورسا تیک صبا دیری خمارینی

نوای نی جانیم کور لطف ایله   تنی دارینی جان افکارینی

درمان

جانیم شعاد دور هجران ایله جانانک کلی ایردی   کونکلوم کوییدا دور دوا ایله کلی ایردی

غم بشامیدا پروانه صفت کیم کویا دور نی بلا شیم اوزره اول شمعی شبستان گرگ ایردی

خوشی کلادی جنونی کونکلوم غمزه لار تیکیم اه اوقلاریدین بر جه پیکان گرگ ایردی

خوشی ذمیت کوب دور دور عمرو لیکین توفیق وفا وانکا عنوان گرگ ایردی

پیکانی سینی اول گل قا وا ورفا دا دنوایی

سند یک انکا بر بلبل نالان گرگ ایردی

آه کیم ناصیه یانیم عزم بیداد ایلادی بر بولی مهری وفا رسمینی برباد ایلادی

تورقارم اهل وفایی انکا قیلغالی جفا بو جفالاریم وفا اهلیغه بنیاد ایلادی

بولمادی نابت داغ خردم کیم بو قتادیمان بیکنه احباب موننداغ کم نیشاد ایلادی

بردم اجره تنداسیلی قصری یخ قیلدی خراب هر وفا قصری که آنی بیل لار آباد ایلادی

دم اورا تانخی دی جه کیم تا عشاق اوچون شحنه ایلاب غمزه سین کرفکنی جلاد ایلادی

تندی انبا ی دمانی نیک اخطلاق طبعیدین کیم اوز طبعنی یکسر لیک معتاد ایلادی

کونکلی ملکین کتمار اباد بو دور ضیلی فراق

تا نوایی عزم ملکی کتمار اباد ایلادی

وه که هر عنایت خیالیدین پریشان لعلی سنیسی هوشمندین دا ایل اوزجا لیغو چیران می بسیجی

اول قوتشی بار دی بو دو ب کو نکلیغی یکیسی ای ارنیسالیکم بر بولی بو دودمنی بیخودنا کی ویرانه غم بیشی

آلیدا

آلیدا جانیم برمادیم وصلی و منتغار قانیب — تورقیدا ابر تریک لیبانی فیمانی من بیتی

لحظه لحظه بو که تغیلار من نمدینی تلخ قلخی — عیب ایماس کیم مبتلا درد هجران من بیسی

وصلی کاهیم جبر ساعا یار لاوه کی من — هجری آشوب ارایب جبر سامانی من بیسی

یاردین قاصه کلور دیر لار فراقی وصلینی — بی خبر کلتور ماکینی پیلمای پرسانی من بیسی

دینی وانیش اهلیغه بر توب ای ناصح کیم منی — همت توبی کوبی دیر ارایب پالی نادانی من بیسی

ای نوای وشت وحشی ابره بولسام پیشا دول
کیم کریب هوشی اهلیغه بو وقت ایسا من بیسی

جان الا کیلیکا ندا قسیعی اضطرابیکغه اولای — الم اصا کیم قانی تیقانی جاغدا ایشتا بیکغو اولای

کلی اوده شبنم سا جبیبسی کوز کوزوب بیتیل ده پیچ — حسن ار ابو لیعلوغ بر له آب تاب بیکغو اولای

کلمکا نیکه قهری ایله قتیلیغه جان ایلای فدا — رحم ایتیب قتیلیم قیلور همه اجتنا بیکغو اولای

لعلی می تیکاچ دود اغیکغه بولوب الحیات — الله الله اول ایکی لعل مزا قیکغو اولای

دیب الیمش سنی باغلاغونکا باشین کیب فقیر اکیه — تا فریک سن جان فدا ایلای بر کا بیکغو اولای

جونی تمریک بیغدین قوتولماق بولماس ای عمر دوم حوتنه — کما لعلغو بیکغو نیرای جا بیکه عتاب بیکغو اولای

جونکه ویدیک اول نوای جانی هم ده لعلیم انکا
ای مسیح ردی پرور لعل تا بیکغو اولای

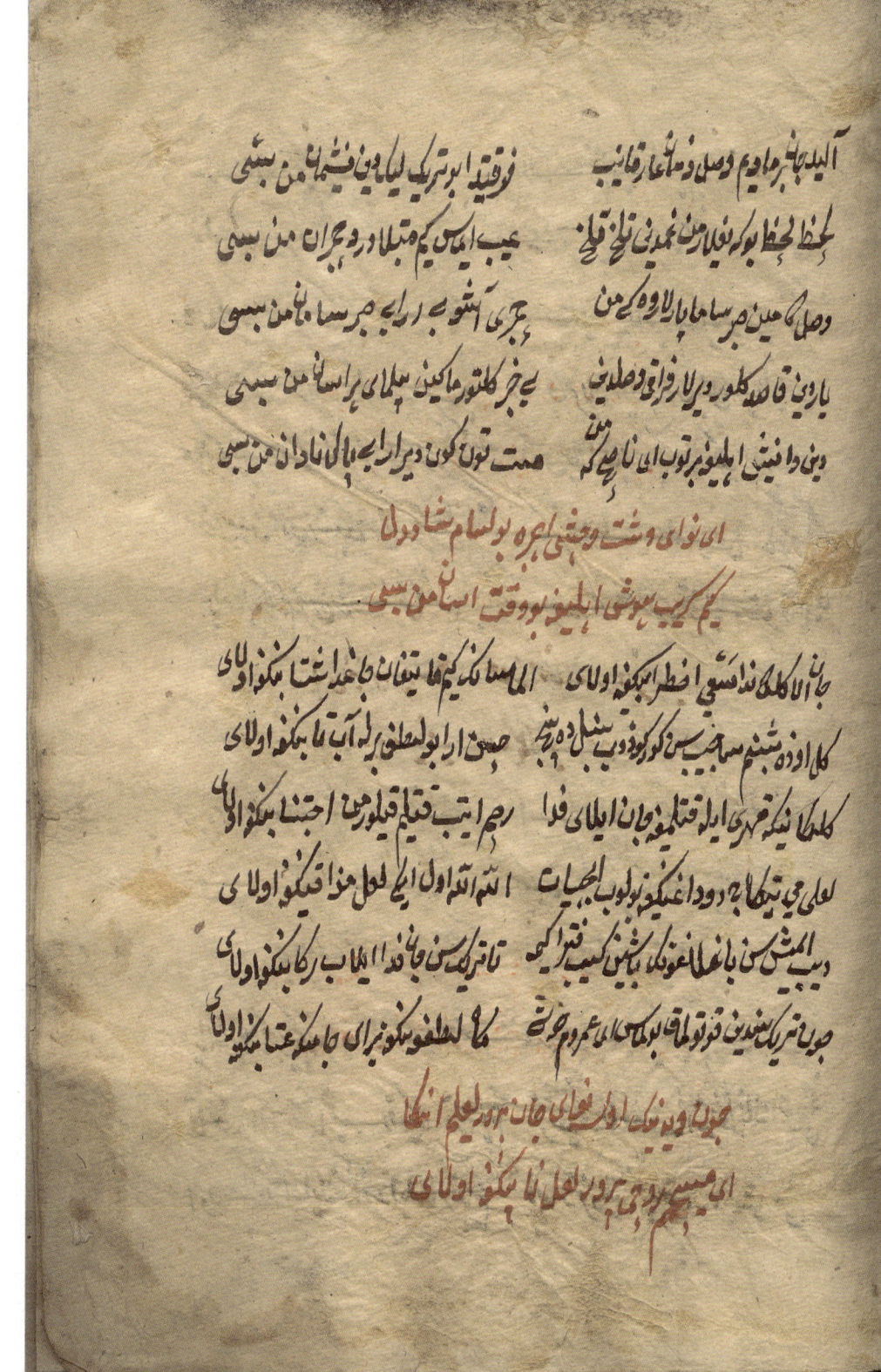

مدعی لارغه ترحم یارب پرواسی　　هم اولار کوب ظلم ایتارلار هم بو استغناسی

ذوقنی دینجیم مگر بو نغمه‌ای علاج ای حکیم　　کیم دیماغیمنی پریشان ایلامیش سوداسی

من اولار حالت داو ماتم ایردر احباب ارا　　بوکه اختصامی قیلدیلار کوبونک ایت لاری غوغاسی

خرقه من مئ عشق وحشتی ایجره بو وقت اندا بار　　دامق فرهاد ایله مجنون کبی شیداسی

منی کبی ایرماس جنون ایجره بوتوق ایمیش کورگوزور　　آدمی لیق اول پری پیکری ملک سیماسی

خسته منی دوران جفاسیدین کیتورکیل باده کیم　　تا قیع اولمیشی اول حریفی غم ساغر صهباسی

باده ایچکیم جرخی رفعت اهلی نی کوب قیلدی پست　　پست لارغه قیلدی تفرقه هستی دالاسی

ای نوایی گر دیسانک سن اقامای دهر ایله‌ین
بیرنی دیرلار یا قیلورلار قیما غیل فرداسی

بر پری پیکری غمی آشفته حال ایتمیش منی　　ایلیکا احوالیم دیماکی دیبی کیم لال ایتمیش منی

منی هجو اسینور تا بنگ کورکوزرلار بر برکیم　　ایکی قاشینینک فکری کیم انواع هلال ایتمیش منی

استکار قالیب قیلدادیم عشقینی ولی اوتکانچه　　باده دور ایللابانی بی اعتدال ایتمیش منی

یار کوی ایجره کیم تغواغ ایله تاپنک بولمشام　　عشق غوغاسی بو ینکلیغ پایمال ایتمیش منی

تا قیمغه اوت توتاتمیشی بر فیک دور ایام　　فرقتینک تا صفقید اندا غمه نالال ایتمیش منی

اوت سالور من آه ایله تن زهد ایلیکلار ند کیم　　زهد ارا فرد علیانه بی خیال ایتمیش منی

دشت

وحشت وحشیغه انس اولماغ نوال تاپماغی ایماس
اول پری سوداسیدا مجنون مثال اتماغیدیر

جو عشق اهلی زبون ایلار دلاورلار پادشالارنی   تغافل ایلا کیلکیم بیلا کی بیدل گدالارنی
ولیلی اینای ایرورلا و ییب فری زاده ملک سیما   دیبانکیم آدمی سمایید ایریکس پریوفالارنی
نوای ای وی نیز ایلیلا کورکوز دوستانکز کرم ایلا   جفای جانیم بارای هسنگیم توت جفالارنی
انکیم یک هوشی دین بیگانه مکیم تا بیناملکسلار   سنی هم آشنا هم ایلا کیم تا آشنالارنی
قیلور عمر ظلم عشق اهلیغه ایلار جمع اول ظالم   نیچوکیم ناتوان اصحابنی قیلغالی یغغای کدالارنی
اگر یوزینگ جا گن قیلدیم کونکلا کیمنی هم یا تا دیر ایماس   فراقینگ ضعفیدین حیشیمم اتیعلا یاغیو دالارنی
تجلی بولغای قیامت وحشت دوزخ سارییوزلا نشام   خطای جانه سیه چینک تجلی بتکلا خطالارنی
ایرور هم ملک جهان تاشغله هی ایچکیم توتقای دور هر دم   اوکوشی وا بسته لیغ لاردین منکو یکه قیتلالارنی

اگر عنقا فیکلا بزم ایچره یولدیر نیکنوا ایسه
براکه ساغر بیلدیم یاد فیلی بزنپوا لارغه

تا بجا انکوچی تجمیلی خورشیده های انوری   بو بینسنک نجادو کوزونا کا خلق عالم مشتری
سندین الیب بو کونکلی کمسای بر دیلارا ایکین   حسن ایجره اولتوروب سندیکا کتتی نیکنک دلبری
کوردوم اولتوردوم قتیلا بو بینیو سوندوم قولوم   شیوه ناز کرشمه بیرله ایتوریکت لباری

ایمدی ای اسلاملار عالم تیلا غیلی جا نغیغه قهد   منینگ تمن کما ارذیکسمو بریکت نیک خاطری

ای نوای سن غنیمت توت خراسان خوبلاری

قدر ورکر ذر شناست قدر کوپ بی کوپری

کوزیله کونکلوم منی بو ملتتی کویبا و صلینک جانی   هر کوندوم نیک اجماغی تیز اولای کونکلوم سماغی

دیمه کونکلوما بولاک قیتجا غدیق بو تیمس خراب   تا بو کتتور ایلینو توشتی فراقینک بولماغی

نیم توری کونکلوم حر شیوه ار سهتاسنی ولیلی   اتیک اتیک حرخی بحر کیلا انجم تیرناغی

دیر کلنداریشو تجه کونکلوم میل اتمه کیم   اندا بلبل قاندیغ ریکتین ایرور کل بغرناغی

هجر ارا قویدوم در عوریک داغلار کوکسوم اوزا یارب

وصل ایرور غمکینی نوای نیک جو کوبر ورلار جاغی

ظلم بیداد ایلاب اندانغ کورماغیش دوران منی   کیم فنا الفا اوذلی کورمالکیم امکان منی

توزماغلیق دیب چرخی عاجز دورلیغ کیم قیلباحشی   لطف بولغالی باغدا اباد انکودیک ویران منی

کافری عشق ایلمتغ یانکن سیاهتکه ساری   بونیوه ذنار باغلاب جکلاری عربا منی

اشکی موجیدین اوشال بیکرم دور عجب   کیم ادرار بر تاغ اوورره هر لحظه اول طوفان منی

استادیم کونکلوم کا تعیین غرق بولدوم قانیغه   خول منی اینیک قانینو کردیم تو توتبو ورقان منی

اشکی بحر ایکریسیا قوشماشیق منی کیم جقعو دیک   عشق اول دریادا قالمیقی اسیر و کردان منی

کوب

کوب صعوبت برله المنخلیق جانیغه ای اجل　　جونکه من مشتاق من اولتور کیلیب آسانی منی

طالعیم یکتقوتین کوردیم بلیب تاشلادی　　کمکه کوکوزین انسی ایلار بریله یکسان منی

مینک بیلا ذخم بیله بولون نوای قیلیبه حق

عشق ساری هیل سوداب کورکوفدک ترپاتمنی

انتظاریدین اوال ای عکسی کوزلکا سالدیم پر ساری　　کوزنیکوبا جنجوبجا اوتی کوز یاشیم انیت نماری

یا النیب اول کوی ایلتی برله یار ورمین هر کیجه　　ده کیم اولتا کوی ابرده یار من من کیمن ایتت املاری

دردی غم توزمیشی بیا حال دیکه کونکلی یا کمی اتا　　قوناماغی کلک صبح سوزنی خیل اضطراری

کوزمیک انکیم اولی سوتیز ایلادی هر دور دور　　کوکلوم اوچی بحر قطره قطره سوکیبی بیطالاری

لب ارا اغزینیک جوجوکی تیل برله کویا انکلام　　شهد لیق تنشی بیله کملاری کی نتشیمی یاری

زاهدا هر لحظه اولما انکخانتو فریدا کیم　　تا تریک من بولماغوم دیر فنادین من لاری

بسم الله الرحمن الرحیم

ای نوائی دیمه کیم بردم قدح نی تویی تونلا تاشقاری

پی ساغر توبیه جود بیلکا قدحدین

بنجه کوبدین جیقار غه یول ساری باقیب تورای　　جعسه ایلا باقین یتلاب من یراقدی قیلمورای

بنجا اولتتوغی بلایون عشق ایلاب هر طرف　　من قفاندین باشیمه بردم بلالار کلتورای

بنجا ایل رخشی سوجاغان کردلیله کوزتیدور توب　　من یراقدین باشیمه تشغانلاری ساورای

نیچه اول آیوز تا بیدین ایل روشن ایلاب شمع وصل — جان قوشیب اول او تو من پروانه یلیغ کویدار ای

نیچه بزم عشق اینده هردم بولوب همدم انکا — من یوتوب قان کلیه هجران ایچره هردم آه اورای

وصل جامیدین خماری هجری اوچون دفع اولمادی — او قدین ادکم اعدین بردن میخانه ساری دم اورای

ای نوائی سن نوا تا فتور شوخ جام فروش

لعل می تونقا جام می لعلینی عوض جان تا فتور ال

باغدین کلدی نسیم گل سیمین کلتور مادی — نی تیلاکانلاریم بو غم کونکلوم ارا یتکوزور مادی [مادی]

لعل یار دیدین یوتقوم دم بدم حسرت سویین — الله الله تیمه قانلار کیم بو غم پیتو تتورمادی

شامی هجریم تیره دور اندا که کوندوز بولوت — هر نیچه کیم احتیاط ایتیم تونی یاش یتکورمادی

هجری ظلم دین دیوم ایلای اجل غم درد دل — عاقبت جانیمغه رحم ایلاب اجلنی یتکورمادی

وصل ارا کوب ییستادی جانیم که بر دم معنا نواتا — هجر ایلا جانیمنی ننیدین الما دیتی تیندورمادی

قیسی گل بیدا دیدین بلبل مرین سعاوردیکیم — جرخی ظلم هم انیکیغو اغلاری سعادرمادی

ای نوائی یوقا دور خوشالاردی یولی خلاص

اول که بعضی کونکل بعضیغه کوز آلتوزمادی

ایمک فراقی تونی ایکو نکل نقاره اونی — ایدور زمانه اونی چالیغ فراقی تونی

بو تیره شامیم اول شعمسی انجمن هر یان — فراقی دود خی نیکه بیل شراره لیغ بو تونی

نونونی

نه نوع ایتای سرگشته وصلی یولین تاپتیم   که هر زمان ساوری هجری دشتی ییکلا قیوونی
تنیمنی ضعف تلیب جه تار دیک حلقه   بر بوینا کوردو توب عمر دیک بوغونیا بوغونی
فراقی ییکی اوت هر دم کر تاب توتشه پاک ایرماس   که اهلی درد فرح جسم داریک اوتونی
حباب سرادین اهل قلبین اول کافر   که بو حباب دور ور زلفی تاری ییک توکونی
اگرچه سروغه کیم قیلدی باغبان پیوند   ولیک سروقدی کلرخ جه یوق یوسونی
کونکلی ایچره دستی سینده ورسه عشق بالای اهل کسی   که خاب ایمکتور ایکسرو توزلوکی اودیونی
جو خرقیم اولدی گروی غم باده فروش   که واغ هجر بیله قوبار کیم کوکسوبیا جودونی
زمانه اهلینی گرچه اوبوکلیق دور ایتیش   اویانه بو غمری غه خولبور زمانه ییکنا اودیونی

نوایی المادی کوز عزیزین ییلا تمکوین
سندین کیم اول تیلاب تانکره تاپقی پرده تاپقی مونی

کر بهار اهلی تماشا بستانیدین کلی ریحان ایسه   کلو اولار ریحان ایله کلدین منکا هجران ایسه
منکا هر کلدین جهان باغیدا بوی تاپمادیم   ییلایین ییله معطر دیر ماغ بستان ایسه
لعلی هجریدا نهان اشکیم سوییین اغیار ارا   دیبه تومالیکیم کلور اول توفرح سو دوتوق قان ایسه
تاپمادیم جان بخش لعلینکدین مسیحا ساکلام   سوردیم اول یر دین کلور یونه قیلدین تسونداکی آن
جان ایسه توتیه جهان غم بارورمین کو یونیکا   کیم تیلار ایلی جان غمین کیم کوستارام جانان ایسه

ای گدا عالم ایلیکا شیئ لله دیمه کیم   بو جهتدین کلمادین هرگیز کلیا جهان ایسه

جون نوائی غه کلور هجران ایسه هر دم نه سود
گر بهار ایلی بستانیدین کلی ریحان ایسه

سیاهت ایچی ساچینگ منگ تا نه سین قیلدی   که پارچه جسمی قرار یب تریکه برقیلدی

قدینگنی قیل لوغنی چیدی تن نیشتر یوزمیش   که بیله بر بیرینی بند بندیم ایری یلدی

یکشنبه تاجی ذره اولدی ایاغ استیدا طلیع   جوشیمی خدمتینگ ایللاری دا پایه سین تیلدی

مگر که کوزیو محبوب اججوبه ناز اوقین آتینگ   که هر عجب تلمانی باغریم اوره سانجیلدی

کوزی خدنگی بلا یا غدور ونه فهم ایتیم   که رخشی نعلیدین اوتلار کوزوم ساری جاقیلدی

قوچ کیتور کیل دم اوچه دهر سیر تویوب   که منیم اولوب بو سوت هر نجه که ایتیلدی

جگر کبابی غه میل ایتما که ایمان انگ اول مست
نوائیا نیلها باغرینگنی هر طرف تیلدی

کوکسوم ملا نعلی بولدی خدنگینگ نشانه سی   کوکسوم اوی ایرور انینگ امان خانه سی

پیکانلارینگ توتوب کیمی کونکلوم دینا اودی رشک   کویا براوت دور اولکه بورونده دیوانه سی

کوب سوزیا سا وی لیلی مجنون سوزیدا خلق   ایرماس بنجوکی که مجنونینگ عشقینگ فسانه سی

ویب ایردی هر بهانه بیلا تیغ اولتورالی   اولتوروی ده که هردم انینگ هر بهانه سی

منغ دیو

منی دیو پری نینک قیلی منینگ غم اتبه قیلدی ایلادی خلاصی محی تو تولا جام مغانه سی

عشقینک نوائیلیغا مرادی اولوسن نهانه ولیک

فاش ایلادیلار رمزه بیچون دانه سی

درد هجرینگ اوتی جسم ناتوانیم اورتادی ناتوان جسمیم نی تونک شعلهٔ جانیم اورتادی

تورغانینک کوینکلوم الافی الامانی ایلادی نی الافی الامانی خانمانیم اورتادی

دیده عشقیم ینلادیم روزکاریم دور قرا اورتادی اول قاتل نامهربانیم اورتادی

لعل محلولی لبستانینک اوتی یاقیب خاشاک ایله انجوی بجانیم کویدوروب جسمیم اونانیم اورتادی

بو بهانه نام و نشانیم عیب قیلمانکیز فراق روزکار اورتادی نام و نشانیم اورتادی

شام هجریمدا شفق کورسانکیز نوائی بیل یقین

کیم فلک نی شعلهٔ آه فغانیم اورتادی

کیچه کلکوسی مودور دیبان اول سرو گلرخ کلمادی کوزلاریمغا کیچه تانک انقو تیجه اویقو کلمادی

لحظه لحظه چقیب جانیم بولیبدا انتظار کلدی جان اغزیمغه اولشوخ بلاجو کلمادی

عارضینک آییدین ایریلغاندا قراتیم اختیار روزکاریمغا کیجه اولکاندا قرانکقو کلمادی

اول پری یوشی هجریدین کیم یغلادیم دیوانه وار کیم یار محه کیم انیلا کلمه داکلکو کلمادی

طالعیم صادیق تاقیلماس یوق کم قویدی قدم یولغه کیم تویدوم قدم معشوق اوتریو کلمادی

ای نوای باده برله خرم ایت کونکلوم ادین
نی ادجو بکیم باده کلکانده تویکا تا یغوم کلدی

بولغای ایردی یوز تمن مینک رنجی محنت کاشکی
بولمغای ایردی بلای هجری شدت کاشکی

یلدیک ایلار واهو اسیر اتکالی جسمیم حصین
اوریاغای ایردی اودیدین برق آفت کاشکی

خوبسهت چون منی تلبه عجز ادا اوتینکالی سود
توتیغای ایردی پرلار برله الفت کاشکی

عافیت یولین دیدیم استای بو دولت دم برنولی
کونکلوم هجران کجماغای ایردی بو محنت کاشکی

یوز غریب احوال بکس لیکلا هر دم بار الیمنی
اوتماغای ایردی تیلیم تا لفظ غربت کاشکی

جلوه قیلغو دیک تلاب طاوسی یکنلیغ کنج دیب
جغد تکلیغ بولغای ایردیم کنج غربت کاشکی

یاریم ایلا رشک دین بردم جدا بولغای ایدی
التفاتین غیر ایلا کورکا طاقت کاشکی

دیدیم جان آفتی احباب ایله تا فتح وصال
ای نوای عمر برکای انجه مهلت کاشکی

هر دو که عشق بیله قیلدی متهم بزنی
نه نوعی یوق ولی کیم ایتی مجرم بزنی

نکیله هر ابچادم قالدی جانی فتراق الی
حیات دهر دین اولتورمه دمبدم بزنی

کونکلانه مژده بروریسیخ که بزم ارانوش کوبا
حریف لالارا یاد ایتمیشی اول صنم بزنی

دیمیانگ که غم سودویب باشیمیزنی سالوی توب
که قیلدی جریده شرمنده اول کرم بزنی

فراق

فراق مهلک وصل ایجره شادلیقیم مهلک   فراق اولتوردی ایمیشی وصال هم بزنی

ایجاره اداره دی ایلایاب سینوق سفالی جام   بولور بو جاه ایله دیر اهلی دیب جم بزمی

نوایی ایلادی هجر ایچیدا ناله و فریاده

خراب قیلدی اونی آهنگ دمیدم بزمی

نرگسی کیم گل اوزره بیمار ایتیار یاتا اویقوده   مشتل نشو خیز درست ایتماکی اتان اویقوده

بزنی فتنه اویلمیش دیب بنا ساملیش اوز نینگ اویقوده   زرقی دین خیالی ایمکتور اول فسون ساز اویقوده

کوز اچیب بخوبی لغوی فنی کوره ماس قیتور عجب   کیم فنای بخت اویقوده بولمیش انی ناز اویقوده

جرخی سایرکو بیا عشق دور دریم کیجه لار   بار انینگ هم منی کبی کوب اهنگ اوزه فراز اویقوده

هر تون ایلار استماعی ایل قصه سین وه کیم کلور   منکه اوز حالیم دیسام اول قصه پرداز اویقوده

اسنا کاهل خدمتین غفلت رفع ایلامای دیسا نکه   بار دوراوز وین غافل ایلاق رمزه ساز اویقوده

ای نوایی اجانیم دیب کوره سترین تیلادی تیش

بختراق بیدار لیغ دین بیلمه غماز اویقوده

بسکه نالهم وار پیدا اول جفاکار ایلادی   من جفاکش بیکرینی بر لیه هموار ایلادی

تیغ پیدا اگر کونکلوم نی نا کار ایتی لیک   ایلکی اوز غمزه تیغ بیله کونکلوم نکار ایلادی

باده دین خسار یوا گل لار مکر قیلغوت علاج   اول که کونکلومنی تیکانلار بیله افگار ایلادی

آب حیوان یا نیدا یور خضر ایلابا پرورش — لب اوزه تا خطی دنلاری پیدا ایلادی

قیلی داغ جنون انکا کیم عشق دعوی ایلاکان — بیمه قیلی ادنوای بو دعو سیموین اظهار ایلادی

دیر ایدی جیحان منی مجنون که اهلی یوش هم — جرخی ظلم اتکانلا عوم کوبی خمار ایلادی

کر نوای بو تیادمیک معجب جال انین دور دید

کیم خبر سیز لادن جالدین خبردار ایلادی

دشت ارا مجنون نی دیر مکیم اوذمکا ادجراماهی — هوش انینی اوراکانیب دیوانه لیغی اورگاتای

ذهوی تقوی اهل بند میغه اکر جمع اوللالار — غم براه بر قیدین هم بر سین یوتر اتای

باغ کا کیم اشتداکی اوصافی لیغ لار غدیسام — سرو نینک دیکنیفه کل نی عارضیکنفه او خشاتای

اولکه ادیغا نیسی قوبکیشی جستجو بهر تون کجه — تا اکه شبکیر ایله تا اکنفوشی لاری اویغاتای

اولیر یوشی طفلی مکتب دیدا طرنیمشی کیم یبه — توی کمر بردم اینه مجنون لوح لار ایلاک اویناتای

بولسه کر فرباد مجنون بولیب حالمنی دیب — های اث کولدورای گاهی بو بینی یغلاتای

دیب الیمنی بس بر خدنک اتقوم نوای کونکلی

توختا رنجه کیم قواری یوق کونکل نه توختاتای

هر تیکان بر غنجه دیک کونکلوم ابیلماقن باغلادی — ای جکر کالس سز انجم قان باغلادی

سنین ایو ایلاق کو تمکلما ممکین اریس تا ابد — جون سیسکه بر له اولادی ع فیمال باغلادی

لب لابانیک

لب لارینک شوقیدین هر قطره قانیم توکتی کوز   ساوغ آهیدین هجولوم لعل مرجانی باغلادی

دیدهٔ فهم عقل انی کورکاچ بر شکیبه کونکلاری   وه که توتن باغین کیم اول شوخ جسمانی اغلادی

قاندین اولدی درد باغی نینک کلی بر تخته کیم   دایم صبری ایلکی مرهم بر لبهریانی باغلادی

ساروب طفل خزان تغراغ آرا تنک قیلغان   قیسی بر کلدسته بر باغ اجره دهقانی باغلادی

شتا قیلدینی نوای اولادی تیماسی سنغا

کوییا بو نوعی ایاغینی بنده هجران باغلادی

بزم دین جون جقتی یار انجمن غم یرمادی   شندین اندانغ جقتی جانیم کیم بدن غم یرمادی

بارجه حرف اهلین مشرف ایلاب نشاد آتینلار   نه اسیغ جونکیم بزنینک بیت الحزن غم یرمادی

اول ضیا باقیتیب قان تویب جسدین نیزی   رنک انینک تیر تاغ لار دیک بختین غم یرمادی

لاله دیک قانلیغ لباسیم برله دفن ایلانک منی   کیم شهید عشق معهودی کفن غم یرمادی

دهر باغیدا وفاسیزلیق نه فوتشکم انکلادی   جکتی محزون ناله اما بو جمن غم یرمادی

ای نوای دلغمدین کونکلونک جیلا ریسم اول کونکلی

اذماذی بولغنی کیم اول جیب بیسکر غم یرمادی

ای پری رخ آل یوزونکدین قد طراری نه   تا بیجیمی یوزیدا قویوغینی دستاری نه

کاسهٔ کوز دودمدین اوذکا یوق باشیمدا قطره سو   سو نیستانغز جراحت تونی حال هجیمی بیماری نه

نقشلار رنگ طاق توروب محراب مسجد نقشای سمع دور محرابی قیلغای صورت دیواری نی

نکار ... شب ای کلر خوم سالغیل منظره آری صحن‌ای کلگی مرآه ایلادی تنگری اولده غاری نی

قان یا شیدین بولدی کل کویا قانیمه نشسته دور کورمگانیم بیوقوت جهاندا بورویشی خونخواره

ناله طاعت نوایدین الر محشر کوینی

سورسه لار کورسا تکولیدور نقش خط یاریانی

نی دلارامیکه سوزغای دردها لمدین کبی نی دل افکاریکه قایغورغای ملالمدین کبی

هر هری اهمه اوق توشون خوبتا مشکین نیم کیم برآن اوبرد جز نورسی نهالمدین کبی

ای ختن وحشی لا نتکلای لار بوجنون حالیمه نغمه بیکور سانکز مشکین غزالمدین کبی

تیره بخت دور کو نکلومدا آنرای سپهر روشن ایکیل اختری فرخنده فالمدین کبی

طرف کورکیل کیم لبی ذکری ایتارمن جان ارا ایکام غایب هلال الغیا لمدین کبی

تلبه کونکلوم اتی لیکین اولپری عزباد سر ای صبا دیوانه‌ای اعتدالمدین کبی

فکری ایتارمن وصلیغا می دولتیکر هانوز هوشی سرو کوب شرمنده من فکری محالمدین کبی

اولغو باشی دین مهری عیدنی تیره لیک یوق انتسام بیر میریلسا ... بیسام انفعالمدین کبی

ای نوای ظلم کورتسه فشمان من بویل

او زنی اواد هتسام اولتوغی ظالم دین کبی

روشی نوایه بولسه کیر بیه کوبه بشم ابراهیم کونکلوم

نوک ... علی صوفی ابیم نیزک دیری دیب یار ابیم راقم عبد الجلیل ...

فغانکه خسته لارنینک اول مسیح بیرگوزدی
ولی نوایی دلخسته نی اونوتتی بسی

تیغ هجرانینک کیلیب کونکلومنی غمناک ایلادی　　ایچکیریدین کوکرا ککمنی سیر کباب ایلادی

ایلادی من دارغی خون نه بلا و جور کیشی　　اول کیم دلدار امنی موندانغ مست بی باک ایلادی

دار جسمیم لمعهٔ حسنونکدین اوت تابانکدی تناتک　　جوی کی عشقنینک برنه اوت بر بنه خاشاک ایلادی

چون ارادیم نفسینک ایلادی بی باک لیک　　خاطر ینک لوحینی غم زنک لوحیدین پاک ایلادی

دام اوروب گردوم نه بتیکور کو بینوای صبح وصل　　گر تنغیم بحر بی پایان تون خاک ایلادی

معرفت تخلیدین اول عارف معنا بیلادیکیم　　کیم تفکر بیرله فهم ما عرفناک ایلادی

تون کون استاماینکیم مکافات جانغی　　دم ایله تیره بولور شمع داغی کوزکوولنی

راست بیر شمع کیبی دور که توب ال اونغای　　اول قدی قدی یوزی تا به جمالینغ ایاغی

تاشی اوده خال بیک بیردا بولوبو دورقرا اول　　عقل حسن خیلی نه اوردماق قراقچی قرلنغی

رشته تاری سلافیدا اول نه سودانی ذا اید　　که مسیح ایکنه سی بیرله ایکیب خرقه نینک بیمانغی

قطعه اب پاندی که قلیب ایروی هلال
عشق بیسراری نی کونکلیده نی تا بسراماغی

هجر اوغشی تورور توت قوچ یاراغی　　قدح نی اوزونینک بورنا بیتعاراقی

چو بیقرار دیک آینه قیل تولا   اولوغ فراق تاپیب جام زنهار اخی

اودوبکا برله تنک توتمه ساغر منکا   سنی ادا ده سن منی گرفتار اخی

هلال قدح برله سین کیم می ایچه   فلکا جام توت چرخی گردار اخی

غم دین بولوب چرخی حوجی تولا   هوس هم قیل انینک بیمودار اخی

می ساقی هم توتماسا لیک بخشیدور   غمیم دفعیغه ورد خماری اخی

زمان جوری برله زمان اهلیدین   زمانه بو بیدل نه قوتغار اخی

منکا کر بو نوعی ایلسانک یارلیغ   سنکا دایم اولسون خدا یار اخی

نوای جهاندین بجیب کیتا یار

سنکا مونچه غربت ده نه بار اخی

وله

جانیم اورتارچه اول اوتلوغ هجری کلنار خلیل   آنی روشن ایلا که کر کورد اوت یانیدا ایل

یارب اول حسن جمال اوجیدا یوز منیک آی یلی   ای تعوذ تکلدور احسن تقویم ایلا روشن دلیل

نی جمالیکیو دوال اولسون نی حسنو نکویلی   ای جمالینک لایزال بدبدل حسنو نکچ جمیل

وله

داغیدا دوریم یوز اوزه ایا کیکو یا بولور   بر قویاش ایکا صبیح فجی ماهوی بولور

کونکلوم ایچره قتشلار یکلیکی حسرتی فیدا بولور　　کیم تخجان بو نوع بر قربانده ایکی یا بولور

ذلفونکیز جراغ منکیم بیلدا ابر بیلدا بولور　　آی دا کیم کوروی ایکی بیلدا مونداغ طویل

ولە

کوزلاری بادام حجرتیدا بولوب جسم سقیم　　حقیقه جانیم ای قرا کوز بسکه حجرینک برو وی هم

بو وصیت قلیشام کیم مشفق یار ندیم　　نعشیمه اول کوی تنوراغیدا قیلغایلار حریم

جونکه بادام بیلکه تابوت اوزرا دور رسم قدیم

کوز جنادم اوزره سالا کیم سن لسریق بولدوم قتیل

ولە

بارک الله ای صبا ایلگاو سهلا مرحبا　　کیم خبر کوب بر دنیک اول کلچهره دین قیلمای ابا

وصلیغه جور اتیم آجتی جمال اول دلربا　　اوزلوکوم اوزدی فنا ایلیغه انداغکیم حبا

عشق مهوالی من سن حیفی اراوی ای صبا

لی مع الله نیک مقامی دانه جاجت جبریل

بخیه کیم سوزونی مسیحا انفاسی دا ایر درکلام　　یا که جنت وصفیدا اوریسی قلیسون اهتمام

جز غری یانی برله جنت کلشنین قیلمای مدام　　کیم منکا ایره یکی نقد ذا دسرو خوشی خرام

سنبلونک دور عقده ای یوزونک مای تمام　　عارضنک فردوسی قدینک طوبی لعلینک سلسبیل

اول اغیز فیدا ای کیم تانکه القلما یین

بیل داغی ظاهر ایکاسی باریکیبین لیک قیلماین اول عیان ایرکاس علام ساری نظر اخلاصین

بو تعیین بو کاس وجود سبابدین ایریلماسین اغزینک بیلمنک نینک اسراری کلای بیلماسین

موشکاف فورده بین لار اهره توشتی قیلی قال اول پری بیک جون ایردی قانلی توکماکلی هار کونی

اول سببدین هر نفس بوز قتل ایتار ظاهر کونی

ول ول ول ول

ای نوای سهر بیرله جبونی ایردی ناظر کونی

بر نظرده اولتوروریو زخمتی ساحر کونی

جا بجا بر بر لغنطیفه قیلماس بر نفل کافر کونی طالیع آه کیم اسروک ایلاجه بولدوم بحیل

عشق ذاراتی خلایق ابتلا کسیدی منی

هر دمادم بر طعنه کرمهلک اد هیدین منی

هجری خود کویدوردی دردی بی دو سیلدی منی هم اولوم قیلدی خلاص اینک جو سیدینی منی

ای اجل اوداد قیل هجران بیلا سیدین منی بر یول قوتقار اولوسی نیک ماجرا سیدین منی

عشق باغی حالتین سو عاشق اکاه دیمی کیم قفا سیدین تفاوت یوق کدا و شاه دیمی

هم سوی بیکان یورالی لار اهره قاقادغان جادیمی هم سوا اوتلوغ اه نالهٔ جانکاه سیدین

ضعیفم اشتی هجری باغیدا سرشک اه دیمی قوتقاذ ای وصل جمن اب سو سیدین منی

غ

نیچه ای هجران اوتی نیشتر منی کویدوروب سن   زار جسمیمنی اجل دادی تیماری سوراسن

جانیمه هر لحظه فرقت شعله سیدین یاندوروب سن   ناتوان کونکلومکه یوز جور و جفا ییکورتاسین

ای اجل جور قیدیمه اولتورکوم دیبان اولتورکاسین   تا تیریک نا قیسانک تا قیسانک فراقی ینکی جفا تیندینی   محمی

کافری عشق اولمشام عشقینکغه ایمانیم فدا
بولسونه ایمان سنکا ای نامسلمانیم فدا

عشق اره رشک ایلادی بو جسم ویرانیم فدا   هجری خود قیلدی کیم پیدا و پنهانیم فدا

عشق رشک هجری مهلکه ده انکا جانیم فدا   کیم جفارغای بو بلالاریغه ارتیسدین منی

مدعی کیم هر زمان ایلار جفا بنیاد ظلم
صبری بیهوشنی مرور مونداغ جفا برباد ظلم

جان هلاکی کونکلومنی ایلار اول جفا اثناد ظلم   کرچه طبعی انینک بولمیشی جفا معتاد ظلم

هر نچه اوتکانور جدیدی مدعی فیداد ظلم   اوتکارلیکمن وصالینک مدعی اسدین منی

درد هجران قعد جانیم ایلادی بیل ساقیا
هجری دین جانیمغه درهر لحظه یوز بیل ساقیا

ایله دور دا هجر ایره جور و جفا مشکل ساقیا   اوشبو دردیمغه دوا جام کرم قیل ساقیا

دیبرکه مبرا ایکیلی حکم عقلی ساقیا　　　برقدح برله خلاص اینک دوا سعدین منی

چون فنای جانبنی بی آرزوسی کوییودور

یوق کو الیق غم عجب منی نه دایم کیورور

جرعه دیرا بلی بر کوبنجه دمان تلمورور　　　شاه اگر مو نداغ کلای سلطنت کیتکوردور

ای حسنی سلطنت ایجه تخریم بوقتور دور　　　کیم دیکای لار کوییه نیک خیلی کدا اصلاین منی

ذلفی نسیمین جسمنیک افنی کبی تارون اوستنه

بنجه اد چون ساحر کوذونک افنی غرافسون لار اوستنه

درد عشقینک اولکه قویدی بها مخزون اوستنه　　　دیدی کا کوز کیا عارضینک اول قدی موزون اوستنه

ای قدینک طوبی جنت خلد کلکونلار اوستنه　　　کو زهادی دوران سیکویک آی کردون اوستنه

تا فتی جان هردم اولار حالت ده بو جسم ضعیف

لعلینی جان بخشی سوز ایتوردا اولتوه طریفی

قالدی کو ذودم تیره جسم خسته جانم نحیفی　　　ذلفی کوزی لعل هجریدا بولا المای ن هجرینی

بولای سو ذودم فنا ذوکا کو مکلوم خوشی بلعیم لطفی　　　هر قچان سالیم نفل اول شاطر موذون اوستنه

کلبه حیف صور حاری هر دم جا الیک قاشیو　　　جان فدا قیلغا بولوم صورتینک نقاشیو

سرو ایکدیک لاله

سرو انکیدیککه

لالەدوشربی ایلیک زهادکیم قالانا یشنیو   غرق اولوب توتمیش کدای هجری قانی یا یشنیو

سروانکیدیک ایردر حیرانا دوروریم یشنیو   قیلدیلار تنهیا افغانکه مجنونلار اوستنه

کوزیولیغی ای عشق هر ساعت توتلا یاشی ایلامه

ایکو تنکل یاشنیکو بیر کهالکنی یولداشی ایلامه

ای کونکل شیکلکینی سریغ یوزدهکه یولداشی ایلامه   یاستوروب عشقیم سوزینی مشهور ایلامه اوباشی

هردمی کوزیاشی یانکیزه کوروامینی تاشی ایلامه

دولتمدینی اغنیا دنیک یللارکه التون اوستنه

تا کونکل صیدیغوزدی اول غزال جین کونکل   بولوبی صید اعکینی لالاء عشقیمیم ارانون کونکلا

بی جکسوت خو بلار ایلکدین جفا کیمین کونکل   مو بیجه موافقت کلور مو قطره خون اوستنه

جون نوای شنک هجری اولدی جکیب رنجی تعب   کیمه لیکدین کوزلاریا ولا هجری ارتافیغ لعب

کوزدیدا تمانک اکر نوتونک مقام ای یوز عجیب   جون کیراراپلی کیمکا قیلاق اوجون عیشی طرب

کروطن لعلی کوزدیدا توتماد نیک یوقتور عجب

ادی قویا رنا غلیق ایرور دشوار جیحون اوستنه

اه کیم والەمن او سرو جهانوینی جدا   نی نوا صیاد ایلاکی بلبلی کلستانیدی جدا

ایلامس طوطی تکلم شکر بستانیدین جدا   وه بجه اوتی عشق جسمیدا سونکهالی نی اورتاکای

کونکلاکیم چیقیغو اوق توشکای اتیالی نه اوترتالای | تلبه لیک ایم سماوین تاسمک نه اوترتالای

اول قویاشنی حجر بیرا قورقارمن فلک نه اوترتالای

هر شراریکم بولور بو اوتلوغ افغاندین جدا

کوب
ذاله

ده کی باغریم توکتی کوزلاریدین بیرلا که کوب | هم کوز اول کل حجریدین یاغدوردی کلکون

غنچه دیب منی تفانلیغ اشکیم نیلکه توکتی لاله کوب . | دیمه حجر انجمیدا حکلاکی سنی فغان نالکه کوب .

صبحیم ایلا موفقان اولغان فغفنی نچا تونیدین جدا

یا عزیمم ای نجا حجران هردم باغ سیانغیلیا غیل | ایکو نیکلی یوز حجور تیسه کوزنی غم بیرح ایلما غیل

مینکه بلا یوزلانسه ای نجاش یاردین ایریلما غیل | بولسیه یوز مینک جانم ال ای حجری لیکین قیلما غیل

یار نه منیدین جدا یا خود منی اندین جدا

نیلغالی مجروحی جامی وصلدین جانان منی | نیلکه کلام نیچشی تریک لیک بادوه سعدین جان منی

کیمونواح منی

هردم اولتوردی غم ذهیدین حجران منی | حجری اولکوسیدین تیلکه ایمشی موتوبجا سونکلالی

ایلا کیلی جاندین جدا قیلغو نچه جانانیدین جدا

بشیم لیغ اغ صبحیم اوت شعله‌سی کول قیلدی کیم | صبحیم ایکیلک شعله رخسا ریدین یا قیلدیکیم

شرحی حالیغه اولماریک بو رقیم یاذیلدی کیم | وصل ادا فزوانه اوترانذی نجا نا بلدیکیم

قیلغودیک دور صبحی نه شمعی شبستاندین جدا

عاشقی

عاشقی کیم بولقای اول سروکی خمار اسر ۔ ایا ابلبل دیک فغان قایتش کلی کلزار اسر
وای اول بیدلغه کیم قلمیشی تریک دلدار اسر ۔ براہیم اسمعیل بولوب ایوی نوان پارہ

بو اسه زنہار اسه که برکیز بنده ضبط طاع دین جدا

جلقه دلغونک کونگلوم بولغالی غم حرمی ۔ اول قرآیا یفوچله بسودا او جبدا زنارغی
درشکا دیواند رشید الغیبی مروی ۔ آن سا جیک شہید کوشکال لا ریک سوادین اعظمی

جلقه جلقه روی بیک سرمنز لیدورہرچنی

ای کایمسور زرجها کیک دفتر نون بر بورق ۔ سبزه ریجان مننک خطتک دین املوں لارسبق
جبدہ دلغونک احبیع ابلکتا السناک برق ۔ سبنلوتک تروغ اللہ الحی اوذ اتیک بورق

کیم بولوت لوح کیجه بیک البته بولکای سمی

رنگلوی پروم یقین دور رباغیم اریسه نغالی ۔ یوذوک کاہ مشاہد کلور حوضع قا ثغالی
دلغوک مشغول ایروی صفاہ ایلور تا ثغالی ۔ من بر اقدین جانم بروت فاقتم نیوق

یوزی قاینغ کوزم بولمیشی جمالک کلرمی

نعمت لغت الملک ابو لہ

ور ناہ اریک نزار سه حلا دہ کیم کو سغله چولی مجا دن الخبر سنات ہست سکی اینہ تک

بوروق سونغسا ق تغتقا لازیم لیقی بوری بدریا
قرا حلیلیک کوئنی اوزودم تیریک یل بولناش
کوچلی سمان کوزنگا بغدای سریغی اوت
بیمذ اوت نیا اورنی قندیل لیکل لا بید
روان بیسر لا اتار یکلی ری چانی کلگ
نغدجل قرو ادسی تیرو قونلا اورغی

قریان ۱۲ اوی

۱۳

37